U0862287

BTV

2018 BEIJING TELEVISION
YEARBOOK

2018
北京电视台
年鉴

BTV 2018 BEIJING TELEVISION YEARBOOK

《北京电视台年鉴》编辑部 编

北京日报出版社

编辑说明

一、《北京电视台年鉴》以较翔实的图文资料，客观记述北京电视台在宣传业务、技术工作、队伍建设、事业发展、产业经营等各个方面的基本情况，反映电视事业产业的发展变化，是一部综合性资料工具书和史料文献的大型年刊。

二、本年鉴于2008年创刊，每年编印一卷，主要记录和反映北京电视台上一年度的宣传报道情况和各项事业产业发展成果。

三、本年鉴以马克思列宁主义、毛泽东思想、邓小平理论、“三个代表”重要思想、科学发展观、习近平新时代中国特色社会主义思想为指导，坚持实事求是的编辑方针，坚持“贴近实际，贴近生活，贴近群众”的宣传原则，为广大电视工作者以及社会各界了解和研究北京电视台提供可靠信息。

四、对本年鉴有关栏目的几点说明。

《图片》——主要收录反映2017年北京电视台各方面情况的照片。

《特载》——收录上级领导对本台的批示及台领导撰写的有关文章和重要讲话。

《概况》——概要记录全台各部门一年中主要的工作情况。

《典型经验》——选录有关业务工作的经验、体会文章。

《专项纪事》——重点记述年度内发生的大事、要事。

《频道·栏目》——介绍各频道的基本情况、栏目设置、优秀栏目。

五、《北京电视台年鉴》的编辑工作得到本台各级领导及有关部门的关心和大力支持，在此一并表示感谢。对本书的疏漏之处与不足，恳请批评指正。

北京电视台史志办（本刊编辑部）

《2018北京电视台年鉴》编辑委员会

主　　任:	李春良	北京电视台党委书记、台长
副 主 任:	王　珏	北京电视台党委副书记、总编辑
	韦小玉	北京电视台党委副书记、常务副台长
	彭司海	北京电视台党委副书记、纪委书记
	王　澎	北京电视台副台长
	李岭涛	北京电视台副总编辑
	艾冬云	北京电视台副总编辑
	徐　滔	北京电视台副总编辑
	秦　华	北京电视台副台长
	毕　江	北京电视台副总工程师
委　　员:	郝　洪	党委办公室主任
	王　昕	办公室副主任（牵头负责部门工作）
	史椰森	总编室主任
	郑　星	总工程师办公室主任，北京北视英特维文化传播有限公司董事长、总经理（兼）
	秦新春	研究发展部主任
	周久兰	监察审计办公室主任
	宗　昊	工会办公室主任
	杨建忠	人事部主任
	余维杰	计划财务部主任
	王　晶	行政部主任
	钟　强	保卫部主任
	姚大禹	广告部副主任（主持工作）
	冯　平	基建办公室主任
	买剑平	经营管理部副主任
	马　宏	卫视节目中心主任
	张　庆	新闻节目中心主任
	张　苏	青少年节目中心副主任（牵头负责部门工作）

潘全心　文艺节目中心主任
杜　研　科教节目中心主任
严　澍　影视剧中心副主任
朱礼庆　影视剧中心副主任
宗燕红　财经节目中心主任
焦少波　体育节目中心主任，北京京视体育发展有限责任公司董事长（兼）
赵　彤　生活节目中心主任
张　帆　动画节目中心主任，北京卡酷传媒有限公司董事长（兼）
严　崴　纪实频道节目中心主任，新纪实（北京）传媒投资有限公司董事长、总经理（兼）
崔　岩　北京国际电影节运行中心副主任（主持工作），北京国际电影节有限公司执行董事、总经理（兼）
林　平　制作部主任
朱雨稼　转播传送部主任
王晓龙　动力部主任
刘晓光　技术设备管理部主任
周旭辉　信息网络管理部主任
刘绍芬　老干部工作办公室主任
朱晓宇　招投标管理工作领导小组办公室主任
刘方平　北京电视产业发展集团有限公司总经理
宋　毅　北京卡酷传媒有限公司副总经理（主持工作）
金　川　北京京视传媒有限责任公司总经理，北京紫禁城影业有限责任公司董事长、总经理（兼）
姜培军　北京电视台黄金海岸培训中心总经理
牛振青　北京京视卫星传媒有限责任公司董事长
商屹楠　北京京视卫星传媒有限责任公司总经理
赵峥铮　北京京视电广传媒有限责任公司董事长、总经理
李晓玥　北京京视体育发展有限责任公司副总经理（主持公司工作）
孙海峰　北京电视台培训中心理事长（兼）

《2018北京电视台年鉴》编辑部

主　　编：彭司海
副 主 编：王　昕
编　　辑：胡　泊　魏向东
特约编辑：李　卓　党委办公室
秦　爽　办公室
李　毅　办公室
王　瑾　总编室
李　玲　研究发展部
张　颖　监察审计办公室
陈　静　工会办公室
张兰岚　人事部
张俊丽　计划财务部
高红星　行政部
陶小群　保卫部
张向华　基建办公室
张　云　广告部
郭　纯　经营管理部
王　寅　卫视节目中心
张文天　新闻节目中心
杨　洋　新闻节目中心
杨东晓　文艺节目中心
鲁　盾　科教节目中心
杜　蕾　影视剧中心
孙慕瑶　财经节目中心
赵　硕　财经节目中心
汪　荦　体育节目中心
李　然　生活节目中心
朱　晔　青少·海外节目中心

韩　旭　动画节目中心
高宇博　纪实频道节目中心
姜　宣　北京国际电影节运行中心
安　宁　北京国际电影节运行中心
王安琪　总工程师办公室
张　潇　播出部
王建业　制作部
段　然　转播传送部
付　谦　技术设备管理部
张　伟　信息网络管理部
孙少英　动力部
梁　爽　老干部工作办公室
杨　莹　招投标办公室
李　莉　北京电视产业发展集团
许　伟　北京京视传媒有限责任公司
刘　敏　北京紫禁城影业有限责任公司
韩秋颖　北京卡酷传媒有限责任公司
郝思嘉　北京北视英特维文化传播有限公司
李晓玥　北京京视体育传媒有限公司
李佳妮　北京京视电广传媒有限公司
林　玥　北京国际电影节有限公司
赵　菁　北京京视卫星传媒有限公司
白云光　北京电视台黄金海岸培训中心

9月21日北京市委书记蔡奇（中）到北京电视台调研

蔡奇书记同编辑记者交流

蔡奇书记参观新闻演播室

2月22日全国政协副主席卢展工（右一）视察北京电视台设备机房

北京市政协主席吉林（后排右五）、市政协副主席李长友（后排右四）陪同调研

▲ 7月14日北京市委副书记景俊海（右二）到北京电视台调研党建工作

▲ 景俊海（中）副书记听取北京电视台台长李春良（左），总工程师田方（右）汇报

▲ 5月5日，北京市委常委、宣传部长杜飞进（右三）到北京电视台调研工作

▲ 杜飞进部长（中）听取北京电视台节目现场工作汇报

北京电视台报道十九大盛会

▲ 采访代表

▲ 摄影记者认真拍摄

▶ 在新闻发布会现场采访

◀ 主持人在天安门广场直播

▲ 北京电视台2017年跨年灯光秀

▲ 北京电视台季播节目《音乐大师课》

▲ 5月10日北京电视台推出“一带一路”国际合作高峰论坛特别节目

▲ 北京电视台2017年春节联欢晚会

▲ 《花椒公益之夜》大型晚会

▲ 2017中国十佳劳伦斯冠军奖颁奖盛典　隋文静、韩聪获花样滑冰最佳组合奖

▲ 北京电视台跨年冰雪晚会

▲ 北京影响力颁奖晚会

▲ 2017 "北京榜样 最美警察" 揭晓仪式

7月15日北京电视台台长李春良带领台领导班子前往位于朝阳公园的海洋沙滩嘉年华活动现场检查工作

台长李春良，副总编辑艾冬云在工作现场

工作现场

▲ 直播北京男篮外援马布里退役活动

北京电视台报道第十三届全国运动会

▲ 录制访谈节目

▲ 加紧编辑

▲ 采访运动员

▲ 摄影记者在拍摄中

▲ 中国故事大会

▲ 创意中国

▲ 但愿人长久

▲ 念念不忘

▲ 跨界歌王2017

▲ 跨界冰雪王2017

▲ 我是演说家

▲ 非凡匠心

▲ 中国 1927

深海利剑

赵宝刚作品
深海利剑
导演 赵宝刚 林小鑫 编剧 冯骥 尚伟 黄小玮
07月27日每晚黄金档 锁定 BTV 北京卫视

▲ 电视剧《深海利剑》

▲ 电视剧《大唐荣耀》

▲ 电视剧《平凡岁月》

▲ 电视剧《深夜食堂》

▲ 电视剧《外科风云》

▲ 电视剧《我的老爸是奇葩》

▲ 电视剧《我的前半生》

▲ 电视剧《最后一张签证》

北京电视台组织收看中国共产党第十九次全国代表大会开幕式电视直播

收看现场

2017年2月28日北京电视台工作会议

北京电视台召开2017年度党风廉政建设工作会

北京电视台党委书记、台长李春良出席会议

北京电视台党委副书记、常务副台长韦小玉出席会议

北京电视台党委副书记、纪委书记彭司海出席会议

北京电视台党员干部参加会议

▲ 北京电视台召开党支部规范化建设工作会议

▲ 4月7日，北京电视台与北京十六区委宣传部工作会议召开

▲ 市委副秘书长、宣传部副部长严力强参加会议

▲ 北京电视台党委书记、台长李春良参加会议

▲ 北京电视台总编辑王珏参加会议

▲ 会议现场

北京电视台总工程师田方在交流会上讲话

北京电视台举办2017年度技术交流会

目 录

特 载

概 况

专项纪事

技术管理和新技术应用

典型经验

组织机构

频道　栏目

调研报告　收视调查

获奖　表彰

节目播出时间表

广告价格表

大事记

索引

特　载

强化责任担当 引领文化自信

——北京电视台十九大宣传报道及当下传播实践思考

北京电视台党委书记、台长　李春良

党的十九大吹响了跨进新时代、开启新征程、续写新篇章的前进号角。作为首都主流媒体，北京电视台牢固树立“四个意识”，紧紧围绕“两贯彻一落实”，统筹全台内容资源、平台资源，圆满完成十九大宣传报道任务，彰显出主旋律强劲、正能量饱满的首都大台风范。同时，北京电视台迅速掀起学习贯彻落实十九大精神热潮，用习近平新时代中国特色社会主义思想来指导内容生产，立足全国文化中心定位，加大内容生产创新力度，满足人民群众日益增长的精神文化生活需要，向着有强大传播力、竞争力的新型主流媒体扎实迈进。

一、北京电视台十九大宣传报道的传播特点

做好十九大宣传报道，是今年摆在全国主流媒体面前的首要政治任务，也是检阅新时代主流媒体舆论引领与责任担当的重要契机。北京电视台搭建以新闻报道为主阵地，纪录片 + 专题片 + 公益宣传片、影视剧 + 综艺 + 栏目为两翼的内容矩阵，做到会前、会中、会后报道持续发力，动态跟进，实现了收视与口碑的双丰收，多个报道获得广电总局、市委宣传部好评，“喜迎十九大”相关话题、系列视频在“两微”平台收获高关注度，充分展示出北京电视台树立的“重大事件看北京”的全国影响力和权威公信力。

（一）坚持贴近与独家，开创重大主题宣传新气象

做好重大时政报道是主流媒体责无旁贷的社会使命，这既需要讲政治、讲大局，也需要讲艺术、讲情怀，提高时政报道的传播力、感染力、影响力。本次十九大报道，北京电视台全力以赴，以高度的政治意识、激昂的创新热情做出“高度”与“京味”。

1. 政治高举，镜头平视

新闻报道是十九大报道的主阵地，北京电视台以全天各档新闻栏目为依托，开设“十九大时光”“全球热议十九大”“十九大报告解读”等专栏和系列报道，在报道好议程性主题的同时，注重强化贴近性，更多地将镜头对准基层，聚焦普通人的朴素情感。比如10月18日当天，北京卫视和新闻频道连续7小时并机直播开幕式盛况，之后顺延播出的《特别关注》及时播发各界群众收听收看开幕大会的新闻，节目当日收视效果突出。献礼季播《我是演说家》第四季首期节目中，天宫二号总设计师用一段温暖独白讲述他和天宫二号的“父子情深”；在《中国故事大会》里，故事分享人陈伟鸿用一个“海

水里面种稻子”的故事，讲述袁隆平院士的重大科研突破。正是这种平视的镜头和语言，让这些非凡的大国成就转化为观众能够理解并体会的平凡感情，引发热议。《我是演说家》首期节目上线之后，仅仅19个小时，腾讯视频点击量突破1亿次，超过热门综艺《跨界歌王》。

2. 热点覆盖，独家突出

这次十九大报道中，北京电视台部分重要内容的报道打破首发《北京新闻》的常规报道模式，按时间顺序抢发《北京您早》《特别关注》等栏目，抢占第一落点。十九大开幕式结束后，对大会盛况的跟进报道覆盖全面，反应迅速，内容丰富，无论在规模体量还是报道质量上都名列前茅。大会胜利闭幕后，第一时间推出“把十九大精神带回来”专栏，在全市各媒体中第一个报道了北京团代表将大会精神带回各自单位的情况。此后又推出“以习近平新时代中国特色社会主义思想为指引，进一步在京华大地形成生动实践，更加奋发有为地推动首都新发展”专栏，集中展现了习近平新时代中国特色社会主义思想指导首都工作取得的新成绩。

（二）秉承矩阵传播思维，多彩荧屏引领文化自信

北京电视台各频道围绕贯彻落实习近平总书记视察北京重要讲话精神、加强全国文化中心建设等内容，推出多部大型系列纪录片、大型文化节目、公益广告和宣传片，多角度展现社会发展成就，展播体现爱国主义和家国情怀的影视剧、动画片，形成传播合力，唱响主旋律。

1. 重磅纪录片展现家国情怀

全国第一纪录片品牌《档案》推出系列纪录片《京城之轴》《通惠古今大运河》，以“百姓档案，古今对话”为创作理念，呈现历史与现实中的人文传承。《拾说什刹海》第二季艺术化纪录“人、水、城”三者关系，该片第一季曾获中宣部新闻局高度评价——“精选典型人物故事，反映时代风貌”。此外，还推出了《影事——我们这五年》《志说北京》《运河北京》等一系列宣传中华文化和北京发展成就的优秀纪录片，重播《红军不怕远征难》《你从井冈山走来》等重磅纪录片，展现浓浓家国情怀，弘扬中国精神。与此同时，策划制作了多部公益广告和宣传片，其中《大美看北京》和《喜迎十九大》两组系列宣传片立意统一，风格不同，前者展现宏大叙事、雄浑大气，后者对准百姓心声、轻松灵动，为央视《还看今朝·北京篇》提供了有力的内容支撑。

2. 精品栏目书写时代华章

本次十九大宣传报道，北京电视台依托品牌栏目推出特别策划，反映社会各行各业的先进事迹和发展成就。《法治进行时》《法治中国60′》等法治类节目推出系列专栏，突破以案说法的常规方式，创新性地以优秀干警扎根基层的故事为切入点，弘扬社会主义核心价值观，为未来法治类节目的创作奠定了基础，拓展了创意空间；品牌军事栏目《军情解码》以过去5年来我军的发展成就为主题，策划推出“精兵劲旅”系列特别节目；《每日文娱播报》《我看行》等文艺类节目力推现实题材精品力作，展现我国文艺创作的丰硕成果；生活类节目推出《家门口的事放心上》《党员榜样》《守卫朝阳》等专题版块，展现党和政府为改善群众生活所作的各项举措以及人民群众实实在在的获得感。

3. 献礼季播承载核心价值

北京电视台坚持以人民为中心的创作导向，以弘扬文化传承为研发方向，推出多档承载核心价值、展现美好情感的大型季播节目。原创大型演讲类节目《我是演说家》在选题策划上聚焦十九大，突出普通百姓对民族复兴、国家发展等重大命题的关切和思考；大型人文讲述类节目《中国故事大会》加大播出密度，通过一个个真实发生的故事来勾勒国家前行的剪影；少儿音乐节目《音乐大师课》推出以歌唱祖国和弘扬传统文化精神的歌曲精编；情感陪伴类节目《但愿人长久》还原演艺界人士的日常生活，讲述他们的成长经历与背后故事，传递暖心正能量。

4. 主旋律影视剧反映火热生活

北京电视台统筹全台 21 个首重播剧场资源，安排播出《情满四合院》《急诊科医生》《生逢灿烂的日子》等优秀剧目，力求把最好的电视剧奉献给观众。其中，都市情感剧《情满四合院》原汁原味讲述了发生在北京四合院里的生活变迁和社会百态，收视和口碑一路上扬。十九大前后，北京电视台还安排播出《平凡的世界》《父母爱情》《历史的使命》等优质剧目播出；卡酷少儿频道持续进行“主旋律动画展播带”“京味动画展播带”及“爱国老电影展播带”三大主题展播，弘扬真善美，传递正能量。

（三）突出融合报道理念，抢占移动端先发优势

围绕十九大的融合报道，北京电视台立足旗下以“BTV 新闻”微信公众号为拳头产品，涵盖“BTV 新闻”官方微博、“腾讯企鹅号”“今日头条号”“网易订阅号”等产品的新媒体发布矩阵，无论是配合电视报道的新媒体推送，还是基于新媒体平台原创的短视频，都力争做到有人气、振人心。

1. 重大报道同步新媒体推送

移动优先的融合理念是推进媒体深度融合的内在要求，已经渗透到北京电视台新闻报道的常态工作中。一方面，移动端的精准传播、快速传播能够在短时间内形成话题发酵，提升传播效力；另一方面，精彩的新媒体端信息推送也是对电视内容的预告和营销，会起到反哺电视的良好效果。10 月 8 日，央视《还看今朝》播出北京篇，节目开播同时，“BTV 新闻”公众号早于电视进度，推出《24 小时，原来你是这样的北京》图文，把即将在电视中播出的两版北京城市宣传片第一时间推送给观众，做到全网独家首发，在 1 小时内，微信图文阅读量就超过 7 万，点赞留言过百。

2. 贴合网络语态吸引年轻受众

除了配合电视内容进行移动端的推送，原创内容也是北京电视台融合报道的一大亮点。当前，视频社交作为一种趋势性的网络现象和传播方式日益引起关注，北京电视台在推进媒体融合的过程中，也将短视频发展作为重要的阶段性目标，并建立起独立的新媒体泛资讯类短视频品牌——京视频，打造全新的内容竞争力。国庆前夕，长安街展出美轮美奂的花篮，新媒体记者仅依靠手机等简单设备制作了延时摄影短视频《延时摄影下的北京，花海惊艳了这个季节，美醉了整个京城!》，不仅在新浪微博上获得 20 万 + 的播放量，还为新闻栏目《都市晚高峰》提供了报道素材。

3. 融媒体征集报道提升传播力

在践行“移动优先”理念的同时，

北京电视台在新媒体传播上坚持“依托母体，反哺电视”目标，与电视栏目共同推出融合报道，对主题报道进行征集、推广和观众互动，联合纸媒、互联网媒体进行跨媒体合作，扩大报道声势，谋求合作共赢。在大型系列报道《砥砺奋进的五年》播出期间，观众可以通过微信公众号留言、发图，讲述自身体验到的时代变化，而这些留言和图片视频经过整理筛选，会出现在《北京您早》栏目中，并在公众号上进行同步推送，实现多屏分发和新闻资源的统筹整合。目前，“微信公众号征集内容——电视端播出”已成为北京电视台新闻融合报道的一种常规形式，新媒体端与电视端配合默契，形成了良好的运转机制。

二、把握新方位新要求，引领新时代文化创造

站在新的历史起点，北京电视台将牢牢把握新时代文化建设的指导方针和发展路径，不忘本来，吸收外来，面向未来，筑牢主流思想舆论阵地，以人民为中心讲好中国故事，推动内容生产创新发展，努力在融合发展的新征程上实现新跨越、创造新辉煌。

（一）坚守新闻立台，筑牢主流思想舆论阵地

新闻立台，既是由传媒社会功能所决定，也是电视台安身立命的根基所在。在新的历史时期和改革环境中，通过新闻立台提升主流媒体的传播力、引导力、影响力、公信力，是做好新闻舆论工作的重要基础。长期以来，北京电视台始终坚持“新闻立台”不动摇，坚持“党媒姓党”“政治家办台”不动摇，无论是在重大事件报道，还是民生新闻领域，都是以“领头雁”姿态出现在电视媒体阵营。目前各频道每天播出新闻18小时，年播出新闻近9万条；北京卫视每日常态新闻栏目播出量达3.5小时，居省级卫视前列，《北京新闻》《北京您早》常年位居省级卫视同时段收视排名第一位；新闻频道成立近6年来，已经成为首都新闻信息的权威发布平台和重大新闻事件直播平台；“BTV新闻”微信公众号位居全国省级卫视新闻中心微信传播力榜单榜首。

下一步，北京卫视将着力于打造高端新闻品质，加强新闻评论，触角实现本土、国内、国际新闻的全覆盖，特别是加强国际新闻采编，增加体量，体现特色，展现首都大台的视野和实力；加快推进新闻融媒体中心建设，实现新闻资源统筹整合，构建多渠道、多终端新闻内容传播体系。

（二）弘扬传统文化，以工匠精神传播正能量

中华优秀传统文化是涵养社会主义核心价值观的重要源泉。一直以来，北京电视台在秉承“新闻立台”的基础上，坚持文化强台，策划推出了《传承者》《非凡匠心》《念念不忘》《我是演说家》《中国故事大会》《大西山》等一系列传得开、叫得响、留得住的精品文化节目。

我们将继续深入开掘中华优秀传统文化，以“一核一城三带两区”为理论指导，以拳拳工匠之心打造文化类节目集群，做好首都文化这篇大文章，让“北京创作”“北京创造”更好地体现北京的国家站位、全球视野、文脉传承和文化格局。文化体验类节目《非凡匠心》第二季将面向全球开展中华匠人寻访活动，讲述殿堂级传统手工艺人背后的传承故事；

传统文化展示类节目《传承者》第三季将以中国传统戏曲与歌剧文化融汇创新为切入点，打造精彩绝伦的传承者公演；文艺专题节目《北京评书大会》以“老中青少”代际结合的方式探索评书表演艺术的传承与创新；全国首档文化创意创投类节目《创意中国》打造由创意人、创业者、投资者、研究者和企业家共同组成的文化盛会。此外，还将围绕北京老城保护、中轴线申遗、故宫建成600周年等重大文化事件策划节目和特别活动，围绕“长城文化”“运河文化”“西山文化”策划推出一系列精品纪录片和专题节目。

（三）打造拳头产品，围绕成熟 IP 深耕细作

优秀的荧屏作品必然是具有正能量、有感染力，能够温润心灵、启迪心智。经过长期努力，北京电视台已经打造出“北京春晚”“跨界系列”《养生堂》《档案》《生命缘》等众多拳头产品，“北京春晚”立足首都定位，将传统文化与城市气韵碰撞交融，连续4年在大年初一晚间的春晚竞争中蝉联收视、微博和微信互动三项核心数据冠军；“跨界系列”已经孕育孵化出《跨界歌王》《跨界喜剧王》《跨界冰雪王》，用情怀和诚意诠释“跨界精神”，打响“跨界品牌”；《养生堂》开播8年，忠实观众达到7亿多，无论是收视率还是美誉度，始终为全国同类型节目翘楚；全国第一纪录片品牌《档案》扎根历史讲述，牢固树立起“重大题材看《档案》”的广泛影响力；原创医疗纪实节目《生命缘》开创国内医疗纪实节目新模式，两获“中国新闻奖”一等奖。

北京电视台将继续稳中求进，一方面培育更多具有更强竞争力的大品牌，另一方面，围绕成熟 IP 深耕细作，坚持创造性转化、创新性发展。2018 年北京春晚将立足大时代、新起点，以民族复兴与百姓生活、首都发展与民生民愿、京津冀协同发展与民众日常的息息相关为创作本源，展现新生活、新风貌；自 2017 年至 2020 年连续举办《BTV 环球跨年冰雪盛典》，为北京冬奥会召开营造火热氛围；第八届北京国际电影节将延续“大师、大众、大市场”办节特色，着力打造成为中华文化对外传播的优质平台和载体；《养生堂》将在内容升级创新的基础上，布局涵盖图书、音像、养生产品、在线健康咨询、在线看病等线上线下全产业链，推动“内容到商品”“观众到用户”的转变。

（四）深挖地面资源，更好地服务百姓新生活

习近平总书记指出：“文艺创作方法有一百条、一千条，但最根本、最关键、最牢靠的办法是扎根人民、扎根生活。”北京电视台始终坚持以人民为中心的创作导向，深挖地面资源，服务民生，服务群众，服务发展，成为繁荣首都文艺创作、提供生活资讯服务、推动体育健身事业等方面的重要力量。

北京电视台将进一步立足“大北京”概念，围绕疏解非首都功能、疏解整治促提升、京津冀协同发展、城市副中心建设、筹备冬奥会等统筹内容生产，深化对首都文化、红色文化、京味文化等历史文化资源的研究利用，多出有思想、有温度、有品质的作品，用新平台、新内容、新模式对接城市新经济，创造新价值、新未来。比如，2018 年我们将投入战略性资源，开发全新平台化产品，整合美食、健康、家装、旅游、教育、房产、文创、

电视、电商、社区等垂直领域，架起本地用户与本土生活服务、产品供应商之间进行交流和交易的新媒体平台，构建北京城市生活服务的互联网入口。再比如，我们将立足体育赛事资源，挺进资源蓝海，推出北京校园足球联赛、全民健身“北京纪录”挑战赛等线下体育活动，在推动全民健身、培育自有品牌、打造产业链等方面加大作为。

（五）坚守文化品格，唱响“大戏看北京”

作为首都主流媒体，北京电视台是重要的思想文化阵地，也是重要公共文化服务平台，承担着弘扬主旋律、传播正能量、提供公共文化服务的重要责任，在全国发挥着示范引领作用。北京电视台始终以坚守文化品格来指导影视剧的选购播出工作，为观众奉献了一系列大题材、大格局、大制作的优秀电视剧，“大戏看北京”的品牌形象深入人心。

面对当前影视剧行业发展的新形势，北京电视台将一如既往地坚持首善标准和文化品质，以“温暖的现实主义”为主旨，为观众奉献有情怀、有价值、经得住历史检验的影视剧作品。2018年，我们将精选反映改革开放40周年辽阔图景和奋斗精神的剧目播出；推出具有强烈现实主义色彩的都市情感剧《归去来》《时间都知道》《美好生活》等精品剧集；研发筹备以冰球运动和年轻人实现自我价值为主线的体育题材电视剧《冰球小子》；推进自制剧生产，激发文化创新创造活力。

三、结语

文化兴国运兴，文化强民族强。

未来，北京电视台将以高度的政治责任感，深入学习宣传好党的十九大精神，坚持以人民为中心的创作导向，把镜头对准一线基层，对准百姓，关注民生，让新闻报道的节奏合上时代发展的节拍，让主旋律更加嘹亮。

未来，北京电视台将以习近平新时代中国特色社会主义思想为引领，全力做好2018年改革开放40周年、2019年中华人民共和国成立70周年、2020年全国建成小康社会、2021年中国共产党成立100周年和2022年冬奥会、冬残奥会的宣传报道工作。

未来，北京电视台将继续坚持高度的文化自信和文化自觉，以强烈的时代责任感，担负起新的文化使命，以创新推动转型发展，打造新型主流媒体，为建设国际一流和谐宜居之都和全国文化中心做出新的更大的贡献。

（发表于《电视研究》2017年第12期）

坚定文化自信　唱响时代强音

北京电视台党委书记、台长　李春良

北京电视台以历史和现实两个轴线，推出了大量有影响力的栏目、节目。在众声喧哗中，弘扬主流价值，唱响时代强音，在错综复杂的传播格局中，把握创作导向，彰显主流媒体的责任担当。

文化自信是一个民族、一个国家对其自身文化价值和文化生命力葆有的持久信念和坚定信心。习近平总书记指出："我们要坚定中国特色社会主义道路自信、理论自信、制度自信，说到底是要坚持文化自信。"在庆祝中国共产党成立95周年大会上的重要讲话中，习近平总书记对文化自信进行了更加深刻的阐释，强调"文化自信，是更基础、更广泛、更深厚的自信"。文化自信是文化强国战略，是维护国家文化安全的重要保证。

当前，世界范围内各种思想文化交流交融交锋更加频繁，谁占据了文化发展制高点，谁就拥有了强大的文化软实力，谁就能够在激烈的国际竞争中赢得主动。主流媒体作为重要的文化传播载体，要更加坚定文化自信，生产更加丰富、优秀的文化产品，为文化强国战略做好舆论宣传，为中国梦注入强大的精神动力。作为首都主流媒体，北京电视台在传播实践中自觉肩负起凝心聚力、弘扬核心价值观的媒体使命，自觉肩负起传播文化自信、唱响时代强音的社会责任。

弘扬主流价值，坚守传播定力

近年来，伴随着新媒体时代话语权争夺的加剧以及传统媒体间竞争烈度的增强，主流媒体在不断提升自身传播能力的同时，也在经受着传播定力与功力的考验。

迎合与引领

面对转型期社会、经济、文化层面的深刻变化和思想观念、利益诉求的多元表达，主流媒体首先面临的考验就是以社会效益为先担当起文化引领的社会责任还是以经济效益为中心一味迎合大众、博取眼球、追求片面的发行量和收听、收视率。不容否认，一个时期以来，以互联网、移动互联网为代表的新媒体，在实现传播多元化、交互化、个性化的同时，也呈现出碎片化、非理性、反主流的特征倾向，破坏了良性、健康的舆论环境，影响了受众审美情趣的走向。同时在市场的挤压、诱导下，一些传统媒体在价值传播上，也缺少主动性、创新性，传媒生态出现了迎合受众的不良倾向和趋势。

北京电视台在传统媒体面临的共同发展困惑和困境中始终保持着主流媒体应有的定力，厘清满足观众需求和迎合观众需求的界限，充分发挥引领风尚、教育人民、服务社会、推动发展的作用，以历史和现实两个轴线，或结合重大会议、重大纪念日策划推出了一系列特别报道，或通过日常栏目策划播出内容多样的主题系列节目，体现了首都媒体在责任担当中的文化自觉。近几年连续推出了《伟大的抗美援朝》《砥柱中流——伟大的敌后抗战》《红军不怕远征难》《解放——人民的选择》等一系列大型纪录片，展现了中国革命的伟大历史画卷，表现了中国共产党的价值追求和中华民族的精神内涵，引导人民树立和坚持正确的历史观、民族观、国家观。为纪念中国人民解放军建军90周年，北京电视台推出6集大型系列纪录片《你从井冈山走来》，通过寻找人民军队的初心，在当今年轻人心中播撒井冈山革命精神的种子。

主流媒体是精神文化产品生产传播的主体，是传播社会核心价值的主渠道，责无旁贷地要为推动社会发展进步提供持续而强大的精神力量，为凝聚中华民族的共同力量提供永不枯竭的生命源泉。

杂音与主调

在表达渠道多样、利益诉求多元、社会矛盾多发的背景下，人们思想活动的独立性、选择性、差异性不断增强，多元价值观念并存，各种杂音、噪音直接影响了人们的精神世界。如何唱响唱好社会主义核心价值观这一时代主旋律也同样考验着主流媒体责任担当的意识和能力。除了抓住重大历史题材来解读党的路线、方针、政策，解读社会主义理论、制度、道路，北京电视台着重从百姓身边、从日常生活去捕捉具有正能量、体现社会主义核心价值观、充满人文情怀的人与事，牢牢确立文化传播的主基调。制作的《中国梦365个故事》是国内唯一一部每集3分钟、以365集为单元、集中表现中国人梦想故事的大型系列微纪录片。展现共产党员时代风采的《为你而歌》连续多年制作和播出，一个个短小感人的故事共同搭建起新时期共产党员的集体群像。

广播电视是深受党和人民信赖的主流媒体，必须主动作为，自觉做党和政府声音的传播者、社会主流价值的弘扬者、正向趣味能量的引领者，在多样化的思想舆论格局中奏响积极向上的主旋律，消除杂音、噪音带来的负面影响，有效引导社会舆论。

坚持新闻立台，实施舆论引领

新闻立台，既是由媒体社会功能所决定，也是电视台安身立命的根基所在。在当前我国媒体传播格局发生深刻变化、传媒业市场化进程日趋加快、社会文化消费需求趋于多元化的新常态下，通过新闻立台提升主流媒体的影响力、公信力、引导力，仍是我们的坚定信念与不二法则。

北京电视台坚持“新闻立台”“政治家办台”，无论是在重大事件报道，还是在民生新闻领域，长期以来都是以领头雁的姿态出现在电视媒体阵营。在新闻节目方面，北京卫视《北京新闻》《北京您早》常年位居省级卫视同时段收视排名第一位，午间档《特别关注》也是省级卫视该时段在播的屈指可数的新闻栏目之一；在新闻播出量上，每日常态新闻栏目播出体量在3.5小时左右，在省级卫视中也是数一数二。除了新闻节目质、量齐升，2014年6月8日在全国地方台纪录片频道中首家上星播出的北京纪实频道，也承载着重要的舆论宣传和社会守望功能，共同铸就北京电视台“首善媒体 大美品质”的价值追求。

国际与本土紧密联系

作为首都电视台，关注全球，尤其是对国际重大事件的报道，可以在深层次上展现主流媒体的文化自信与责任担当；同时作为北京地方台，立足本土，又是传媒疏导社会情绪、引领核心价值的题中之意。

2015年7月31日，北京电视台推出“申冬奥”大型直播报道《通向2022》，以全球共享的广阔视野和立足民生的人文观照，对北京申冬奥的历史脉络、社会红利、国际影响等进行了全方位的报道和诠释，充分彰显出首都大台的眼界与胸怀；2016年以来，北京台连续推出“天涯共此时——‘一带一路’”大型新闻行动，奔赴“一带一路”沿线国家，展现丝路建设造福沿线百姓的故事，对“一带一路”沿线国家与中国在“政策沟通”“民心相通”等方面所取得的成果进行重点报道，体现出首都媒体的责任担当；2017年5月，圆满完成“一带一路”高峰论坛大型系列特别报道《共建丝路 共赢发展》，开启重大国际时政类新闻直播先河，同时国际报道与国内新闻相互配合，报道触角更加细腻，取得较好的传播效果。

大视野小视角，入耳入心

在利益诉求日益多元、个体意识不断增强的今天，主流媒体必须要在新闻报道的感染力和吸引力上多下功夫，要将传播内容的准确性和传播方式的生动性结合起来，使舆论引导工作更加可亲可信，以小视角切开大视野即是北京电视台坚持的一条重要传播理念。

2016年年底和2017年2月，在习近平总书记视察北京前后，北京电视台适时推出系列报道及同名专题片《春潮》《扬帆》，从关系百姓生活的各个维度集中展示了北京在疏解非首都功能、京津冀协同发展、治理大城市病、大气污染治理等方面取得的显著成效，实现了重大政论题材报道的新突破；大型系列微纪录片《中国梦365个故事》紧密贴近百姓生活，讲述普通人的人生百态，突破了传统宏大叙事的宣传窠臼，以更具打动人心的力量弘扬中国精神。

线上线下同频共振

在众声喧哗的新传播格局下，传播环境的复杂性和舆论引导的紧迫性更加凸显，作为首都媒体，必须要以重大新闻事件为抓手，以创新新闻表达方式为核心，以跨平台、跨终端为转型路径，深入探索新形势下跨媒体传播体系的构建。在新闻报道的跨媒体架构上，北京电视台形成了以“BTV新闻”微信公众号为拳头产品的新媒体发布矩阵，旗下运营有“BTV新闻”微信公众号、“BTV新闻”官方微博、腾讯企鹅号、今日头条号、网易订阅号等，每个平台阅读量都在百万量级以上。其中，“BTV新闻”“北京新闻”新媒体账号荣获多项业内荣誉，“BTV新闻”连续两年位列省级电视台新闻中心微信榜单第一名；“北京新闻”微信公众号荣获“2016年度全国省级电视民生新闻微信公众号最具影响力TOP10”称号。在“一带一路”高峰论坛、北京两会等重大报道中，新媒体稿件表现出色，快速迅捷发出移动端BTV声音。

把握创作导向，寻求价值共识

习近平总书记曾经强调，核心价值观是文化软实力的灵魂，是文化软实力建设的重点。这是决定文化性质和方向的最深层次要素。一个国家的文化软实力，从根本上说，取决于其核心价值观的生命力、凝聚力、感召力。在秉承新闻立台的理念基础之上，北京电视台始终坚持以人民为中心的创作导向，以寻求价值共识为节目创作之本，增强文化吸引力，引领文化自信。

在坚持文化引领的同时，实现话语方式的时代转换与创新；在秉承优良传统的同时，赋予文化产品鲜明的时代性和鲜活性。

创新与传承之间凝聚文化精髓

不忘历史才能开辟未来，善于继承才能善于创新。近年来，北京电视台始终将节目创新创意的源泉根植于优秀的中华民族传统文化，着力打造出一大批以思想性、艺术性和贴近性制胜、以彰显民族精神命脉为立足点的品牌节目。

国内首档传统文化展示真人秀《传承者》用原创精神深耕文化厚土，从关注非遗项目到聚焦中国最顶尖的艺术团体，节目将高度抽象的文化概念以直观、质朴的方式呈现在电视荧屏上，以极致传承艺术，用情怀赢得关注；文化体验类节目《非凡匠心》从普通匠者的非凡匠心出发，通过寻找国宝级文化传承者和稀有的工艺匠人，弘扬传统文化，体验传统工艺，为平凡生活中的手艺人点赞；文化传承类节目《念念不忘》以拳拳传承之心，完成与先辈谆谆教诲的时空对话，尽显家族气度与民族胸怀；全国第一纪录片品牌《档案》扎根历史讲述，坚守叙事立场的公正性，以故事的长度、思想的深度、情节和细节的密度见长，已经在广大观众心中树立起“重大题材看《档案》”的口碑；大型人文历史纪录片《大西山》首次以影像记录的方式，从北京历史文化的时间和空间、传承和发展的角度，开拓性地展示了西山文化与北京城市文化的血脉关系。

当下与未来之间诠释媒体初心

每一个当下，都在塑造着未来的面貌。电视既是社会公共信息交流平台，又是传播核心价值观、提升文化软实力的重要载体，被赋予了更多的历史责任和现实担当。不忘初心，回归本真，在当下与未来之间诠释传媒担当，也是北京电视台内容创作的重要法则。

少儿成长音乐节目《音乐大师课》以少年儿童学习和演唱经典歌曲为主体内容，用真挚童声传递正能量，每期节目一个主题，或传承经典，或表达真情，在音乐的有声熏陶之下，激发孩子们对亲情、友情、爱国之情的感念与珍视。在《音乐大师课》的舞台上，经典歌曲不仅唤起观众对往昔岁月的美好记忆，其承载的时代精神和文化内涵也由一群天真烂漫的孩子延续下去，让祖国的未来一代在音乐交流中分享艺术、增进智慧、提升品格。众筹创业真人秀《众筹梦想》致力于打造创新孵化的服务闭环，给热爱创新、热爱生活、热爱梦想的人们提供平台，在这里，未来是有深度、有故事、有情感的，该节目也已初步形成具备市场化运作的节目体系。《二胎时代》《长大成人》等季播节目直面现实问题，回应社会关切，关注少年儿童成长，凭借有温暖有深度的节目内容赢得“暖心综艺”之称。

“有意思”与“有意义”之间彰显价值引领

作为典型的大众文化形态，当下的电视综艺奇观与主流文化的关系一直处于一种疏离与建构的持续性张力之中。一方面，综艺娱乐产业已经成为文化创意产业发展中最具活力的增长点之一，得到来自政策层面和实践发展的双重认可；另一方面，综艺节目又因其天然的通俗性与大众趣味性，在现实操作中不可避免地出现与主流文化相背离的负面影响。

传播学者哈罗德·莫尼斯曾经说过：“一种媒介不是某一文化借以发挥作用的中立机构。由于其特殊方式，它是价值的塑造者，是感官的按摩师，是意识形态的倡导者，是社会格局的严格组织者。”作为首都媒体，北京电视台在综艺节目的创作上也始终坚持其对主流价值观、传统文化的认同、发扬和互动，不断尝试找寻“载趣”与“载道”的平衡点，努力做到“载趣而有道”“载道而不失有趣”。

原创语言竞技节目《我是演说家》借由语言碰撞的火花，讲述一个个直面挑战、热血励志的人生故事，在各类大投入、大制作辈出的真人秀大战中，依靠“语言的魅力”脱颖而出，带给观众满满的正能量，也将电视综艺节目的风骨情怀和道义担当展现得淋漓尽致；以《跨界歌王》《跨界喜剧王》《跨界冰雪王》打头阵的“跨界系列”用情怀和诚意诠释“跨界精神”，已经打响北京卫视的“跨界品牌”，其中，《跨界歌王》第二季表现突出，整季节目35城平均收视率达到1.75%，位居2017年上半年省级卫视所有音乐类节目第一位，真正做到“有意思”与“有意义”的相融相通，也展现出北京电视人的坚守与突破。

明星与素人之间传递人间真情

2015年7月，广电总局发布了《关于加强真人秀节目管理的通知》，要求真人秀节目要主动融入社会主义核心价值观，贴近火热现实生活，关注普通群众。今年6月，广电总局“最严限令”出台，从下半年开始全明星综艺禁止在卫视黄金档播出。随着全明星综艺的逐步降温，星素互动、关注普通人的真人秀节目成为各大电视台发力的重点。在这方面，北京电视台一直身体力行，在节目策划和创作中，坚持中国梦主题，引导群众正确认识社会问题和生活难题，增强对美好未来的信念，发挥思想启迪、心灵陶冶的传媒功能。

原创医疗纪实节目《生命缘》开创了国内医疗纪实节目的全新模式，将镜头对准“生死战场”最前沿，通过真实记录的画面来诠释尊重生命、敬畏生命的大爱精神，给观众最真实震撼的情感冲击，该节目获第二十五届中国新闻奖一等奖；家居改造纪实节目《暖暖的新家》以身边的普通人为主角，贴近现实、贴近群众，通过伴随式的记录拍摄，反映百姓的生活疾苦，接地气、提心气，展现当代中国人对生活的乐观、对亲情的守护、对梦想的追求；情感互动体验真人秀《我想见到你》由5位明星组成“温暖能量团”带着委托人的愿望清单，开启一段段温暖之旅，以明星和素人真实互动的方式呈现“平凡中见伟大”的主题内涵，引发观众对于社会责任与自我实现的深度思考。

在实现中华民族伟大复兴的中国梦的

历史关键节点上，主流媒体使命艰巨、责任重大。北京电视台将以高度的文化自信和文化自觉，敢于坚守，勇于担当，善于洞悉社会，在众声喧哗中，弘扬主流价值，唱响时代强音，在错综复杂的传播格局中，保持纯正的底色和鲜明的亮色。

（发表于《新闻战线》2017 年第 8 期）

北京电视台党建和意识形态工作情况汇报

北京电视台党委书记、台长　李春良

（2017年7月14日）

尊敬的景书记、杜部长，尊敬的各位领导：

大家下午好！今天，景书记、杜部长深入电视台调研指导工作，召开座谈会，这是对我们的巨大鼓舞和鞭策。北京电视台现有工作部门35个，7家台属一级企业（还有3家企业参照一级企业管理），截至6月底，全台在职员工4200多名，包括事业编人员1240人，派遣制员工2008人，企业员工近1000人。全台有党员1495名，党支部58个、党总支6个。下面，我把电视台党建和意识形态工作情况作简要汇报。

在党建工作方面，我们高度重视，把党建工作作为龙头工程抓紧抓好。一是抓学习教育，持之以恒夯实基础。以“三严三实”“两学一做”学习教育为抓手，发挥中心组龙头作用，围绕学习党的十八大和习近平总书记系列重要讲话精神、党中央治国理政新理念新思想新战略、习近平总书记视察北京重要讲话和关于新闻宣传工作重要指示精神，做到集中学习和个人自学相结合，专家辅导和领导讲党课相结合，理论学习和工作研讨相结合，台党委中心组每年学习30次以上，各支部组织学习教育活动700场次，有效提升了党员理论素养。

二是抓党员队伍，增强凝聚力战斗力。坚持以重大报道培养队伍，以重点节目锻炼队伍，以改革攻坚考验队伍。比如，《档案》栏目在拍摄《长征》纪录片中，摄制组6名年轻同志深受革命先辈事迹感动，积极向党组织递交了入党申请。在2017年跨年灯光秀活动中，面对严寒天气和繁重任务，党员身先士卒，风餐露宿，表现出了高度的党性觉悟。还比如在春晚、大型季播和重大主题报道中，广大党员始终冲在一线，起到了很好的示范效应。3年来有近百名一线骨干加入了党组织。

三是抓工作创新，化解基层难题。针对全台党员多、工作不定时、点多线长的实际，我们开发了具有工作布置、信息交流、资料共享、成果展示、评比检查等功能的“智慧党建”APP，将支部建在网上，把党员联在线上，实现了学习教育的信息化、网络化、常态化，被列为全市基层党建创新项目。

四是抓从严治党，强化正风肃纪。以巡视整改为契机，制定了加强纪监审工作的实施意见，解读手册人手一本；充实工作力量，纪监审干部由8人增加到20多人；强化领导干部“一岗双责”，聚焦重点领域和关键环节，着力实现监督全覆盖；强化纪监审工作刚性约束，对10个方面的监督流程做出硬性规定；用好四种形态，严格执纪问责，严肃查处违纪行为，起到了教育警示效果。

在意识形态工作方面，坚持党性原则，强化阵地意识，始终与中央和市委保持高度一致，围绕中心、服务大局，不博眼球，不唯收视率，唱响主旋律、传播正能量，实行意识形态工作差错“一票否决”，牢牢掌握话语权、主导权。

一是围绕中国梦筑牢理想信念。精心创作微纪录片《中国梦365个故事》，每集3分钟，生动讲述普通人追梦筑梦圆梦的故事，获得广泛好评。第一季365集播出后，最高收视率12.22%，平均收视率7.86%，网络点击量超过2.5亿次。该片还在北美、非洲、欧洲等地区播出，成为展现中国精神的成功案例。目前，已启动第二季。围绕“一带一路”国家战略，推出10集纪录片《融通之路》和系列报道，传播“一带一路”倡议，解读丝路精神，汇聚了强大精神动力。

二是围绕核心价值观引领社会风尚。精心打造《档案》《生命缘》《我是大医生》《养生堂》《音乐大师课》《我是演说家》《暖暖的新家》《书香北京》等精品节目，传递向上向善精神力量。以党员先进事迹为题材，在市委组织部、宣传部的指导下，每年制作推出《为你而歌》专题片，阐释共产党人的核心价值观。推出《党员榜样》《幸福绽放》《致敬劳动者》《劳动最光荣》等节目，做好道德模范、身边好人、北京榜样的宣传，用身边的感动引领社会风尚。

三是围绕党史国史壮大主流舆论。针对历史虚无主义等错误思潮，精心策划反映国史党史军史的专题节目。如结合建党95周年，推出纪录片《解放》；结合长征胜利80周年，推出纪录片《红军不怕远征难》《寻踪长征路》；结合建军90周年，推出纪录片《你从井冈山走来》《寻踪英雄路》《蓝盔在行动》；结合庆祝西藏自治区成立50周年，新疆维吾尔自治区成立60周年，推出纪录片《西藏》《新疆》，起到了消除杂音、激浊扬清的作用。

四是围绕优秀传统文化增强文化自信。精心策划推出了《传承者》《非凡匠心》等季播节目，汇聚非物质文化遗产，弘扬优秀传统文化。围绕推进“大运河文化带”“长城文化带”“西山文化带”的建设保护和利用，充分挖掘展示北京历史文化整体价值。2016年推出的大型纪录片《大西山》受到广泛好评。目前，我们按照市委市政府的部署，进一步加强策划创作，着力推出优秀作品。

五是围绕全市中心工作把牢舆论导向。连续两年推出重头专题片《春潮》和《扬帆》，充分展示全市学习贯彻习近平总书记视察北京重要讲话精神的显著成效。精心策划疏解非首都功能、京津冀协同发展、城市副中心建设、冬奥会筹备等200多个重点报道，对上百个热点开展舆论调控，营造了良好舆论氛围。

总之，在今后的工作中，我们要坚决贯彻中央和市委的部署要求，按照景书记、杜部长的指示要求，抓住党建工作这个龙头，更加扎实地做好工作，以优异成绩迎接党的十九大胜利召开。

肩负使命　砥砺前行

——北京电视台以自信担当弘扬主旋律传播正能量

北京电视台党委副书记、总编辑　王　珏

在文化强国建设之路上，媒体要当好“排头兵”，积极传播先进文化，正确引导社会舆论。那么新时代如何做好文化引领的“排头兵”？众声喧哗中如何做到敢于发声、善于发声？北京电视台坚持党媒姓党，正向引领，推进全国文化中心建设，体现出了主流媒体的责任担当。

一、重大报道我见证

新闻立台是北京电视台一贯坚守的价值理念。2017年以来，BTV新闻人坚持导向引领，重大报道不缺位，日常新闻有引领，推出了一系列重大主题报道。

十九大重大主题宣传守正出新，策划推出《砥砺奋进的五年》《十九大时光》《新时代 新气象 新作为》等系列报道和解读十九大报告系列访谈节目《新时代大家谈》，唱响全党全国人民践行习近平新时代中国特色社会主义思想的时代主旋律。

围绕市第十二次党代会、建党96周年、香港回归20周年、全民族抗战爆发80周年、中国人民解放军建军90周年、中华人民共和国成立68周年等节点，重大策划不断线，推出大型专题片《扬帆——习近平总书记2·26视察北京三周年》《我的新北京》、大型直播报道《还看今朝·北京篇》、大型航拍系列报道《喜迎十九大 北京新篇章》、系列宣传片《大美看北京》等，多屏联动播出，多个短视频的网络点击量达到100万+。

2017年5月，首届“一带一路”国际合作高峰论坛在北京举行，大型系列直播报道《共建丝路 共赢发展》彰显了首都台的国家高度，全球视野。就在论坛召开前后，北京电视台、北京人民广播电台、北京新媒体集团、北京日报报业集团首次联手组建采访组，启动了为期3个月的“一带一路”BTV大型新闻行动第二季。多路记者深入探访“一带一路”沿线国家，感受祖国强大；多媒体融合、立体化传播，开创北京电视台自主策划、大规模主题采访的新模式。

建军90周年之际，系列报道《寻踪长征路》开启了记者、专家体验式采访的新模式。六集大型纪录片《你从井冈山走来》首次邀请到17位井冈山红军人物后代担任特邀讲述人，致敬历史，关照现实，谱写了一部人民军队诞生史诗。大型直播报道《从胜利走向胜利》全景呈现朱日和大阅兵，北京电视台成为全国唯一深入阅兵现场进行直播报道的省级电视台。

全台以《北京新闻》为主阵地，《特别关注》《北京您早》《法治进行时》《首都经济报道》《军情解码》《每日文娱播报》等做大做强新闻矩阵，唱响主旋律，打好主动仗。围绕市委市政府中心工作，推出《市民对话一把手》《疏解整治促提升 我家门前靓起来》《冬天里的温暖》《中国梦365个故事》等专栏，聚焦疏解非首都功能、京津冀协同发展、城市副中心建设等战略，加强对民生热点的正面宣传，体现城市管理可持续发展的新理念。初步统计，北京电视台全年主题报道数量达到5000条。

二、温暖的现实主义带您大戏看北京

2017年，北京卫视黄金档播出了15部优秀电视剧，收视排名全国第四，其中电视剧《深海利剑》《生逢灿烂的日子》等勇夺同时段全国卫视电视剧收视冠军，《情满四合院》《我的前半生》《急诊科医生》等剧也都引发广泛关注，触发社会话题，成为年度“现象级”大戏。有的关照冷暖人生，直击当代社会热点；有的回望峥嵘历史，展现中华民族精神。这些作品提升了北京电视台剧场的品质，赢得了观众的口碑。

北京电视台提出“大戏看北京”的口号，高扬“温暖的现实主义”风帆，自觉将一系列大气、厚重、有温度、有情怀的现实主义作品作为首选，将一批大题材、大格局、大制作的优秀电视剧推上荧屏，彰显首都的气质底蕴。正如中国广播电视协会副会长李京盛所说，不知道如何搞创作的制作公司，可以把北京电视台尤其是北京卫视播出的电视剧，细心地看一看，分析一下作品的题材构成、风格样式、阵容选择，再看看围绕着北京电视台的制作机构都是什么样的机构，弄明白了这些就会知道自己的方向。

三、文化综艺跨界创新

2017年，北京电视台推出20多档季播节目，《我是演说家》《传承者》《非凡匠心》被广电总局评为“全国创新创优节目”，获得口碑和收视的双赢。

《我是演说家》和《中国故事大会》两档文化讲述类季播节目播出恰逢党的十九大召开前后。《我是演说家》“为新时代发声”，天宫二号总设计师、胡麻岭隧道总工程师、辽宁舰士兵等参与到国家重大工程建设的普通人，从平凡个体的视角讲述家国故事，表达对祖国的自豪之情。《我是演说家》创造了10月21日首播当天腾讯视频点击量19个小时破亿的传播纪录。

文化体验类节目《非凡匠心》由张国立作为匠心体验引领者，每期邀请明星好友寻访中国瑰宝级文化与技艺。节目以创新的形式融合综艺和传统文化，抓住了年轻高学历群体的兴趣点，创下综艺节目类豆瓣评分新高9.5分。

音乐教育类公益节目《音乐大师课》至今播出三季，培养出51名孩子，唱响了超过300首经典歌曲，同时段收视多次跻身省级卫视前三名，全网视频点击量突破35亿。

《但愿人长久》《念念不忘》等一批创新节目融入文化内涵和人文关怀，传播时代正能量，彰显首都主流媒体的风范和品格。

大型晚会创新文化表达。BTV春晚连续4年蝉联收视率、微博互动、微信互动第一；“动画春晚”“京张心连心”文艺演出、北京喜剧幽默大赛等品牌综艺广受好评。

《跨界歌王》《跨界喜剧王》《跨界冰雪王》等现象级主流综艺节目打响跨界品牌。《跨界歌王》创收视新高，领跑2017年上半年全国卫视同类综艺节目。

京味文化大型评书栏目《北京评书大会》演绎四代同台、师徒联袂的传承故事。刘兰芳、田连元、单田芳、连丽如等4位评书表演艺术家首度同台。

北京电视台文化综艺节目讲导向、重公益、有定力，坚持文化品位，不走娱乐至上路线，成为电视荧屏的一股文化清流。

四、大型活动高屋建瓴

"春天，来北京看世界最好的电影!"2017年4月，第七届北京国际电影节活动总数超过370场，吸引中外嘉宾1.5万名、首都各界群众100余万人次参加，隆重颁发天坛奖，彰显国际化、专业化、创新化，向全球传递北京作为历史文化名城的金名片。

自2016年底北京卫视首次推出《奥运之城 冰雪邀约——北京卫视2017跨年环球歌会》后，2017年12月31日举办的《2018环球跨年冰雪盛典》融入"冬奥"元素，突出"冰雪跨年"和"文体跨界"概念。晚会在北京、河北（张家口）、黑龙江（哈尔滨）三地录制，省级卫视平台上首次出现三地录制三台同播的跨年盛景。零点前后推出的跨年楼宇灯光秀闪亮北京夜空，打造北京跨年新地标。

而从2017年至2020年，北京电视台将与国家体育总局和北京冬奥组委合作，在每年的12月31日推出系列《BTV环球跨年冰雪盛典》，为北京冬奥会的召开营造火热氛围。每一年的这一天，北京卫视与观众订下冰雪之约，携手跨年。

五、公益行动彰显价值

"带本书给家乡的孩子"大型公益季播活动由北京电视台发起，已经举办了五季，将15万多册北京市民捐献的爱心图书送往全国21个省市自治区的300多所贫困小学，35间BTV爱心图书室在全国各地纷纷建立。2017年，第五季活动推出了"爱心读诗亭"活动，4个爱心读诗亭流动到了27个北京地标性场所和文化场所，热线人士只需要到线下"爱心读诗亭"或拿起手机读一首经典诗歌转发朋友圈或微博，就可以给山区的孩子们捐出一本书，该活动吸引了15000余人线下排队参与，5万多人线上接力，超19万微博转发，阅读量超300万。人民日报、新华社等媒体纷纷发声点赞。

"北京影响力"评选活动由北京电视台联合首都12家主流媒体共同主办，累计超过3200家企业参与其中，240家企业登上过北京影响力的领奖台，并带领中国的企业家登上了美国哈佛论坛的讲台。2017年第八届北京影响力经济评选活动历时9个月，成为"京津冀"产经界的重要"风向标"。

"诚信北京3·15"特别节目，"北京榜样"颁奖典礼，"幸福绽放""袋动中国"等公益活动暖人心怀。

梅花香自苦寒来，坚守初心方得始终。北京电视台2017年收获社会各界好评不断。《北京新闻》《北京您早》收视率始终位列全国省级卫视同时段第一；微纪录片《中国梦365个故事》被写进了2017年市政府工作报告和市第十二次党代会报告；北京卫视连续3年跻身中国电视博雅榜"卫星频道满意度十强"，连续两年获得"金长城传媒奖"十大影响力卫视称号，连续5年跻身全国省级卫视一线阵营，入围2017年"影响中国传媒十大媒体"；纪实频道荣获国家新闻出版广电总局优秀国产纪录片制作机构奖；卡酷少儿频道荣获国家新闻出版广电总局“优秀少儿频道、动画频道一等奖”；北京电视台每年都有作品荣获中国新闻奖、中国广播影视大奖等国家大奖，展播的电视剧多次斩获“五个一工程”奖、“飞天奖”、“金鹰奖”，获奖数量和等级位列全国电视台前列。

党的十九大提出：“坚定文化自信，推动社会主义文化繁荣兴盛”。作为传播中国形象、讲述中国故事的中国媒体人，使命呼唤担当，使命引领未来。在时代激流中，北京电视台要继续做好文化引领的排头兵，构建舆论引导新格局，推进媒体转型融合，打造更多“公益、文化、原创”的优秀作品。

2017，我们不忘初心，携手同行；2018，我们牢记使命，继续奋进，共祝祖国好！

提高政治站位　改进工作作风
不断推进党支部规范化建设

——在北京电视台党支部规范化建设工作会上的讲话

北京电视台党委副书记、常务副台长　韦小玉

（2017 年 9 月 28 日）

党支部规范化建设是全市党建工作的重要举措，今年开展试点工作，明年将在全市推开。全台各支部要提高政治站位，改进工作作风，高标准、严要求落实这项工作，切实履行党风廉政建设主体责任，不断推动党支部工作的规范化、制度化，增强党支部创造力、凝聚力和战斗力。

今天，我讲四个方面：一是目前全台党建工作的情况，二是基层党建的新形势新要求新任务，三是新闻媒体党建工作的特点，四是结合规范化建设要求认真抓好电视台党建工作。

一、全台党建工作的情况

近年来，我台结合“两学一做”学习教育，扎实开展党建工作，全台基层党建工作取得了明显成绩。各党总支、党支部深刻领会基层党组织在“两学一做”学习教育中的重要作用，创新方法，注重效果，确保学习教育常态化制度化。我们充分利用“智慧党建”这个平台，积极分享学习心得，交流经验体会，展示支部风采。“智慧党建”上线以来，全台发送各类党建工作消息 9000 余条，阅读点击量超过 88 万人次。可以说，全台各党支部都已经动了起来，鲜活生动的工作案例不断涌现。尤其是开展特色党日活动方面，涌现出了在全国叫得响，得到党中央、国务院有关部委表彰的品牌公益活动“带本书给家乡的孩子”，在全社会引发了强烈反响，展现了我台良好形象；我们的“智慧党建”APP 也入选了北京市基层党建创新项目，受到市委领导的高度评价。

但是，在看到成绩的同时，我们也要清楚地认识到，我们的工作同从严治党的要求、同规范化建设的要求还有不小的差距，希望大家继续以高标准严要求抓好落实。

二、基层党建的新形势新要求新任务

党支部是党最基本的组织，是党全部工作和战斗力的基础，要树立党的一切工作到支部的鲜明导向。党的十八大以来，党中央和市委对加强和改进党的建设提出了一系列新任务新要求，对于充分发挥基层党组织的战斗堡垒作用，巩固党的执政地位，实现党的执政使命，具有重大而深远的意义。今天，我和大家梳理一下基层党建的新形势新要求和新任务。

在党的群众路线教育实践活动总结大会上，习近平总书记强调，各级各部门党委必须树立正确政绩观，坚持从巩固党的执政地位的大局看问题，把抓好党建作为

最大的政绩；习近平总书记在2013年全国组织部长会议上强调，贯彻党要管党、从严治党方针，必须扎实做好抓基层、打基础的工作，使每个基层党组织都成为坚强战斗堡垒……使广大党员平常时候看得出来，关键时刻站得出来、危急关头豁得出来。2013年，习近平总书记在河北调研时强调，只要每个基层党组织和每个共产党员都有强烈的宗旨意识和责任意识，都能发挥战斗堡垒作用、先锋模范作用，我们党就会很有力量，我们国家就会很有力量，我们人民就会很有力量，党的执政基础就能坚如磐石。在十八届中央纪委六次全会上，习近平总书记强调，各级党组织要担负起全面从严治党主体责任。全面从严治党，核心是加强党的领导，基础在全面，关键在严，要害在治。

蔡奇书记在北京市委党的建设工作领导小组会议上强调，各级党委要扛起全面从严治党主体责任，扎实推进“两学一做”学习教育常态化制度化，在真“学”实“做”上下功夫，确保取得实实在在的效果。要树立党的一切工作到支部的鲜明导向，突出抓好党支部规范化建设，真正把思想政治工作落实到支部，把从严教育管理党员落实到支部，使党支部真正成为团结群众的核心、教育党员的学校、攻坚克难的堡垒。在北京市第十二次党代会上，蔡奇书记强调，基层组织是党的全部工作和战斗力的基础。把抓基层打基础作为固本之举和长远之计，坚持强功能、抓基本、补短板、重创新，推动基层党的建设全面进步、全面过硬，让党的旗帜在每一个基层阵地高高飘扬。

一直以来，宣传部也对加强基层党组织建设，推进从严治党向基层延伸做出了要求和部署，出台了三项明确的规范和制度，下发了《党风廉政建设记实手册》，督促领导干部落实主体责任。推进党支部规范化建设，既是党支部工作的重要内容，也是激活党支部、增强党支部组织力的重要契机。党员学习在支部、活动在支部，党员先锋模范做得怎么样，党支部建设得怎么样，直接关系基层党的建设成效。基层党建工作要发挥好党支部的主体作用，支部要在基层工作中唱主角，真正发挥好战斗堡垒作用。

三、新闻媒体党建工作的特点

新闻媒体作为新闻传播的主导者，肩负着传播舆论、引导舆论的重要职责。在新形势下，如何抓好党建，让党的政治思想工作成为新闻宣传战线的有力支撑和保障，是新闻媒体面对的首要问题。抓好党建，才能使新闻工作者真正成为一支思想素质过硬、业务精湛、作风优良的人才队伍，才能打造出更多的、适应党的新闻工作需要的优秀作品，才能让党媒姓党。当前新闻媒体党建工作有几个特点：

一是职责重大。新闻媒体是党和人民的喉舌，党在意识形态领域的重要阵地，肩负着引导舆论、服务大局、激励斗志的神圣使命。上周蔡奇书记调研时专门强调，要坚持政治家办报办刊办台办新闻网站，把党管媒体的原则覆盖到所有媒体，在导向上要一把尺子量到底，严格遵守宣传纪律，牢固树立阵地意识。党性原则是对新闻媒体单位的本质要求，新闻工作者的首要任务是牢牢把握正确的舆论导向，要把党建工作放在一个重要的位置。

二是身份特殊。媒体工作从业者们一方面需要以党建工作提升自身党性修养，发挥党员先锋模范作用，另一方面又需要以好的作品吸引人、鼓舞人，发挥好媒体作品成风化人的作用。可以说，新闻宣传工作者的党性修养，既体现在新闻宣传工作之中，也体现在个人党性之中，既要做到用主流价值观引导社会思潮和舆论走向，又要持续不断地加强自身思想建设。

三是任务艰巨。现阶段媒体传播在收视行为上，从“一屏独大”转向“三微一端”，新媒体在大众传播中的话语权越来越强，有着不可忽视的作用。它以强大的传播功能、广泛的社会影响，已成为社会舆论的集散地、发酵场、放大器。当前社会改革正处于深水期，各种社会矛盾凸显，各种利益主体错综复杂，各种思潮充斥网络，负面舆论见诸报端，给党建工作带来了巨大挑战。

四是贴近生活。电视台有着贴近观众、触角广泛、反应迅速的特点，我们的报道范围广、题材多，与公众生活密切联系。报道本身贴近实际、贴近生活、贴近群众，更容易与普通人产生共鸣，在一定程度上影响着社会生活的和谐稳定。蔡奇书记调研时也曾指出，内容越贴近百姓生活，就越有影响力。在重大新闻的报道上，因为我们有着公信力高、权威性强的优势，在老百姓心中就更具说服力。

四、结合规范化建设要求认真抓好电视台党建工作

在当前全面从严治党向基层延伸的形势下，党中央和市委对基层党建工作提出了新要求和新任务，我们要结合全台党建工作实际，紧扣媒体党建工作特点，扎实开展党支部规范化工作，落实党风廉政建设主体责任，向五星级党支部看齐，提升党员党性修养，促进全台党建工作迈向新台阶，开创我台改革发展的新局面。

第一是严起来。一要纪律严。要认真学习《中国共产党纪律处分条例》《中国共产党廉洁自律准则》和《宣传系统领导干部落实党风廉政建设主体责任全程记实实施方案》要求，扎实履行党风廉政建设主体责任，推动构建清单化明责、痕迹化履责、台账化记责机制，落实好党风廉政记实手册的记录工作。

二要管理严。要严格执行党员教育管理的相关规定，从严从实管理党员，按照计划开展学习教育和交流研讨，认真学习“两贯彻一落实”、习近平总书记关于北京工作指示以及即将召开的十九大精神，不得以任何借口、任何理由忽视学习教育。近年来，中央对流动党员管理非常重视，做出了专项工作安排和督查规定。我台也有明确规定，派遣员工是党员的，组织关系一律转到台里。针对这个问题，台党委明确要求，党办也向支部发出专门督办通知，请大家按要求执行。

三要制度严。严格按照《党支部换届选举请示报告制度》《领导干部参加党支部活动规范》《流动党员服务管理规范》做好相关工作。各党支部要落实换届选举工作的主体责任，按照规定的时间和工作流程，很好地完成这项政治任务。台领导所在支部，开展活动和学习教育安排第一时间通知台领导参加形成规范。

第二是实起来。一要活动实。要认真策划党建活动，注重实际效果，切忌贪大求全。要把党建工作融入到工作实际中，抓好经常、日常和平常，活动要做到及时记录，随时总结。各支部要把支部工作的思路打开，开动脑筋，创新形式。党建工作并不仅仅是开大会、学文件，要学会与工作实际相结合，把党员大会同部门例会结合起来，把支委会同主任办公会结合起来，把党建活动同业务活动结合起来，把提升业务素质同提高党性修养结合起来，详细策划搞好支部的“X”，规定动作做到位，自选动作有特色，开展实实在在的活动，取得实实在在的效果。

二要作风实。要坚持问题导向，解决实际难题，在提升支部工作水平上下功夫，上水平。认清当前党建工作形式，观大势，谋大局，创先争优，争做五星级党支部。支部工作手册是支部工作记录的重要载体，也是上级督查的重要内容。要提高政治意识，支部书记要认真学习《党支部工作规范》，熟知“党支部书记主要职责”，要亲自过目支部工作记录，审阅签字，这个“书记签字”先作为我们的“自选动作”，作为我台的第一个“X”；组织委员要亲自记录，按要求整理。各支委会要经常研究支部工作，要分工负责，抓好各项工作落实。我们将随时关注大家的工作，把支部手册当作业随机检查。

三要效果实。结合实际工作，深入开展党建工作，克服“业务”“党建”两张皮现象，注重效果，推动发展，真正把党建工作同业务工作相融合，同频共振，互为促进。尤其是20个试点党支部，要以高标准、严要求做好相关工作，要提高政治站位，在上级督查时不能出差错、有纰漏，一定要按照规范化建设要求，有计划、有组织、有落实、有特色、有创新、有记录，真正展现我台党建工作水平，不辜负台党委的信任。

第三是动起来。一要接地气。各党支部党建工作要主动从身边事、身边人做起，从小事出发，与业务工作紧密结合，提升党建工作成果。各支部要认真思考，学习借鉴宣传系统其他党支部工作的好做法好经验，在支部党建创新项目上推陈出新，发挥我台业务优势，结合本部门、本支部党员干部职工的真实情况，开展有实际效果的党建活动。按照通知要求，认真填写《党支部党建创新型项目报告表》，根据时间要求及时报送本支部党建项目的完成情况或正在策划实施的情况，在实践中不断总结，在提升党支部规范化建设水平同时，展现自己的工作特色。

二要聚人气。各支部要深入实际，多关心普通党员的生活，及时了解党员干部职工的思想状况，关心特困党员，关心派遣制员工，关心户籍在外地员工实际困难。十九大前，多设计一些有感情、有温度、有深度的党建创新活动，使党建工作活起来，群众人心聚起来，让广大群众切实感到党组织就在身边、党员就在前头，真正感受到党组织的堡垒作用和党员的先锋模范作用，凝聚起全体党员和广大群众的力量，把我们的发展不断推向前进。

三要有生气。通过主题鲜明、形式丰富的党建活动，教育引导党员自觉参与主题党日活动，以主动的学习意识指导工作实践，以润物无声的方式在日常活动中提升党性修养和政治意识，养成行动自觉。要以高水平的党建工作，建设一支强有力的党员队伍，积极稳妥地开展发展新党员工作，吸引新党员紧紧团结在党组织周围，优化结构、提高质量，不断提升基层党支部的生机和活力。

同志们，党支部规范化建设工作是全市党建工作的一次积极探索，要把它看作是全面从严治党的深化和有力措施。我们要以支部规范化建设实施方案为标准，对标检查，总结反思，促进全台党建工作全面提升。全台各支部要以支部规范化建设工作为抓手，进一步激发全台党组织工作的内生动力，提升基层党组织整体功能，以优异成绩迎接党的十九大胜利召开。

在北京电视台确保十九大期间安全播出和网络安全保障工作动员会上的发言

北京电视台总工程师　田　方

党的十九大将于10月18日在北京召开，这是党和国家一次十分重要的大会，对我台来说，做好十九大期间安全播出和网络安全保障是当前最重要的一项工作，任务艰巨、责任重大。我台党委高度重视，年初就对全年的安全播出和网络安全保障工作进行了整体部署，组织开展了一系列行之有效的工作，现将有关情况汇报如下。

第一部分　工作落实情况

在做好日常的安全播出和网络安全保障工作之余，我台还开展了以下几项主要工作。

一、调整组织架构、强化监督管理

我台调整形成了以春良台长为总指挥、我本人为执行总指挥的安全播出指挥调度系统，并在年初就签订了《北京电视台安全播出责任书》，明确了相应职责分工和考核目标。同时，对网络安全领导小组进行了重新梳理，按照市广电局检查整改意见，小组成员涵盖到所有部门，并设立了监管部门和牵头执行部门。1月，调整由毕江副总工兼任播出部主任，以进一步加强核心部门的领导力量；6月，按照总局检查整改意见，在总工办成立安全播出管理科；目前我们还在推进网络安全保障科的构建，在组织架构方面从上到下进行调整和完善，以切实加强对安全播出工作的监督监管力度。

二、开展隐患风险自查、进行系统升级加固

3月至4月期间，我台各技术系统对照总局62号令中的系统配置要求，认真扎实、逐级逐项的开展拉网式自查。经自查，我台供配电、播出传送、直播演播室、外场转播、制播网等系统基本全部达到最高标准的配置要求。此外，按照今年的技术系统改造计划，我台于8月完成了对标清播出系统的改造，更换了主路系统中一些老旧的、故障率较高的设备，增强了系统稳定性；完成了对卫星传送系统的改造，增加了主通道的自动倒换功能，提高了应急处置能力。

三、修订应急操作手册、组织开展预案演练

6月，我台组织对2015版《北京电视台技术系统应急操作手册》进行了集中的梳理和修订，新增16个新的风险点，完善了相应的应急操作规范，现2017版应急手册已印发各部门执行。截至8月底，我们组织开展了新闻直播应急演练、新闻网全网应急演练等两次大型联动演练和制播网数据库故障、机房配电柜单路停电等10余次专项应急演练。同时，针对我台7月8日事故暴露出来的应急处置的问题，我们研究制定了《关于播出域节目异常应急处置的管理规范》，对值班员与导播间的应急配合进行了明确规定，现管理规范已印发执行并上报主管单位。

四、排查网络安全风险、推进信息系统备案测评

4月到5月期间，我台组织对网络安全风险进行了排查梳理，对互联网出口地址进行逐一扫描和登记，关闭了18个未登记负责人和所属系统的公网地址。5月12日，我台紧急启动了网络安全应急保障预案，组织对全台电脑和服务器进行防病毒软件检查和漏洞修复，有效防范了“蠕虫”勒索软件病毒的威胁。8月，我台按照总局、市局安全大检查整改意见的要求，对全台信息系统进行了梳理和整合，现有三级系统4个、二级系统7个，等级保护定级报告等申报材料已经通过专家论证，将提交市广电局、市公安局进行备案。

第二部分　下一步工作打算

上述的各项工作都是为了在十九大实战期间能够确保安全，下一步我们计划继续按阶段推进。

一、9月1日至9月20日，预热准备阶段

现我台已经进入预热准备阶段，要求在9月底前完成所有准备工作，包括现在正在开展的，对节目生产流程的全链条进行重新梳理和审视，针对略显薄弱的衔接处交界面进行规范梳理和责任划分；针对各节目部门组织进行制作规范培训；对三级网络信息系统进行等保测评等。

二、9月21日至10月10日，战前部署阶段

要求各部门掌握人员状况、安排好各级岗位值守人员，做好人员的动员工作；要求系统相关的公司运维保驾人员和备品备件全部落实到位；针对可能发生的重要直播制定专项技术实施方案和应急预案。

三、10月11日至10月31日，实战阶段

按照安全播出重要保证期的各项要求，我台将启动零事故报告制度，要求各级领导亲临一线、靠前指挥；各级岗位人员高度警惕、认真做好本职工作，出现紧急情况要立即按规范处置并及时上报；监督管理部门要加强监督检查，确保信息畅通。

最后，我谨代表我台技术部门向各位领导表个决心，我们将把各项保障工作做到严之又严、细之又细、实之又实，用更加饱满的热情、更加扎实的态度、更加昂扬的斗志争取十九大期间安全播出和网络安全保障工作的顺利完成！

任重道远　创新求进

——在2017年上半年工作总结暨下半年工作务虚会上的讲话

北京电视台副总编辑　李岭涛

昨天一天听了各位主任的发言，对我们的启发很大，感触也很多。这半年里各个部门都在认真地探索，我能感受到各部门探索、创新、担当的精神。从3月份以来，我的分工进行了调整，现在分管两部分工作。一个是广告，再一个是卡酷频道和纪实频道。这几个月的时间里，我感觉我的思维方式不断地转换，处于很纠结的状态，这也导致我压力很大。一方面广告任务没完成，因为今年跟往年不一样，各频道以收定支，挣多少钱花多少钱，如果没有钱就没法吃饭。第二个管节目，对我来说是一个生手，以前从来没管过节目，边做边思考。在广告经营上，我现在既是运动员，又是裁判员。分管全台的广告管理监督，并负责7个频道的广告经营。在这7个频道，如何处理卡酷频道与另外6个频道的关系，这一碗水怎么端平，对我是一个考验；怎么能够公平地对待其他的经营主体，对我也是一个考验，我也得摸索。

所以我的发言分两个方面，第一个是关于广告。昨天姚大禹主任做了详细的汇报，具体的事不再说了，我主要从我的角度谈一些思考。

一、今年上半年广告工作的几个特点

第一个，管理更加规范。这几年咱们台对广告经营管理变动很大，调整很多，出现了很多新问题、新矛盾，但今年上半年仍比原来有更大的起色，监管更加到位。现在基本每一个月广告部能够把每一个频道的情况通报给分管领导，这样执行部门更加有章可循，各经营主体按台里的规定经营广告的意识也比原来强了很多，这是第一个特点。

第二个，各经营主体的大局意识更强了，大项目之间互相沟通。先把钱从客户那里弄下来，我们内部自己再谈，这样避免了客户钻我们的空子。

第三个，各个频道的积极性被充分调动，开发了很多以前广告部不可能掌握的资源。以前这些资源基本不可能弄出来，但是各部门主动出击，把资源开发了出来。

第四个，这半年新的广告产品和经营方式不断出现，服务客户的手段更加多元化。以前我们基本上用“硬广”，一个产品针对所有的客户。但是这半年下来，尤其是从去年开始出成果了，各个频道对新的方式都有些探索，应该说，客户到我们台里进行合作的选择越来越多了。

这是上半年广告工作的几个特点。

二、对下半年广告工作的思考

第一个，下半年广告进一步强化“全台一盘棋”的思想。分为两个方面：一方面，还是要把竞争控制在适度水平上，确保台内利益最大化。因为既然有竞争，既然有几个经营主体，你承认也罢，不承认也罢，都存在着竞争。如果竞争是一个适度的没有问题，但是绝对不能恶性竞争，这方面下半年还要加强协调。另一方面，再进一步梳理制度。前面的主任都谈到怎么做到流程更通畅、更方便，效率更高，下面继续梳理怎么能够从制度层面保证各部门、各经营主体在经营的过程中能够更加高效，服好务。

第二个，进一步加强监管。大家用各种各样的方式，探索出各种各样的新产品，也有一个负面的因素，就是可能也带出了很多的新问题、新条件，这一块怎么加强监管，对广告部门是一个考验。所以下一步需要在这方面进行探索，怎么既保护大家的积极性，保护我们新的探索能够进行，又能够把问题消灭掉。

第三个，客户是根本。从 2015 年 12 月 1 日开始我分管广告，最大的体会，一是找不到客户。二是找到客户以后，他没有反应，我给他报个价，结果连还价也不还价。我的意思是，现在我们最缺的还是广告客户，要一直在这方面下功夫，当然还有怎么培养客户。这两个方面，一方面是我们要把眼前的客户抓住，因为我们马上要吃饭，能抓紧的赶紧抓，钱要赶紧进。另一方面，广告客户要有养的概念，在这方面不能急功近利，有的养一年，有的养两年。有的今年没有效果，明年有效果，尤其有一些大的客户，一些基础性工作必须要做。因为完成今年的任务还要考虑明年的任务，后年的任务。这方面我们的工作还要加大力度。

第四个，加大节目的改版力度。今年改版的比较多，新节目出现的比较多。我有一种感觉，以前基本上都是节目部门说，我有一个节目，你去卖去，广告部参与的很少。现在各经营主体已经开始参与，但是我感觉还是不够，我希望以后在推出新的节目之前，一定从创意阶段就能够让经营主体进行参与，甚至请我们的目标客户参与。我们每一档节目一定要明确，这个节目给谁看，这部分观众群体跟哪一部分的消费者相吻合。如果事先在这方面做好论证分析，将来我们经营起来就容易得多。

第五个，加快产业布局，确定新的经济增长点。各个中心主任经过去年一年和今年上半年的摸爬滚打，应该体会很深。现在的广告空间非常小，在这方面我们确保不降低比重，对我们相当难。但是要弥补我们的收入缺口，不能仅靠原来的老客户，要从产业布局上，必须找新客户。各频道提出一些想法，也很有效，下一步要研究怎么从机制上给频道以保证，把这个想法落实。

第六个，把广告部考核的政策落到实处。昨天大禹主任也说了，今年上半年广告部经过充分的论证，制订了一个比较严格的考核体系。把任务确确实实落到个人，到年底会兑现。所以说一定要把政策落到实处，因为制订政策要执行，对经营人员首先形成一个压力，再就是把压力变成动力。

上面是我说的关于广告方面。

三、关于节目工作

昨天张帆和严崴两位主任做了汇报，大家会看到，这两个频道于上半年都有不同程度的上升。第一个感谢频道，第二个感谢原来的分管领导，因为他们打下了这个好的基础，今年才有好的效果。前面我说了，我是2013年4月份宣布任职的，5月6日来到台里，今年3月份开始管节目。尽管我是做电视新闻出身，到台里4年多的时间，但节目对我来说很生疏，很多东西我还处于一个思考阶段，所以今天只能把我的一些想法跟大家汇报一下。我想，要做好节目，首先要把握发展规律。规律对我们台来讲，大体可以从几个方面来看。

第一个，首先是内容为王。李春良台长一直在强调这一点，这是俗得不能再俗的一个提法。但是现在改革过程中，很多不好的方面，光注重形式。在市场竞争压力这么大的情况下，我们不能仅仅局限电视台自己的定位，我们节目既要自己台里播，还要能传播，有其他的新媒体传播渠道。

第二个是融合媒体。中央一直在提，但是怎么融合，仁者见仁，智者见智。各位发言我很赞同，首先从技术方面进行融合。同时对我们节目来讲，要达到一个立体的传播格局。现在传播无外乎三条线，一条线是节目主线；第二个是新媒体传播线；第三条是线下的线。怎么把三条线融合在一块？弄在一块，我们就能够形成一个立体的传播格局，把观众跟媒体串到一块，而不是我们自己做节目。

第三个，应该是把握住观众年轻化的趋势。现在90后已经进入社会，像我们各部门都有一些90后，他们参加工作，甚至成为骨干。00后最大的17岁，他们也慢慢进入社会。怎么能够抓住他们，我想对我们将来的发展至关重要。有的领导问我，你们北京台的节目多好，为什么广告经营不理想？很重要的一个原因，北京台的节目好，我想观众大体45岁，或者40岁以上的精英阶层占的比例比较大。但是这部分人平时带钱吗？不带钱，这个阶层都是这样。广告客户最不喜欢这一部分观众，因此广告客户对我们的节目认同度不高，我想这是一个很重要的地方。当然我们的文化品质不能丢，但是我们还是要适度地往下降，怎么与年轻人发生关系。

现在的90后、00后，跟咱们的特点不一样。在座的各位都是台里的核心，在座的平均年龄40岁以上，甚至45岁以上，咱是一帮大叔大妈在给孩子们做节目，我们大叔大妈给孩子们做节目，他们会不会喜欢？90后、00后跟我们这代人比最大的特点，一个是从众心理越来越少，怎么满足他们？对我们应该是很严峻的一个课题，因为我们是大众媒体，但是力求满足大部分人的小众化。第二个是他们追求更多的话语权，就是我得说了算。这就要求我们做节目怎么能够把他们给引进来，让他们参与节目决策。我想我们在座的做节目肯定要给年轻人看，让年轻人参与我们的节目。不光要请专家进来，还要请年轻人进来，尊重年轻人的话语权，如果我们不听他们的，节目就不会受到他们的欢迎。第三个，现在的孩子知识面非常广，甚至某些方面不比我们差。他们有自己独有的语言，这些语言我们很陌生。对于孩子的语言，我们不了解他们的想法，我们做出的节目怎么能让他们接受，怎么能让他们看？我们要想争取他们，就得选他们喜欢的内容和表达方式。第四个，我们要有影响行业的手段和途径。我一直在说，我们北京台的声音少。除了这个，现在北京台缺少一个在行业里标志性的东西，我们需要大旗一树，各方面都买电视台的账。比如汽车行业，我们每年发布一个东西，汽车行业买我们的账，客户各种资源愿意往我们的方向走，而不是我们老追着别人走，这一块我们看看能不能弄出点东西来。第五个，把握直播的趋势，适应现在年轻人参与互动共享的需求。因为现在电视做到直播很难，但是可以利用新媒体把握这个直播的趋势，用线上线下的连接，线上电视里面的录播，而新媒体进行直播。前段时间有一个快递公司，跟一个直播网站有个合作，让他的快递员能够成为这个公司直播网站的一个记者，类似于这种情况我们可以参考。第六个，现在“硬广”进入一个瓶颈期，客户进入断崖式下滑期，这是我们个人左右不了的。我们得重视“软植”，能够找到比较稳定的、持续带来收入的经济增长点。前两天7个频道我去调研，现在大家都想了很多办法，但是今年这个项目可能有了，明年可能就不能用了。我一直在说我的一个观点，我们能不能找到一个项目，今年弄，明年接着弄，后年还接着做，这样可以保证我们的工作更省力一些。

我们应该树立一种意识，就是推倒四面墙，迎来八面风。现在是一个开放的时代，我们电视台不能在北京市第四高的楼里自己做节目给自己看。一个是要整合各种资源，北京的、中央的，首都的各种资源太多了，但是我们整合的力度不够，光靠我们自己的钱、自己的人去干，这对我们的压力很大，尤其在经济形势不好的情况下。所以我们要把自己所有的资源用好，把可以为我们控制的资源用好，把不受我控制但是为我所用的资源用好。要借好各个委办局的势，对我们的发展会有很大的促进。

第二个要积极推广，不能唱卡拉OK。现在总体感觉我们的节目还是有点唱卡拉OK的感觉。我们改版了新的节目，只是靠自我积累把观众积累过来，很少用各种手段推广，就好像唱卡拉OK，都是自己玩儿。

第三个，要让观众参与进来，让他们成为我们的主体。一是我们节目策划要让他们参与进来，我们的制作让他们提供内容，让他们参与整个生产过程。我们的节目评价也要让他们参与，这个对我们拉近年轻的受众是至关重要的。

下面说两个频道。一个是上次传达党代会精神的时候，市委领导提出来文化中心建设，对北京电视台的要求，要争全国第一。既然是上星频道，首先我们要为北京电视台争全国第一做出贡献。

先说纪实频道，就是缺钱、缺人、缺内容。针对存在的问题，第一个先找到自己的优势。现在北京建设国际交往中心，需要一个国际化的传播平台，这是纪实频道所拥有的，其他频道这方面还不具备。前天跟国内外的同行交流，包括纪实中国，包括国家地理，跟我们台都有一些深度的合作。以前是他们提供咱节目，现在通过跟他们沟通，他们都很愿意参与到我们的节目制作上来，通过他们的制作往外传播。现在纪实频道正在研究怎么打造一个国际媒体联盟，适应我们北京市的外宣需要，适应文化走出去的需要，这是独有的优势。

第二个，把政府部门作为最为重要的客户。通过这一年的经营，各部门都发现了政府部门这个重要的资源，纪实频道在利用国际传播服务政府方面有很大的优势。

第三个，加强策划，敢于做大项目，满足客户的强烈需求。因为现在我感觉我们争取项目仅仅局限于他想做什么，我们拿过来，而没有主动出击。通过我跟他们一些客户谈，实际上他们自己也有不知道想怎么办的，我们根据他们的需求提出新的办法，他们很高兴，很愿意出钱做这个事。我们策划的东西，比他自己的东西带来的效益要大很多。大项目一定要争取，一定要有三年不开张、开张吃三年的大项目。

第四个，前面说内容为王，纪实频道必须打造大的作品出来，有三个评价标准。一是政府要表扬。二是圈里要认可。我们要有信心打造像《舌尖上的中国》这样的节目。三是观众要买账。通过这三个维度来创作作品。

第五个，要打造影响行业的手段。这个有一定的基础，像国际电影节的纪录片单元。我们现在跟一些社会机构谈，能不能试着从市场上找到更多经费，原来靠我们自己的经营很难做起来。

第六个，实行青年导演扶持计划。主要从三个方面考虑，一是，让年轻人、大学生来给我们提供内容，这是解决内容。二是，发现我们需要的人才。三是，很重要的一个方面，用年轻人的心理做节目，因为年轻人拍的想法跟我们拍的截然不同，他们拍出来的东西是孩子们喜欢的，这样可以把年轻人的思维带到我们节目中来。

再说卡酷频道。应该说卡酷频道具备很好的基础，在行业里创造了很多很多的第一。下一步要做的是怎么把我们的高收视率转化成高的经济效益，转化成高的市场认可度，转化成更高的社会影响，这是我们希望做大的基础。包括6个方面：

第一个方面，进一步明确受众。因为我们在探索的过程中，大家有一个共识，卡酷频道虽然是孩子看的，但是受众不仅仅是孩子，在某种程度上大部分的孩子，14岁以下的，让不让孩子看这个节目是家长说了算的。我们既要研究孩子的心理，也得研究年轻家长的心理，从这方面把握受众的需求。

第二个方面，继续加大动画片的创作。应该说卡酷频道这几年创作了很多有影响的片子，下一步应该继续加大。特别在合作方式上能够进行一定的探索，怎么让我们的动画片IP能够给台里带来更高的、更长期的效益。

第三个方面，加大自制节目的力度。从整体频道来讲，动画片占的比例比较高，下一步怎么形成一个比较好的栏目布局，需要进一步加强创新，需要我们推出一些能够反映媒体融合的一种新的节目形态。

第四个方面，与外部资源进行合作，打造有影响力的年度性的大型活动。这也是提高收视率的另一种方法，就是探索大型的合作。动画片收视率可以，但是对经营上来讲是一个弱项，通过这种方式很难拓展一些新的经营增长点。

第五个方面，加大推广力度。卡酷在少儿频道领域非常专业，在行业里也有很大的影响力，但怎么把卡酷的经验系统化、理论化，这是需要我们做的。我们现在状况还可以，但很难说几年以后怎样，必须增强自己在行业内的话语权。如果现在不做，将来很可能会削弱我们的影响力。

第六个方面，推进频道改革。第一个首先是明确方向，确保不碰红线，为了改革把握政策基础。因为国家有规定，“四权”，主要干部任免权、重大事项决策权、资源配置控制权、宣传内容终审权，这四权关系怎么处理，在我们运行体制中要处理把握好。其次，节目和经营的关系。台里和公司之间怎么处理这个关系，干部人事关系怎么处理，我们都需要思考，反复研讨，请各个职能部门帮我们从政策上进行把关。我们今天的改革是为了往好里改，绝对不能因为改革给台里带来麻烦。第二个，梳理好这次改革和2011年党委会决议的关系。这两天我专门让他们把2011年党委会决议给我看了一下，我们的改革怎么弄，既要适应现在的新形势、新问题，现在跟6年之前肯定情况有很大的变化，但是我们要有政策的延续性，要确保严肃性，这是我们需要思考，需要进一步研讨的。第三个，要进一步明确我们公司将来运行体制改革以后，我们的主营业务是什么。这个主营业务要切实可行，不能泛泛而谈，一定要经过充分论证。第四个，要明确对台里的回报方式。改革是为台里做贡献，我们这个账要算，但是以前我们没有在这方面考虑很多。第五个，对于卡酷公司现在存在的问题，要从法律和财务各个角度进行专业的分析，拿出专业的论证。对于存在的问题必须从改革中进行解决，这个改革我们事先必须对这个问题从法律、财务等专业的角度要有一个准确认识，有的问题将来有条件时进行解决，或者有的问题我们在运行的过程中就可以解决。在这个基础上，我们会加快进度，请专家帮忙，尽快地让卡酷在产业化、资本化方面出效果。

最后，我希望，因为两个频道情况不太一样，但是现在跟计划财务部也进行沟通，对卡酷频道来讲，原来有覆盖的优势，但是现在应该说竞争对手追上来了，我们希望明年加大落地。对纪实频道来讲，现在落地很不理想，基本以北京本地为主，现在还没有形成规模。能不能明年把这个落地工作做好，这样对外宣传推广也有一个完整的概念。

这次我们的发言时间比较长，但是我想表个态，不管广告也好，还是两个频道也好，都好好干，在不拖后腿的基础上，再有大的发展、大的进步。谢谢。

打破瓶颈　创新机制　扭转困局

——在2017年上半年工作总结暨下半年工作务虚会上的讲话

北京电视台副总编辑　艾冬云

昨天听了大家对上半年工作的总结和分析，特别是成败得失，很有启发。自从今年4月中旬对台领导分管部门进行调整后，我一直在与分管的新闻、科教、财经和体育4个中心一起研究各频道如何发展的问题，试图摸清几个地面专业频道节目和经营方面面临的问题，在新的形势下，审时度势，找到破解发展瓶颈的办法。今天在这个务虚会上，我结合4个频道上半年的工作状况，就地面频道发展的瓶颈问题、中央厨房机制建设问题和频道经营、产业发展面临的困难等问题和大家交流几点意见，谈谈自己的看法。

一、四个中心完成任务指标情况：有喜有忧，喜忧参半

今年，电视台为各中心制定了收视和经营创收两项任务指标，对照任务指标和其他相关数据，新闻、科教、财经、体育4个中心完成情况有喜有忧，喜忧参半。

1. 收视情况

新闻中心（截至6月底）：完成收视率1.07%，与任务指标0.91%相比，超额17.6%；晚间市场份额2.11%，与任务指标2.09%相比，超额0.96%。

科教中心（截至6月底）：完成收视率为1.49%，全天收视份额为3.84%，晚间市场份额为2.09%；没有达到收视率1.54%、晚间份额2.44%的收视指标任务。

财经中心（截至6月底）：频道收视率0.26%，完成指标的65%；市场份额0.9%，完成指标的65.22%。

体育中心（截至6月底）：收视率完成0.44%，晚间市场份额3.95%，分别完成考核值的94%和99%，接近完成考核值。

上述数据显示，4个节目中心，上半年有1个中心超额完成收视任务指标，1个中心接近完成收视任务指标，2个中心没有完成收视任务指标。

2. 收入情况

新闻中心（截至6月底）：累计收入13324.7万元，其中合作合拍累计收入3041.2万元，比去年同期增长51%；广告累计收入10283.5万元，比去年同期下降4.4%。

科教中心（截至6月底）：累计收入4248.59万元，比去年同期增长331.58万元；其中合作合拍累计收入958.7万元，去年同期合作合拍累计收入为99.6万元。

财经中心（截至6月底）：频道创收总额为3483.9万元，完成全年任务的40.9%；其中，与部委办局合作合拍创收1338万元，线下互动活动，通过举办活动、开设植入性板块等形式，实现线上线下创收700万元。

体育中心（截至5月底）：广告收入2000多万元，合作合拍已谈成合作21

起，合同金额 2248 万元，合同金额是去年的 1.5 倍。

综合上述各中心的统计数据可见，在强调收支平衡、鼓励合作合拍等多种形式创收的背景下，各中心积极行动，主动作为，在合作合拍、线上线下活动等方面均有所突破，效果明显，但广告收入不尽如人意。

二、地面频道的发展瓶颈

从 4 个中心上半年的成绩单可见，我们的地面频道与全国行业形势基本一致，收视和收入总体上都呈现下滑倾向，地面频道的发展遇到了前所未有的瓶颈。瓶颈的存在既有大环境等客观因素，也有我们在理念、操作等方面的主观因素。我结合主客观两个方面，总结出一些我们所存在的瓶颈，供大家思考，共商破除瓶颈的对策。

1. 受新媒体冲击严重，传播渠道增加，资源流失

众所周知，在大的发展环境上，这些年新媒体对传统媒体冲击严重，网络和自媒体等新媒体突飞猛进的发展，使新闻信息的传播呈现出多渠道、多元化的格局，传统媒体通过垄断资源过生活的红利期已成过往。

新媒体在一定程度上分流蚕食了电视媒体的内容资源和广告资源，这也刚好对应了收视和收益两大命脉。

面对新媒体的冲击，电视媒体必须知己知彼，找准切入点，寻找应对之策。就目前状态而言，新媒体往往呈现出信息鱼龙混杂、公信力不足，信息传播碎片化、简单化、缺少深度等方面的缺陷，电视媒体恰好可以通过长期以来树立的公信力、传播正规严谨等优势，并在深度上做文章，与之形成对抗，争取自己的一席之地。同时也要将新媒体手段为我所用，开辟自己的新媒体载体和传播通道。

2. 经营方式单一，广告下滑，收入不抵支出

依靠传统的广告经营方式，硬广、软植，昨天几位负责广告的同志的分析已经很清晰了，4A 公司的投入越来越少，使众多电视媒体面临入不抵支、难以为继的尴尬局面，地面频道表现得尤为突出。没有足够的收入为支撑，频道的运转必然难以自如，节目的生产和创新能力下降，由此，地面频道陷入了越没钱越不能生产好节目，越没有好节目越挣不到钱的恶性循环。

3. 品牌节目双收受挫，缺少长线精品

在频道和内容设计上，跟风迎合、短期行为偏多、频道品质不足是地面频道发展的一个明显瓶颈。造成频道引领不足，难以生产打造出长线精品。老的品牌收视率、收入双下降。

解决这个问题，各频道还需克服浮躁，静下心来，从长远计，忽略一时得失，设计具有引领作用的长线产品，以品质塑造权威性和影响力，以高端属性吸引受众和收益。

4. 受专业市场制约，随形势起伏，波动明显

地面频道与专业市场相对应，往往受到业内背景的制约，专业市场形势向好，频道也会水涨船高，形势低落，频道也随之受到观众的冷落，频道跟随形势起伏、波动明显。例如，股市行情好，财经频道就会受关注，股市不好，财经频道就会随之变得冷清；北京足球、篮球等俱乐部成绩好，球市火爆，体育频道收视率就会明显上升，反之亦然。

以体育频道为例，今年，北京首钢男篮没有进入季后赛，北京国安队成绩一般并中途换帅，北京汽车男女排成绩欠佳，北京多支职业球队水平的大幅下滑，就造成了收视场次和收视率的大幅下降，如中超联赛，以往平均收视率在4%以上，今年多场惨败后，平均收视率降到3%左右。

专业频道不可能不受专业市场形势的影响，考虑相关对策只能是在市场低迷时怎样降低其影响度，要在栏目设计等方面减少对单一门类、单一市场的依赖性，在状况发生时，以其他产品缓解冲击，避免频道的整体共振，以救济措施消解损耗。比如，体育频道的《欢乐二打一》就是一种尝试。

三、地面频道发展建议

1. 内容为王。必须要强化自身的造血功能，找出突破点，激发自身活力，通过集中力量生产精品，逐步以拳头产品带动全局的运作方式，逐步打开局面，实现自我救济。专业频道要通过树立在业界的权威，成为行业的风向标，设计出一两档足以影响业态的专业栏目，以权威性吸引精英受众，以号召力和影响力成为黄金品牌，以口碑吸引投资。老品牌不断创新，如《首都经济报道》《法治进行时》等。

2. 改变经营理念。在传统广告的基础上，开展产业化运作。比如：财经《财经商圈》《天下财经·投资者说》节目。

3. 加强顶层设计。现在各频道各自为战，苦苦支撑，未形成合力，包括经营。如何合理构建及进一步优化卫视与地面频道的架构，需要顶层设计规划，发挥各自资源优势，避免同质化和经营上的恶性竞争。

四、建设“中央厨房”机制，实现资源的有效聚合与利用

这两年，各媒体都在着手“中央厨房”生产机制建设，今年1月5日，中宣部部长刘奇葆在推进媒体深度融合工作座谈会上，也提到“中央厨房”，并指出：“中央厨房”既是硬件基础和技术平台，也是大脑和神经中枢，应具备集中指挥、采编调度、高效协调、信息沟通等基本功能。随着媒体融合的深入，“中央厨房”将日益成为媒体的“标配”，也是媒体能否实现顶层设计的很好实践。

我台很多节目中心都具备资讯类媒体的性质，具备统一进行“中央厨房”式新闻资讯生产的可能性，新闻中心正在进行的600平方米新闻演播室升级改造，为建立新闻资讯的“中央厨房”式生产提供了技术条件。我们有必要着手“中央厨房”机制的建设。

1. 人民日报“中央厨房”实践，“中央厨房”的内涵

各媒体有关“中央厨房”的实践不尽相同，但“新旧融合、一次采集、多种生成、多元发布、全天滚动、多元覆盖”却是其基本共识。当下，人民日报的“中央厨房”被各媒体视为范例。

人民日报通过“中央厨房”，对报、网、端、微的采访力量实行统筹管理和打通使用，其基本机制为：设立总编调度中心作为指挥中枢，并建立总编协调会制度、值班总编辑制度等；成立采编联动平台并分设编辑中心、采访中心、技术中心，三者联席办公、全天值守；进行考核奖励机制创新，建立融合传播部门考评制

度，强化绩效考核，实行优稿优酬，根据新闻传播力排名进行奖励。

可见“中央厨房”机制具备如下内涵：

（1）什么是“中央厨房”？

“中央厨房”既是硬件基础和技术平台，也是大脑和神经中枢，应具备集中指挥、采编调度、高效协调、信息沟通等基本功能。

（2）“中央厨房”怎么建？

要做到“四个一”：一个工作平台，一个技术支撑体系，一个全媒体内容管理系统，一个传播效果监测反馈系统。

（3）“中央厨房”怎么用？

最重要的是形成一套新的运行机制，按照“中央厨房”的功能定位，建立总编协调制度、部门沟通制度、岗位值班制度、采前策划制度、线索通报制度、效果反馈制度等，确保“中央厨房”与采编发网络紧密结合、无缝衔接。

2. 建设北京电视台“中央厨房”，聚合资源，实现共享

实事求是地说，建立“中央厨房”机制需要大破大立，目前北京电视台还不具备建立完全意义上“中央厨房”的条件，但“中央厨房”的部分机制我们可以建立和充分利用。

（1）重大报道活动的统一策划，统一指挥协调

人民日报等媒体的“中央厨房”设立了总编调度中心作为指挥中枢，并实行总编协调会制度等，电视台由于内容、门类构成复杂，常规状态下难以如法炮制，但在诸如“一带一路”高峰论坛等重大报道活动中，可以尝试实施非常规状态下各资讯频道的统一策划、统一指挥、统一组织、统一协调、统一分配资源，各取所长，分兵作战，资源共享。

（2）打破壁垒，开辟通道，聚合资源，实现共享

目前我台相关节目中心具备节目属性的共通性，但仍需要打破壁垒，创新机制，通过资源整合实现电视新闻资讯节目的迭代升级。

在常规状态下，通过本次演播室的升级改造，在技术和机制上，打破频道间的壁垒，开辟通道，将新闻、法治、财经、文化、体育等资源聚合到统一开放的平台，各取所需，资源共享，提高资源的使用效率。

对于北京电视台来说，尤其是以资讯为传播主体的各节目中心来说，建立统一的中央厨房的目的在于优势互补，资源共享，一采多用，形成从采访、编辑、播出的一次效应，向多频道、多栏目对同一资源的二次加工、评论。实现资源的极致挖掘和全流程加工使用。最终实现北京电视台强大的新闻、资讯、服务、评论的全流程立体化的报道新格局。

（3）节约成本，可实行广告的统一经营

目前，各频道节目和经营相对独立，有时还会出现节目竞相竞价的情况，实现中央厨房后，不仅节目内容生产一体化，经营也可实行一体化方针，各自有各自的特点，但资源又是共享的，节约大量人力和物力，比如冬奥会专栏。

（4）实行必要的奖励制度，优稿多酬

在各频道保持现有分配制度的基础上，设立必要的奖励基金，对在“中央厨房”系统中利用频次高的作品予以奖励，鼓励先进，实现优稿多酬。

传统媒体的春天并未走远！

用重大题材创作　尊重历史　致敬信仰

——北京卫视《档案》栏目创作经验汇报

北京电视台副总编辑　徐　滔

尊敬的各位领导、各位同事：

我是徐滔，很荣幸代表北京电视台卫视频道《档案》栏目参加今天的座谈会，向在座领导和同事汇报《档案》栏目在重大题材纪录片创作中的感受和思考。今天的会议分外特殊，因为还有几天时间万众瞩目的党的十九大盛会即将召开，所以今天的座谈会不仅是一次宣传系统的分享会，更是一次动员会和誓师会，让我们总结经验、分享收获，以最饱满的热情和最优异的水平投入到十九大宣传报道中去。

《档案》栏目是北京电视台卫视节目中心在2009年原创推出的一档历史纪录片栏目，她不仅是全国省级卫视中第一档历史纪录片自制栏目，也是全国省级卫视中开播时间最长的历史纪录片栏目，8年时间中《档案》获得了中央领导同志的高度关注和多次批示，荣获了中宣部“五个一工程奖”等多个全国最高荣誉，引发了党史界、理论界、传媒界和全国观众的热议，成为北京电视台塑造首都主流媒体形象最具公信力和影响力的品牌之一。

《档案》一路走来有三个方面的感受，成为这档节目与众不同的价值所在。

一、用意义深远的重大题材创作尊重历史致敬信仰

习近平总书记曾指出：“历史是最好的老师，它忠实记录下每一个国家走过的足迹，也给每一个国家未来的发展提供启示。”历史题材创作始终是北京卫视在主流价值宣传方面的坚定选择。

近些年，随着全球化和信息化的持续深入，特别是新媒体的极速发展，各种各样的声音开始出现在舆论场中，在传统媒体和新兴媒体加深融合不断推进社会主义文化大发展大繁荣的浪潮中，历史虚无主义的泥沙也裹挟其间。一些人对历史误解和蔑视，甚至别有用心的歪曲和诋毁。越是在大是大非面前，越需要主流媒体大张旗鼓地弘扬社会主义核心价值观。北京卫视创办《档案》栏目的初衷，就是希望借助史料和档案的力量，还历史以真实，还历史以尊重，用主流电视媒体的发声去激浊扬清，用优秀文艺作品的力量去正本清源。

几年来，在中宣部和国家新闻出版广电总局的领导下，在北京市委宣传部的直接指导下，北京卫视《档案》栏目始终坚持主旋律历史题材纪录片的创作，特别是在党和国家发展的重要历史节点，策划推出了一批讲政治、讲导向、有品质、有影响的重大题材历史纪录片。

2014年，《档案》推出6集系列纪录片《伟大的抗美援朝》，获得了习近平总书记的批示，荣获第十三届精神文明建设“五个一工程奖”，这是北京卫视自制节目首次获此殊荣。

2015年，为纪念中国人民抗日战争暨世界反法西斯战争胜利70周年，《档案》推出了8集系列纪录片《伟大的贡献》，荣获了由市委宣传部、市人力资源和社会保障局共同主办的第八届北京市文学艺术奖，这是北京市文学艺术界的最高奖项。2015年，为庆祝西藏自治区成立50周年，《档案》推出了6集系列纪录片《西藏》，俞正声、刘延东、刘奇葆、郭金龙等领导同志都对纪录片《西藏》做出批示，经中宣部指示，《西藏》在中央电视台一套频道和西藏、青海、四川、云南、甘肃等电视台全面播出。

2016年，为庆祝中国共产党成立95周年，《档案》推出5集系列纪录片《解放——人民的选择》。为纪念红军长征胜利80周年，《档案》推出9集大型系列纪录片《红军不怕远征难》。

今年8月，我们迎来中国人民解放军建军90周年，《档案》又在北京市委宣传部的直接指导下，策划制作了6集系列纪录片《你从井冈山走来》。国庆期间，为贯彻落实习近平总书记视察北京的重要系列讲话精神，打造北京作为全国文化中心的重要地位，《档案》策划推出了6集系列纪录片《通惠古今大运河》，全面展现京杭大运河在历史、地理和文化方面，对北京城市发展的重要意义和深刻影响。

蔡奇书记在前不久调研北京广播电视台时再次对《档案》栏目表示肯定，他强调："首都媒体要切实增强传播力、引导力、影响力、公信力。"未来，《档案》栏目继续以高品质、高频率的创作，进一步巩固在主流价值宣传领域的品牌价值，夯实"重大题材看《档案》"的社会影响力。

二、用主流创新的电视视听语汇吸引观众引导舆论

习近平总书记在文艺工作座谈会上指出："文艺创作是观念和手段相结合、内容和形式相融合的深度创新，是各种艺术要素和技术要素的集成，是胸怀和创意的对接。要把创新精神贯穿文艺创作生产全过程，增强文艺原创能力。"

《档案》在重大题材纪录片创作中格外注重对呈现方式的创新，这让《档案》栏目形成了在业内独树一帜的视听语汇，并不断升级创新。

一是突破"近距离"，追求"零距离"。在《西藏》《红军不怕远征难》《你从井冈山走来》等系列纪录片创作中，《档案》团队打破了以演播室为主要讲述空间的传统，走到历史真实场景中，用零距离的接触，突破时空的界限。例如，在拍摄纪录片《西藏》时，摄制组进入了布达拉宫西大殿、十三世达赖喇嘛圆寂处、罗布林卡内十四世达赖的会客室、西藏第一座宫殿雍布拉康等此前从未对媒体和公众开放的地方。这些珍贵的场景本身就是无可替代的历史档案。

二是重构"讲述人"，升级为"史中人"。《新周刊》曾经在年度电视评选中，将《档案》栏目开创的视听语汇比喻为"电视评书"，讲述人在每期节目中承担着叙事评论、穿针引线的关键作用，是《档案》最深入人心的标志之一。但从系列纪录片《伟大的贡献》开始，《档案》团队果断超越自我，开始对讲述人这一角色功能的全新探索。在2015年拍摄《伟大的贡献》时，讲述人会在片中的重要段落化身为"历史当事人"，在复现的历史场景中演绎历史画面，并随时穿越“时间壁”，为观众完成讲述。这种借鉴了话剧“间离”手法的讲述形式，既将观众带入历史时空，又保持了审视历史的客观和理性。在2016年拍摄《红军不怕远征难》时，摄制组又创新出“双讲述人”的方式，分别从现在和历史的两个时间轴推进叙述，完成历史对现实的关照。而在今年推出的《你从井冈山走来》中，栏目组邀请到17位井冈山红军人物后代担任特邀讲述人，由他们带领观众走进历史，更加淡化了主持的功能，让讲述与档案浑然一体。

三是融合“虚环境”，还原“真环境”。《档案》在纪录片创作中巧妙融合了虚拟技术和现实场景，一方面采用电影级的拍摄技术去复现历史场景，带给观众震撼心灵的视听效果；另一方面，纪录片大量采用三维地图、模拟沙盘、实物拆解等虚拟植入技术，让观众得以从更加宏观的视角俯瞰历史，并在细微之处放大历史。

《档案》对视听语汇的执着创新，正是为了能够拉近历史与观众的距离，让档案不再只是“故纸堆”中的文字，而是可以聆听、可以观看、甚至可以触摸的历史故事。《档案》团队以治学修史的严谨精神收集档案，又以生动传神的电视语汇呈现给观众，努力完成从学者到大众，从学术到艺术的解码，成为观众喜欢看又看得懂的历史课堂，为实现“双统一”积累了宝贵经验。

三、用砥砺奋进的艺术创作态度激扬青春担当未来

很多人形容，历史是一名智慧的老者，用自己走过的路为我们指引着未来。而有意思的是，《档案》这支以历史题材创作为核心的团队，却是一支平均年龄不到30岁的队伍。如此年轻的电视人如何去承担历史的厚重？如何去把握历史的精准？唯一的办法就是多看、多走、多体验。

北京市委宣传部杜飞进部长说过，宣传工作要“严起来”“实起来”“热起来”。在《档案》的纪录片创作中，“严”就是编导们对待历史的严谨态度。为了保证每段史料的精准，《档案》团队历次拍摄的案头工作都是一次浩大的学术工程。为了拍摄《伟大的贡献》，年轻编导们平均每个人要阅读30本以上的专业书籍，梳理出6000分钟的影像资料和40万字的文献资料，甚至在过年期间都没有停止。一个90后的编导告诉我，除夕夜她在房间里看资料，听着窗外的爆竹声声，心里回响的却是抗日战场上的枪林弹雨，所以她说“做不好这个片子，都对不起那些牺牲的战士”。

在《档案》的纪录片创作中，“实”就是年轻编导深入体验的创作方式。为了收集长征的史料实地拍摄《红军不怕远征难》，摄制组用了一年时间重走长征路，从江西于都出发，途经9个省区，翻越7座大山，跨过6条河流，深入渺无人烟的大草地，这些年龄与红军指战员相仿的编导们，一路行走，一路感受，一路祭扫了100多处红军烈士纪念碑和无名烈士墓，完成了用青春向青春的致敬。翻越夹金山时，摄制组里的一个小姑娘站在山顶上，情不自禁地发问，自己穿着登山鞋和防寒服尚且如此艰难，当年那些穿着草鞋单衣的红军战士是靠什么精神支持他们走过的两万五千里？

在《档案》的纪录片创作中，“热”就是历史照进这些年轻电视人心中点亮的光芒。对历史的敬畏转化为这些年轻人心中对信仰的忠诚。在拍摄完纪录片《砥柱中流——伟大的敌后抗战》之后，《档案》栏目组有7位编导回到北京的第一时间递交了入党申请书。对历史的敬畏也转化成为这些年轻人对职责的坚守。在《西藏》拍摄现场，讲述人谭江海因为严重的高原反应嘴唇发紫、头疼欲裂，但他坚持工作，在拍摄间隙不得不躺在地上完成化妆；在拍摄《红军不怕远征难》时，三名就读艺术院校的女孩主动加入摄制组成为群众演员，为了真实还原女红军战士长征中的样子，三个女孩毫不犹豫地剪掉了一头长发，在大草原零下十几度的天气里淋着洒水车浇下的水，拍摄了整整一宿的雨戏，手脚都被冻僵了，这场拍摄最后呈现出来的画面也仅仅3分钟而已。

习近平总书记形容“历史是最好的教科书，也是最好的清醒剂。”北京卫视相信，电视工作者是往来于时间长河之上的摆渡人，把现实的困惑带回历史去寻找解答，又把历史的智慧带到现实去启迪人生。我们追寻历史，是为了更好地关照现实。我们在对党史的探究中，慢慢懂得一个世界上党员人数最多的执政党如何带领一个民族走向繁荣富强。我们在对国史的探究中，慢慢懂得一个国家的强大要经历怎样的砥砺前行，才能承载起全世界五分之一人类的梦想。

因为了解历史，我们建立起道路自信、制度自信、理论自信和文化自信的根基。因为了解历史，我们面对五光十色的诱惑，才始终分得清黑与白的是非对错。因为了解历史，我们面对喧嚣嘈杂的噪音，才始终听得见如东方旭日初升时的澎湃心跳。

北京电视台作为首都主流媒体，在电视台市场化发展的激烈竞争中，始终不忘初心，坚守主流价值传播的使命，用创新创优的电视作品弘扬社会主义核心价值观，传递中华优秀传统文化。《档案》是北京卫视创作精神的写照，《养生堂》《生命缘》《传承者》《非凡匠心》《我是演说家》《音乐大师课》这些主题丰富、形态多样的节目，都体现着北京卫视作为首都卫视的信仰和气质。

正如鲁迅先生写道的：“无尽的远方，无数的人们，都和我有关”。北京作为全国政治中心和文化中心，承担着主流宣传和舆论引导的重任，承载了中央领导和全国观众的期望，北京电视台将在中宣部、国家新闻出版广电总局和市委宣传部的领导下，不忘初心，继续前进，为新闻宣传工作和社会主义文化的繁荣发展贡献我们的力量。

北京电视台党风廉政建设责任制自查报告

中共北京电视台委员会

（2017 年 12 月 14 日）

根据《2017 年北京广播电视台党风廉政建设责任制检查考核工作方案》要求，北京电视台党委对照检查考核指标体系和年初确定的党风廉政建设任务分工，逐项开展自查自评。

一、关于推进“两贯彻一落实”情况

台党委认真贯彻中央和市委市政府的部署要求，在市委宣传部和北京广播电视台的领导下，紧紧围绕“两贯彻一落实”，全力做好迎接学习宣传贯彻十九大工作，切实担负起首都主流媒体的职责使命。一是通过多种形式迅速传达学习贯彻落实党的十九大、习近平总书记系列重要讲话精神和治国理政新理念新思想新战略，特别是习近平总书记视察北京重要讲话精神，习近平总书记关于党的新闻舆论工作、文艺工作的重要讲话精神以及市第十二次党代会精神，要求全台各级领导干部牢固树立“四个意识”，将抓好会议精神落实与抓好当前工作紧密结合起来，形成全台上下撸起袖子加油干的良好氛围。二是稳步推进党的十九大暨“砥砺奋进的五年”重大主题宣传，实施重大主题宣传会商联动机制，坚持正向引领，多维发声，依托《北京新闻》《北京您早》《特别关注》等重点新闻栏目和“BTV 新闻”新媒体平台第一时间推出“十九大时光”等专栏，播发相关新闻、文章、视频等，多角度、多层次、多领域报道首都各界对十九大的反响和热议，深入阐述十九大报告内涵，获得强烈反响。三是精心组织策划“两贯彻一落实”报道，把握“一核一城三带两区”和“四个中心”首都核心功能地位，推出《扬帆》《通惠古今大运河》等多部专题片和“开启新航程”“疏解整治促提升 我家门前靓起来”“我的新北京”等专题专栏200多个，展现首都5年来的突破发展和广大群众的获得感，全方位营造出充满正能量的舆论氛围。

二、关于加强组织领导的情况

台党委对履行主体责任、抓好党风廉政建设责任制工作高度重视，严格按照上级部署要求，明确工作重点，健全工作机制，深入推动各项要求落到实处。一是调整北京电视台党风廉政建设责任制工作领导小组，结合我台实际，制定出台《北京电视台关于落实全面从严治党主体责任的实施意见》。二是全面落实《关于进一步加强和改进北京电视台纪检监察审计工作的实施意见》提出的 19 条办法措施，聚焦重点领域、关键岗位和风险易发多发环节，做到日常巡查与专项检查相结合，自查自纠与跟踪督导相结合，发现问题与堵塞漏洞相结合，教育警示与严肃问责相结合，最大限度杜绝和防范廉政风险。三是召开2017年党风廉政建设工作会议，深入贯彻中纪委和市纪委重要指示精神，对今年全台党风廉政建设和反腐败工作进行全面部署，提出明确要求。四是印发《北京电视台2017年党风廉政建设和反腐败工作任务分工》，将全年党风廉政建设和反腐败工作细化分解为19个方面57项工作任务，确定了有关工作的责任领导、牵头部门、协办部门和完成时限。五是党委会研究党风廉政建设工作有关议题，制定相应工作制度，研究相关审计工作及其整改情况，作出对有关违纪违规人员的调查处理处分决定。六是加大责任制落实力度，台主要领导与台领导班子其他成员、各部门主要负责人分别签订党风廉政建设责任书，督促各级领导干部充分履行“一岗双责”，各负其责、齐抓共管，形成一级抓一级、层层抓落实的工作格局。

三、关于巡视整改落实情况

根据《中共北京广播电视台委员会关于巡视反馈意见整改工作分工方案》（京广电党发〔2016〕22号）要求，北京电视台党委高度重视巡视整改工作，一是召开台党委扩大会进行专题研究，将涉及电视台的有关问题和整改任务分拆出来，形成《中共北京电视台委员会关于做好巡视反馈意见整改工作的通知》，明确了三个方面19项整改措施的分工安排、分管领导和责任部门。二是建立起由台主要领导负总责，台领导班子成员分别牵头，相关责任部门各负其责、密切配合的工作机制，对涉及的整改任务进行细化研究，作出工作安排，做到立行立改，逐条落实。三是抓好责任传导，台领导班子成员和各部门负责人亲自研究整改举措，督办解决突出问题，对全部整改项目进行逐一对表和推进，及时督促。目前除正在进行中的台党委换届外的其他整改项目已基本完成。

四、关于基层党建重点任务完成情况

台党委牢固树立“抓好党建是最大政绩”的理念和“党的一切工作到支部”的鲜明导向，以推进“两学一做”学习教育常态化制度化为抓手，以落实全面从严治党要求为主线，推进全面从严治党向基层延伸，不断增强党支部创造力、凝聚力和战斗力。一是围绕学习党的十九大、习近平总书记系列重要讲话精神和党中央治国理政新理念新思想新战略，特别是习近平总书记视察北京重要讲话和关于新闻舆论工作重要指示精神，做到集中学习和个人自学相结合，专家辅导和领导讲党课相结合，理论学习和工作研讨相结合，有效提升了党员理论素养。二是研究制定《北京电视台关于推进“两学一做”学习教育常态化制度化 做好党建工作重点任务实施方案》，按照台党委、党员领导干部、党支部和党员4类主体梳理出党建工作重点任务清单，要求各主体对照落实，建立台账，推动学习教育真正融入日常、抓在经常。三是在全台党支部范围内开展规范化建设试点工作，召开专题工作会进行动员部署，要求所有党支部都对照标准、自我体检，按照“B+T+X”体系，抓好“一规一表一册一网”的落实工作，健全支部主题党日制度，规范支部手册记录工作，促进全台党建工作更加规范。四是有序推进支部换届工作，经台党委督查督办，全台各党总支、党支部已基本完成支部换届，党的基层工作力量得到补充和加强。五是完成党费收缴工作专项检查工作，对全台近1500名党员党费数据进行梳理核算，在思想教育的基础上，台领导班子成员带头补缴，全台所有党支部均按时足额完成了党费收缴工作。六是在各支部讨论成果基础上制定了“北京电视台合格党支部建设规范”和“北京电视台合格党员行为规范”，进一步明确了支部主要任务和党员行为准则，各支部将“两个规范”上网上墙，对照落实。七是从严从实做好发展党员工作，对照《中国共产党发展党员工作细则》，严格执行发展党员程序，积极稳妥地开展发展新党员工作。八是以“智慧党建”APP为抓手，创新党建教育方式，把党支部建在网上，把党员联在线上，实现学习教育、交流展示、互动沟通、检查评比四位一体，得到市领导的高度评价。九是采用多种方式向全台党员推送“北京长城网”“党员E先锋”微信公众号，保证“一网一号”覆盖到全体党员，有力推动党员学习教育的信息化、网络化和常态化。

五、关于严肃党内政治生活、严明党的纪律情况

台党委严格执行党的政治纪律、组织纪律等各项纪律，严守党的政治规矩，按照上级部署要求履行职责、开展工作。一是坚持把党性教育和理想信念教育摆在突出位置，以中心组集中学习、专题研讨、提交学习心得等多种形式，围绕中央精神和习近平总书记系列重要讲话精神、马克思主义经典著作等开展学习教育，组织党员干部集体收听收看十九大开幕式、参观《砥砺奋进的五年》大型成就展，引导领导干部坚定理想信念，增强政治定力。二是严肃党内政治生活，召开台领导班子民主生活会，台领导班子和班子成员认真查找自身在理想信念、执行纪律、担当作为方面的问题，开展批评和自我批评，查摆问题，提出改进措施，增强了领导班子和领导干部自我净化、自我革新、自我提高的能力。三是严格执行民主集中制，凡涉及“三重一大”事项均经过党委会集体研究，完善重大事项事前反复研究、成熟后上会决策的工作程序，增强决策的科学性规范性。四是贯彻“三会一课”制度，台领导班子成员以普通党员身份参加所在党小组的组织生活，结合工作在分管部门党员范围内讲党课，在党的十九大代表、市十二次党代会代表、北京广播电视台第一次代表大会代表、北京电视台第五次党代会代表选举过程中，班子成员到所在基层党支部参与酝酿提名、投票选举等工作。

六、关于加强作风建设情况

台党委不断巩固深化党的群众路线教育实践活动、“三严三实”专题教育和“两学一做”学习教育成果，严格执行中央八项规定和市委十五条实施意见，以抓铁有痕、踏石留印的态度，持续深入改进作风。一是在元旦、春节、清明、五一、端午、中秋、国庆重要节点以印发通知、短信提示等形式对全台党员干部提前发信号、打招呼，开展监督检查，形成有力威慑，严防节日期间“四风”反弹。二是针对公车使用这一“四风”问题易发领域，先后出台《北京电视台公车使用管理办法（暂行）》《北京电视台公车使用登记管理实施细则》规定，要求各部门制定管理细则，明确专人担任管理员，做好使用登记，并在全台范围内开展两次专项检查，截至目前没有发现台内工作人员公车私用、公卡私用情况。三是制定印发《北京电视台因公出国（境）管理规定》，党委中心组扩大学习会特别邀请市外办因公出入境处室负责人结合典型案例就因公出国（境）管理规定进行了讲解说明。同时加强行前纪律教育，出访前纪委书记与团组负责人进行谈话，提出纪律要求，由团组负责人做出承诺并按规定认真执行，今年以来没有发现因公出国（境）违纪情况。四是出台《关于严肃换届纪律保证换届风清气正的通知》，结合辽宁拉票贿选案查处情况及其教训开展警示教育，强调“五个严禁”“十个不准”“五个一律”等换届工作纪律，截至目前在全台范围内没有出现拉票贿选等违纪违规情况。五是加大庸懒散治理力度，根据巡视整改工作要求，修订出台《北京电视台工作人员请销假管理办法（试行）》，进一步完善相关流程和审批权限，全面升级台内网中层干部离岗离京请销假 OA 系统，严格执行全台副科级以上干部及重要岗位人员离京外出需履行相应报批程序。

七、关于干部管理有关情况

台党委认真落实、严格执行上级关于干部选任和管理的相关规定，从严管理党员干部，全面加强队伍建设，提高干部选任管理工作水平。一是严格落实《党政领导干部选拔任用工作条例》，做到“凡提四必”和“双签字”，加强全流程各环节把关，严格履行各项程序规定。二是按照上级相关规定，完成领导干部个人有关事项报告集中填报、录入汇总、抽查核实工作，加强因私出国（境）证件管理。三是做好清理规范领导干部兼职有关工作，按照上级有关要求，对照上级政策规定，对全台副处级以上干部企业和社团兼职情况进行摸底排查和自检自查，对不符合兼职规定的情况一律从严清理，对确因工作需要按干部管理权限批准兼职的领导干部，均不在社团、企业领取薪酬、奖金、津贴等报酬，不获取其他额外利益。

八、关于从严管党治党情况

台党委始终把全面从严治党作为全台工作的重中之重，坚持从严教育、从严管理、从严监督，层层传导压力，级级夯实责任，为推动全台事业健康发展提供可靠保证。一是落实《领导干部党风廉政建设主体责任全程记实工作的意见》，全台副处级以上干部人手一册《记实手册》，完整真实记录本人落实主体责任情况，做到一事一记、全程留痕，同时建立季度汇报检查和分层管理督查机制，将责任明确到岗、落实到人。二是全面落实从严治党新要求，深入开展重点专项检查。逐项部署了“为官不为、为官乱为”“群众身边不正之风”“在职人员台外兼职、经商办企业”“吃空饷”等专项排查治理工作，其中针对台外兼职排查工作，要求台内正、副科长和正、副制片人及主持人、播音员签订“承诺书”，严格执行《关于新闻采编人员从业管理的规定》。有针对性地对设立使用“小金库”、公车私用、食堂公务（业务）用餐、公款购买消费高档白酒、违规因私出国等“四风”专项问题开展监督检查或自查自纠。对大型节目制作、重点广告项目等重点环节开展专项监察。上述专项检查中存在问题的，均提出了相应的监察建议。三是落实责任追究程序，制定了《北京电视台问责工作程序》，以“零容忍”的态度，严肃查处违反中央八项规定、总局“一规一约”及台内规章制度的行为。每月督促全台各中心、部、室、台属企业按时上交《落实中央八项规定精神情况月报表》，整理汇总全台落实八项规定精神的具体情况，并按要求及时进行上报。综合运用批评教育、诫勉谈话、通报批评、经济处罚、组织处理、纪律处分等方式问责追责，有效发挥了警示作用。

九、关于纪检监审监督执纪情况

台党委对台纪委、监察审计办公室监督执纪工作高度重视，全力支持，坚持抓早抓小，防微杜渐，不断深化廉政风险防控管理体系建设，科学配置纪检监察审计人员力量，进一步提高管理监督科学化规范化水平。一是按照《关于进一步加强和改进北京电视台纪检监察审计工作的实施意见》提出的 19 条办法措施，对监督全覆盖作出全面部署并大力推进。印发《实施意见》解读手册，做到全台人手一册，并通过集中宣讲、走访交流等形式深入全台各部门宣传解读，确保实施意见在全台顺利推开。二是充实纪监审工作力量。调整充实了监审办下设科室，纪检监察工作人员由原来的 8 人增加到 20 多人，确保工作有人做，事情有人管，监督有人问，执纪有人查。在此基础上，设立了首批纪检协作员、纪律监督员共约 50 人，建立了纪检协作员微信工作群，在全台各党总支、党支部设立纪检委员，形成监督合力，为实现监督全覆盖提供了力量保障。三是强化典型案例警示教育。建立编前会不定期公开通报机制，由台纪委书记第一时间将上级纪检机关下发的学习材料、典型案例传达给各部门，开展严肃认真的警示教育。在编前会上台领导班子成员和各部门负责人集中观看了张慧光案例警示教育片。今年以来重点传达学习了 30 余件典型案例和情况通报，包括江苏广电购剧窝案、辽宁拉票贿选案、公车 ETC 私用案、6 起落实全面从严治党主体责任和监督责任不力被问责典型案例、侵害群众利益的不正之风和腐败问题典型案例，以及市纪委公布的近期巡视整改情况、市纪检监察机关纪律审查情况通报、市纪委市监委关于中秋国庆期间违规使用公务用车和违反中央八项规定的通报。此外，要求全台各党支部认真组织党员观看《警钟长鸣》《北京市正风肃纪教育片选集》《巡视利剑》等教育片。四是认真执行党风廉政谈话制度。对中层干部、科级干部、制片人做到凡提必谈；根据查办案件及审计中发现的一些苗头性、倾向性问题，对相关重点岗位人员进行警示谈话；因公出国（境）出行前，纪委书记对团组负责人进行行前纪律教育谈话，强调因公出国（境）纪律规定。今年以来，台纪委书记先后对 20 名重点岗位负责人开展谈话提醒，发挥了“早打招呼、多拉袖子、常敲警钟”的作用。监察审计办公室今年以来对我台新提任、换岗的科级干部、制片人进行了谈话，增强了廉洁勤政意识。五是加大处罚问责力度。坚持把查办案件放在突出位置，坚持“一案双查”，对违规违纪行为严格追责、严厉问责、严肃查处。六是重视风险防范，实行动态监管。对大型节目（活动）资金支出、大型采购、重要工程、大型项目招投标等进行全程监督，对资金管理等重点环节开展专项监察；对实物赞助广告、大型节目（活动）实行备案制度，强化了对大额资金和实物赞助广告的监管。七是加大审计力度，强化监督管理。全力抓好全台及台属企业年度财务审计和中层干部离任审计，创新开展中层干部任中审计，探索开展特大型季播节目专项审计，加强对台属企业的审计监督，把审计监督延伸到全台各主要业务。八是落实上级提出的纪律检查、检查和问责建议。以巡视审计为契机，加强整改督办督查。

十、关于“一把手”履职尽责情况

台党委主要负责人切实履行党风廉政建设第一责任人职责，带头遵守党纪国法、带头管好班子队伍、带头抓好工作落实，当好廉洁自律的表率。一是坚持“四个亲自”，高度重视党风廉政工作，主持召开全台党风廉政建设工作会议对全台相关工作进行部署，与部门负责人签订党风廉政建设责任书，在多种场合强调纪监审工作的重要性并亲自协调从组织架构和人员上予以支持和扩充力量，定期听取纪检监察的工作汇报，在巡视整改、审计整改工作中负总责，亲自主持和过问安全播出、“小金库”等重点案件查办工作；针对重点领域重点环节健全工作制度，加强风险防控，提出成立电视剧管理工作领导小组、节目经营统筹协调领导小组；坚持安全播出靠前指挥，为确保十九大的各项安全生产，多次主持召开安全播出和网络安全技术保障工作会议，与班子成员、各部门负责人签订十九大安全播出责任书；及时与党员干部一线员工进行谈心谈话。二是作为班子带头人自觉遵守中央和市委关于报告个人有关事项、因私出入境管理、企业社团兼职清理的有关规定和要求，严格执行一把手不直接分管人、财、物的有关规定，在电视台不领取任何形式的报酬和报销任何个人支出，不谋取任何形式的私利，保持一心为公的作风。三是认真落实意识形态工作责任制。深入学习贯彻习近平总书记关于意识形态工作的系列重要讲话精神，结合研究规划全台重点工作，在内容策划、制作、播出各个环节严格把关，部署净化舆论环境专项整治工作，加强意识形态管理，强调严把选题关导向关，不给有害信息错误言论提供传播阵地，圆满完成了全年各项重点宣传任务。在台党委主要负责人以身作则、严格要求的领导下，领导班子其他成员也根据工作分工，认真履行职责范围内的党风廉政建设工作，取得良好成效。

概　况

北京电视台概况

2017年，北京电视台以习近平新时代中国特色社会主义思想为指引，服务全市中心工作，为疏解整治促提升营造氛围，推进全国文化中心建设，充分发挥喉舌阵地作用、示范引领作用，统筹做好新闻宣传、节目生产、内部管理、产业发展、党的建设等各项工作。

一、坚守党媒职责，巩固舆论阵地

十九大宣传报道浓墨重彩。在《北京新闻》《特别关注》《北京您早》等名牌新闻栏目开设多个专栏，推出《喜迎十九大》《砥砺奋进的五年》《疏解整治促提升 我家门前靓起来》等六大系列新闻报道，形成以新闻报道为龙头，以纪录片、专题片、公益宣传片和影视剧、综艺节目为两翼的内容矩阵。先后播发十九大相关新闻超过358条，累计时长超过43小时；采访党代表30多人次，采访各界党员干部群众超过200人次；播发十九大主题公益广告和宣传片近2000次；依托“BTV新闻”新媒体平台推送相关文章、视频超过110条，点击量过百万。

重大主题宣传报道特色鲜明。围绕习近平总书记两次视察北京，精心策划重大报道。在2月23、24日习近平总书记视察北京前后，推出6集专题片《扬帆——习近平总书记2·26视察北京三周年》。以北京市两会、全国两会、市第十二次党代会、内蒙古自治区成立70周年、建党96周年、香港回归20周年、全民族抗战爆发80周年、建军90周年、中华人民共和国成立68周年以及全国文化中心建设、大运河文化带建设等为宣传重点，制作播发了“天涯共此时——‘一带一路’”大型新闻行动、“纪念建军90周年”大型直播等多个有影响力的项目。

“两贯彻一落实”报道扎实推进。服务和推动市委市政府中心工作，持续推出《加强城市治理 建设和谐宜居城市》《坚定决心 提振信心 深化改革促发展》《清洁空气 北京在行动》《人勤春来早 撸起袖子加油干》《京津冀协同发展调研行》等多个系列报道。策划两季《市民对话一把手》节目，并首次邀请委办局一把手走进新闻演播室直接和市民对话。以365集为单元、集中表现中国人梦想故事的大型系列微纪录片《中国梦365个故事》第一季完成播出，继续推出第二季，弘扬社会主义核心价值观，紧扣京津冀协同发展重大国家战略和疏解整治促提升、城市副中心建设等主题，取得了收视口碑双丰收，并被写入了2017年市政府工作报告和市第十二次党代会报告。

二、加强节目研发创新，平台竞争力影响力提升

全台组节目成绩斐然。2017年，北京台组全天市场份额33.61%，晚间市场份额38.28%。北京卫视全天全国35城省级卫视排名稳居全国省级卫视第四名，市场份额跻身前三位，晚间全国35城省级卫视排名第三位，有41天排名全国收视第一，11月、12月连续两个月夺得月冠军，再创北京卫视收视新纪录。卡酷少儿频道全国35城省级卫视排名第十位。各频道节目共获得国家和省级政府奖及其他社会评优约160项。北京卫视品牌节目屡获殊荣：《传承者》《非凡匠心》被国家新闻出版广电总局评选为“全国创新创优节目”；《传承者之中国意象》荣获北京大学电视研究中心推选的“2016中国电视年度掌声”；2017年中国媒体创新论坛暨“影响中国传媒”活动中，北京卫视入围“影响中国传媒十大媒体”，《养生堂》荣获“影响力栏目奖”，《跨界歌王》荣获“创新栏目奖”。

大型活动彰显BTV影响力。《2017年北京电视台春节联欢晚会》连续四年蝉联省级卫视同时段收视、微博和微信互动三项核心数据冠军。成功举办第七届北京国际电影节，精心组织370余场活动，签约额达174.58亿元，创历史新高。《跨界冰雪王》被国家体育总局和北京奥组委列为2017年至2022年重点扶持项目。与河北广播电视台和黑龙江广播电视台三台联合录制播出《2018年环球跨年冰雪盛典》。开启以“花开新时代，天涯共此时”为主题的跨年楼宇灯光秀，全面升级舞美视效，与跨年冰雪盛典完美配合。主办第二届《“诚信北京”3·15特别节目》，首次加入全媒体同播、全平台直播。

节目内容品质提升、亮点众多。北京卫视不断推进节目创新创优：原创推出了《但愿人长久》《我是演说家》《音乐大师课》《中国故事大会》《生活相对论》等一批大型季播节目；《生命缘：生命的礼物》以明星公益纪实的方式扩大“生命缘”品牌影响力；《暖暖的新家》不断巩固在家装节目中的权威地位；《念念不忘》以解读家书的方式传递中华传统美德；黄金档播出了15部优秀电视剧，其中《情满四合院》《生逢灿烂的日子》《风筝》等电视剧多次勇夺收视冠军，成为年度“现象级”大戏。地面频道、专业频道多点开花，亮点突出。一是增强原创节目实力。文艺频道《北京喜剧幽默大赛》成为全国优质喜剧类节目，并以自身IP形成商演品牌；科教频道《第三调解室》进行内容升级；财经频道夯实第二届《“诚信北京”3·15特别节目》、第八届“北京影响力”评选活动和第八届“中国统计开放日”三大品牌活动。二是服务百姓生活。影视剧中心坚持“大戏看北京”精品战略，选购了一批收视和口碑双赢的影视剧作品；生活频道启动黄金时段三小时融媒型开放性大直播，推出人文纪录片《拾说什刹海》第二季、系列主题报道《主播单车看北京》《家门口的事放心上》等。三是升级名牌节目。体育频道打造《欢乐二打一》，收视屡创新高，平均收视达到2.63%，比2016年提高8%。青年频道扩版《军情解码》，并在其后播出《档案》，形成“军事板块”。四是突出文化元素：卡酷少儿频道打造“京味儿动画阵”，推出动画《京剧猫》《我的朋友猪迪克》《疯了桂宝》；纪实频道《纪实天下》《影事》《时尚印象》《昨天的故事》《奇妙之旅》五档自制栏目成为塑造首都文化形象的重要窗口。

内容生产创研力度进一步加强。完善《北京电视台节目创研工作实施方案》，建立创新研发工作机制，实行约束指标和激励指标。加强最新节目模式分析、研究，拣选最新、最优节目模式定期在编委会、编前会举行观摩研讨，发布研究分析和节目环节比较报告，为节目中心提供参考。《创意中国》邀请专家团和年轻投资人，共同助推优秀创意项目的孵化，是北京市委宣传部推进全国文化中心建设的重点项目。

三、营销策略推陈出新，经营创收能力提高

广告经营创收成绩出色。2017 年，全台广告创收超过近几年水平，创历史新高。其中，北京卫视广告创收总额同比增长超过 1.7 倍，在排名前五的省级卫视中增长幅度最高。绝大多数频道完成全年经营创收任务，部分频道实现可观利润。建立大客户沟通机制，协调经营主体的客户谈判工作，开发了 4 个“亿元客户”，分别是 OPPO、天猫、景田、江中，接近亿元的客户有云三七、华彬集团等。首次与电商巨头阿里巴巴集团签订战略合作协议，北京卫视、浙江卫视、深圳卫视与阿里巴巴集团共同招商、制作、播出天猫双十一晚会，为资源推广、品牌建设及提升融媒体影响力提供了帮助。整合品牌节目资源，开发衍生品，借势“BTV 春晚”，开发“春碗”品牌衍生品，发售“BTV 手工花丝金质春碗”和“BTV 手工花丝银质春碗”两款工艺品。打造动漫衍生品多屏互动综艺秀《大玩家》，将节目与动漫产业制作、衍生品开发各环节紧密结合。针对中老年“大健康”市场开发健康手机和可穿戴智能医疗设备业务，针对青少年“大教育”市场开展培训业务。深挖行业协会、政府部门资源，展开战略合作，争取资金支持。在生活频道开展一体化改革试点，创建了“三委一联席”一体化管理架构机制；初步布局了城市生活服务领域九大产业，成立了六大产业联盟，积极打造新型融媒平台，为地面频道突围发展探索了有效路径。台属企业与节目中心密切配合，发挥最佳组合效应，京视卫星传媒有限责任公司与北京卫视经营创收成绩突出，北京卫视黄金剧场和《养生堂》冠名费大幅提高；京视体育发展有限责任公司与体育频道积极开拓创收渠道，着重加强了与体育联盟、行业协会、政府相关部门的紧密合作；新纪实（北京）传媒投资有限公司自筹资金运作大型项目，制作中外合拍 4K 纪录电影《最后的沙漠守望者》，为纪实频道提高了影响力。

台属企业经营能力提升。围绕产业经营提质增效的总目标，强化监督管理和服务保障，梳理整合产业布局，探索尝试经营机制的转变，打造优势企业，努力实现全台产业经营的升级和发展。京视传媒有限责任公司不断加强项目合作，积极参与投资《跨界喜剧王》《但愿人长久》等多个大型季播节目或晚会，建立运营“BTV 观众俱乐部”，深耕主持人经纪业务，从投资、共创等方式进行融合发展。卡酷传媒有限公司多维打造品牌活动，探索卡酷嘉年华品牌活动与商业地产的新型领域合作，推出“卡酷嘉年华 · 萝卡快跑”项目。电视产业发展集团对后勤保障资源及其他闲置资产资源进行市场化开发，开展电视购物板块的对外合作，依托特雷森信息中心为节目创新、生产、编排、营销提供数据支持。紫禁城影业公司积极开展影视创作，包括足球题材电影《谁是球王》、篮球题材电影《我是马布里》、京剧电影《定军山》。黄金海岸培训中心积极配合当地管理部门各项工作，加强管理积极应对亏损局面，保证了生产平稳有序进行。北视英特维文化传播有限公司打造项目团队，增强整体实力，完成多项节目包装制作；争取增加对外的新项目，承接了市人民检察院形象宣传片等项目。北京国际电影节有限公司于2017年划转到本台，积极整合台内资源，扎实推进战略合作、广告招商、商业赞助等工作，为举办电影节提供了资金支持。

四、安全保障能力全面加强，技术水平稳步提升

2017年，17个频道总计播出时间约14万小时，直播约14544小时，停播率2.56秒/百小时，低于国家新闻出版广电总局要求的5秒/百小时，确保了十九大等重要时期播出安全零事故，完成各项台外直播任务、节目录制任务共574场。统筹落实第五批中国梦31首歌曲的排播工作，及时准确飞播重大宣传和气象预警字幕信息1万余条次。开展“融合新闻业务系统建设”技术工程项目，推动“综合数据中心”“超高清4K”等重点项目；提升播出质量总体水平，在关闭原有D27模拟地面频道的基础上，开播地面数字频道以及D14频道的纪实高清和新闻高清数字频道；推进高标清同播频道统一变换方式的落实工作，统一将高清节目在标清频道播出下的变换方式调整为16∶9方式，提升同播节目标清播出的质量；进行声音水印技术测试，推动广播电视台融合媒体互动技术的应用。

五、内部管理做细做精，服务保障提质增效

绩效管理扎实推进。推进“以收定支、量入为出、收支平衡”的财务管理模式；调整优化2017年绩效考核方案，形成“1+X”绩效考核体系，实现各部门联动考核、差异化考核，动态考察收视、收入和利润指标完成情况，落实收支平衡要求，并设立个性化激励办法，按照业绩考核结果兑现绩效工资。2017年首次接受市委宣传部绩效考核，圆满完成考核任务。根据市委宣传部考核结果，市财政局拨付考核奖励资金4亿元，有力地支持了全台发展。

基础管理水平显著提升。打通了银行贷款融资渠道，优化资金结构，为充分对接资本市场做好准备。继续推行《采购及招投标管理规定（试行）》，对全台采购和招投标过程进行监督。技术设备管理更加科学化、规范化，提交报废设备两批，涉及金额3.4亿多元。向市委宣传部报送信息319条，采用170条，在全市宣传系统名列前茅。升级改造96168热线，开发了基于微信公众平台的多媒体信息处理能力。修订《北京电视台工作人员请销假管理办法（试行）》，全面升级台内网中层干部及台属一级（含参照管理）企业班子成员离岗离京请销假OA系统，完善规范审批流程。加强全台车辆管理，制定了《北京电视台公车使用管理办法（暂行）》，严格执行公务用车使用的各流程管理。落实消防安全责任制，确保园区安全。继续做好北京电视中心一、二期建设相关工作，上报了《关于建设北京电视台融媒体中心的报告》《关于北京电视中心（北京电视台新址）一期工程遗留问题、二期工程建设办理情况的报告》。

六、党建工作抓实抓好，巩固发展良好政治生态

坚持把党性教育和理想信念教育摆在

突出位置。制定《关于推进“两学一做”学习教育常态化制度化 做好党建工作重点任务实施方案》。以“智慧党建”APP为抓手，创新党建教育方式。完成全台党支部换届。对全台近1500名党员党费数据进行梳理核算，按时足额完成党费收缴。

党风廉政建设和反腐败工作持续推进。针对公车使用、因公出国等“四风”问题易发领域制定管理办法，规范公务接待和业务接待。在全台逐项部署“为官不为、为官乱为”“群众身边不正之风”“在职人员台外兼职、经商办企业”“吃空饷”等专项排查治理工作，有针对性地对设立使用“小金库”等“四风”专项问题开展监督检查或自查自纠。强化专项监察，针对影视剧购销、广告经营等重点领域重点环节，成立电视剧管理工作领导小组、节目经营统筹协调领导小组，对广告资源置换、大型节目（活动）实行备案制度，加强风险防控，全年共登记备案大型节目及专题片28项，涉及预算约12.2亿元。全力抓好台年度审计和中层干部离任审计，探索开展中层干部任中审计和特大型季播节目专项审计，全年共组织开展14项内部审计工作，推动审计监督全覆盖。制定《北京电视台问责工作程序》，综合运用批评教育、诫勉谈话、通报批评、纪律处分等方式问责追责，有效发挥了警示作用。

卫视节目中心工作概况

2017年是卫视节目中心攻坚克难、加速发展的一年，党的十九大胜利召开、北京加快全国文化中心建设、广电总局对广播电视节目加强调控等，让卫视节目中心迎来发挥首都主流媒体影响力的重要机遇，与此同时，省级卫视日益板结化的阵营差距和持续白热化的收视竞争，也给卫视节目中心的发展带来前所未有的挑战和压力。

一、频道收视收入及影响力整体提升

收视情况。2017年，北京卫视全年收视率位列省级卫视第四名，达成台里制定的收视考核指标，这是北京卫视连续第5年收视排名省级卫视第四。2017年的收视业绩体现出更高的含金量：北京卫视收视率位列全国省级卫视前三名的天数有165天，比2016年增加22天，超过了全年三分之一的时间。其中，排名省级卫视第一名的天数是42天，比去年增加了33天。

创收情况。凭借京视卫星公司与卫视节目中心的共同努力，2017年北京卫视频道广告创收24亿元，较2016年增加10亿元，是前五省级卫视中营收增幅最大的卫视，并实现利润2.3亿元，超额完成台里制定的利润考核指标。

2017年，北京卫视的平台和节目品牌影响力不断提升，在各类专业奖项评选中收获肯定。

2016年至2017年，北京卫视原创推出的两档大型文化季播节目《传承者》和《非凡匠心》，双双被国家新闻出版广电总局评选为“全国创新创优节目”。

《传承者之中国意象》，荣获北京大学电视研究中心推选的“2016中国电视年度掌声”。

2017年第23届上海电视节白玉兰奖评选中，北京卫视的《我是大医生》成为唯一一档入围最佳周播电视节目奖项的健康类节目。《跨界歌王》从全国400多档节目中脱颖而出，提名最佳季播电视节目。

2017年中国媒体创新论坛暨“影响中国传媒”推介活动，北京卫视入围“影响中国传媒十大媒体”，《养生堂》荣获“影响力栏目奖”，《跨界歌王》荣获“创新栏目奖”。

在由中国电视艺术家协会、中国视协电视纪录片学会举办的“第23届中国纪录片十佳十优作品及优秀栏目、年度频道、年度人物推选活动”中，《红军不怕远征难》荣获“第23届电视纪录片年度收藏作品”。

二、十九大宣传报道生动创新，体现首都媒体担当

一是调整编排跟播十九大重点电视专题片。卫视节目中心按照上级要求，调整版面编排，从7月起至十九大召开期间，在晚间黄金时间跟播了《将改革进行到底》《法治中国》《巡视利剑》《大国外交》《辉煌中国》《强军》《不忘初心 继续前进》等多部十九大重点电视专题片。卫视节目中心自发利用频道官方微博、微信、客户端等渠道，推广并预热专题片，取得了平均每条微博2.5万次的阅读量，单级宣传片最高点击量突破360万次，赢得了网友的好评和热议。

二是推出重大主题纪录片《你从井冈山走来》。为庆祝中国人民解放军建军90周年，展现中国建设新型人民军队的光辉历程，由市委宣传部策划，卫视节目中心《档案》栏目制作推出6集大型系列纪录片《你从井冈山走来》，从8月1日至8月3日每天21：18在北京卫视播出。

三是策划推出“喜迎十九大”系列宣传片。《喜迎十九大 大美看北京》系列宣传片：围绕习近平总书记视察北京的足迹，围绕北京“一核一城三带两区”的战略规划，采用直升机航拍、无人机航拍、延时摄影、长镜头摄影等极致影像技术，拍摄北京城市的壮美画面。从9月30日起在北京卫视频道持续更新播出。《喜迎十九大》街采系列宣传片：以街采的方式倾听首都市民对中国5年发展成就和北京城市生活的心声，贴地气、贴民心、贴热点，从9月6日至十九大召开期间，街采系列宣传片共播出15部。

三、宣传首都功能定位，助力北京城市发展

一是策划大型文化创意节目《创意中国》。《创意中国》作为北京市委宣传部推进全国文化中心建设重点项目，将发挥积极的示范引领作用，吸引全国优质文创项目、创意人才和资金汇聚北京，为北京的科技创新和文化建设作出贡献。

二是推出大型系列纪录片《通惠古今大运河》。为做好北京“一城三带”特别是对世界文化遗产大运河的宣传推广，卫视节目中心《档案》栏目组在国庆期间推出6集大型系列纪录片《通惠古今大运河》，以“百姓档案，古今对话”为创作理念，展现大运河历史、地理、文化对首都城市发展的重要影响，以及北京市民与大运河之间的情感连接。

三是推出大型系列纪录片《京城之轴》。为落实蔡奇书记对中轴线文化宣传工作的指示，卫视节目中心《档案》栏目策划推出6集系列纪录片《京城之轴》。通过深入挖掘中轴线沿线历史人文故事，反映中轴线作为“北京古城的灵魂与脊梁”所蕴含的历史文化和对北京发展的特殊意义。

四是策划大型评书栏目《北京评书大会》。在2017年11月以每周4期的排播推出大型评书栏目《北京评书大会》。节目邀请刘兰芳、田连元、单田芳、连丽如等4位评书表演艺术家首度同台，王玥波、方清平等中青年评书演员和具有评书才艺的小朋友，以“老中青少”代际结合的方式，为观众带来评书表演。

五是策划冬奥会主题的系列跨年盛典。从2017年至2020年，卫视节目中心将与国家体育总局和北京冬奥组委合作，在每年的12月31日推出系列《BTV环球跨年冰雪盛典》，为北京冬奥会的召开营造火热氛围。

四、版面无空档，生产季播化，实现社会效益与市场效益双统一

全年版面齐整规划有序，首次实现无空档播出。季播化、创新化、自制化理念为研发生产注入强劲动力，新节目取得开门红，老品牌焕发新活力。

一是“跨界”系列释放现象级影响力，拱卫北京卫视品牌价值高地。《跨界歌王》第二季13期节目全国35城市平均收视率1.75%，最高单期收视2.14%。7期节目位列播出同时段的省级卫视第一名。为助力2022年北京冬奥会的举办，扩大群众对冰雪运动的认识和参与程度，北京卫视在2017年策划推出大型明星冰舞竞技节目《跨界冰雪王》，被国家体育总局和北京奥组委列为2017年至2022年的重点扶持项目。《跨界喜剧王》第二季全新升级，总决赛全国收视率1.31%，位列当周周五、六和日3天所有省级卫视季播栏目排行榜首位。

二是周末季播版面无空档播出，新老品牌取得影响力突破。2017年，北京卫视的季播版面没有出现空档，这是卫视节目中心近几年以来的第一次，由于省级卫视季播节目生产深受市场因素影响，2017年湖南、浙江、江苏等卫视都出现了季播节目的断档，所以北京卫视能够实现版面无空档实属不易。季播版面的齐整得益于卫视节目中心对季播项目的储备，以及不断加强的研发能力和自制能力。卫视节目中心的主导性和自制化，在周末大型综艺季播的研发和生产中占据着越来越重要的比重，《厉害了！我的歌》《跨界歌王》《跨界喜剧王》《中国故事大会》《我是演说家》《音乐大师课》和《但愿人长久》等节目都有很强的自制成分。

卫视节目中心原创推出《非凡匠心》《中国故事大会》《签约歌手》《厉害了！我的歌》《我想见到你》《生活相对论》《舞力觉醒》等一批模式创新、风格时尚的周末大型季播节目，成为2017年卫视节目中心节目创新的重要标志。

综N代在持续升级创新中焕发新的竞争力。《跨界歌王》《跨界喜剧王》《跨界冰雪王》在全年周六黄金时段组成“跨界IP通档”，影响力与日俱增。《传承者之中国意象》和《我是演说家》第四季、《音乐大师课》第三季等文化类品牌，汇聚成文化与艺术交融的时代清流。其中，《传承者》和《非凡匠心》分别被国家新闻出版广电总局评为2016年和2017年全国创新创优节目。

三是周间节目全部季播化生产，多元创新对接市场需求。2017年，北京卫视周间920时段已全部实现季播化生产，研发能力和自制能力的提高加快了新节目的生产周期，提升了版面的丰富度，加强了整体竞争力，为广告经营带来更多空间。

在周间季播节目的生产上，卫视节目中心以季播化和创新化为核心方向，坚持头部化、垂直化、轻量化的策略。

头部化——卫视节目中心周间自制季播节目，坚持服务性和权威性的统一，在同类型节目中保持在“头部节目”地位。《生命缘》成功播出六季，连续两年荣获中国新闻奖一等奖，成为既受观众喜爱，又令广告商青睐的品牌。2017年第四季度《生命缘》与广告商合作，策划推出原创自制节目《生命缘·生命的礼物》，以明星公益纪实的方式扩大“生命缘”品牌的影响力。《我是大医生》成为唯一一档入围最佳周播电视节目奖项的健康类节目。《暖暖的新家》不断巩固在家装节目中的权威地位。《念念不忘》是卫视节目中心今年原创自制的一档文化季播节目，以解读名人家书、后代回信致敬的方式，传递中华传统美德，一经推出就获得国家广电总局的高度表扬。《创意中国》成为北京市委宣传部推进全国文化中心建设重点项目。

垂直化——瞄准时下产业前景最为可观的健康、装修、母婴、美妆等垂直领域，推出《暖暖的新家》《我是大医生》《哎呦，你真美》《厉害了，奶爸》等一系列生活服务类节目。自制节目也正在完成从导演思维到用户思维的转变，在产业经营方面不断探索。

轻量化——周间节目坚持轻量化、小而美的操作思路，成本低、规模小、影响大、利润足。自制节目从不拼明星、拼投入，而是拼创意、品质和对成本的精细化控制。

五、编排策略节支增效，拉动收视提升价值

卫视频道的竞争是全方位和全时段的竞争，晚间时段是频道的收视和价值高地，而白天时段则是频道收视和价值的底盘与蓝海。卫视节目中心结合资源优势和竞争需求，推出了灵活多变又行之有效的编排策略。

策略一：在上午时段参考收视人群特性，增加节目精华版和电视剧的排播，帮助北京卫视6点至12点上午时段位列省级卫视第三名。而12点到18点间，通过午茶剧场的灵活排播和《暖暖的味道》《养生堂》的稳定播出，北京卫视下午时段收视率位列省级卫视的第四名。

策略二：卫视节目中心坚持特殊节点的特排策略。例如，围绕品质剧场优质大剧资源，卫视节目中心借鉴2016年播出《芈月传》时的编播策略，在2017年播出《外科风云》期间，策划推出了总共20期《大戏看北京特别节目》，持续聚焦剧情进展，取得了令人满意的收视效果。

策略三：继续在全年后晚间时段布局周播剧，一是提升了该时段的广告价值，拉动创收；二是拉动该时段收视排名提升三位；三是以古装、玄幻等青春IP剧为主打内容，吸引培育了年轻受众。

六、北京卫视与阿里巴巴战略结盟，开拓经营新路径

2017年4月13日，北京卫视与阿里巴巴集团签订战略合作协议，这是北京卫视第一次与电商平台达成战略合作，也是阿里巴巴集团第一次与省级卫视结成战略同盟。

北京卫视开放频道三大资源：一是开放周末大型季播资源，通过“摇一摇”的方式设立竞猜环节，设立现金红包和天猫商城里的北京卫视专区，让观众既参与了游戏，又收获了实惠。二是开放晚间电视剧资源，结合电视剧情节，时时通过字幕条的形式向观众发送商品信息，并通过“摇一摇”导入天猫页面。三是开辟全天时段资源，每天的10个整点时刻开辟“摇一摇”功能，引导观众赢取优惠券和特价商品。

2017年6月29日，北京卫视、浙江卫视、深圳卫视和阿里巴巴集团联合召开“2017天猫双11超级IP战略发布会”，3家卫视将与阿里巴巴共同招商、制作、播出2017年天猫双十一晚会。北京卫视与阿里巴巴集团的战略合作，为北京卫视的经营创收开辟新路径，也为北京卫视的资源推广和品牌建设，以及提升融媒体影响力提供帮助。

新闻节目中心工作概况

2017年，新闻节目中心高质量完成了多项重大新闻报道工作，推出多项特别策划和大型新闻行动，得到中宣部、广电总局领导表扬和市领导多次肯定，圆满完成台里下达的频道收视率和晚间市场份额指标，大力做好节目创收，积极提高首都主流新闻媒体的传播力、引导力、影响力和公信力。

一、弘扬主旋律、做好重大主题宣传报道，全力以赴做好党的十九大主题宣传，圆满完成北京市两会、全国两会、市十二次党代会等重大报道工作

全力以赴、扎实推进，多系列多角度做好党的十九大主题宣传，为十九大胜利召开营造良好舆论氛围，并在十九大召开期间，圆满完成十九大报道任务。会前积极策划多个重点报道，在《北京新闻》《特别关注》《北京您早》等名牌新闻栏目推出《喜迎十九大 北京新篇章》《十九大代表风采》《砥砺奋进的五年》《共度十九大时光》等多个专栏，持续时间长、呈现效果好；6集电视专题片《我的新北京》，大主题、小切口，从百姓身边可闻可见可感的变化入手，在主旋律专题片制作方面有了更多思路拓展；十九大会议期间，全力打造《党的十九大特别报道》，聚焦北京代表团、党代表热议十九大报告、关注6场新闻发布会；十九大胜利闭幕后，进一步做好会后报道，聚焦宣传贯彻十九大精神和习近平总书记重要讲话精神。

圆满完成北京市两会和全国两会报

道。北京市两会报道注重新媒体互动，实现全方位全覆盖；《对话一把手》等栏目积极创新，节目收视率大幅增长。全国两会报道和新华社、人民日报等权威媒体合作，推出《全国两会特别报道》《大家谈两会》《共话京津冀》等专栏，扩大新闻视野，加强评论力量，《共话京津冀》专栏得到中宣部表扬，首次使用了直播连线，连续5年在全国两会新闻发布会上提问。

提前策划，多种形式并举，完成了市十二次党代会的宣传报道。会前推出《砥砺奋进的五年》等新闻栏目；会议进行期间，在现场搭建演播室，第一时间呈现党代会盛况，准确、及时、生动地进行程序报道；推出5集新闻评论《开启新航程》；对大会开幕式在北京卫视和新闻频道进行并机直播。

二、全力做好首都新闻，提升新闻节目视野，进一步推进三档卫视新闻节目改进工作，强化新闻评论力度，推出评论版块《今晨大家谈》，国际新闻制作水平不断提高

根据北京电视台的战略布局，在“首都新闻”定位下，进一步推进卫视新闻节目的改进工作。《北京新闻》《北京您早》《特别关注》三档新闻节目全部实现了收视率上升。

强化首都视野，加强对国内、国际新闻的北京化处理，用足评论员的专业优势。3月，卫视评论节目《今晨大家谈》版块在《北京您早》亮相，收视效果良好，受到了市委市政府领导表扬。

积极协调与国际台和新华社的各国驻外记者，持续开发专家资源，建立国际资讯和国际动态的采编制度，实现了第一时间关注国际热点的报道机制，全年及时播出了美国总统特朗普就职、巴黎卢浮宫恐怖袭击、第89届奥斯卡颁奖典礼、韩国总统朴槿惠弹劾案、美国拉斯维加斯演唱会恐袭等突发和重大新闻事件。

三、重点打造节目精品，系列专题《扬帆》高屋建瓴，体现大台风范，大型专题精品《北通州》等全面铺开

围绕习近平总书记两次视察北京，精心策划重大报道。今年2月23、24日习近平总书记在北京视察工作前后，适时推出6集专题片《扬帆——习近平总书记2·26视察北京三周年》，集中展示了北京在疏解非首都功能、京津冀协同发展、治理大城市病、大气污染治理等方面取得的显著成效，获得了市委宣传部领导的表扬。

多项大型专题片工作有序推进，大型系列微纪录片《中国梦365个故事》在《北京新闻》持续播出，重大选题《北通州》全面铺开。

四、围绕重要事件打造重点项目，策划“一带一路”高峰论坛大型报道、“砥砺奋进的五年”“天涯共此时”“京津冀协同发展”“疏解整治促提升”“纪念建军90周年”等多个有影响力的重点项目，配合中央电视台完成《还看今朝·北京篇》的采制，创新性地完成各项重要报道任务

2017年大事繁多，新闻中心以宣传重点、重要事件、重要纪念日、节假日为依托，策划组织相应的系列报道和活动，重点策划实施“一带一路”高峰论坛报道、“砥砺奋进的五年”“天涯共此时”“京津冀协同发展”“疏解整治促提升”“纪念建军90周年”等多个有影响力的重点项目，创新性地完成各项重要报道任务。

圆满完成“一带一路”高峰论坛大型系列特别报道《共建丝路 共赢发展》，自制直播12个小时。策划实施2017年第二季“天涯共此时——‘一带一路’”大型新闻行动，从5月到7月派出6路记者30余人沿“一带一路”线路跨越亚、欧、非三大洲21个国家，新闻行动历时近百天，有力地配合了峰会报道。

大型直播《从胜利走向胜利》全景展示纪念建军90周年阅兵活动，北京卫视和新闻频道并机直播，北京电视台成为唯一一个到阅兵现场直播的省级电视台，唯一一家邀请到“八一勋章”获得者参与直播的新闻媒体。

41集“纪念建军90周年”系列报道《寻踪英雄路》，创新报道形式呈现建军90周年历程，多种手段全景展现人民军队新实践新风采，在建军90周年主题宣传中，形成了一场规模效应，获得中宣部、广电总局、市委宣传部等上级部门的高度肯定，以及广电时评、广电独家等多家官媒公众号的好评和转载。

抽调精兵强将，配合中央电视台大型系列特别节目《还看今朝》的制作，出色完成《还看今朝·北京篇》相当部分内容的采制。市委常委、宣传部部长杜飞进批示：“《还看今朝·北京篇》的巨大成功，的确凝结了北京电视台从领导班子到采编团队的努力和付出。对北京电视台在这期特别节目制作中所表现的专业与敬业、务实与奉献精神，表示由衷的敬仰。”

五、服务市委市政府中心工作，密集推出系列报道，“市民对话一把手”

架起沟通桥梁，自主策划多个有影响力的大型公益新闻活动，《过年啦》《幸福绽放》《带本书给家乡的孩子》等持续多年的品牌节目持续创新。

各档新闻节目持续推出《加强城市治理 建设和谐宜居城市》《坚定决心 提振信心 深化改革促发展》《清洁空气 北京在行动》《大家谈治霾》《人勤春来早 撸起袖子加油干》《京津冀协同发展调研行》《新春走基层》等多个系列报道，服务和推动中心工作。

策划实施两季“市民对话一把手”节目，首次邀请委办局一把手走进新闻演播室直接和市民对话，报道得到了市委书记蔡奇的表扬。

《带本书给家乡的孩子》《过年啦》《幸福绽放》等多年的品牌节目持续创新采编方式和报道手段，提升了媒体的公益形象和影响力。

六、收视、收入两手抓，圆满完成台里收视指标，做好节目创收、经济效益和节目质量的同步前进

根据台领导指示，着力强化收视率和收入两个重点。新闻频道2017年平均当期收视点率0.93%，晚间市场份额1.97%，收视超额完成台里制定的指标（0.91%）。新闻频道市场份额为1.75%，比去年同期（1.69%）增长3.55%。

主题报道实现社会价值和经济效益同步前进。新闻中心累计实现利润5691万元，累计合作合拍收入8934万元。

七、新媒体矩阵初具规模，影响力日益彰显，获得多项业内荣誉，并成为台里第一个进入孵化的青年创新项目。新媒体平台在多项重大报道中频频发力，重大选题融媒体报道成常态

在新媒体发布方面，形成了以“BTV

新闻”微信公众号为拳头产品的新媒体发布矩阵，旗下运营有“BTV 新闻”微信公众号、“BTV 新闻”官方微博、“腾讯企鹅号”“今日头条号”“网易订阅号”等，每个平台阅读量都在百万量级以上。“BTV 新闻”“北京新闻”新媒体账号荣获多项业内荣誉，“BTV 新闻”连续两年位列省级电视台新闻中心微信榜单第一名；“北京新闻”微信公众号荣获“2016年度全国省级电视民生新闻微信公众号最具影响力 TOP10”。

八、大力加强通联工作，深入挖掘新闻资源，拓展传播范围，丰富节目内容，圆满召开北京电视台和北京 16 区委宣传部工作会议

依托 87 家记者站、央视和 CPTN 三驾马车，新闻中心记者站向央视送稿 3200 条，其中《新闻联播》发稿 107 条，有力地宣传了北京市取得的各项成就；从央视回录中央领导到北京的新闻 83 条，完成 CPTN 上传 2800 条。

圆满召开北京电视台和北京 16 区委宣传部工作会议，市委宣传部领导、台领导和 16 区委宣传部长共商合作发展大计，会议反响良好、成果显著。

文艺节目中心工作概况

2017 年，文艺节目中心坚持内容生产是第一生产力的宗旨，探索内容与经营融合的模式与路径，推动机制改革与精细化管理，在逆势中稳住底盘，斩获多个全国性专业奖项。《2017 年北京电视台春节联欢晚会》获得第 25 届电视文艺星光奖综艺节目大奖，在 2017 年春节联欢晚会、春节特别节目讲评交流活动中获得最佳作品、优秀导演奖；《我爱我家》栏目在中国电视满意度博雅榜评比中进入地面频道综艺类栏目十强。

一、坚持内容生产是第一生产力

文艺节目中心坚持首都、首善、专业的频道定位，坚守内容生产的根本，全面改版明确年轻化方向、高质量完成多个大型项目，逆势中保持收视稳定，优质观众群增长。文艺频道 2017 年平均收视率约为 0.77%，晚间黄金时段份额 2.71%，在北京台频道组排名第四位。

频道全面改版，明确年轻化方向。从 6 月 26 日开始，文艺频道启动 5 年来最大规模的全面改版，14 档自制节目全部升级，超过 50% 的节目有全新变化，播出版面大幅调整。此次改版，以坚定不移做年轻为核心指导思想，坚持与本台组地面频道形成差异化，明确年轻化方向，从四个维度对播出版面深度调整、升级。白天非黄时段打破节目壁垒、提升顺流，拓展创收空间；品牌节目扩版升级，以点带面提升频道的收视和影响力；周播节目差异化设置，针对细分市场调整创新布局；《炫剧场》充分融合卫视剧场资源，推动频道年轻化。

高质量完成多个大型项目。2017 年，

文艺频道承担了以“BTV 春晚”为代表的多个大型项目，水准高、口碑好。重点围绕迎接宣传贯彻党的十九大、深入开展“两贯彻一落实”宣传报道、“一带一路”建设、京津冀协同发展、推进“全国文化中心建设”等重大主题策划大型活动和特色节目，扎实开展群众性精神文明创建活动，主旋律更加响亮，正能量更加强劲，文化自信得到彰显。

《2017 年北京电视台春节联欢晚会》连续 4 年蝉联收视、微博和微信互动三项核心数据冠军；《第七届北京国际电影节闭幕式暨颁奖典礼》兼具传承与创新，得到各级领导肯定；《北京喜剧幽默大赛》改为季播节目，10 期平均收视 1.27%；《五个一工程 时代的号角》系列特别节目充分展现 3 年来我国文艺创作的丰硕成果和崭新成就，既是精神文明建设的成果荟萃，也是广大文艺工作者迎接党的十九大的文化献礼；微纪录片《洋眼看北京》独辟蹊径地从 4 位外国友人的视角，体验北京生活的精彩，感受文化北京的魅力，在十九大期间播出，生动而具体地展现北京的深刻巨变，以及北京作为全国文化中心的文化全貌和重要地位。

二、多措并举拓宽经营思路

文艺频道 2017 年收入指标 1.53 亿元，利润指标 1000 万元，2017 年经过多方努力，完成收入与利润两项考核指标。

挖掘品牌资源，主动出击寻找冠名、软植等合作方式。在硬广连续下滑的态势下，频道围绕多渠道整体营销的思路，整合旗下品牌节目资源，主动出击寻找冠名、软植等合作方式，拓展经营空间。获得冠名收入的栏目由去年的 2 个增加到 6 个，合计冠名费超过 2700 万元。此外，《我看行》积极探索软植方式，全年经营与合作收入近千万元。

启动“春碗”品牌衍生品计划，实现多元化跨界发展。4 月 26 日“春碗”正式首发，截至 12 月底，销售额突破 3200 万元，实现利润 650 多万元，按照 7∶3 的比例与工美集团分配利润。

加强广告创新，面向客户需求精准策划。将栏目的首重播分开制作并进行广告销售，全面开发日间非黄时间段的广告资源，同时开发栏目内的板块类节目定制。

依托品牌栏目资源尝试进行产业经营。《加油吧孩子》拓展少儿演艺培训，《我看行》探索以情景剧推动购买行为的节目形式，尝试节目新的经营模式并进一步拓展。

利用资源优势，加强与市、区各委办局的合作。积极参与政府采购的项目招标，获取财政预算收入，与委办局等单位的合作合拍、内容定制收入近 3000 万元。

三、以管理提质增效，加强党风廉政建设

中心严格按照台党委要求，努力提高管理水平，向管理要效益，以管理提质增效，压实一岗双责制，强化党风廉政建设。

第一，加强财务管理。严控预算把关，压缩开支，实行收视率与预算挂钩。

第二，加强绩效管理。在绩效考核方面，文艺节目中心坚持工效挂钩、全员联动、向一线倾斜等原则，奖优罚劣、奖勤罚懒。

第三，加强精细化管理。中心原有公车 18 辆，目前只在采访需要的节目组租用一辆公车，其余全部退租，以降低成本。

第四，压实一岗双责，强化党风廉政建设。要求科级以上干部切实履行“一岗双责”职责，把党风廉政建设和反腐败工作作为一项政治任务抓紧抓好。针对风险点，提前布控，积极健全完善各项运行管理制度和内部监督约束制约机制，确保每一项支出合法合规。

科教节目中心工作概况

2017年科教节目中心紧扣内容生产的核心，以提升频道综合实力为目标，圆满完成了各项工作任务。

一、传统品牌表现突出，坚持价值引领

经过多年培育，科教节目中心的《法治进行时》《第三调解室》《记忆》《最北京》《健康北京》等品牌栏目已深入人心，各个栏目总体发展平稳，稳中有升、稳中向好。

2017年，《法治进行时》积极进行改版转型，创新节目样态，开设多个专题版块，全力配合十九大主题宣传。栏目推出了《平安行》《平安守护者》《平安训练营》《公证路上》等多个专题版块。《记忆》的工作重点依旧是对当下时效选题的关注，栏目组在柳实明去世、梁厚民去世、高英培去世十周年、在“两弹一星”元老任新宇去世之时，在周总理诞辰119周年、侯宝林诞辰100周年之际，在十九大召开之时、建军90周年、空军成立90周年、中以建交25周年、尼克松访华45周年等重点事件发生时，操作了多期时效性节目。《最北京》播出了52期节目，最高收视率为2.05%，平均收视0.92%，有17期节目收视在1%以上。一年间，《最北京》走访了24家老字号，有45位各行各业的能人、传人、优秀工作者走上了《最北京》的舞台。《第三调解室》作为国内首档具有法律效力的调解栏目，在2017年着手调整节目内容和形式，增加法律解读，减少现场冲突情节，扩大选题类型，大系列制作人民调解员人物节目等，避免过度展示矛盾，在内容上融入德治精神，做有德化力量、有温度的调解节目。《健康北京》作为科教节目中心的品牌栏目，开办12年来，累计播出4500余期节目，其中邀请北京市三甲医院院长90多位，170多位主任参与节目。2017年栏目继续保持与卫计委等部门、组织的合作，通过大型活动、特别节目制作等方式增加权威性、科学性。每周的“健康播报”，卫计委新闻发言人围绕一周健康疫情和各项数据进行健康提示和发布，为省级电视台独有。《非常向上》继续保持与北京市教委的良好合作关系，双方围绕扩大优质教育资源、教育资源均衡化、中高考改革等内容进行重点策划，有效进行舆论引导，搭建了社会群众了解和参与首都教育的平台。《法治中国60′》作为全国大型法制资讯类节目，一直以“以案说法服务百姓”为宗旨，2017年先后策划了反映基层民警工作和生活的系列片《百城百警百姓情》，与武警总部联合播出系列片《走近武警》，与中央政法委联合举办《平安在你我身边》大型微视频展播活动。为配合十九大召开，开办《新航程法典》版块。

二、加大创新力度，拓展创收渠道

2017 年《法治进行时》与公检法司等各个部门加强合作，不断创新选题思路，创作有价值有影响力的节目。在此基础之上，栏目组与企事业单位通过合作合拍的方式获得上百万元的收入。《全民共防金融电信诈骗》是《法治进行时》与交通银行合作的专题版块，通过冠名的形式获得 100 万元的创收。与北京市司法局公证处合作的系列专题片《公证在路上》也同样取得了良好的社会效益与经济效益。2017 年，对于《警法目录》和《庭审纪实》这两个周播节目来说异常艰难，栏目组克服困难，精打细算、开源节流、多方洽谈，最终都找来了合作对象，保证了节目的正常运营。午间法治时段的各个栏目以法治核心资源为基础，将内容的主题化与合作方的需求紧密结合，为拓展创收渠道积累了宝贵的经验。

《记忆》栏目为了创收，积极融合社会资源，在 2017 年 5 月每周四晚间打造了一档全新的宠物真人秀节目——《记忆之宠爱 +》。这档节目是由国安社区宠物频道花 300 万元，讲述文明养犬的个性案例和人与宠物和谐相处的情感故事。这是一次《记忆》在节目经营和节目方向上同时全新拓展的节目。

《留学生》2017 年着重提升节目的服务性、可看性，栏目经过努力，实现节目内容契合市场需求，争取到兴业银行资金方面的大力支持。同时，栏目组与京视传媒密切合作，创办 BTV 留学生培训学院，打通线上线下，以 TV + 模式，打造集中介、咨询、语言培训、金融服务等多位一体的产业链模式。从 2017 年 7 月份开始，栏目组多次举办线下活动，带领舞台上的留学规划师，免费为 1000 余个留学家庭提供留学咨询服务，栏目影响力逐渐扩大，北京时间、爱奇艺等视频网站均对节目进行了转载，单期点击率达 4 万余次。

《非常向上》栏目与北京市教委建立了深厚的友谊，2017 年北京市教委为《非常向上》投入 940 万元合作经费；同时《非常向上》积极开拓题材和资源，争取到国家科技部投入 99 万元制作季播节目《科学时间》，节目形态模式为科学家演讲 + 现场互动，在 2017 年科技周期间首播，暑期重播。

三、大型活动影响力广泛，提升频道品牌形象

由北京市委组织部、宣传部和北京电视台联合制作的大型党建系列专题片《为你而歌》经过多年的锤炼，已成为一项精品工程，2017 年是该系列片的第 15 部。《为你而歌》通过纪实风格的拍摄手法以真人、真事、真情、真景为表现对象，直接反映现实生活，以真实性感染、启迪观众。

2017 年 6 月 10 日、11 日，《健康北京》栏目组与北京市卫生和计划生育委员会、首都卫生计生系统精神文明建设协调委员会联合举办的“第六届首都十大健康卫士推选揭晓典礼”在科教频道播出。栏目策划的颁奖典礼很有特色，得到业内人士的好评。2017 年是栏目第三次承办这项颁奖典礼活动。

为配合北京市人民政府“健康北京人——全民健康促进十年行动规划”的宣

传推广，2017年10月1日—6日，科教频道连续6天播出“2017年北京市健康科普大赛”，该活动是由北京电视台科教节目中心《健康北京》栏目组与北京市健康促进工作委员会及北京市卫生和计划生育委员会共同策划、筹备并录制、播出的。北京市各级医疗单位的医务作者476人参加了预赛、复赛、决赛。“北京市健康科普大赛”也成为科教节目中心的特色品牌项目。

《创新者说》是由北京市科委和北京电视台科教节目中心合作拍摄的系列科学技术奖获奖作品宣传短片，2017年一共拍摄制作了20期，每期时长3分半左右。内容涵盖交通、互联网、医疗、环保、建筑、农业等多个领域的创新发明。为了使画面唯美震撼，团队采用了轨道、高速摄影、航拍等拍摄手段，沙画、情景再现、3D建模等多种表现形式，Flash、AE三维等制作手法，力求用专业态度，让每一个创新发明都有深度、有厚度、有温度。

2017年5月19日至22日，为扩大北京电视台的社会影响力，探索符合科教节目中心定位的运营新途径，中心季播工作室在河北石家庄华北汽车公园成功举办了一次大型社会活动——首届京津冀汽车文化节。现场35家车企、200种车型以及丰富多彩的特技表演、赛车公民、超跑巡游、卡丁车对抗、汽车美食、狂欢之夜文化演出等汽车文化活动吸引了近10万观众参与。河北电视台进行了现场直播，北京电视台和天津电视台均进行了报道。

四、加快融媒体化，频发组合拳

2016年11月11日，《法治进行时》与台网络部合作共同推出《法治进行时》直播公众号，开始加快落实品牌节目的融媒体化。通过2017年这一年的摸索，《法治进行时》已经初步打造了微信公众号、今日头条号、腾讯企鹅号、网易号等平台。现阶段《法治进行时》融媒体平台的盈利模式，主要来自以下几个方面：微信公众号和腾讯企鹅号图文推送时的广告流量分成；今日头条号的视频拆条点击流量分成和广告分成；以及在今日头条号上的直播流量分成。在这些盈利模式中，今日头条号是目前收入的主要来源，因为头条号是面向今日头条所有用户推送，而微信公众号只是面对栏目本身的用户推送，所以头条号的用户变现潜力远远大于微信公众号。头条号从2017年7月到12月的收益金额将近5万元。

影视剧中心工作概况

2017年影视剧中心全年购买电视剧共计62部，其中卫视剧25部，地面剧37部。全台21个首重播剧场（含自然重播）播出电视剧总量约为2万集，总时长约为15000小时。在收视考核方面，完成了台里下达考核任务的95%。经营方面影视频道实现收支平衡，全年达到台里下达的利润指标，广告收入增长势头良好。

一、深入开展重大主题宣传，坚持弘扬主流价值观

为迎接党的十九大胜利召开，营造良好的宣传文化氛围，影视剧中心精心选择了5部优秀电视剧安排播出，包括展现普通人在各个岗位、各个角落，为实现中国梦而努力奋斗的《急诊科医生》《我的前半生》；歌颂爱国主义情怀的电视剧《深海利剑》；有情怀、有深度的怀旧佳作《情满四合院》《平凡岁月》。这些剧目均在国家广电总局下发的《迎接党的十九大胜利召开参考剧目名单》之列。通过启动早、延续长、多层次、分阶段播出的方式，全面唱响主旋律。

二、北京卫视品质剧场排名省级卫视第五位

2017年的卫视黄金剧场正式更名为品质剧场，1～9月份收视居省级卫视排名第五。在选剧上，品质剧场坚持“大戏看北京”的精品战略，始终如一的品质化路线。播出了《我的前半生》《情满四合院》《外科风云》《剃刀边缘》等收视和口碑双赢的力作。其中《深海利剑》在同期省级卫视收视排名第一，《外科风云》《黎明决战》同期卫视排名第二。

三、创新卫视周播剧的购播模式

继2016年成功开办周播剧场后，2017年创新采用了全新的商业合作模式。在购买版权的同时获得了覆盖成本的广告保底及分成权益，实现了本台周播剧场零成本运转，并享有增额广告分成的权益。2017年周播剧场北京地区和全国的收视率分别为1.08%和0.25%，与去年同时段相比均有小幅提升。周播剧场的全新购播模式不仅为电视台提供了新的经营思路，同时也吸引到多个有实力的制作公司，希望2018年与本台开展合作。

四、深入推进影视频道改版工作

影视频道于6月26日推出全新版面。此次改版的主体思路是采用大板块的编播方式，即以晚间黄金时段的首都剧场为龙头，与原英雄剧场和家和剧场打通构成的经典剧场，共同组成频道最为重要的剧场节目带。同时，为更好地树立频道品牌形象，丰富频道节目类型，从品牌、包装、编排等方面入手，进行了全面的升级：一是整合卫视、文艺精品节目资源，为影视频道新增两档栏目《BTV聚精彩》和《电影时间》；二是启用全新的频道音、配乐、字幕及相关的视觉包装体系；三是启动动态编排机制，从编排中要效益。全新改版的影视频道面貌焕然一新，频道的收视也有较大幅度提升。改版后的影视频道北京地区市场份额达到5.97%，较改版前增长了16%。

五、在经营上实现收支平衡

2017年影视剧中心坚决落实台里关于实现频道收支平衡的硬指标。广告收入方面，在经历了第一季度淡季后，第二季度后影视剧中心的广告收入有了比较可观的增长。5月份以来单月净收入一直保持在900万元以上，9月份更是达到了1365万元，整体经营势头良好。同时，中心在力争节目质量不降的前提下，做好“勒紧腰带，过苦日子”的准备，最大限度压缩节目、人员等方面的开支，1～3季度较去年同期，总压缩经费2354.22万元。其中，通过下调购片基础价、引入二轮剧，影视频道电视剧版面价格压缩至2890.38万元，与2016年同期相比，减少了1905.39万元；通过压缩节目、人员开支，减少经费448.83万元。

财经节目中心工作概况

2017年，财经节目中心以内容生产为根本，以经营创收为中心，加大创新改革力度，坚持稳中求进，为频道向专业化转型夯实基础。

一、强化创作精品意识，着力提升节目品质

重大主题联动报道，舆论引导坚强有力。

持续报道各领域，喜迎党的十九大

从5月底开始，《首都经济报道》先后推出《砥砺奋进的五年》《喜迎十九大 北京新发展》等系列报道，总时长约800分钟，获中宣部阅评员好评；十一期间《首都经济报道》推出8集系列报道，展示北京5年来新发展新飞跃；十九大开会期间，《首都经济报道》及时报道不同阶层收听收看盛况，以及外媒、港澳台人士对十九大的积极评价，并根据财经专业特色深度解读十九大报告，以及会后全市贯彻落实情况。

矩阵报道“一带一路”国际合作高峰论坛

5月，财经节目中心《首都经济报道》《税收天地》两大栏目联动报道，形成宣传矩阵。5月12日至16日《税收天地》播出5集大型系列访谈节目《“一带一路”话税收》，该系列节目在2017年北京广播电视台栏目创新评选中获得“重大主题宣传创新奖”。《首都经济报道》挂栏播出《聚焦“一带一路”》，每天一个主题，连续报道“一带一路”国际合作高峰论坛的盛况。

创新报道新中国成立68周年

2017年国庆前，财经频道推出3集大型电视系列片《红色税收》。首次从税收视角呈现中华人民共和国成立过程中税收所起的重要作用。专家认为，节目视角独特，形式新颖，在国内影视宣传上是一次创新。

集中报道五大发展理念 进一步深化“走转改”

春节期间，《首都经济报道》策划推出8期特别节目《新春走基层》。240分钟的节目深入报道“十三五”开局之年，京郊8个区在贯彻落实创新、协调、绿色、开放、共享五大发展理念过程中取得的良好成绩和工作亮点。

凝神聚力频道转型，马不停蹄展开“推新”。

2017年伊始，频道围绕专业化转型，迅速展开“推新”工作，重点聚焦政经、产经、财经领域，研究策划了股市大盘分析直播节目《财富大魔方》、财经评论节目《对话大咖》《财经商圈》《最美中国》《说画》《寻宝记》《诚信北京》《京津冀大格局》等与频道定位相符的多档新节目。此外，对《首都经济报道》进行改版，提质增效。

夯实三大品牌活动，扩大频道社会影响。

成功举办第二届《“诚信北京”3·15特别节目》

3月，频道推出的第二届《“诚信北京”3·15特别节目》，首次加入了全媒体同播、全平台直播，实现了电视、广播、网络直播、VR直播全覆盖。做到了一次采集、多元生产、多渠道传播。

启动第八届“北京影响力”评选活动

5月，第八届北京影响力评奖活动正式启动。活动最大亮点是设立了“一带一路”特别贡献大奖。举办“登上哈佛讲台的北京影响力企业家”主题论坛也是本届评选活动的一大创新。

顺利举办第八届“中国统计开放日”活动

频道挑选精兵强将组建团队，经过两个月的筹备，与统计局的相关部门进行无缝对接，打造了一场具备“大台风范、大美品质”的统计开放日活动，得到了国家统计局和北京市统计局的高度认可。

二、经营创收持续发力 实现频道收支平衡

2017年，财经频道采取多项措施，拓展创收路径，加强成本控制。1～9月份，不仅做到收支平衡，还实现利润588万元。

千家企业进财经，探索经营新模式

拓展创收模式是今年财经频道经营工作重点。以共商共建、共赢共享、协同发展为主旨的“千家企业进财经”活动，目前已经举办8场企业座谈会，近200家企业的总裁与频道洽谈了合作发展意向。

积极寻求资金合作，加速实现市场对接

在资金短缺又要专业转型的困难境况下，频道积极探索创新资金合作模式，先后与多个部委办局、多家社会机构达成合作合拍协议。截至9月底，与部委办局合作合拍创收已达1800万元。

整合线上线下资源，多元开发创收增长点

多档栏目打破单纯依赖广告的局面，充分挖掘自身潜力，整合线上线下资源，采用多种形式链接市场，寻找新的创收《理财》吸引场地植入广告近800万元；《天下财经》与京视传媒共同成立财富俱乐部，实现创收几十万元；《税收天地》注重开掘经营新增量。除获得财政评审预算400万元，2017年与市国地税局合作宣传片、专题片、特别节目等，这些项目实现新增创收173万元。

加快推进公司化运作，运用资本力量实现电视资源价值最大化

根据台领导的指示精神，结合财经频道专业优势特征，2017年频道尝试将资本的力量与传统电视媒体的内容相融合，开启节目市场化、公司化运作的营收模式。

三、严格各项规章制度 频道管理日益规范

严格会议制度，规范频道管理

每周召开频道改革小组会，研究制订当周工作计划；每月定期召开主任办公会，三重一大事情会上审核；每季度召开频道全员大会，通报本季度收视、创收情况。严格的会议制度使频道整体工作公开透明、富有实效。

强化绩效管理，严格双收考核

为完成台里下达的双收任务，频道强化绩效管理，制定了栏目收视、创收量化标准，做到每周通报，每月考核，奖优罚

劣，奖勤罚懒。

坚持量入为出，严格收支管理

频道坚持量入为出原则，统筹考虑，仔细研究，科学制定栏目支出，最大限度做到资金调配合理，确保收支动态平衡。

截至9月底，财经频道收视率0.25%，完成收视指标的62.5%；晚间黄金时段收视份额0.84%，完成晚间黄金时段份额指标的60.87%。受演播室改造工期制约，体现频道专业特色的新版编排尚未实施。由于2017年基本延续了2016年的节目编排方案，节目专业属性薄弱，专业深耕不够，财经特色不足。截至9月底，财经频道实现创收5505万元，完成全年任务的64%；尽管频道已经实现收支相抵、略有盈余，但要完成全年创收5900万元的目标，尚有很大压力。

体育节目中心工作概况

一、收视率、收视份额保持稳定，完成考核值

2017年BTV体育频道收视率是0.43%，晚间黄金时段的占有率是4.2%；收视率完成考核值的92%，晚间黄金时间占有率完成考核值105%。目前体育频道已经成为全台收视第三的优秀频道。

2017年由于要求收支平衡的原因，体育频道削减了部分赛事，再加上最主要的收视保障——北京三大球的成绩都有所下降，这为体育频道完成收视任务造成了巨大困难。面对困难，体育节目中心首先狠抓现有赛事节目的质量，在包装、解说、嘉宾等方面下功夫，使赛事收视保持了较高水平。二是新的名牌栏目《欢乐二打一》由每周5次播改为每周7次播，且收视还稳中有升，平均收视达到2.63%，比2016年再次提高8%，跻身全台最优秀栏目行列，保证了体育频道的收视稳定。三是多方合作引进一批较高质量的赛事资源和专题节目，如《中国球迷汇》节目、终极格斗大赛等，弥补了资源的不足。四是对《足球100分》栏目和两档新闻节目《天天体育》《体坛资讯》进行整合，它们共享采访平台、统一规划内容，节目收视和质量都保持稳定。2017年《体坛资讯》收视有所增加，显示了良好的发展势头。

二、完成部分栏目的改版、整合，并对科组长进行相应调整

《快乐健身一箩筐》改版为《健身圈》。这次栏目的改版最主要一点就是将目标受众由原来的中老年群体，转变为年轻受众，风格上更加时尚，更加娱乐，更加有利于透过新媒体方式进行传播，同时努力拓展栏目外延，通过线下活动开展经营。《足球100分》栏目和两档新闻节目《天天体育》《体坛资讯》进行整合，共享采访平台、统一规划内容。《体育议起来》栏目组并入赛事转播科，加大公共信号创收能力，提升赛事节目的精细化制作。根据以上栏目调整情况，对部分制片人进行调整，让能者在合适的位置上发挥自己的作用。

三、加大冬奥运报道力度，和冬奥组委建立密切协作

设立专门冬奥报道小组，紧盯冬奥组委重要新闻。

和张家口广电局建立联系，布局冬奥运报道。

和冬奥组委建立密切联系，已取得5张平昌冬奥会正式采访证件。

四、体育产业经营有新突破，收入已经和广告经营额基本持平

一是承担中超北京国安、华夏幸福2支球队，中甲北京北控、北京人和两支球队，总共4支球队的主场公共信号制作任务，全年共制作联赛、足协杯赛事近70场。此外，承担"中超故事"全国专题片制作的任务，以上足球产业的创收超过千万元。

二是积极面向市场进行节目改革。和北京体育局进行战略合作，在全运会报道、全民健身宣传、体育彩票等领域进行多项合作。节目受到市有关领导和观众的肯定，还为频道增收600万元。和北京市教委合作，创造性推出"北京市校园足球联赛"。一方面扩展体育资源，另一方面广泛宣传足球带给孩子正确的人生观，起到体育的育人作用。已举办8年的北京海洋沙滩狂欢节，2017年全新升级为北京海洋沙滩嘉年华。不仅活动内容更加丰富多彩，而且引入迷你铁人三项等特色赛事。

三是探索改变经营创收模式。京视体育公司2017年在困难中前行。主要领导进行了更换（总经理、财务总监先后离职），且体育产业大环境不佳，公司全年实现经营创收6500万元，虽然离台里目标还有差距，但也殊为不易。

按目前广告和赞助的经营模式，体育频道很难适应快速发展的体育产业，在不放松常规经营的基础上，积极推进产业化的改革思路，力争探索出符合实际的体育频道未来发展之路。

生活节目中心工作概况

作为一体化改革试点的先行者，生活频道在2017年大力推动融媒转型和产业转型两项转型工作，逐步完成大屏内容的重新梳理、融媒内容的方向设计、融媒平台体系的构建、九大产业的初步布局。

一、策划重大主题宣传报道，打造新型主流媒体形象

大型民生资讯栏目《生活这一刻》设置三大主题板块，全方位展现十八大以来人民生活和城市环境等方面的巨大发展。版块《家门口的事放心上》通过生活小故事小切口，用老百姓的语言讲好中国故事北京故事；版块《阿龙带您逛北京》通过探寻北京城富有特色的地标性地点，体现国家发展的巨大成就给人民带来的民族自豪感；板块《主播单车看北京》

汇集生活节目中心10位资深主播，借用时下最流行的骑行方式，边骑车边聊北京城的新变化。选择文化创意、文化传承、科技创新、法制进程、社区服务等方面作为主题，一车一人一故事，一点一秘一变迁。以小见大，体现“美丽北京”的5年巨变。

国庆期间，为更好地迎接十九大，反映时代风貌，传递正能量，推出《我的北京我的家》系列短剧、《选择》第八届集体婚礼、《食全食美》5期系列节目——“国庆民族团圆家宴”。

二、深化一体化发展，探索频道产业化转型、融媒化转型

2017年，生活频道转型取得阶段性突破，经过长期调研汇报，经台党委审议，确定生活频道一体化改革试点。生活节目中心与一体化经营主体北京京视电广传媒有限公司启动融媒建设、产业布局。

1.“三委一联席”一体化管理架构运行常态化，体制机制优势初显

“一体化工作联席会”以工作会议方式研究制定频道与公司一体化发展重要事项，统筹协调管理跨频道与公司的业务、运营、人事、财务等各项事务。下辖统筹协调内容生产的“融媒编委会”、统筹协调经营业务的“经营工作委员会”、负责监管审核评估的“监管委员会”。运行半年以来，有效推动频道电视端与新兴媒体在内容、渠道、平台、经营、管理等各方面深度融合的速度，促进频道组织机构、传播体系和管理机制的不断优化。

2. 确立“创业工作室”模式

在一体化团队内部及台内选拔数名业务带头人、优秀创作人才、经营人才，担任创业工作室负责人，授予“资源使用权、经费支配权、团队组建权、项目竞标权、创意自由权、收益分享权”等六大权力。

3. 布局九大主体业务，打造融合媒介平台和产业生态系统

“生活+”家装产业平台。围绕深耕家装行业9年的《生活+》这一家装类节目IP，全面进行市场化延伸，打造集会展、场馆、施工、设计等多板块的TV+家装产业链。

“北京味道”美食生态。以“北京味道”为主品牌，以i生活融媒多样化为路径，由单一节目广告升级为“电商+新媒体营销+大型活动”的生态化产品矩阵，启动百味中国、美食短视频系列、美食地图电商、美食文化节项目。

“和BTV一起去旅行”特色旅游教育产品。以品牌旅游节目为载体，精选实力旅行社合作，开发有文化含量的精品化、定制化的TV+旅游特色产品。

“BTV乐房购”旅居置业服务。整合积聚京外房产资源与巨大的客户需求，开拓“养生房产、分时租住、民宿体验、房产开发”等新兴生活服务产业，开发“乐房购海南”“乐房购桂林”等项目。

少儿教育培训产业构建。发挥媒体公信力价值，依托频道现有相关资源，策划电视端节目、新媒体融媒产品、线下活动等多维度产品，实现内容和经营的一体化运营。

时尚生活体验区体验。对接市、区相关政府机构、行业协会、文化产业园的传播需求，构建全媒资源矩阵，打造定位于公共文化、休闲文化、体验文化等品牌全案营销，陆续与北京市旅游发展委员会、751DPARK设计园开展合作，策划“北京

礼物”设计大赛、《餐桌的记忆》等项目。

“i生活”中央厨房融媒内容生产。与北京新媒体集团组建“融媒产品”小组，推出“BTV i生活”全时生活融媒品牌，实现“BTV生活”与“BTV i生活”两大品牌双核驱动，陆续启动健康直播、美食短视频、“生活这一刻”直播等项目，按照“中央厨房”的模式，重构新闻采编生产流程，生产全媒体产品。

全媒广告及整合营销。依托i生活平台，整合架构电视+“北京时间+微信+摇一摇+IPTV”的全媒体系，逐步策划推出“全媒资讯+短视频+电商+OTT”全线产品，在此基础上探索新媒体广告代理、融媒增值广告、产业广告等创新经营模式。

“i生活商城”融媒电商。依托BTV生活品牌公信力，成功搭建T2O融媒电商平台——“i生活商城”，陆续开展电商销售，利用《生活这一刻》《美食地图·一探到底》等品牌节目的影响力，持续做好两微平台的影响力，将受众转化为消费者。

三、创新创优内容形式、优化采编流程，不断提升节目的传播力、引导力、公信力、影响力

1. 品牌栏目产品化、融媒化，以丰富多样的互动手段驱动节目品牌价值升级

从2017年元旦的晚间3小时直播特别节目开始，生活频道品牌栏目的直播互动、跨屏传播形式进入常态化。《生活这一刻》会同新媒体集团及相关公司，利用“云直播”技术，“全交互”手段，策划了3·15特别报道、《陪伴空巢老人一小时》特别节目、《陪伴天使一小时——六一大型公益义诊活动》《主播单车看北京》《家门口的事放心上》等一系列特别节目，进行多平台同步直播。《生活面对面》联动主流直播平台，推出《手术实录》系列节目；以北京68家三甲医院、数百位专家资源为后盾，推出健康讲座直播，网络直播点击率总计超千万。《美食地图·一探到底》以直播为根基，通过“摇一摇”、4G回传等技术手段，实现互动升级，有效增加实时性和互动感。《食全食美》尝试电视节目录制同步网络直播，由专门的主持人在新媒体端与网友进行互动，直播逾百场，单次最高观看人数10万人。栏目还推出了《江山如此多娇 一带一路寻味之旅》特别活动，并进行全程网络直播。

2. 公益活动规模化、多样化，多地联动，融媒传播扩大社会影响

《生活这一刻》的“生活帮扶团”，发动全频道主持人，举办“陪伴天使一小时——六一大型公益义诊活动”，从6月1日到7日，每天帮助一位患病儿童，在电视端制作播出专题节目的同时，北京市残疾人福利基金会、腾讯公益、新浪微公益等平台同步进行募捐。暑假期间，北京电视台《生活这一刻》和黑龙江广播电视台《晨光诵书》联手开展“一本书点亮一个梦想”的大型公益活动，通过连续报道黑河山区的孩子们的日常生活和书籍匮乏的现状，唤起大家的公益之心和捐助热情，并先后组织多所学校师生进行捐助，获得了良好的社会反响。融媒传播助力北京对口支援玉树公益自驾活动。8月25日，由北京市旅游委、北京市支援合作办主办，北京电视台生活频道联合举办，活动历时8天，频道融媒传播小组全程网络直播。《生活面对面》栏目策划

"健康中国·十城百校"公益项目，邀请500名来自全国三甲医院的妇科主任级专家及讲师志愿者在各校开展健康科普知识讲座，通过拍摄制作"她健康——百名院长宣传片"、"她健康——关爱女性系列节目"、50个妇科科普短视频等方式，促进大学生的身心健康发展，提高女性自我保健意识。《生活面对面》策划"为爱重塑"公益项目，通过公益招募，为失去乳房的乳腺癌患者免费再造乳房。实现了全民+全网双闭环式联动，多媒体平台联动，彰显公益大IP实力，实现线上线下交互传播。十一期间，《生活这一刻》的特别活动《文明旅游"袋"动中国》联合BTV生活、江苏城市、湖北经视、陕西都市青春等四省市地面频道，采用北京时间直播+电视互动相结合的方式，由4省市著名主持人相继在全国8大著名景点，进行8小时的网络直播接力，号召民众参与到文明旅游公益行动之中。

青少·海外节目中心工作概况

2017年，青少·海外节目中心圆满完成《跨年歌会》和《第七届北京国际电影节开幕式》等大型项目任务，完成青年频道在6月26日的改版，调整中心的整体工作定位：由原来的大型综艺、外宣、地面频道三大任务，调减为外宣和地面频道两大任务——定位和目标更加清晰，资源配置更加合理。

一、直面危局，承认落后，修正方向并坚定前行

自2017年年初开始，对应台里的财务政策和自身收支情况，中心自开年以来坚定不移地执行了支出与收入相匹配的财务机制，全面压缩支出，此举极大改变了以往的团队生产模式和个人收入模式，也一度影响到节目生产的产量和质量，精编和重播节目增多，第一二季度的频道占有率相应下滑。与此同时，队伍思想状况也受到一次彻底的洗礼，一些同志开始质疑自己多年工作的价值和意义。针对这种情况，中心展开了一场大反思和大研讨，最终达成共识：一是敢于承认并正视落后，就离正确的方向不远了；二是拥抱变化，越早经历艰难磨砺，就越早看到未来；三是在危局中坚持到底，受益的不仅是集体，更是每一个个体的成长。统一思想的结果是，奠定了一个清醒而积极的心态，初步打造出一个愿意学习、没有包袱和懂得克服困难的团队，这是未来一切发展的核心。

二、简化功能，确立更为清晰的频道定位，专注频道运营

青少·海外节目中心历史上形成了外宣任务+卫视大型综艺项目执行+地面频道运营的多元化业务格局。错综交叉的业务结构使频道难以聚力，经费上也不能形成良性循环，导致频道更像一个制作中心，而不是一个地面频道。经过审慎研究并经台领导批准，中心决定将原有大型晚会制作功能卸载，团队调转至卫视平台，充分发挥其生产力价值；同时，简化并明确中心工作定位，凝神聚力做好青年频道和国际频道运营，经营好自己的根据地，为未来再度强势发展打好基础。

三、针对人员包袱重、人员总数大、年龄结构老化的现实，采用合法、合理、合情的方式实现大幅人员减负，且未出现一起纠纷

对于因各种原因确实不能适应工作要求的派遣员工尽可能劝说辞职，最大限度保护本台利益；对于参加台内招考，希望到其他频道和部门工作的同志，甄别岗位情况，尽量满足其愿望；开展平台交流，将相应功能性团队转调急需频道，第一季播工作室 18 人整建制调卫视工作；对于人员超过日常岗位需求的栏目，通过成本机制和改版调整，重新整合人员，最大程度压缩人员成本，各档周播节目全部限员 5 人以内（含制片人）。通过以上工作，中心总人数已由 2016 年初的 225 人减至目前的 172 人（含退休 5 人）。

四、强化“内容为王”理念，大型项目和频道改版齐头并进，实现内容生产新突破

中心承办的“2017 年第七届北京国际电影节开幕式”播出后得到广泛赞誉。北京市委宣传部杜飞进部长在《市新闻出版广电局关于第七届北京国际电影节工作总结的报告》上批示：第七届北京国际电影节的知名度、美誉度、影响力在往届的基础上又有了新的提升，说明筹办电影节的理念、机制、做法已日趋完善。

青年频道在 6 月 26 日成功改版播出。改版以“关注都市青年的生活方式 + 创立整合营销时段”为总定位，以“迅速关停短板，做强做大优势资源”为总原则，统一包装和制作标准，全面强化频道形象，整合内外资源，形成大板块大格局播出。截至 9 月，市场份额相比改版之前提升 18%。

五、规划经营，主动出击，创建全新电视购物时段，实现收支平衡新突破

2017 年，中心不断总结经营创收经验，逐渐形成符合青年频道自身特点的经营规律。将栏目自控收支、独立创收的模式改变为以频道整体规划为主导的运营模式，聚零为整，以点带面，经营工作实现规范化和规模化的突破。频道通过严格的成本分拆控制，将收支平衡的理念深入人心，并形成一套行之有效的预算管理模式，年度总支出相比 2016 年缩减将近一半，从 2016 年的 9100 万元（不含大型项目）削减至 5000 万元以内。相对低廉而清晰的生产成本，将成为青年频道参与未来竞争的有力武器。在赴多地进行广泛调研之后，中心将提升创收的突破点确定为电视购物市场，经过与多家电购公司的多轮接洽，青年频道的电视购物时段正式播出，为中心在 2017 年度实现收支平衡打下坚实的基础。

动画节目中心工作概况

2017 年，卡酷少儿卫视频道坚持内容生产和经营创收协同发展思路，立足卫视资源和品牌影响，打造适应市场需求的产业栏目，培育卡酷独有的产业价值 IP，推出一系列有影响力的大型特别活动，巩固频道全国收视前十的成绩。

一、卫视价值提升，扩大全国影响

2017 年，卡酷少儿 4 岁 + 收视份额 1.06%、全国 35 城省级卫视排名第 10 位，超过收视考核指标 3 位。在北京地区所有少儿专业卫视频道中位列第一，超央视少儿 10%；在全国所有少儿卫视中收视稳居前列。新增汕头、大连、河南全省和宁夏回族自治区落地，从产业布局和收视覆盖两个方面扩大卡酷品牌在全国重点城市影响，为频道的收视成绩和经营创收再添助力。

2017 年，频道原创出品的国内首部抗美援朝主题动画片《最可爱的人》荣获广电总局“少儿精品发展专项资金”一等奖；“中国梦”主题热血英雄动画片《戚继光》斩获“第八届北京市文学艺术奖”；栏目《卡酷动物园》荣获广电总局“少儿精品栏目”一等奖。

带领中国动画走出国门。2017 年 6 月顺利承办法国昂西国际动画电影节中国动画年“经典 · 京韵”主题活动，向国际动漫界展示北京形象和原创力量，与 70 多家海外动画公司达成近 300 集、3500 多分钟的动画片意向合作。

二、精准定位产业需要，拓展收入渠道

频道总收入 9419 万元。其中频道自营收入 2742 万元，较 2016 年增加 600 万元，超过 2100 万元的考核指标 30%；累计实现利润 1629 万元，较 2016 年提升 30%，超过 2017 年考核指标 200 余万元。各栏目寻找内容生产和经营拓展的突破口，秉持以收定支的生产原则，通过自营收入承担投入成本。

动漫衍生品多屏互动综艺秀《大玩家》，将栏目与动漫产业制作、播出及衍生品开发各环节紧密结合，2017 年完成经营收入 2020 万元。特别是暑期推出了大型特别节目《大玩家狂欢节》，形成亲子游艺、玩具体验、电子竞技等产业平台的雏形，实现增量收入 500 万元。

《闪天下》暑期特别节目动漫主题游戏秀《奔跑吧白糖!》，是将品牌栏目与国产知名动画 IP 的创新结合，核心收视最高在全国 35 城省级卫视播出同时段收视排名首位，取得经营收入 200 万元，实现社会效益和经济效益的双丰收。

时尚母婴生活服务综艺秀《妈妈育上娃》，旨在传播健康时尚正能量的母婴相处模式和育娃之道。首期节目播出 25 ~ 44 岁及 45 岁以上两大人群占到整体收视人群的 71%，并通过微信公众号将节目内容进行延伸互动，原创内容推送打开率高达 700%，分享率达到 45%，目标受众集中性强、粘合度较高，具有极高经营价值。

三、培育精品动画，体现社会担当

2017 年，频道推出一系列原创动画口碑强片，培养原创 IP，储备播出及未来产业发展资源。其中由北京电视台出品的电视动画片《冰雪冬奥村》和《京剧猫》被列入市委宣传部“文化精品工程重点项目”。

继续强化卡酷独有的“京味儿动画”阵系理念，推出 52 集国粹文化题材动画《京剧猫》，以京剧文化为元素，用拟人动漫形象弘扬中国传统京剧文化。52 集启智动画《我的朋友猪迪克》，以北京元素为基础，让孩子们在有趣的故事中提高情商。52 集漫画 IP 改编动画《疯了桂宝》，用喜剧短视频的形式，表现北京独特的胡同文化特色。

配合十九大宣传，主旋律精品动画展播，集结中国原创动画发展精品，推出“主旋律动画展播带”“京味动画展播带”及“爱国老电影展播带”三大主题展播带，在频道营造主旋律气氛。

四、大型项目口碑引领，彰显频道影响力

扩大动画春晚品牌影响，《2017 年卡酷少儿动画春晚》以“童心集梦，‘17’成长”为主题，以玩具为核心概念，强化新媒体平台互动、充分挖掘动漫 IP 价值、展现各年龄层的情怀和初心。首播核心收视份额北京地区稳占首位，全国 35 城跻身省级卫视前列，微博阅读量冲上话题榜第一位。2017 年卡酷少儿动画春晚的 800 万元制作经费全部通过自主招商解决，这也是动画春晚 9 年以来首次通过自筹经费覆盖制作成本。

打造六一特别节目大型人偶舞台剧《酷偶传奇》，热门 IP 与经典童话相结合、线上直播与线下互动相结合、内容定制与衍生产业相结合。播出实时互动，人数达 10 万人次。首播核心收视全国省级卫视稳居首位。

推出“一带一路”主题户外探险秀《萌娃看动物》，以萌娃和“一带一路”上代表性的动物为主角，通过萌娃的主题探险，展现“一带一路”沿线地区的历史文化、风土人情。

加强公益活动力度，配合春晚主题推出大型公益活动“我的童年送给你”，参与动画春晚录制的明星、主持人以及明星粉丝团、卡酷少儿的小观众爱心接力，征集了 5000 余件玩具送到内蒙古自治区，为孩子们送出了新年祝福。积极配合“美丽乡村 筑梦有我”公益活动，《卡酷幼儿园》走进房山区张坊镇瓦沟完全小学传递爱心，为他们建立图书角并邀请小朋友参与节目，鼓励孩子勇于追逐梦想。

纪实频道节目中心工作概况

2017 年，纪实频道在内容生产、节目编排、内外宣传、大型活动、开拓经营等方面取得一定的进展。

一、围绕重大主题报道策划特别编排，提升频道政治影响力、文化传播力

为庆祝党的十九大胜利召开，纪实频

道推出特别编排，以“讲好中国故事”为主题，策划推出一系列文化主题的优秀纪录片。《影事》栏目推出“我们这五年”系列节目。《时尚印象》栏目以世界机器人大会为背景拍摄专题纪录片《人工智能来了》。《昨天的故事》栏目与北京市民政局联合制作《不忘初心 继续前行》和“以拼搏为美，向行动致敬”演讲比赛等活动。

在“一带一路”国际合作高峰论坛举办期间，频道利用整个5月份推出“一带一路”特别节目“丝路时间”，筛选国内外多部纪录片，其中有《寰行中国·一带一路》《伊斯坦布尔美食》《温国兴的美食之旅》《对望丝路新旅程》等多部国内外优秀纪录片，从交流、融合、美食、文化等多角度展现丝绸之路经济带和21世纪海上丝绸之路沿线的故事和风光。

2017年适逢建党96周年、香港回归20周年、全民族抗战爆发80周年、中国人民解放军建军90周年、新中国成立68周年等。在这些重要节点上，纪实频道以现有纪录片资源进行重新整合，播出相关主题节目。5档栏目根据编排主题推出相关特色节目，主要有：建军90周年，《昨天的故事》特别制作两集维和部队战斗和生活纪实节目《空袭后的十二小时》，首播收视达到0.25%；《奇妙之旅》以摩托车旅行的方式重走“八一”南昌起义之路，从南昌到井冈山讲述当年的红色印记和故事。

二、加强“纪录片”走出去，寻求对外合作，讲好中国故事

2017年北京国际电影节纪录单元，纪实频道作为主办方之一，在活动设置、嘉宾参与及中外作品评选等环节得到充分肯定。首次推出“冬奥冰雪论坛”“户外影像论坛”等特色活动。2017年7月3日纪实频道在德国柏林的“感知中国”国家外宣活动期间，举办了“北京之夜”主题活动。频道各档自制栏目的51部纪录片在柏林电视台及其他4家德国电视台进行展播。并与德国萨沃电视台签署战略合作框架协议，开展互利互惠的深入合作。2017年频道继续与澳大利亚ABC电视台展开合作，在7月和10月纪实频道和澳大利亚ABC电视台以互换纪录片节目方式进行中澳纪录片展播。参加“嘉峪关”国际短片节，举办频道推介会。

三、制定新媒体融合发展策略，落实新媒体融合发展战略

从频道精品节目的策划与生产入手，促生节目与新媒体共同生长的生态环境，全力打造一批新媒体与频道播放咸宜的节目、活动。与台网管部合作，打造“北京纪实频道”订阅号，“纪实联盟”服务号等。

四、打造传得开、叫得响、留得住的精品纪录作品

2017年，《纪实天下》栏目承制的4集纪录片《腾飞的翅膀》开拍，预计2019年正式推出。该片将全方位纪录北京新机场的建设过程，为国庆70周年献礼。北京电视台首部4K海外拍摄纪录片《嗨！东盟——一带一路之东盟行》已正式开拍和制作，预计2018年正式推出。该片旨在促进中国与东盟各国之间的“民间外交”“文化外交”，共同践行“一带一路”战略。

五、寻求纪录片对外合作，多途径探索创收渠道

为拓宽频道的运营发展渠道，在台领

导的支持下，积极寻求对外合作。由频道制作的系列纪录片《腾飞的翅膀》，北京市民政局宣传片《不忘初心》，北京市纪委警示片，北京市通州区纪委宣传片，首钢及冬奥组委宣传片，皮尔·卡丹公司、大兴林校北路街道、北京冬奥组委、北京市体育局、市外宣办等合作项目获经费超600万元，其中457万元已经落实到台。现有多个项目在商讨、落实中。

六、推进频道落地工作

频道已在珠三角、长三角、京广铁路沿线省会完成落地。2017年，频道按照2016年的落地规划，新增落地8个省份的中心城市，实现18个中心城市及省网覆盖工作。根据台研发部收视数据，全国35城的收视份额有所提升，8月份尤为突出，全天市场份额达0.05%，比去年同时上升66.67%；晚间黄金时段市场份额0.04%，环比去年上升100%。

北京国际电影节运行中心工作概况

北京国际电影节运行中心前身为北京国际影视交流促进中心（北京市新闻出版广电局下属独立法人事业单位），主要职责是承办北京国际电影节筹备、举办的具体组织、协调工作，于2017年1月1日成为北京电视台内设节目中心。

一、举办第七届北京国际电影节

2017年4月16日至23日，第七届北京国际电影节成功举办，组织了“天坛奖”评奖、开幕式、北京展映、北京策划·主题论坛、电影市场、电影嘉年华、闭幕式暨颁奖典礼等七大主体活动，以及“注目未来”单元、纪录单元、“经典京剧电影”单元、网络电影单元、电影音乐会、电影沙龙及行业对话、新片发布等，活动总数超过370场。电影市场签约重点项目56个，签约额达174.58亿元，较第六届提升6.9%，项目创投板块收到712个报名项目，较第六届提高5.6%，均创历史新高；17个主题、近500部中外影片佳作在全市31家影院展映1000余场；来自50余个国家和地区、300余家中外电影机构的1.5万名中外嘉宾，100余万人次首都各界群众参加电影节各项活动；445家境内外媒体、近1600名记者参与采访报道。

第七届电影节结束后，完成了收集、整理档案，发送感谢信，收集数据、舆情与各界对第七届电影节的评价，资金结算，项目验收与审计，第七届电影节画册、总结片、工作纪录片等视频或画册的制作，赞助商回报总结、发放荣誉证书和赞助款入账，报送工作总结报告、举办情况、评奖结果等文件，及其他收尾工作。

二、筹备第八届北京国际电影节

2017年8月，启动第八届北京国际电影节筹备工作，制定电影节总体方案、电影节章程、场地使用方案等，启动各项目筹备、宣传推广、市场开发等工作。

三、海外推广工作

按照出访计划，于5月出访了戛纳国际电影节，拜访了法中电影合拍与发行促进会、德国追梦大使娱乐集团，回访了巴黎中国电影节；代表组委会办公室参加了戛纳电影市场展会、主竞赛单元入围影片首映、“中国之夜”、上海国际电影节推介会、东京国际电影节推介会等活动；6月组团参加上海国际电影节，参加各项活动，并与上海文广局、影视机构座谈；10月组团出访波兰华沙国际电影节，组织了“北京之夜”推广活动，并应邀访问捷克各大电影机构，建立合作渠道。

四、机构划转工作

推动北京国际影视交流促进中心注销，完成原影促中心清算审计、税务注销、2017年度预算指标划转等工作，全面推进其名下电影节公司、网站域名、知识产权等各类资产划转工作。

总编室工作概况

2017年总编室夯实基础，突出重点，服务一线，高质高效地完成了各项工作任务。

一、内容安全保障措施进一步强化，制度建设进一步完善

总编室承担着全台12套节目17个频道全年13万8千小时的节目排播任务，抓好内容和播出两个安全始终是总编室最重要的基础性工作。除了做好节目的立项、规划、编播、应急处置、宣传提示传达、规章制度监督落实等常规工作外，针对2017年大事多喜事多、重要宣传时间节点多等特点，重点做了以下工作。

1. 进一步加强宣传精神传达与落实工作。改进编前会宣传提示传达工作，实行参会人员备案、签到和严格的请销假制度，严格落实保密规定；定期对相关部门宣传精神联系人进行重新明确和登记，确认落实宣传精神的具体责任人；加大宣传精神抽查工作力度，确保各类宣传精神传达到人、落实到位。

2. 为了更好地跟上形势变化，加强内容安全管理的系统性，着手修订完善《北京电视台节目内容安全管理制度》。新制度将在充分征求各方意见后，按程序报编委会、党委会审议，争取于2018年一季度推出。

3. 定期检查各项制度的落实情况，确保内容安全。采取定期检查和动态抽查相结合，组织开展多次内容安全大检查，检查结果在台编前会上通报，每月编发《宣传管理工作月报》。在十九大、市第十二次党代会等重要保障期，全台还制订了安全工作保障预案、突发事件应急预案，防患于未然。

4. 完善阅评机制，加强对日常节目的监看工作。设立专人专岗，及时传达、落实和反馈上级部门的新闻阅评意见建议。专门成立了阅评小组，聘请阅评员为北京电视台节目把关纠错、献计献策；总编室每周编辑发布《监评报告》《监看意见摘编》《播音主持业务监评周报》等阅评舆情类刊物。

5. 加强对各类公号的管理，严把新媒体关。坚持运用新媒体延伸拓展传播渠道和平台，在内容把关方面，建立与新媒体集团沟通工作机制，加强台内180多个公众号的管理，坚持新媒体与传统媒体秉持同一标准，切实做好正确导向全覆盖。

6. 加强内容生产安全教育培训。为确保十九大安全播出，2017 年 8 月至 9 月，联合总工办、人事部举办了6期规范节目制作业务系列培训班，各节目中心554名主编及制作一线相关岗位人员参加了培训与考核。

7. 组织新闻阅评与收听收看工作培训座谈会，邀请市记协常务副主席范三成以及新闻阅评员围绕提升节目导向意识等进行培训交流，帮助一线人员学习掌握各项宣传精神和政策规定。

8. 强化重点时期、重点频道和重点时段的应对能力，根据《关于播出域节目异常应急处置的管理规范》，加强安全播出应急处置能力，明确导播在播出域异常情况判断和处置过程中新的职责和责任，克服导播人员少、保障不到位等困难，从9月1日起试行细化导播分工，加强晚间黄金时间导播安全值守尝试，每天17:00至次日9：00增加一人次安全保障岗位值班，重点值守高清频道组节目备播、应急字幕发布及各频道异常情况处置，有效地让各类安全隐患消灭在备播前端，确保了十九大期间节目备播安全稳定。

二、统筹协调能力、服务保障意识明显提升，主动创新、积极作为的氛围日渐浓厚

1. 在北京广播电视台领导下，北京电视台积极参与重大主题宣传会商联动机制建设，与北京人民广播电台、北京新媒体集团等单位联合会商，共同推进重点宣传项目的合作与落实，打造全媒体、立体化的舆论引领新格局。总编室积极组织协调台内部各相关部门，围绕重大宣传任务，强化策划统筹，整合各频道、栏目、热点活动、主持人新媒体平台等，运用各种节目形式，围绕热点事件开展互动传播，引领社会正能量，逐步形成了全台组全平台的新闻舆论引导工作新格局。

2. 统筹全台深入开展中国共产党成立96周年、香港回归20周年、全民族抗战爆发80周年、内蒙古自治区成立70周年、中国人民解放军建军90周年、新中国成立68周年以及全国文化中心建设、大运河文化带建设等重大主题宣传报道，出色完成“一带一路”国际合作高峰论坛、金砖国家领导人厦门会晤、北京市第十二次党代会、全国及北京市两会等重大宣传报道任务。特别是2017年十九大的宣传，按照中宣部、市委宣传部和台里统一部署，严密组织、统筹规划，举全台之力构建起以新闻为引领、以北京卫视和新闻频道为主平台、全台节目内容为支撑的十九大宣传报道立体平台，围绕会前、会中、会后三个阶段进行策划和布局，通过全方位、大视野、多手段的报道，体现出理论深度、情感温度和宣传力度。

3. 统筹全台围绕2018年改革开放40周年、2019年中华人民共和国成立70周年、2020年全面建成小康社会、2021年中国共产党成立100周年、2022年冬奥会等重要时间节点，提前谋划，做好未来5年重大主题宣传报道规划。

4. 组织召开59次编委会，研究近

500个议题，对频道版面规划等重点项目提前调研，为台领导提供决策参考，对重点立项节目加强跟踪服务，确保编委会各项决议的贯彻落实。

5. 做好媒资版权服务。媒资系统为生产一线提供3.3万小时的资料服务，及时发布“喜迎十九大 共筑中国梦”“铁血军魂——中国人民解放军建军90周年”“香港回归·紫荆花开”“中国航天梦”等9个主题资料，制作5个资料短片在微信公众号“媒资黑板报”上宣传推广。截至2017年12月初，媒资系统实现播出版节目和资料版节目素材存储共计76.6万小时，库存增长8万小时。联合技术部门推进全新磁带招标采购流程，实践“以库存定数量，以需求定发放”的磁带采购精细化管理模式。历时两个月安全转移10万盘节目播出带至皂君庙库房，并升级完善该库房与全台节目管理系统的连接。对98份节目合同中的版权条款进行审核、备案，涉及金额4500余万元。为进一步推动节目IP开发，对全台相关的548项商标注册情况进行摸底、备案。继续为京视传媒公司和新媒体平台节目发行提供版权确认服务，截至12月底，已进行各类节目版权确认160余项。

三、重点专项工作精心谋划，有效推进

1. 建立全台舆情分析研判机制，加强重大舆情正面引导。主要内容为：通报意识形态相关工作和重大舆情动态，分析近期社会关注度较高的热点事件、焦点话题等。该项工作已于2017年12月11日试行，12月18日正式实施。

2. 在北京电视台2016年优秀节目评选过程中进行多项升级创新，首次新增新媒体评委和台内副高级以上职称评委，首次要求各部门申报作品时提供公示证明和诚信承诺书，首次请台监审办人员全程监督评选过程，以确保程序规范，评选公平。由总工程师办公室办牵头，总编室、网管部和技术设备管理部共同参与，成立BTV播后存储扩容技术领导小组，目前台内节目全年存储扩容工作已开始正式实施。

3. 公益宣传方面在2017年将“迎接十九大系列公益宣传”作为年度重点工作，选题涵盖科技创新、生态文明、医疗改革、建军90周年、“大运河、永定河、长城文化带”。京津冀协同发展等不同主题，制作播出“砥砺奋进的五年”系列宣传片6支，以及4支《北京之夜》系列宣传片等。

4. 为迎接9月21日蔡奇书记到北京电视台调研，组织搭建《党媒姓党 新闻立台 坚守阵地 勇创一流》全台工作展，展览筹备历时近1个月，从文案写作、展板设计到宣传片拍摄制作都得到台领导充分肯定。

5. 编撰《气象预报节目调查情况报告》，并以此为基础会同多方研讨形成北京电视台气象节目全面升级方案。确定以改良视觉包装系统、提升节目格局、拓展国际视野为改进方向，以增设雄安新区为代表的京津冀首都圈气象服务、“一带一路”重要节点城市气象服务为改变亮点，辅以打造地面频道个性化气象服务、与气象局合作加强气象节目主持人培训等配合手段的全方位升级体系。

6. 为研究构建北京电视台系统性新媒体发展战略，全面调研“北京时间”大型季播直播流（PC + APP）运营现状及官网存在的问题，分析了集团和北京电视台在大型活动、重大报道及一体化试点改革等合作的案例，结合强势广电融合经验，提出融合发展的规划建议。为促进台网融合业务实践，以 BTV 青年《军情解码》栏目与北京 IPTV 平台合作为试点，探索原有品牌的增量和传统电视的增值途径。

7. 进一步深化电视媒体“公共性”与“服务性”理念，改善收视效果，提升电视服务职能。总编室积极参与电视高清化受众效果研究，于 2017 年 3 月联合技术部门积极推动高标清同播下变换模式优化调整，针对北京地区高清电视普及率的不断提升，启用“挤压”方式下变换的全新模式，确保画面的完整性，对未来北京电视台高清节目制作提出了新的标准和要求。与此同时，进一步优化了应急信息发布机制，与市应急委开展深入合作，在播出机房引入应急信息发布终端系统（目前正处于试用阶段），进一步增强电视媒体的社会服务职能。

此外，在主持人管理服务、节目委托制作管理、编委会审批流程、中国 3D 试验频道供片、超高清 4K 节目拍摄实践等多个方面，都进行了积极探索，各项工作得到了进一步开拓。截至 12 月底，全台共 99 件作品参评市级和国家级奖项，获奖共 66 件。

研究发展部工作概况

2017 年，研发部紧密围绕全台中心工作，紧扣发展目标，提升研发能力，积极探索构建创新研发机制；聚焦内容生产，升级数据支持，数据服务和支撑系统更加完善；跟踪传媒动态，监测市场环境，课题研究、分析报告更加及时、更具实效，为全台提供有力的服务、保障和支持。

一、紧扣发展目标，优化考核办法

在台党委带领下，研发部经过反复调研论证，在 2016 年的基础上，对绩效考核方案和收视考评办法进行了优化完善，深化对晚间自制首播栏目的收视考核，实现除体育频道外所有地面频道晚间黄金时段市场份额考核。在牢牢把握正确导向，坚持社会效益第一，不唯收视率的前提下，更加强化收视指标市场竞争要求和经营价值的引导作用，对引导节目中心面向市场，把内容生产的着力点放到最具价值的晚间黄金时间段起到了显著的推动作用。

二、围绕中心工作，深化数据支持

深挖数据价值，创新服务支撑。加强数据研究创新，增强收视数据分析的广度和深度，加强数据外延性分析研究和数据支撑内容生产的作用，加强依托数据的前瞻性研究，为内容生产和编播早规划、早布局，提供更精准及时的数据支持。针对 2017 年政治大年的特点，加强重大主题报道的数据分析研究，对迎接及宣传贯彻党的十九大、习近平总书记视察北京重要讲话、北京市十二次党代会以及“一带一路”国际合作高峰论坛、全民族抗战爆发80周年、中国人民解放军建军90周年等重大宣传进行节目收视及竞争环境跟踪分析；为卫视节目中心、新闻节目中心、文艺节目中心、财经节目中心、动画节目中心、影视剧中心定期提供收视分析；为《品质剧场》《午茶剧场》提供伴随式精准分析；为各节目中心提供重点栏目数据分析支持；为京视体育公司按日提供80余类分众报告；在本台春晚评估中，发挥专家顾问优势，大年初二及时发布系列高水准、专业化的专家点评观点。

扩大样本覆盖，提升数据价值。为进一步提升收视数据对本台内容生产和广告经营的支持作用，更加准确反映北京电视台影响力，提升市场价值，针对增加样本户并扩大覆盖区域，实现推及人口规模化增长，研发部进行反复调研论证和数据比对，按照本台监审和招投标管理规定，组织了单一来源采购评审，与广视——索福瑞（CSM）达成协议，从2018年起，北京地区收视样本户覆盖北京下辖全部16个区。在扩容过程中，与CSM建立通报机制，及时掌握扩容进展、样本户分布情况，并开展数据测试。

推进技术开发，升级数据发布。提升数据发布分析的现代化水平，研发并为台领导及各节目中心安装收视分析OA系统，加强对节目进行精细化分析和与竞争栏目的对比分析功能。在试用的基础上，充分听取各节目中心意见，对系统进行了优化改进。目前，收视分析OA系统已在全台推广使用，全媒体收视分析系统顺利完成一期建设。配合收视分析OA系统推出，组织数据专员培训，评估一期效果并收集反馈意见，推动系统改进和在实际工作中的应用。

研发收视软件，完善节目评估。为准确把握本台内容生产的实际情况，按照台领导要求进行了2017年1～5月全台各栏目收视评估。在此基础上，与中国传媒大学新闻学院调查统计研究所合作开发了收视效果分析软件，为一线生产和各级决策提供更加及时、明确、便捷的数据支持，目前已完成开发，正在进行调试、改进。

关注数据市场，探索多维分析。充分挖掘网台互动数据的价值，有力促进节目与新媒体的互动营销，提升节目资源互动传播的市场价值，节目网络影响力的评估更加具有应用价值，为《2017年跨年环球歌会》《北京电视台2017年春节联欢晚会》《2017北京国际电影节》《跨界歌王》《音乐大师课》等重大报道和综艺季播提供全媒体传播效果和影响力分析；为《2017年跨年歌会》和《2017年北京电视台春晚》提供多维度数据分析支撑。广泛深入开展调研，分别到索福瑞、美兰德、尼尔森、脉讯、泽传媒、数太奇、国广调查等第三方数据机构以及中国传媒大学等高校走访调研，就媒体融合及全媒体收视分析体系建设进行论证。

三、丰富服务手段，加强创新支持

探索创新机制，推动自主研发。按照2017年全台工作要点要求，完善节目创新创意研发体系建设，积极开展相关机制的设计研究，探索建立节目创研中心，汇聚台内优秀人才，融入社会专业力量，形成创新节目孵化体系和常态化的节目创意征集机制。研究制定《北京电视台节目创研工作实施方案》，明确创新工作重点内容、创新基金设立与使用规则，建立创新研发工作机制，实行约束指标和激励指标，鼓励创新，进一步完善创新节目申报、评选管理流程以及创新节目评定标准。

节目分类研究，支持创新需求。针对电视节目市场竞争趋势的变化，进一步加强最新节目模式分析、研究，并对已有节目模式进行分类归总，在原有模式分类基础上，按照节目品类、题材类别、内容特点等细化分类，对应节目中心需求，开展更加精准的模式支持；加大节目模式支持服务决策的功能，拣选最新、最优节目模式定期在编委会、编前会举行观摩研讨；针对国内各大卫视不断换档的季播节目，加大国内节目模式收集、分析力度，并比照国外节目模式，以借鉴和比较的形式，撰写研究分析和节目环节比较报告，为节目中心提供参考。

改进模式发布，提升服务效果。针对台内各频道的节目创新和改版需求，利用模式资料库，进行大量有针对性节目模式发布，为卫视、文艺、科教、生活、青年等频道，整理、翻译节目模式，累计达50部以上。通过“讲座”形式，利用研究发展部拥有的电视模式资源，邀请国内制片人，面向全台一线编辑、记者，举办“真人秀节目”主题讲座交流会。同时，在台内网按一定周期，实时更新节目模式视频资料，向全台推介。以台内刊物《锐》为平台，逐月向全台发布国内外电视动态信息，特别是国际节目模式趋势报告，累计推出10期《锐》。同时，通过《锐》，与国内电视研究团队定期推出专项研究报告，上述文字研究报告半年累计达5万余字。

四、聚焦发展需求，开拓业务空间

紧抓行业热点，推进课题研究。国家新闻出版广电总局部级社科项目《大视频时代，电视媒体融合发展路径研究》的研究工作正在加快推进，年底完成；完成市委宣传部2016年重点调研课题《北京电视台融合传播力建设研究》结项报送工作；向市委宣传部申报2017年重点调研课题《电视媒体内容原创力提升研究》。

立足效率提升，推进发展研究。推出《2014年至2016年北京卫视、东方卫视新闻类节目分析》、《跨界歌王》第二季系列分析报告、《省级卫视国际新闻报道的尺度和角度把控》系列报告、《主要省级卫视地方党代会报道分析》等16个研究报告；结合本台改革发展实际，推出《主要省级卫视体制机制改革情况》《2016年传媒竞争环境研究》《主流媒体新闻客户端分析》《融合发展个案研究之中国蓝TV分析》等解读外部市场竞争环境的深度调研报告；针对融合发展，推出《北京电视台融媒体内容生产与传播体系研究》。广泛深入开展调研，对美兰德、国广东方、泽传媒、脉讯、央视市场研究、数太奇等第三方数据机构以及中国传媒大学等高校进行走访调研，就媒体融合及为全媒体收视评估体系建设进行论证。

五、服务生产决策，加强常态工作

在常态数据工作方面，坚持做好每日收视数据发布、《北京电视台每周节目分析报告》、月报、季报、半年报、年报及《传媒动态》撰写发布，同时做好向上级报送收视数据及台情通报会收视数据发布等日常工作；结合本台深化改革各项工作，加大传媒发展趋势、主要省级台体制机制改革等方面信息收集、分析力度；在常态文字工作方面，配合全台重点工作，完成相关文字工作；完成了向总局、市委宣传部、视协等部门报送的材料；截至10月12日，台内网发布各类信息8457条。加强图书信息资料整理和服务工作，完成2017年报纸和杂志入库、上架及整理，加强图片信息资料搜集整理，新增及替换50多种新闻、电视及综合性期刊；结合读者需求，按计划完成1000册图书的采购、编目任务；全年到馆阅览超过5000人次；借阅图书5000余册、期刊10000余册；完成2017年《电视文摘》的出版、发行及内网平台的电子推介宣传，并对《电视文摘》进行了版面及内容方面的改版，加大理论及热点方面的内容；与“中国知网”等专业文献网络媒体进行合作，为台内人员提供文献资料的研究及论文查询等服务。

思想政治工作概况

2017年是党的十九大和市第十二次党代会召开之年，也是北京电视台坚守舆论阵地、深化自身改革的特殊之年。北京电视台党委认真学习宣传贯彻落实党的十九大精神，深入推进“两贯彻一落实”，按照中央、市委的部署和要求，在市委宣传部、北京广播电视台党委的坚强领导下，深入开展“两学一做”学习教育常态化制度化，全面推进党的政治建设、思想建设、组织建设、作风建设、纪律建设，深入推进反腐败斗争，党的建设和思想政治工作取得新的明显成效，为首都经济社会发展和北京电视台改革发展稳定提供了有力的思想、政治和组织保障。

一、全面提升干部职工思想理论武装水平

一是抓好台领导班子成员这个重点。目前党委中心组已累计开展集体学习32次，台领导班子成员围绕相关理论和实践问题进行集中学习、研究思考、交流探讨，进一步凝聚了贯彻落实中央、市委精神、推动北京电视台科学发展的共识；二是把握中层干部这个关键少数。台党委积极组织中层干部集中学习培训，先后组织基层党支部书记参加北京广播电视台培训班、宣传系统基层党组织负责人培训班等，增强了全台中层干部的思想素质和业务能力；三是聚焦党员干部这个集体。台党委通过在台内网上传资料和配发学习辅导读物等方式，确保学习教育覆盖到全体党员，广大党员干部职工围绕党的十九大、《习近平总书记关于北京工作指示摘编》以及市第十二次党代会精神开展学习研讨，统一思想认识，提高党性觉悟。按照台党委的部署，各支部累计开展学习教育活动930余次，有效提升了广大党员干部的理论素养。

二、深入推进“两学一做”学习教育常态化制度化

一是切实发挥台党委的领导核心作用。召开党委扩大会39次，研究全台改革发展、党的建设重大问题431个，强化对台党委重大决策落实情况的督办工作，召开台领导班子专题民主生活会并抓好整改落实工作。二是认真开展“两学一做”学习教育常态化制度化。研究制定《北京电视台关于推进“两学一做”学习教育常态化制度化 做好党建工作重点任务实施方案》，按照台党委、党员领导干部、党支部和党员4类主体梳理出党建工作重点任务清单，要求各主体对照落实，建立台账，推动学习教育真正融入日常、抓在经常。三是重点抓好党支部规范化建设工作。台党委组织召开专题工作会进行动员部署，全面铺开抓建设，重点督查抓落实，要求所有党支部对照标准、自我体检，按照“B+T+X”党建工作体系，重点督查好“一规一表一册一网”的落实工作，健全支部主题党日制度，规范支部手册记录工作，促进全台党建工作更加规范。四是形成“北京电视台合格党支部建设规范”和“北京电视台合格党员行为规范”。在各支部讨论成果基础上，制定形成“北京电视台两个规范”，进一步明确了支部主要任务和党员行为准则，各支部将“两个规范”上网上墙，对照落实。五是创新党员教育方式。以“智慧党建”APP为抓手，把党支部建在网上，把党员联在线上，实现学习教育、交流展示、互动沟通、检查评比四位一体，把学习教育融入日常，抓在平常，做好经常，得到市领导的高度评价。六是严肃开展组织生活。组织全台各党支部召开组织生活会和开展民主评议党员工作，深入查找和解决突出问题，严肃认真开展批评和自我批评，进一步强化党的观念、提高党性修养，更好发挥基层党组织战斗堡垒作用和党员先锋模范作用。

三、全面强化基层党组织和党员队伍建设

一是提升党员信息化管理水平。建立完善党员支持服务系统及组织关系转接系统，按期高效完成全台63个党组织和近1500名党员信息采集工作，实现党员管理工作信息化。二是规范党费收缴工作。按时足额完成全台党费收缴专项检查工作，按照中组部2017年4月份新的党费核定标准重新确定了北京电视台党费核定方式和标准，对各支部党务工作者进行专题培训，强化全台日常党费的收缴、核定、使用、管理。三是严格党员发展程序。对全台申请入党人员逐一进行梳理，积极稳妥开展发展新党员工作，完成58名入党积极分子和36名发展对象备案工作。四是有序推进支部换届工作。目前，全台党支部按要求完成支部换届工作，党的基层工作力量得到补充和加强。五是全面梳理各支部设立纪检委员的情况。对支委人数超过3人的、未按要求设立专职纪检委员的党支部，台党委及时作出了调整。目前，全台63个党总支、党支部均已按照市委组织部规范要求设立了专职或兼职纪检委员。六是强化流动党员管理。对派遣制员工党员的组织关系进行全面梳理，对个别未按要求及时转入组织关系派遣制党员，作出了严肃整改的决定。七是抓好慰问帮扶党员工作。做好生活困难党员的摸底调查和走访慰问，在春节、“七一”、国庆等重要节点慰问困难党员27名，切实体现组织关怀。八是推动党员教育管理服务平台建设。采用多种方式向全台党员推送北京长城网、“党员E先锋”微信公众号，保证“一网一号”覆盖到全体党员，有力推动党员学习教育的信息

化、网络化和常态化。

四、全力推进电视台党委换届工作及各级党代表推荐提名工作

一是认真做好党代会的相关工作。认真做好北京广播电视台出席市第十二次党代会代表候选人推荐提名工作和出席党的十九大代表推荐提名工作。二是抓好北京电视台第五次党代会有关工作。台党委成立筹备工作领导小组和工作机构，组织全台各党支部开展专项培训，按照有关换届工作程序和上级党组织批复的结构比例要求，组织全台各党支部选举产生了出席中共北京电视台第五次党代会的代表148名。组织召开北京电视台第五次党代会，选举产生了出席中共北京广播电视台第一次党代会代表45名。三是积极做好党委换届各项前期工作。起草“两委”工作报告和党费收缴使用管理情况报告，广泛听取意见，并经党委会讨论通过，准备提交党代会审议，按照程序组织酝酿下届“两委”委员候选人初步人选名单，为党委换届工作做好准备，打下基础。

五、严格落实干部人才队伍选任管理监督各项要求

一是严格党员干部选拔任用、调整工作。按照干部管理权限，完成中层干部2人和台属企业班子5人的选拔任用工作，对3名中层正职、9名中层副职干部进行了轮岗交流，截至10月底，科级干部和制片人选聘35人、试用期考核15人、职务调整69人。二是扎实做好兼职清理工作。对全台副处级以上干部在社会团体、基金会、民办非企业单位等社会组织以及在企业兼职情况进行摸底排查和自检自查，对不符合兼职规定的情况一律从严清理，对确因工作需要在企业或社会团体兼职的干部，严格按照干部管理权限履行审批程序。三是认真落实党风廉政建设主体责任全程记实工作。台党委组织学习《领导干部党风廉政建设主体责任全程记实工作的意见》，副处级以上干部人手一册《记实手册》，完整真实记录本人落实主体责任情况，做到一事一记、全程留痕，同时建立季度汇报检查和分层管理督查机制，将责任明确到岗、落实到人。四是加强人力资源的配置管理。完成全台应届毕业生引进工作，重点做好对监审办、卫视节目中心、广告部等关键部门紧缺人才的台内招聘工作，设立了安全播出管理、网络安全保障等科室，为全台改革发展提供人力资源保障。五是着力解决人员慵懒散问题。修订《北京电视台工作人员请销假管理办法（试行）》，强化请销假等人员管理制度的操作性和执行力。下发了关于落实《关于建立防“吃空饷”问题长效机制，加强长效管理和监督检查工作的通知》，切实从源头上清查、解决“吃空饷”问题。六是扎实做好领导干部个人事项报告工作。根据中央和市委的工作部署和有关规定，做好领导干部个人有关事项报告集中填报、录入汇总、重点和随机抽查等工作。七是抓好干部职工教育培训工作。制定2017年教育培训工作计划，截至12月12日，共举办台级培训17项、28期次、112学时，吸引3000余人次参加。

六、扎实推进党风廉政建设和反腐败工作

一是层层落实党风廉政建设责任制。调整完善台党风廉政建设领导小组，制定印发年度党风廉政建设和反腐败工作主要任务分工，层层签订党风廉政建设责任书，做好2017年度北京市党风廉政建设责任制检查考核迎检工作。二是全面抓好党风廉政教育。通过多种方式强化典型案例警示教育，在重要节点给全台科级以上干部发送廉洁过节短信提示，对重点岗位负责人开展谈话提醒，对新提任和岗位变动的科级干部、制片人进行廉政谈话，引导广大党员干部职工不断增强纪律观念，廉洁意识。三是深入开展重点专项检查。逐项部署了“为官不为、为官乱为”“群众身边不正之风”“在职人员台外兼职、经商办企业”“吃空饷”等专项排查治理工作，有针对性地对设立使用“小金库”、公车私用、食堂公务（业务）用餐、公款购买消费高档白酒、违规因私出国等专项问题开展监督检查或自查自纠，对大型节目制作、重点广告项目等重要岗位和关键环节开展了专项监察，有效发挥了监管防范作用。四是坚决查处违规违纪行为。制定《北京电视台开展问责工作程序规定》，每月收集全台《落实中央八项规定精神情况月报表》，综合运用批评教育、诫勉谈话、通报批评、经济处罚、组织处理、纪律处分等方式问责追责，有效发挥了警示作用。五是创新开展审计工作。紧紧围绕干部选拔任用考核和重要工程、大型节目（活动）资金支出使用等，全力抓好全台及台属企业年度财务审计和中层干部离任审计，创新开展中层干部任中审计，探索开展特大型季播节目专项审计，加强对台属企业的审计监督，把审计监督延伸到全台各主要业务。

七、着力加强宣传教育和精神文明建设

一是开展形式多样的学习教育活动。依托智慧党建APP、台内网、宣传栏等载体，以集中学习、提交心得、参观展览等多种形式开展学习教育，组织集体收听收看十九大开幕式、参观《砥砺奋进的五年》大型成就展、中国人民解放军建军90周年主题展览等，要求全台各党支部认真组织党员观看《将改革进行到底》《巡视利剑》《大国外交》《榜样》《为你而歌》等专题片，教育引导党员干部坚定理想信念，增强政治定力。二是用好“智慧党建”移动教育平台。通过“学习园地”“精彩推荐”等版块先后推送“十九大报告的四个重要判断”“迎接十九大，90个名词我知道!”等系列资料百余篇，鼓励党员干部利用碎片化时间进行自学。全台各支部紧密结合自身工作和学习重点，在公众号内推送学习资料、展示支部活动，实现了党员学习教育的关口下移、重点下移。三是积极参与上级各类评优活动。组织参加第六届全国道德模范、“2017年北京榜样”、第八批首都市民学习之星、学雷锋志愿服务“四个100”先进典型等多项评选表彰活动，发挥榜样示范引领作用。积极申报“首都文明单位标兵”，认真总结我台2015年以来开展群众精神文明创建工作成果，做好迎检准备。

八、进一步做好工会、共青团、老干部工作

工会工作以“五星级”职工之家为标准。一是聚焦关爱，体现人文关怀。做好“扶贫解困送温暖”工作，慰问参加重点报道的一线编辑记者、患重大病和生活困难的职工，做好互助险理赔工作。二是深化服务，维护员工利益。在全台范围内摸排病困职工情况，进一步推进帮扶、慰问标准规范化、科学化。与健身设备维修公司签订了《设备定期维修保养合同》，为职工健身活动提供安全保障。通过问卷调查征求对餐饮服务的意见，促进餐饮公司提高菜品质量和服务水平。三是开展活动，凝聚全台力量。评选出2016年度的优秀女职工84名，优秀集体10个，组织职工休疗、“三八”节女职工观影，开展乒乓球、羽毛球比赛等团体活动，凝聚职工力量，激发工作热情。

共青团工作以开拓创新、凝聚青年为重点。一是重点抓好创新工作站相关工作。深入推进创新工作站常态化运行管理和市场孵化工作，组织台内专家对申报项目进行评审，确定6个青年创新工作站创建项目和首个市场孵化项目，目前7个项目均在稳步推进中。二是不断提升团支部建设水平。以“共青云”系统建设为契机，由各团支部组织支部全体团员填写团员信息登记表，推动全台团员档案规范化。按照团中央新的团费收缴规定，督促团员按时足额上交团费，自觉履行团员义务。三是凝聚全台共青团员力量。按照上级要求，在团员青年中开展“一学一做”教育实践，组织“五四”青年研讨活动，报送“我的青春我的梦——学习总书记讲话做合格团员”主题征文，展现广大团员风采，激发青年内生动力。

老干部工作以解决退休职工实际问题为中心。一是加强老干部服务意识。年初召开退休职工迎新春茶话会，台领导班子、老干办共看望慰问老同志80余人，保障老同志待遇，妥善落实困难职工的帮扶助困工作，有效解决了部分老同志的困难。二是注重思想政治建设。组织开展多种形式的教育实践活动，强化政治引领，推进“两学一做”学习教育常态化制度化。加强基层党支部建设，仅10天时间，263名应补交党费的退休党员，有98%主动足额补交了党费。三是开展社团文娱活动。积极组织参加健步走、集体观影、垂钓、志愿服务、知识问答等活动，积极营造和谐快乐氛围，促进老干部身心健康、博览情趣，受到广大退休职工的欢迎。

办公室工作概况

2017年，办公室配合全台工作重心，不断提升服务水平，完善管理制度。

一、统筹管理，服务全台，日常工作有序开展

做细做好日常文件办理。参与完成全台重大项目、重点栏目、重要工作等文字材料起草与报送。截至2017年10月25日，累计办理外来收文921件，部门呈文4475件；起草、审核、上报京视字文件374份、印发京视发36份，整理京视函37份，授权书608件，整理台领导传阅文件62件次，会同其他部门完成人大建议和政协提案办理报告4份，报送领导批示和会议议定事项落实情况的报告17份。

周密高效筹备会议。圆满完成2017年工作会议，2017年保密工作培训暨党委中心组扩大学习会，2017年上半年工作总结暨下半年工作务虚会相关工作，领导邀请到位，材料准备充分，信息报送及时；组织召开台长办公会19次，并印发会议纪要。

依规处理涉密文件。整理涉密文件，按照日期进行分类登记。截至10月26日，共处理涉密文件70件，其中17件涉密级别达到机密。

攻坚克难办理出访任务。因历史原因，2017年下半年北京电视台出国任务严重受限。办公室积极与北京市外办协调沟通，把限制出访的影响降至最低，最大程度地保障了北京电视台的境外拍摄任务。截至2017年10月25日，共报送因公出访团组50批次，总计127人次。其中自组团组25批71人次，随团团组25批60人次。

细致周到接待来访视察。完成日常接待任务5207批，累计8155人次。还参与了《2017年跨年环球歌会》、《2017年北京电视台春节联欢晚会》、《第七届北京国际电影节》、《你从井冈山走来》发布会、《深海利剑》发布会等大型直录播活动的领导接待工作20次共6030人次；以及市委书记蔡奇、市委副书记景俊海、宣传部长杜飞进等北京市委市政府领导来台慰问视察、全国政协副主席来台调研、港台媒体同仁、驻京境外记者、驻华使领馆使节参观访问、业务探讨等活动的筹备、协调、接待及资料拍摄工作。

准确高效申报外籍演员。截至2017年10月25日，总计申报外籍、港台地区演员164批，共计337人次，确保节目安全播出。

点面结合提供法律保障。审核合同954件，接办并处理诉讼案件18件、劳动争议案件7件，非诉讼案件3件，参与专项及其他事务33件。北京市及全国两会、第七届北京国际电影节、“一带一路”高峰论坛、喜迎十九大宣传报道、第七届喜剧幽默大赛等，法务科均作为重点项目，加大力量，特事特办，同时谨慎抓好每一个细节，防止出现法律风险，提供全面法律保障。

依法依规整理各类档案。依据《档案法》中自档案形成之日起满20年向档案馆移交的规定，北京电视台2017年被列入移交单位。截至2017年6月11日，共收集全台档案981件，整理830件，针对特殊情况，查找了223件1500页，打印目录21页，并及时完成了借阅任务。

全面加强医疗综合管理。截至2017年10月25日，医务室门（急）诊量14162人次，无误诊、漏诊。安全转诊急危重症6例。医疗咨询解答万余人次，外伤换药、心电检查、血糖监测、频谱理疗等共计896人次。完成女职工乳腺疾病专项筛查，已有2569名职工参检，参检率75%。继续开展“冬病夏治”三伏贴的贴敷活动。重点加强医政管理，完成苏州街办公区医疗机构执业资格的申请，审批和验收工作，现已取得执业证照。

克服困难，保障直播通讯。在2017年话务坐席严重缺编，白班减员50%的情况下，话务员们力争做到不请假，共同克服实际困难，保证每一通电话的快速接听。截至10月25日，共接听电话15万余通，短信群发221次。累计涉及接收人41000多人。配合节目中心圆满完成新年倒计时、北京市两会、“一带一路”高峰论坛、北京市党代会4项重大新闻事件直播，全日制保障新闻演播室直播电话线路及电话连线系统，以及2017年北京国际电影节开闭幕式直播通讯技术保障、7场中超联赛、2017年中职篮北京首钢和北京北控全部主场体育赛事直播通讯保障。定期开展技术巡检维修。技术团队完成电话开通维修业务510次，为各节目组提供对讲机2100余台次，配合联通、移动、电信工程师完成无线信号巡检修理39次、290个小时，坚决杜绝安全隐患。

扎实做好基础工作，确保运转有序高效。完成全台报刊订阅、宣传品定制、名片印发、社会组织会费缴纳、会议室协调、台领导机票预订及内网维护等常规工作。

二、精进业务，深度融合，打造高质高效的工作平台和服务体系

完善OA系统，加强台内网建设。为有效提升全台办公自动化水平，根据实际工作需要，秘书科联手信息网络管理部对OA系统相关功能模块进行完善优化，并在全台范围内推行OA系统办公，有效促进办文效率提升，利用OA系统承办文件14691件次。

话务升级，新老系统有机结合。对台内程控交换机话务系统进行完善升级，以两套程控交换机系统及两条光缆链路，互为技术备份满足话务系统实时畅通，同时使用电缆连接老话务操作台作为应急备用，确保总机服务时刻运行正常。增添新型数字对讲设备，通过协调、测试、调试，使新对讲系统与老对讲系统、无线基站系统有机融合，最大限度地满足节目团队技术需求。

创新管理，精细入库出库流程。将通讯库房所有设备绑定加密二维码，开发新式通讯科库房管理系统对所有通讯设备进行录入，通过专用扫描枪解密二维码信息并使用通讯库房管理系统进行出入库登记和备案。

服务栏目，探索新的合作模式。理顺合作模式及法律关系，谋求新的合作模式成为法务科2017年的新课题。法务科就具体业务事项，帮助业务部门拟定把关合作协议，既切实可行，又合法依规，保障全台内容生产。

拓展业务，助力BTV经营创收。96168热线继续与京视传媒有限责任公司及BTV优选展开合作，承接老年手机以及时蔬卡的咨询销售工作。截至2017年10月底，与京视传媒有限责任公司合作销售的老年手机及BTV优选时蔬卡销售额达到123595元。

三、强化内功，细节制胜，为塑造BTV内外形象助力

全面提升全台信息到达率。以全台视角、全媒体维度、全新思路抓好信息收集、整理、报送环节，着力开拓北京市委宣传部办公室《宣传系统快报》、中央电视台《电视决策参考》等渠道平台，及时反映北京电视台“重要会议活动”“特色工作”“时事简讯”“获奖信息”等动态消息。围绕北京市两会、建党96周年、习近平总书记视察北京、香港回归20周年、建军90周年等重大活动和元旦春节、五一、端午等重要时间节点，整理撰写了《北京电视台〈跨界冰雪王〉以“冰舞竞技”传播奥运文化》《北京电视台推出“走基层系列报道”展现京郊八区建设成果》《北京电视台推出大型系列专题片〈扬帆〉聚焦习近平总书记“2·26”视察北京三周年》《北京电视台人文口述纪录片〈擦亮金名片〉生动呈现北京历史文化遗产丰硕成果》《北京电视台持续深化重大主题主线宣传》。其中《北京电视台大型系列专题片〈天涯共此时——见证者〉心系“一带一路”朋友圈，画出“经济共荣”同心圆》一文由上级单位上报至中宣部，被中办专报第40期采用，《北京电视台纪念全民族抗战爆发八十周年报道持续升温》一文经上级单位上报至中宣部，被《每日要情》第1118期采用。《北京电视台充分发挥示范引领作用不断提升传播力引导力影响力》一文被《宣传系统快报》专报35期刊登。截至2017年10月26日，共编印《北京电视》39期，报送《信息快报》254条，《信息专报》21期。《宣传系统快报》采用信息135条，采用率远超2016年同时段，在全市宣传系统名列前茅，其中“特色工作”板块采用41条，是2016年同时段两倍。2017年1月，北京电视台办公室被《电视决策参考》杂志评选为2016年度信息工作先进单位。

有力服务党的十九大宣传报道工作。在2017年10月17至25日期间，负责将北京电视台十九大报道相关信息第一时间向上级单位汇报。一是每天与总编室、新闻节目中心对接，收集素材，书写当日全台十九大报道信息日报文章，并整理当日重点信息口播稿素材，每天上报文字量平均上千字。二是按照党的十九大的会前、会中、会后报道要求，整理汇总书写各阶段十九大报道情况专报4篇，分别是《北京电视台十九大宣传报道动作精准守正出新》《北京电视台积极报道十九大开幕强烈反响》《北京电视台持续强化十九大宣传报道》《北京电视台圆满完成党的十九大宣传报道》。

栏目热线助力内容生产及品牌宣传。截至2017年10月底，96168热线系统来话30万件；转人工11万件；人工接起量9.5万件；96168热线为各栏目记录工单7.3万件；解答咨询2566人次，为栏目提供线索、建议3.6万件。配合文艺节目中心“2017春晚‘摇一摇’互动”奖品领取工作。承接了京视体媒有限责任公司《BTV艺术团》报名工作。同时为卫视节目中心上线《哎呦，你真美》《我是大医生》栏目；为科教节目中心上线《健康无双》栏目；为生活节目中心上线《乐房购》栏目等。

信访舆情保障受众沟通平台。截至2017年10月底，接件306件，重点处理14件。

整理汇编各类文件提供理论数据参考。《北京电视台文件选编（2016年）》成书已发放各中心。《北京电视台发展研究文集（2015年卷）》首次以“初心卷”“匠心卷”两册形式装订出版。组织编辑《2017年北京电视台上半年工作总结暨下半年工作务虚会》发言汇编、完成《每月台情》9期。

机要交换保证上下沟通及时无误。在机要交换方面，机要司机严格遵守我台公车管理制度，按照“认真、高效、协调、服务”的工作思路，平均一天两次承担全台纪要交换工作，上情下达、下情上达无失误，无延误，交接安全准确。

文化建设塑造BTV品牌形象。2017年BTV文化沙龙在2016年初创的基础上再上新台阶，主题设置以业务需求为导向，紧密结合节目生产，积极拓宽研学领域，业已成为北京电视台内部文化建设品牌项目。

四、规范管理，建章立制，全面助力台内科学化制度化管理

在台领导统一部署下，制定发布了《关于进一步规范台内公文流转的通知》《北京电视台宣传品管理规定》《办公室公车使用办法》《北京电视台因公出国（境）管理规定》《因公出访行前教育登记表》，举办《因公出国（境）管理规定》讲座，建章立制，辅助规范全台管理工作。

党风廉政建设工作概况

2017 年，监察审计办公室结合实际扎实推进全台党风廉政建设和反腐败工作，以巡视整改为契机，制定出台了加强和改进纪检监察审计工作的实施意见，加强组织领导、宣传教育、问题整改和执纪问责，取得了新的进展和成效。

全面落实党风廉政建设责任制。一是组织召开了全台党风廉政建设工作会，通报了 2017 年全台党风廉政建设重点工作，实施了《关于进一步加强和改进北京电视台纪检监察审计工作的实施意见》，提出 19 条办法措施，对监督全覆盖作出全面部署。印发《实施意见》解读手册，做到全台人手一册，并通过集中宣讲、走访交流等形式深入全台各部门宣传解读，确保实施意见在全台顺利推开。二是配合完成台党委书记、台长和班子成员及各中心、部、室一把手签订党风廉政建设责任书等相关工作，切实强化领导班子成员和各中心、部、室一把手的责任意识、担当意识。三是研究制定《2017 年党风廉政建设和反腐败工作主要任务分工》，将 19 个方面 59 项工作任务落实到每个台领导班子成员和相关部门。四是定期向党委扩大会进行专题汇报，根据上级单位巡视指导意见，结合实际工作，认真分析北京电视台党风廉政建设工作中的薄弱环节，提出改进建议，为台党委决策提供了重要的参考依据。

认真抓好台内党风廉政教育。一是强化典型案例警示教育。通过编前会不定期公开通报机制，第一时间将上级纪检机关下发的学习材料、典型案例传达给各部门，开展严肃认真的警示教育。2017 年重点传达学习了 30 余件典型案例和情况通报，包括张慧光案、江苏广电购剧窝案、辽宁拉票贿选案、公车 ETC 私用案、6 起落实全面从严治党主体责任和监督责任不力被问责典型案例、侵害群众利益的不正之风和腐败问题典型案例，以及市纪委公布的近期巡视整改情况、市纪检监察机关纪律审查情况通报、市纪委市监委关于中秋国庆期间违规使用公务用车和违反中央八项规定的通报。此外，认真组织全台党员观看了《永远在路上》《警钟长鸣》《北京市正风肃纪教育片选集》《巡视利剑》等系列警示教育片，对照案例查摆问题，引导广大党员干部职工不断增强纪律观念，廉洁意识。二是在重要节点给全台科级以上干部发送廉洁过节短信提示，传达中央纪委、市纪委市监委节日期间的有关精神，营造廉洁过节氛围。三是通过台内发文、更新内网主页、定期编发《廉政教育园地》（2 期）、下发《中国纪检监察》（20 期）和《党风廉政建设》（11 期）等形式，及时向全台传达上级廉政法规文件精神；四是印发了《关于严肃换届纪律保证换届风清气正的通知》，加强对台党委、台纪委换届选举工作的监督，确保“五个严禁、十个不准、五个一律”落实到位，保证换届工作风清气正。五是认真执行党风廉政谈话制度，通过抓好干部任前谈话，苗头性倾向性问题警示谈话，因公出国（境）行前谈话等，努力发挥“早打招呼、多拉袖子、常敲警钟”的作用。2017 年台纪委书记先后对 17 名重点岗位负责人开展谈话提醒，监审办主任对全台 39 名新提任和岗位变动的科级干部、制片人进行了廉政谈话，强调了党风廉政建设各项规定及纪律要求。

深入开展重点专项检查。一是全面落实从严治党新要求，逐项部署了“为官不为、为官乱为” “群众身边不正之风”“在职人员台外兼职、经商办企业”“吃空饷”等专项排查治理工作，其中针对台外兼职排查工作，要求台内正、副科长和正、副制片人及主持人、播音员签订承诺书，严格执行《关于新闻采编人员从业管理的规定》。二是加强“四风”问题监督检查，有针对性地对设立使用“小金库”、公车私用、食堂公务（业务）用餐、公款购买消费高档白酒、违规因私出国等专项问题开展监督检查或自查自纠。三是抓住关键环节，对大型节目制作、重点广告项目等重要岗位和关键环节开展专项监察，对优秀节目评选、主持人作品评奖、食堂餐饮服务质量调查、职工住房补贴工作、应届毕业生招聘、京视传媒企业负责人民主推荐、卫视节目中心联席会等工作进行了流程监督，把纪律和规矩挺在前面，推进工作落实。上述专项检查中存在问题的，均提出了相应的监察建议。四是规范项目登记备案。对实物赞助广告、大型节目（活动）实行备案制度，强化了对大额资金和实物赞助广告的监管。全年累计对 28 项大型节目及专题片进行登记备案，涉及预算约 12.2 亿元；参加各种工作会议近百场，办理正式监察项目 10 余件，审理纪检举报案件 2 起，累计发出监察通知书 5 份，监察建议书 9 份，协查通知书 9 份。四是针对推先评优、职务变动、职称申报等情况，为 1600 余人次出具个人廉洁自律证明材料、为相关部门出具廉洁自律证明材料 12 份。

坚决查处违规违纪行为。一是落实责任追究程序，根据上级单位相关要求，结合我台实际，制定《北京电视台开展问责工作程序规定》。二是以“零容忍”的态度，严肃查处违反中央八项规定、总局“一规一约”及台内规章制度的行为。每月督促全台各中心、部、室、台属企业按时上交《落实中央八项规定精神情况月报表》，整理汇总全台落实八项规定精神的具体情况，并按要求及时进行上报。三是运用监督执纪“四种形态”，经常抓、抓经常，坚持抓早抓小，发现苗头及时纠正，纪检监察审计利用各种机会给相关部门和人员提醒提示，使第一种形态运用成为常态。四是严格对违规违纪行为问责，2017 年共对 4 人予以立案、对 7 人给予党纪政纪处分（含 2016 年立案 3 人）、对 9 人进行了批评教育、对 7 人进行了罚款和扣发效益工资等处理；此外，配合市纪委就有关举报进行了核查，对市纪委函询的10多个问题做了书面说明，有效发挥了警示作用。

创新开展各项审计工作。高度重视审计监督作用，紧紧围绕干部选拔任用考核和重要工程、大型节目（活动）资金支出使用等，全力抓好全台及台属企业年度财务审计和中层干部离任审计，创新开展中层干部任中审计，探索开展特大型季播节目专项审计，加强对台属企业的审计监督，把审计监督延伸到全台各主要业务。全年共组织开展了14项内部审计工作，包括对7名中层领导干部开展了离任经济责任审计，对2名中层领导干部开展了任中审计，对4家广告经营主体2015至2016年的广告经营状况、人员支出情况等进行专项审计，对1个特大型季播节目的协议执行情况和项目支出情况进行了专项审核。此外，指导台经营管理部完成对4名台属企业负责人的离任经济责任审计，配合台经营管理部对9家台属企业开展了立行立改问题检查工作。特别是以巡视审计为契机，加强了整改督办督查。市审计局审计查出的12个问题已整改到位，得到市审计局肯定，总台审计查出的70多个问题也已基本整改到位。

充实队伍力量，深入推进监督全覆盖。调整充实了监审办下设科室，纪检监察工作人员由原来的8人增加到20多人，确保工作有人做，事情有人管，监督有人问，执纪有人查。在此基础上，设立了首批纪检协作员、纪律监督员约50人，建立了纪检协作员微信工作群，形成监督合力，为实现监督全覆盖提供力量保障。

工会工作概况

一、为职工办实事凝聚人心

今年北京电视台工会继续以关爱、温暖、服务为己任，做好“扶贫解困送温暖”工作。截至9月底，工会办公室慰问参加两会的编辑记者、中共北京市第十二次代表大会报道团队和参加十九大报道团队及技术保障部门的一线工作人员、在贫困山区挂职锻炼的干部、两节前夕患重大病和生活困难的职工，以及平日看望生病住院职工和去世职工家属，共计950人，慰问金额265493.54元。

继续为持有“京卡互助卡”会员办理重大疾病、在职意外、住院医疗、住院津贴、女工特疾互助险理赔，截止9月底共计理赔98人次，理赔金额104564.28元。继续做好二次报销核查工作，提前完成任务，2017年共核查557人次。

7月下旬，工会办公室与建设银行北京分行合作，为职工免费办理速通卡并进行现场安装。

为提高本台餐饮服务质量，每一季度与台行政部膳食科通过“问卷调查”的方式征求全台职工对伙食质量、饭菜价格、花样品种、服务态度、环境卫生等方面的意见，促进餐饮公司提高菜品质量和服务水平，为职工解决实际问题。

二、开展寓教于乐的文体活动

继续做好女职工“争先进、创佳绩”评选活动。三八节前夕，评选出2016年度的优秀女职工84名，优秀集体10个。同时，组织600余名女职工观看电影《一条狗的使命》。

2017年5月，本台派出代表队参加了北京广播电视台第四届乒乓球团体赛并获得冠军。举办了北京电视台第九届乒乓球团体赛和第九届羽毛球团体赛。

为迎接党的十九大胜利召开，中宣部开展“最美中国人”各族群众笑脸照片征集展示活动。工会办公室在台内经过20余天的征集，共征集到摄影作品180幅，超额完成了市委宣传部要求的作品数量。为配合市总工会和市职工文化协会做好第十一届首都职工文化艺术节“六创”小故事比赛和“六好”摄影比赛暨摄影展，在全台范围内征集“六创”小故事和“六好”摄影作品，本台选送的创业故事在众多作品中脱颖而出，获得创业故事组第二名。2017年8月，为全台职工每人购买了两张海洋沙滩节门票，丰富职工的文体生活。

三、以“五星级”职工之家为依托，提升服务型工会工作

2017年年初，在对病困职工救助帮扶工作中，工会办公室将帮扶、慰问的标准更加规范，慰问的范围也更加广泛，推动了此项工作有序开展。为确保职工健身设施正常使用，与设备维修公司签订了《设备定期维修保养合同》，每季度对健身房设备进行一次维修、保养、更换，为职工健身活动提供安全保障。工会请专业瑜伽教师，每周两次利用午休时间为职工授课，瑜伽班从最初的20多人，扩大到现在的30多人。

四、加强内部管理和干部人才队伍建设

部门通过周例会，开展形式多样的学习活动，如：学习北京市总工会等五部门印发的《关于进一步加强服务职工工作经费保障的意见》等，提高专职工会干部的管理水平。4月初，派出一名工会干部参加了北京市总工会举办的女工干部业务培训班，9月底，派出一名工会干部前往北京市总工会学习职工互助保险理赔工作，以便更好地服务患病职工，保障职工保险权益。

人事部工作概况

2017年，人事部围绕台党委中心工作，积极推进人力资源管理体系和人才队伍建设，顺利完成各项工作任务。

一、人才队伍建设

加强科级干部管理。依据《北京电视台制片人选拔聘用管理办法》和《北京电视台科级干部选拔任用管理办法》，先后对研究发展部、监察审计办公室等7个部门22个科长、制片人岗位，以民主推荐方式进行选拔。加大对科级干部的考核、交流力度，截至9月共有19个部门62名科级干部、制片人岗位进行了调整交流，完成了10个部门15名科级干部的试用期考核工作。

优化现有人力资源配置。为监察审计办公室、广告部、卫视节目中心等14个部门49个岗位进行了台内公开招聘。根据国家和北京市的相关规定，在总工办和信息网络管理部分别设立了安全播出管理科、网络安全保障科。

组织全台储备性人员招录工作。2017年人才引进与配置坚持两个原则：一是在节目部门，重点对品牌栏目、重点栏目、潜力栏目倾斜。在收视与收入全台排名前10名的栏目中，对有缺员情况的、承担台内外特殊任务以及在融媒体发展方面急需的岗位，给予适当数量的人才配置。二是在技术和管理部门，重点对战略发展、智力支持、广告经营以及承担台内外主要任务的核心重点岗位倾斜。完成全台应届毕业生引进工作，共计28人。完成社会招聘人员笔试、面试工作，共计100人参加面试。

二、绩效管理工作

围绕发展目标，调整优化考核方案。形成了2017年"1 + X"的绩效考核方案，即以《北京电视台2017年绩效考核实施方案（试行）》为核心，《北京电视台2017年度节目与经营一体化运营考核办法》《北京电视台生活频道一体化改革试点方案（试行）》作为补充的绩效考核体系。2017年的绩效考核方案注重了方案的整体性，全台一盘棋，实行联动考核，将各层级、各部门利益捆绑。设立个性化激励办法，按照业绩考核结果兑现绩效工资，重奖重罚，体现奖勤罚懒、奖优罚劣。部分节目中心在绩效工资分配过程中差异化程度加大，业绩突出员工的单月绩效工资最高突破10万元，业绩差的员工的绩效工资只有几百元。

围绕经营任务，强化目标责任考核。在与广告部充分沟通的基础上，制定了《2017年北京电视台广告部目标责任书》。首次实行由广告部按月自主分解创收目标，按月动态考核并及时兑现，按月自主分配绩效工资。北京国际电影节运行中心并入北京电视台后，按节目中心模式管理，实行以收定支，考核收入和模拟利润。通过与该中心反复商讨研究，于2017年8月底签订《2017年北京电视台北京国际电影节运行中心目标考核责任书》，将该中心纳入全台的绩效考核体系当中。

围绕现实情况，动态调整绩效考核。根据月度、季度和半年绩效考核周期的不同特点、各项考核指标的完成情况和当期全台的工作重点，对绩效考核工作进行动态调整：根据人员岗位、职务的调整对绩效工资进行动态调整，涉及人员约300人；根据特殊项目、栏目的需求及上级批示对绩效工资额度进行了动态调整，涉及约70个项目或栏目；根据当期考核指标完成数据对11个节目中心月度绩效工资指导线进行动态调整；根据下半年各节目中心的经营状况和当前的宣传报道中心任务，动态调整了节目中心的月度可支配绩效工资额度。依据上级通知对违规违纪人员的绩效工资做出了及时处理，涉及违规违纪人员8人。

落实巡视要求，撰写自查报告。根据市纪委巡视工作的要求，对全台有关奖励发放情况进行全面梳理，整理了相关文档资料，撰写了书面汇报材料。根据北京广播电视台人力资源部《关于做好巡视反馈意见整改检查工作的通知》，撰写了相关问题的自查报告。

三、薪酬福利工作

工资福利精细化管理。对使用财政拨款的节目中心及栏目人员费用，配合计财部实行精准统计、分类核算，有效用好财政资金。

全面规范、逐步调整了人员薪酬发放办法，本着“原有项目逐步缩小差距，新增内容统一核算标准”的原则，在政策规定的范围内，在台内条件允许的前提下，对一些薪酬福利和部分一次性绩效核增项目不分在编员工和派遣员工，统一了台内核算标准，由部门二次考核分配。

落实北京市人力资源及社会保障局《关于调整事业单位工资总量有关问题的通知》文件要求，从2017年1月1日起，调整工资总量并落实到位。经测算，人均月增资约720元，全台月增资约92万元，全年增加经费约1107万元，对稳定员工队伍起到积极作用。

完成养老保险改革准备期期间的职业年金公付部分补缴工作，共涉及4600余万元。开展全台劳动合同制工人养老保险补缴的前期查档确认、养老保险测算工作。

加强政策把控、有效处理个案。针对播出部部分员工的诉求，人事部会同总工办、播出部共同召开政策说明会，进行答疑解惑，帮助播出部梳理和修订内部考核细则，并研究制定了稳定值班员队伍的措施，为播出安全提供保障。

针对个别员工提出的随配偶出国赴任的请求，人事部与北京市人力资源和社会保障局进行沟通，全面了解和梳理相关政策和规定，并研究制定出本台针对此类问题的工作程序和细则。

处理原保卫部副主任赵修明同志在工作中突发疾病死亡事件，经申请，社保部门审批认定为视同工伤。同时，为其申领一次性工亡补助金、丧葬补助金、供养亲属抚恤金及有关医药费报销等待遇，进行前期信息核实及材料准备。

完成实际收入不足最低工资人员的工资补齐工作，并会同各部门对此类人员情况进行分析、分类汇总，帮助各部门完善考核、强化管理。

处理社会保险相关业务。针对部分退休人员的特殊困难，为他们办理医保异地安置审批、提供社保权益记录以及变更定点医疗机构等内容。

四、教育培训工作

开展全台培训工作。截至10月18日，共举办台级培训14项、25期次，2530余人次参加，包括：《坚定文化自信·讲好中国故事——做好“一带一路”报道》培训班、《真人秀节目如何讲故事及主创团队与广告客户沟通技巧》培训班、《纯洁语言环境，提高节目用语规范度》专题讲座；办公室、总工办联合举办《虚拟技术发展及应用探索》技术沙龙、2017年保密工作培训暨党委中心组扩大学习会、信息网络安全培训、党委中心组扩大学习会暨消防安全培训、规范节目制作业务系列培训班和编辑记者、播音员主持人资格考前培训班等。

组织教育交流工作。开展全台新办、补办记者证人员提交申请、网上录入的组织审核工作；2017年新闻、播音主持、工程师等系列职称组织申报与资格审核工作；2017年优秀人才培养资助项目前期准备工作；2017年西藏拉萨电视台人员来台交流学习的前期准备工作、2017年市属高校与新闻单位从业人员互聘交流“千人计划”工作、2017年香港新闻专业大学生来台实习等。

五、人员管理工作

强化执纪管理，研究完善请销假制度。台党委多次重申强化请销假制度，坚持“按级申请、逐级审核、手续齐备、获批有效”的原则，坚决治理慵懒散。要求各用人部门按规定做好人员管理，明确部门“一把手”为本部门人员管理第一责任人，对本部门人员的请销假及考勤等管理情况负全责，杜绝故意隐瞒、弄虚作假的行为。2017年，重新修订了《北京电视台工作人员请销假管理办法（试行）》，并先后向台领导与相关部门进行了4轮意见征询。目前，《办法》经台党委扩大会研究通过，已下发并施行。

根据北京市人力资源和社会保障局《关于进一步做好机关事业单位防治“吃空饷”加强长效管理工作的通知》（京人社专技发〔2017〕206号）、《关于开展机关事业单位防治“吃空饷”问题长效机制建立情况专项督查工作的通知》（京人社专技发〔2017〕209号）文件精神，落实上级关于做好巡视反馈意见整改检查工作的通知要求，按照北京广播电视台《关于建立防治“吃空饷”问题长效机制，加强长效管理和监督检查工作的通知》的工作部署，对所有在职人员的在岗情况进行全面梳理，下发了关于落实《关于建立防“吃空饷”问题长效机制，加强长效管理和监督检查工作的通知》的通知。

劳动合同管理工作。组织职工分批分期签订“一规一约”承诺书，并将“一规一约”内容作为附件条款签订在劳动合同中。对1800余名合同到期的派遣制人员合同条款进行了修订，进一步规范了考核细则。目前，已完成合同的续签工作。

计财部工作概况

2017年计财部积极推进“以收定支、量入为出，做到收支平衡”财务管理模式，提高资金使用效益，为北京电视台事业发展提供财务保障。

一、积极主动向北京市财政局、市委宣传部、北京广播电视台等上级单位申请文创资金、专项资金，开源节流，充分挖掘并运用好各项经济政策

在2016年与市财政局良好沟通的基础上，北京电视台2017年成功申请财政资金和专项资金，极大缓解了资金压力。与此同时，2017年计财部根据台内项目的轻重缓急，与市财政局积极沟通财拨资金调配使用的相关问题，年中调整2017年预算项目，确保将有限的财政资金用在刀刃上，将财政资金使用效益实现最大化。此外，4个公益频道和15个公益栏目作为财政资金扶持的重点关注项目运行良好，此模式已经被财政局认可，并列入下年财政资金预算之中。

二、开辟新的融资渠道，打通银行贷款，为充分对接资本市场做准备

面对2017年广告经营的困境、市场的压力，计财部从财务管理的方向寻求突破，力求改变目前银行资金“只出无进”的局面，成功打通了银行贷款的融资渠道，优化了本台的资金结构，迈出与资本市场对接的第一步。

三、进一步做好预算执行与财务分析工作，加强资金管理，落实“以收定支”财务管理模式

围绕贯彻落实2016年第21次台党委扩大会议“关于2017年全台各频道节目编排和预算编制工作，要与收视、经营创收情况进行深度结合，严格执行在收支平衡原则下进行节目编排和预算编制的要求”的精神，依据《2017年节目预算管理规定》第22条，在节目中心推进“以收定支、量入为出，做到收支平衡”的财务管理模式，严格预算编制、执行、分析及考核，加强广告收入管理工作，及时完成广告确认工作，确保全台内容生产及各项工作资金需求。改进财务分析模式，在原有的全台收支分析基础上增加重点频道收支分析，从全台到频道再到栏目，完善了财务分析体系，为频道中心决策提供依据，将以收定支政策落到实处。

四、与时俱进，调整会计政策，深度挖掘财务数据价值，适应生产需要

一是围绕财务分析的需求，及时调整财务软件的报表格式和内容，增添报表功能，最大限度发挥财务数据的分析价值。二是围绕全台绩效考核的要求，按月提供各节目中心收入、支出和利润的数据。三是通过财务数据分析，提出停止计提“住房基金”会计政策变更及更正模拟利润计算口径的建议，并经党委会研究通过，既缓解了本台支出压力，又满足了生产需要。

五、梳理业务流程，明晰审批权限，修改财务制度，服务各部门，力求管理出效益

《北京电视台财务管理制度》是全台重要的管理制度之一，自2013年12月4日印发以来，全台的各项财务收支均严格按照此制度执行。伴随电视媒体的激烈竞争和节目样态的不断变化，节目生产部门希望制度能够更加简约、高效，贴合节目生产的节奏，计财部在充分听取各部门意见和建议的基础上，结合事业单位内部风险控制建设，本着实事求是、服务一线、完善管理的原则，对部分财务制度提出了修订意见并经党委会研究通过，最大限度地满足节目生产需求。

六、密切部门间联系，协同配合，圆满完成各项审计、评审、项目绩效考评和审计整改工作

积极配合北京广播电视台完成2016年度市级项目支出绩效跟踪及项目评价工作以及2016年度行政事业单位内部控制基础性评价工作。配合会计师事务所和监审办完成2016年度审计和中层干部的离任审计工作，针对年度审计意见，结合工作实际迅速整改落实。

七、做好北京电视台内部控制系统建设落地准备

根据北京市财政局关于北京市贯彻《行政事业单位内部控制规范（试行）》的实施意见，以及北京广播电视台的统一部署，已完成北京电视台内部控制手册的出台准备。内部控制规范建设的验收工作已接近收尾，配合市财政局进行了内部控制软件的测试工作，按照财政部以及市财政局要求完成2016年度单位内部控制自评并提交自评报告。内控规范的建立将形成各类风险事前防范、事中控制、事后监督和纠正的有效机制。

八、开展北京市行政事业单位产权登记工作

按照北京市事业单位产权登记及资产清查工作的要求，结合本台固定资产的实际情况，制定产权登记及资产清查工作计划，并做好宣传和培训工作。全面梳理了固定资产、对外投资、往来款项等资产内容，协助并指导全台各资产管理部门、所属公司做好资产清查和数据填报。

九、履行资产管理工作职责，配合全台资产管理工作

协调参与智慧媒体项目资产划拨工作；督促协调办理高清二期、智慧媒体1.18亿元设备转固工作。配合行政部完成公车改革工作；做好151的专户会计资料查询工作，督促协调办理151试验项目的入库工作；查阅整理关于昌黎400亩地的大量资料，配合清资小组进行昌黎400亩地处置工作。

十、履行外汇管理职责，确保本台外汇工作准确无误

2017年在国家“一带一路”的大略方针下，全台相关部门出国任务剧增，涉及外汇业务复杂多变，计财部外汇管理人员积极与税务局、银行等相关部门沟通协调，为业务部门的出外任务提供保障。

十一、寓管理于服务之中，保质保量完成各项财务工作

1. 以预算为依据，以制度为准绳，严格执行2017年各项预算，控制支出，审核各种票据并对经济业务进行账务处理，保证会计报表与相关分析的及时、准确、完整。

2. 及时统计、分析各月财务工作情况，做好财务收支和预算执行情况分析报告，为台领导决策提供准确依据。

3. 完成2016年度决算和年终统计报表工作。

4. 认真履行党费管理和工会经费管理职责，确保专用账户经费收支无误。

5. 及时准确发放职工工资、效益工资、劳务费和各项奖励。

6. 按时申报缴纳各种税费，包括增值税、营业税、城建税、教育费附加、地方教育费附加、文化事业建设费、印花税、个人所得税、房产税、城镇土地使用税；及时进行增值税票的收缴和抵扣。

7. 继续每周到苏州街老台址上门办公，为财经节目中心、生活节目中心提供现场服务，解决部分一线职工两地办公不便的问题。

8. 继续为大型节目、大型活动等现场发放嘉宾劳务。

9. 完成住房公积金跨年结转及跨年清册的上报，调整全台在职职工2017年公积金年度月缴存额。

10. 完成各类统计报表，以及上报总台、市委宣传部、市财政局相关月报。

11. 组织2017年会计人员继续教育工作。

行政部工作概况

行政部2017年工作点多面广，繁忙有序，总体扎实推进，本部门和涉及全台性的重点工作已按计划完成。

一、交通安全管理及车辆改革工作

完成公务用车改革后车辆移交，重新制定了《北京电视台机动车使用管理办法》《北京电视台公务出行管理办法》《北京电视台公务用车使用登记册》。加强与保险公司沟通，做到合理投保、安全投保，调整了缴纳车辆保险的种类，以降低保险费用。维修车辆选择政府采购中标的专业维修点，降低工时、材料成本。油料使用按要求实行一车一卡、账卡相符、账账相符，利用台现有资源重新梳理并对油卡中过多额度进行清回账户工作，对总油卡内节余部分和积分进行再次分配，做好全台坏油卡补办工作。加强对班车司机的服务意识和安全运行的监督和管理工作，确保班车的安全、准点优质服务。配合各中心部、室完成临时租车工作。对全台车辆速通卡进行全面核实登记，统一汇总后报送监察审计办公室备案。

二、物业监管工作

完成新媒体分摊苏州街办公区物业费用的谈判，节约115万余元，完成2016年合同最终结算，节约64万余元。对12项监管科管理的规章制度进行完善。完成锅炉改造和天然气调压箱改造。推进新台绿化升级，积极办理树木改造手续。经与国家电网协商，为新台址免费安装了充电桩，苏州街办公区免费充电桩规划正在进行中。联系热力集团现场办公，为本台热水锅炉（备用）免费设计改造方案。提供VIP快捷服务，可电话通知供暖，按实际供暖日期计算费用，为本台节省数万元的供暖基价费用（按天和总面积计算，每天超过万元）。完成苏州街办公区“二次供水”卫生许可证延续申请。完成参观接待187次，保障大型活动20次。邮件分拣组共接收快件5099件，挂号信1473件，取款单91件。生活服务楼客房入住579次，健身房接待4147人次。综合业务楼、生活服务楼会议室会议保障共计1093次，贵宾室使用3次。捡拾物品共计175件，其中手机16部。

三、餐饮保障及调整工作

配合台里完成了跨年歌会、国际电影节和跨界歌王等大型活动，为约4.2万人次提供餐饮服务保障。完成了新台中、西餐饮服务续签合同的工作。完成新台中餐经营模式调整工作。完成新、老台食堂厨具、灶具及各种机械设备的维修保养和部分设备更新工作。新台四层风味餐厅前厅的食品制作完成由气改电的加工方式，消除了多年来一直存在的安全隐患。完善膳食科的各项规章制度和管理规定，做好餐饮公司的各项监督及管理工作。按时发布每周菜谱，供全台职工选择消费。全年共发放节日值班餐券23488张。职工餐厅增加部分新菜品，同时增加营养配餐品种，丰富和优化风味餐的特色项目，今年更新零点宴会菜单，满足台职工的需求，做好各种接待服务工作。加强对蔬菜、餐具的检测监察工作和食品留样工作；完成了五层部分包间的室内装修改造工作。

四、房屋管理及修缮工作

住房补贴工作：为第4次上台党委会准备资料和必要的文件，协同计财部、监审办去市建委咨询政策；完成固定资产库房租赁和银行用房租赁事宜；完成办公家具的购买和配置；斋堂影视基地按计划完成各项工作任务；完成了待分配住房物业、供暖费的支付工作；固定资产报废准备工作；进一步推进房改工作，做好待分配住房过户的准备工作；完成办公用房调配工作，将纪实高清频道由生活楼7层调整到36层办公，招标办从简易房调整到36层办公，京视卫星公司从红楼调整到生活楼7层办公，以及相关的准备和搬家工作；协助监审办做好租借住房的收回工作。

完成新台食堂三层洗手池改造工程；为新台综合楼B1层中控值班室安装防盗门；对新台综合楼两间办公室进行装修；根据要求，及时拆除新台综合楼一层BTV展示台；对新台北广场国旗杆进行维修；完成新台剧场顶层外铝扣板更换工程；更换新台剧场、综合楼玻璃；完成新台东侧临时房加固工程；完成苏州街办公区北侧外墙漏水、白楼外地下管沟修缮及南侧路面地下污水管道更换工程、苏州街办公区医务室面盆更换工程、苏州街办公区浴室污水泵管道更换工程、苏州街办公区直饮水水泵抢修工程。

五、财务管理工作

通过认真审核和监督，保证会计凭证手续齐备、规范合法。全年共审核各类单据800余份，申请支票500余张，逐笔登记明细账，每月编制能源报表，按季度上交计财部。

六、办公、劳保用品发放及综合管理工作

按时发放职工劳保用品，共计22大类，2903700元；完成2017年8月26日–2018年8月25日劳保用品合同续签工作；严格按照预算采购办公用品、日杂用品等，既满足全台部门需要，又尽可能控制成本，厉行节约，未超出预算。

保卫部工作概况

2017年保卫部以保证电视台园区安全稳定为中心，坚持“预防为主”的方针，认真做好园区反恐防爆、安全秩序维护、消防安全管理、大型活动管理等各项安保准备工作，主要抓好了5项工作。

一、治安管理工作

2017年，北京电视台的治安管理工作继续坚持以反恐防爆、防冲闯，提高电视台预防破坏的能力为主，抓好园区内部治安及园区秩序管理工作。一是抓了“两节”两会等传统节日期间园区的安全保卫工作，特别是扎实抓好“一带一路”峰会、十九大安全保障期等重要时间园区的安全保卫工作；二是正确处置各类上访事件，共处理来台上访事件252起339人次；三是强化日常安全管理工作，截止2017年10月11日，会客76997人次，物品安检393224件次，发现违禁品1797件；共审核、制作、更换、开通权限各类工作证件2312个，接待来台参观1324人次；四是做好市委领导来台视察期间的安全保障工作。2017年9月21日，蔡奇书记、杜飞进部长来台调研，2017年7月14日，市委景俊海副书记及新闻媒体、文化传播行业领导来台。保卫部充分准备，周密部署，确保市委领导来台调研时的安全；五是对新入台的武警战士及200余名物业公司护卫部安保员进行治安、消防等业务培训授课，提高安保人员的整体业务水平；六是进一步完善物防设施。在园区围墙栏杆上增加了铁丝网，杜绝攀爬现象的发生。对园区内防冲闯水泥墩重新进行了维修粉刷。对收发储物室加装了门禁设施，杜绝了物品丢失的现象。

二、消防安全工作

一是认真抓好安全隐患排查工作。在第二季度“一带一路”国际合作高峰论坛和十九大召开前的国庆中秋假期前后，重点围绕新闻演播室、播出区、各类中控室、机房、库房、厨房操作间等区域组织安全大检查14次，下发隐患整改通知单27份，督导整改各类违规隐患55起；二是积极准备，迎接国家广电总局、北京市委宣传部、北京市新闻出版广电局、北京广播电视台安全检查各1次，北京市消防局专项消防检查2次，检查情况良好，无重点问题；三是做好消防业务培训工作。6月份，通过精心准备，高标准筹备了党委中心组扩大学习会暨消防安全培训，同时对天鸿宝地物业公司人员和驻台武警官兵进行了消防业务培训；四是做好消防设施维护保养工作。完成消防设备应急维修195次，清洗烟道5次，报警点检测8160个，日常保养1185处，清洗探测器2425个，应急跑点636次，其中火警450（无真实火情）次，其余跑点186次；五是抓好园区控制吸烟工作。加大对禁烟区域的检查力度，做到每日巡查，有报告现场核实，发现违章依规处理。截至2017年10月，共按照规定处罚4名违反控烟规定的职工；六是严格督促园区内施工安全管理。全台施工改造共12处，审核办理施工证、动火证158张。每天派出专人到施工现场巡视，排查隐患，通过严格施工现场管理，全年安全无事故；七是抓了各类大型活动的安全管理工作，如：《中国电视剧导演年度榜样》《小十月新年新诗会》《欢动亚洲童心飞扬》《中赫国安之夜》《天涯共此时·一带一路》《跨界歌王》《永定河文化节》《深海利剑》《欢动北京》《世贸璀璨系产品发布会》等以及演播厅活动共计1327场，观众及演员嘉宾89111人次，制发剧组工作证153个，未发生任何问题。在每场活动之前认真进行安全检查和电消检工作，确保活动消防安全。特别是《跨界歌王》节目录制活动历时3个多月，前后彩排26场次、录制13场次，每场活动保卫部都派出3～5名保卫干部现场值守，经常盯守到凌晨活动结束，演职人员全部离台才下班，确保了录制活动安全。

三、技术防范工作

一是技术防范系统作用发挥显著。2017年，监控系统完成现场实时监控值守约6840小时，通过实时监控发现、上报配合处置各类事件、特殊情况80起，其中上访事件70余次，涉及人数80余人；完成了领导来台考察、《跨年灯光秀》、《跨界歌王》等近30场重要活动的跟监，完成数字监控录像230余万小时；录像调看40余次，解决各类问题23次；2套门禁系统正常运行7500余小时，实现了无故障，验卡放行250余万人次，配合台里对门禁系统管理控制100次；报警系统共处置各种警情900余起，协助有关部门处置非法闯入6人次；车辆进出口管理系统完成车辆检验放行约70万次；安检系统完成安检约48万人次，物品安检约40万件次，查获刀具、发胶、酒类或其他违禁品1800余件。二是认真做好设备维护保养工作。排除各类故障370起，维修更换设备40件。带领维保单位完成各季度保养工作，共计保养各类设备2万余件。三是加强对维保公司的管理。建立了早碰头制度，每天沟通设备运行和值守情况，安排部署有关工作。完善了评分机制，对日常值守和维保业务完成情况进行量化打分。实施了每日设备巡检制度，发现故障及时排除，保障了安防系统正常运行。四是通过前期多次调研和认真准备，完成了新、老台访客系统建设，现已投入试运行过程中。五是积极准备，多方协调，先后为动力部控制室加装了门禁，为行政部膳食科库房加装了监控，为驻台武警中队完成了监控存储扩容等工作，均已建设完成并投入正常使用。

四、苏州街工作区安全保卫工作

一是在3月份协调做好驻台武警中队和物业公司护卫部的勤务交接、固定资产清点、护卫员上岗执勤业务培训、值班岗位调整等工作。二是做好消防系统、安防系统、消防水系统、气体灭火系统、消防卷帘门等设备设施的维护保养工作。三是在4月份建立了老台微型消防工作站，并定期组织相关人员演练。四是抓好老台控制吸烟工作，在园区及楼内重点部位张贴禁烟标识，每日派出专人巡查，杜绝了老台非吸烟区吸烟的问题。五是做好老台日常治安、消防安全管理工作。截至2017年10月11日，共组织安全检查14次，发现整改隐患20余处。办理会客手续43768人次，为演播厅录制提供保障1028场次。制作施工证、剧组证、装台证共计197个。制作车辆证件324张（含临时车证253张）。处理上访事件4起9人次。4月1日，完成了公安部、市政府领导来老台参加活动时的现场安保工作。六是结合老台直播区的实际情况，制定了苏州街工作区直播区管理规定，并研究了直播区增设岗位的方案。七是组织老台护卫人员进行治安、消防工作培训，并请消防专业人士和基层一线民警授课，提高了安保人员的业务水平。八是及时处理了新媒体中心直饮水管道冻裂跑漏等各类突发情况9起。

五、圆满完成第七届北京国际电影节安保任务

按照电视台统一部署，保卫部在人员少、安保工作压力大的情况下，派出保卫干部组建第七届北京国际电影节组委会安保部。安保部科学制订工作方案、细化人员责任分工，严密组织工作落实，合理布置安保力量，累计保障开闭幕式、电影论坛、电影市场等累计70000余人10个场地170场活动的顺利进行。其间，共检查30761人次，检包18229个，查出打火机6287个，水果刀46把，剪刀25把，美工刀3把，酒12瓶。开幕式当天，配合公安机关抓获不法分子一名，杜绝了安全隐患。

基建办公室工作概况

2017年，基建办公室以做好北京电视中心一、二期建设相关工作为重点，较好地完成了纪实频道办公用房改造等工作。

一、全年完成七项重点工作

继续做好北京电视中心一、二期建设相关工作。妥善解决北京电视中心一期遗留问题，推进二期工程建设是关系到北京电视台长远发展的大事。一年来，基建办组织精干人员，全力以赴，抓紧抓好。工作中，一是进一步加强与市委宣传部、市规土委、CBD管委会等委办局的沟通联系，了解掌握上级机关对一、二期建设的意见，反映诉求，并及时将有关情况向台党委和分管台领导进行汇报；二是积极做好融媒体中心建设的论证工作，与新闻中心、总工办等部门咨询调研，起草上报了《关于建设北京电视台融媒体中心的报告》；三是配合北京市轨道交通建设管理有限公司和北京城建勘察设计研究院做好地铁28号线建设的前期工作；四是积极与市规土委相关处室沟通咨询，做好生活服务楼加层工程的调研工作；五是认真做好北京电视中心一、二期建设相关工作的阶段性总结，起草了《关于北京电视中心（北京电视台新址）一期工程遗留问题、二期工程建设办理情况的报告》，经多次修改完善后报送北京广播电视台。

圆满完成纪实频道办公用房改造工程。该工程施工地点位于综合业务楼36层，为北京电视台核心办公区域，各方面情况复杂，施工难度大，安全风险高，又面临春节前后劳动力紧缺、材料加工生产困难等不利因素，为此基建办深入分析工程难点，认真研究施工方案和安全措施，并与相关部门通力合作，积极推进工程建设。工程于2017年1月6日开工，施工中基建办严格执行四级安全防控措施，采取和监理单位全过程旁站监督检查。1月16日完成室内拆除和全部机电安装改造工程。春节后为加快进度，于正月十六复工，在16天内完成了全部改造任务。2017年2月28日工程竣工，比计划提前6天完成，顺利通过建设、监理、设计、施工单位组织的四方验收，实现了安全无事故的目标，工程顺利移交使用部门。

积极协助黄金海岸培训中心完成锅炉房改造工程。2017年3月，黄金海岸培训中心锅炉煤改油（气）升级改造工程经党委扩大会批准立项并要求基建办协助做好工程的实施。基建办与黄金海岸培训中心密切配合，及时成立联合项目组。针对异地工程特点在机构设置、人员安排、车辆保障各环节重点落实，认真抓好前期设计和设备采购、施工单位选择环节的工作。在设计工作中，对改造方案统筹考虑，组织设计院现场踏勘，提出按照燃油燃气锅炉房新标准设计的建设，不留隐患，避免了今后再次升级改造。在招标采购环节，基建办严格按照台招投标管理规定，结合培训中心考察意见和当地实际情况，严谨细致提出招标工作建议、编制竞争性谈判、工程量清单文件，采购结果达到预期。工程开始施工后，多次派人到现场给予管理、技术支持，确保按照工程管理程序实施，经过多方共同努力工程按期顺利完工，并于8月3日进行工程总验收，工程质量良好，得到当地政府主管部门好评。

配合京视卫星公司完成办公用房改造工程前期设计、施工准备工作。为做好此项工作，基建办多次与京视卫星公司沟通，现场踏勘、查阅原始图纸，给出改造建议，完成了方案设计、施工单位选择、工程预算审核等前期工作。

积极协助新闻演播室改造等工作。积极配合新闻节目中心、制作部、行政部等部门，完成了新闻演播室等项目改造中涉及基建内容的工程踏勘、方案论证、技术咨询、配合施工等工作。

继续做好苏州街工作区新媒体办公大楼、园区改造、二期地下室吊顶改造等已完工程质保期内各项维保工作，完成了苏州街办公区园区改造工程结算工作。

为消除建筑安全隐患，2017年7月，基建办组织人员对新台址和苏州街台址所有临建特别是活动板房安全情况进行排查，提出了改进和加固建议。

2017年，基建办全年共完成工程项目合同签订11份，合同额159.17万元，支付工程款12笔，共计196.84万元。

二、加强制度建设，提升业务水平

以修订《建设项目管理手册》为契机，进一步规范工程管理程序，健全管理制度。部门把手册的修改作为对基建工作程序的一次梳理，对业务知识的一次学习培训，提高了工作效率，规范了有关流程。

加强业务研讨和资料归档工作。部门加强了对工程项目的研讨和总结，对工作中存在的重点和疑难问题，在部门例会上或在施工现场进行讨论和研究，提出符合程序和最合理的解决办法，如对活动板房安全规范的研讨等。

做好异地工程管理。在2017年基建办参与的南戴河黄金海岸培训中心锅炉改造工程中，加强与当地部门的沟通和协调，实现了准确决策、管理到位、各科室配合有力、安全无事故的目标，为今后异地施工提供了经验。

广告部工作概况

根据2017年全台广告经营运行机制改革的新规划，广告部承担全台广告经营的统筹管理、监管、协调、服务工作，维护各经营主体的经营秩序。同时负责7个专业频道的广告经营。

一、广告部经营创收任务完成情况

2017年，广告部负责经营7个专业频道的广告创收任务为7.455亿元，根据计财部和广告部共同确认的拆分数据，截至12月31日，广告部总收入约751885717.43

元（含2016年预收9，147，464元）。另，公益广告创收1333万元。

广告部按照全台一盘棋的战略，重新梳理广告经营工作流程，创新管理举措，完成以下工作。草拟、督办相关文件。包括经营主体的《广告经营协议书》《授权书》，相关部、室和工作人员的《保密协议书》。完善广告经营管理机制，细化、修订配套管理办法。出台《北京电视台广告经营工作流程》《北京电视台广告价格体系管理办法（试行）》等，在确保经营活动合法、合规、合理的前提下，协调各业务环节高效对接、顺畅推进。统筹管理全台价格体系，避免内部恶性竞争。建立大客户沟通机制，协调经营主体的客户谈判工作，共审核、盖章、备案经营主体对外签订的广告协议669份。建立《广告经营工作会制度》。牵头召开5次经营工作会和统筹协调经营领导小组会，便于台领导和经营主体及时掌握经营动态、调整策略，针对现存问题进行预警。统一数据口径。根据“以收定支”的新要求，与计划财务部共同规范数据统计口径与流程，确保每月节目中心收入确认、预算内拨付工作顺利完成。建立通报机制、报告制度。每月定期在编前会上通报全台收入数据、各经营主体和节目中心的收入数据；每月撰写经营分析报告和收视分析报告，出具经营分析报告11份、收视分析报告28份，为台领导提供决策参考，为经营主体提供经营数据支持。

广告编播保证安全播出。严格执行播前付款的原则，审核相关经营主体业务系统的客户付款情况，纠正违规问题，防止造成经济损失。承担日常广告编排、串播工作。完成广告编播60余万条，日均1800条。配合编排变化，保障两会“一带一路”论坛及十九大等重大报道期间的安全播出。处理300余次总编室节目变动通知，协调确认广告播出，既保证客户投放，又确保安全播出。与总工办沟通解决高标清同播变换方式。

理顺监播流程，保护广告资源。加强监播力度、建立通报机制，统一监播全台11个频道全部硬版、植入式广告，共处理各类广告监播问题近5万条（次），大部分已按照程序解决。每月定期在编前会上以文字报告形式通报各节目中心的广告多播问题。规范监播流程，制定《广告监播工作流程》，发送《关于进一步规范植入式广告审批备案的通知》，并监督经营主体和节目中心执行。规范错漏播广告的补播审核。及时为经营主体解决客户广告错漏播问题。

运维广告系统，加强数据研发，服务经营一线。牵头搭建2017年京视卫星、京视电广、广告部经营3套系统，加强相应配置管理。解决广告经营业务系统日常研发和系统需求180余项。提供4A公司品牌收视点核查等专项数据分析，撰写数据报告。包括：《全国一线省级卫视广告经营月报》和《全国一线省级卫视广告经营季报》（数据合作：CTR市场研究公司）、《北京地区电视广告投放分析月报》（数据合作：特雷森公司）。

制作精品广告，完成公益任务。配合重大主题宣传，围绕两会“一带一路”以及十九大和社会主义核心价值观等主题创意制作精品公益广告30版。其中，十九大主题公益广告作为市广电局推送作品，得到总局认可。深挖政府资源，努力创收。实现公益广告创收1333万元。播出公益广告87000余条（次），播出版本86个，完成广电总局《广播电视广告播出管理办法》第61号令的要求。积极合作、参与评奖。参与各类公益交流活动和评选活动，彰显北京电视台公益广告强大的传播力和影响力。

配合经营活动，创新宣推形式。组织策划卡酷频道落地汕头的专业资源推介会，有针对性地宣传北京电视台经营理念及优质资源。结合专业频道的不同定位，携手频道节目负责人，向北京泛亚宏智广告公司、电通安吉斯集团等目标客户进行定向推介。实现广告、节目和客户的深度融合。成功举办2018年北京电视台专业资源推介会，创新推介形式，打造我台专业频道的新形象，最大限度地争取客户预算。通过新媒体手段加强宣传推广和品牌建设，运维微信公众号“BTV广告”“甲98号”。加强对外联络，对接中广协、市广协及其他兄弟媒体、行业协会、研究机构，学习先进管理经验，配合经营活动。

配合上级监管，严处违法、违规广告。规范违法、违规广告处置流程。处理工商管理机构、新闻管理机构的各类投诉事件百余起。

二、经营困境分析

4A代理公司投放量急剧下滑。2017年4A公司在传统媒体投放的整体形势非常严峻，在本台地面频道投放量同比下滑50%以上。预计2018年将继续呈现下滑趋势。

本土客户投放困境。本台地面频道本土客户主要集中在家装、红木、皮草、药品保健品行业，目前，家装行业客户投放显露疲态，重要客户不断缩减预算；投放量较大的红木行业投放受限；药品、保健品客户受政策制约较多。

监管力度日渐增强。上述国内客户的构成情况，给本台带来较大的监管风险，为解决各级管理机构的投诉和处理，广告部耗费了大量的人力和时间。2017年是政治大年，广电总局对行业和消费者的投诉愈发重视、对各频道的广告时长总量限制更加严格。

经营团队人员不足。目前，广告部经营团队20余人，承担7个频道的客户开发、文案、签约、审查、签单、催款等全部工作，始终处于超负荷工作状态，缺乏新生力量，亟待补充。

收视影响。2017年，本台地面频道的收视率、收视份额出现不同程度的下降，由于收视评估对客户的投放计划影响具有滞后性，且2018年是体育大年，世界杯、亚运会等诸多重大赛事将对2018年的收视和广告创收造成较大压力。

经营管理部工作概况

2017年，经营管理部围绕产业经营提质增效的总目标，强化监督管理和服务保障，梳理整合产业布局，探索尝试经营机制的转变，打造优势企业。截至2017年9月末，台属全资、控股正常经营的一级企业共8家，资产总额6.94亿元，负债总额2.52亿元，所有者权益净额4.42亿元。2017年1月至9月，8家一级企业实现营业收入3.48亿元，营业成本3.71亿元，利润总额-1986万元。

一、强化预算执行与考核，奖惩相统一

在财务月报基础上，进一步强化财务规范化管理，充分利用财务分析，督促、帮助企业严格执行财务预算及落实年度考核任务。年度内，分别到相关台属企业调研、沟通，力求年度经营任务的顺利完成。同时，强化“五个原则”和“两个不准”（即非不可抗力不予调整；不准编制亏损预算）的预算编制原则，力争国有资产保值增值。

建立与企业预算相对应的考核机制，分别同台属一级企业签订了经营任务与重点工作责任书，班子成员年终奖励与财务决算及考核结果、企业工资总额直接挂钩，实行重奖重罚。此外，结合台属企业实际情况，将企业考核进行类别划分，即以广告经营为主业企业和综合产业运营企业类别，同时建立了与之对应的《北京电视台2017年度节目与经营一体化运营考核办法》，促进节目生产与市场经营深度融合。

二、企业规划与清理的统一

积极探索，优化产业发展布局。一年来，经营管理部参与了一系列重要项目的研究论证工作，如京视传媒公司上市“新三板”项目、生活频道一体化改革试点项目、紫禁城影业融资改制项目、黄金海岸培训中心发展方式转型项目、电影节公司规范治理项目等，重点从政策导向、法律法规、市场前景、运营模式等方面建言献策，周密筹划，努力将改革发展措施做稳做实，协助企业拓展产业发展格局。

全面梳理，初步完成台投资企业清理工作方案。针对台投资企业存在企业层级多、产业关联度差及部分企业经营规模小、经营不善、扭亏无望的实际情况，经营管理部按照以台母体为依托、产业总体布局、成规模创效益的目标，以“关停并转”为手段，压缩管理层级，关停远离主业、扭亏无望的台投资企业。拟定完成《台投资企业清理工作方案》。

三、强化审计监督与整改落实的统一

加强审计监督，完成2016年度台属27家企业的财务审计工作和7名企业负责人的经济责任审计工作。制定《北京电视台台属企业审计整改工作方案》，审计发现的问题逐一进行分析研判，提出有针对性的整改建议，明确整改主体、落实整改责任、强化整改督查机制，杜绝屡审屡犯、整改不力的现象，确保审计整改落到实处。

四、公车规范化管理与正常经营的统一

经营管理部在确保台属企业正常经营的前提下，重点强调公车统一管理、统一调配，严禁公车私用，严格监督处罚等相关要求。制定《北京电视台台属企业公务用车改革方案》，方案对于规范台属企业公车的存量和核减、使用和管理、监督和处罚等进行了详细明确。

五、完善企业法人治理结构和制度化建设的统一

按照《公司法》《国有资产管理条例》，根据有关党政领导干部到企业兼职的文件要求，结合企业实际，在广泛调研的基础上拟定了进一步优化完善全台企业法人治理结构建设的工作建议，配合党办完成了台属企业董监高人员的变更工作。督促企业充分发挥股东会、董事会、经理办公会的决策和执行作用，促进公司治理的规范。

制定《北京电视台台属企业公车管理指导意见》《北京电视台台属企业内部审计暂行规定》《经营管理部公车管理规定》等，规范重点领域和项目工作的开展，以制度保障公司运行的依法合规。

六、完成的其他工作

北戴河新区400亩地处置工作取得新进展。协调配合、顺利完成电影节公司股权无偿划转工作，顺利将电影节公司划归为北京电视台全资一级企业。加强参股企业管理，确保国有资产安全。制定《北京电视台关于对投资参股企业的管理规则》，建立台参股企业财务沟通机制，掌握台参股企业经营状况，加强对外投资的后续管理，确保国有资产安全。收集分析数据，实时反映企业运营情况。建立台属企业人力成本月报制度，下发《关于进一步加强台属企业人员经费管理的通知》，规范企业人员经费支出，实现预算和薪酬严格挂钩动态调整的薪酬政策。

总工程师办公室工作概况

2017年，总工程师办公室在安全播出管理、技术项目招标采购、技术规划管理及技术研发等方面开展工作。

一、安全播出管理工作

圆满完成北京市两会、全国两会、“一带一路”国际合作高峰论坛、北京市第十二次党代会、建军90周年、香港回归20周年、中秋节国庆节等重大节日安全播出，加强管理、强化制度落地，为迎接十九大的安全播出工作做好准备。

做好十九大的安全播出准备工作，切实落实2017年总局安全大检查中提出的整改建议，全面整理并检查各项安全播出规章制度的制定和落实情况、梳理更新安全播出应急预案、举办安全播出专项培训、开展应急演练和桌面推演、组织一系列安全播出检查等，提高安全防控能力和防控水平，明确技术服务与节目内容安全间的分工合作。设立安全播出管理科并落实科室人员，加强部门安全播出管理力量，延续安全播出管理工作体系化、制度化、常态化建设，持续推进以专职安全播出管理员为枢纽的全台性安播管理体系。

负责安全播出联络工作，制定每月技术部门安全播出值班表，贯彻执行安全播出联络员月例会制度，并在内网开辟专栏刊登《安全播出月报》。每月向北京广播电视台报送本台安全播出月报表，协调完成台内上半年的停机检修工作，顺利完成日常的安全播出技术管理工作，组织开展春节、两会等重要安全播出保障期的联络协调工作、展开对事故或异态的调查等工作。

做好6月份安全播出月的深化落实工作，组织各类安全播出讲座培训、配合进行安全播出考核。配合中央发射塔落实发射机改造工程中与本台相关的技术方案相关工作，按照总局要求配合中央发射塔确保改造实施过程中的播出安全，现已全面完成相关工作。在关闭本台原有D27模拟地面频道的基础上，开播地面数字频道（北京卫视高清、科教、财经、卡酷、青年），以及D14频道的纪实高清和新闻高清数字频道，为推动北京市数字地面电视覆盖服务做出贡献。

二、技术项目财政资金申请及招标采购工作

配合计财部开展财政资金申请工作，组织相关技术部门在融合新闻业务系统建设项目、云制播一期/二期项目、移动融媒体项目积极参与财政评审和经信委评审工作，目前市财政局已经批复资金约1.4亿元，其余申报工作顺利推进。

牵头开展“融合新闻业务系统建设项目”技术工程项目的组织协调工作。为配合新闻改版的业务需求，总工办制定项目实施日程表，建立起与有关部门的联系机制，配合计财部资金申报撰写可行性研究报告，为财政评审组织材料。

根据北京市发展与改革委员会要求，配合落实北京电视台高清晰度电视技术系统工程（二期）项目决算审核的准备工作。

负责日常技术工程项目的技术方案审查、财政立项、进口审批、组织招标、监督项目实施等工作，与国信、国贸、国泰建中、京发、中钢招标公司等招标代理公司继续合作。截至2017年11月，累计组织台内项目论证会24场，论证项目共约100项；完成台外招标22项，完成台内招标和谈判项目共50项。2017年共计完成83个项目合同签订工作，涉及金额约1.23亿元，完成付款约1.06亿元。

三、技术规划管理及研发工作

拟定北京电视台“十三五”技术规划：在充分学习研究总局、市广电局“十三五”规划的基础上，全面调研各技术部门实际情况，历时一年多、修订33版，成稿约1.4万字，完成技术系统“十三五”科技规划的编写工作。这一规划对北京电视台未来几年的技术发展提供指导，有利于统筹各技术环节的协调发展，是申请财政资金支持本台技术系统建设的重要依据。

新媒体技术推进工作组在2017年度继续开展各项研究和实践性工作，组织相关项目推介和技术交流，为本台的新媒体技术发展做宣传和尝试。

推动其他重点项目的立项策划：包括“综合数据中心”项目、“超高清4K”项目等；与计财部合作开展向市财政申请技术支持资金的工作，申请数字地面覆盖项目和卫星传输服务项目资金和大塔数字化改造的资金支持。

推进本台高标清同播频道统一下变换方式的落实工作，经过与总编室、各相关节目中心和技术部门的通力合作，统一将高清节目在标清频道播出下的变换方式调整为16∶9方式，有效提升了同播节目标清播出的质量。

与卫视节目中心合作进行声音水印技术测试，推动广播电视台融合媒体互动技术的应用。

根据广电总局下发的《关于加强电视节目音频响度管理的通知》组织自查，积极落实总局要求。

四、其他工作

组织各技术部门专业技术人员参加CCBN2017、2017年北京国际电视技术研讨会（ITTC2017）、2017年上海国际电影电视节、2017年电视节目技术质量控制培训班、2017年苏州·华协体高峰会议

等相关会议及培训，参与2017年第七届北京国际电影节直播技术协调组织工作。

配合台办公室联合举办《虚拟技术发展及应用探索》技术沙龙，来自节目创作、技术创新一线近170位员工参加本期沙龙，以VR/AR/MR等前沿科技为主题听取业界专家最新理论研究成果。

加强媒体融合工作，与北京新媒体集团针对技术服务签订合同，在互利互惠的基础上明确双方的服务范围和责任关系。

制作部工作概况

2017年，制作部改革创新，扎实工作，日常节目生产和直播顺利进行，重要安全保障期零差错。

一、高水平、高质量完成各项重点任务

做好新闻演播室改造技术上的准备工作。根据提升新闻节目综合制播能力的要求，同时满足不断增长的融合新闻业务，经过总工办、制作部、新闻中心多部门的技术论证，制作部承担了“600 ㎡高清新闻演播室技术系统改造”项目的方案规划及实施工作。为此本部专门成立项目组，包括演播室视音频、虚拟在线包装、集控及特种设备、大屏显示呈现、灯光系统、后期包装以及配套系统等若干小组。项目组2017年主要完成以下工作：完成600A演播室搬家，将所有设备搬到老台800演播室，满足财经频道新栏目直播需求；与新闻节目中心一起考察上海、苏州等电视台，学习其先进经验；与各公司广泛开展技术交流，学习探讨当今最新的电视技术；同时与新闻中心一起反复论证，根据新闻需求，形成最适合本台使用的技术方案。

完成北京市两会报道技术保障工作。1月12日~20日市两会期间，新闻制作科完成驻会新闻制作105条，时长约388分钟；完成两会宣传全套节目的包装。

完成全国两会驻会技术保障及后期制作任务。新闻制作科合理安排设备资源，派出技术骨干轮流驻会，共制作新闻45条，总时长97分钟，圆满、顺利完成任务。

锐意创新，完成“2017年春晚”录制技术保障。春晚是本台的重点任务，制作部一直通过多工种多团队协作来完成此类重大任务的保障，各团队分工明确，充分准备。现场视觉大屏、现场特技虚拟、多通道收录、后期制作等多团队多工种参与人员兢兢业业，不辞劳苦，从搭建设备开始就在雁栖湖录制现场连续盯守，录制后又回台转战后期剪辑，大家协同作战，忙而不乱，稳而有序，很多同志连续作战到大年初一，圆满完成春晚录制及后期制作保障任务。

圆满完成北京国际电影节红毯仪式准直播工作。第七届北京国际电影节于4月16日至4月23日在北京雁栖湖举行，其中4月16日开幕式红毯仪式以及4月23日闭幕式红毯仪式的编辑制作任务由制作二科承担，该科派出精干小组负责项目实施，两个时长分别将近90分钟的仪式在70分钟内完成精剪，分别做成50分钟和35分钟的完成版，这也是制作二科连续第4次承接电影节开闭幕式卫视版的红毯仪式准直播工作。

完成“一带一路”论坛大型新闻直播技术保障。5月14日，“一带一路”国际合作高峰论坛在京举行，本台新闻中心对论坛进行全程报道，组织大型直播活动。制作部认真组织新闻演播科、灯光二科、新闻制作科以及特技制作科等多个科室协同作战，圆满完成了此次大型直播报道技术保障。另外新闻制作科根据新闻节目中心提出的外出设备及人员需求，调配技术骨干驻会共制作新闻条目31条，节目时长约54分钟，顺利完成此次外出保障任务。

完成本台现象级季播节目《跨界歌王》在大剧院的录制保障工作；完成卫视《但愿人长久》、《哎呦，你真美》、《暖暖的新家》（第四季、第五季）、《念念不忘》、《厉害了奶爸》、《奥迪创新说》、《生命缘》（第五季）等季播节目后期制作。

完成《从胜利走向胜利》大型新闻直播后期及整体节目包装任务。7月30日，解放军建军90周年盛大阅兵式在内蒙古自治区朱日和训练基地举行，新闻节目中心推出大型直播报道《从胜利走向胜利》，根据此次新闻节目中心直播需求，制作部在时间紧、任务重的情况下，完成了节目相关整体包装、示意图、在线包装、虚拟植入设计、调试，大屏幕连线、新媒体大屏互动等各环节、全覆盖的节目包装设计呈现工作。

完成“天涯共此时——‘一带一路’系列报道”整体包装工作。“天涯共此时”项目是本台新闻报道“一带一路”倡议的第二年，根据新闻的播报路线制作相关新闻内容，为在线包装、虚拟植入、大屏幕连线、新媒体大屏互动等各环节全覆盖。

完成“喜迎十九大”大型航拍专题后期及包装制作。该系列报道以空中视角，全方位、立体化展示北京各区经济社会发展变化、历史人文景观和自然地理风貌。新闻包装工作室将25集系列报道制作成为精美的美丽北京、生态北京、文明北京的文化名片。

完成《喜迎十九大》央视《还看今朝》北京篇部分包装及后期制作任务。9月中旬，制作部接到新闻节目中心承办央视“喜迎十九大”系列报道《还看今朝》——北京的部分节目制作任务，调集新闻制作科、特技制作科精兵强将，承接整体节目的片头、总宣传片、“北京24小时”拍摄、制作专题片虚拟大数据植入、背景主视觉等工作，参与人员以高度的政治责任感全情投入，完美呈现首都北京的辉煌。

完成中宣部、央视《时代的号角》“五个一”工程颁奖节目的6集制作，每集40分钟。完成大型专题片《从井冈山走来》《1927》《新疆》的制作保障。

组织财经频道《财经大魔方》直播各项技术准备和演练工作，12月28日圆满首播，目前每天直播5小时。

除完成重要宣传任务外，今年制作部还配合台办公室完成文化沙龙活动，组织灯光、化妆、录音、现场摄录人员到场进行直播保障等工作。

二、跟踪技术发展，加强技术培训

1～9月制作部共组织培训91项次，

各项培训内容合计 501 学时，参与人数 1116 人次。

3 月 20 日，特技制作科组织 AR 团队与央视同行进行业务交流。3 月 30 日，特技制作科针对社会反响强烈的中国共产党第一支宣传广告《我是谁》、长征精神《在路上》两支大型公益广告及商业广告《麦当劳——人物传记篇》的前期策划到拍摄制作全过程进行剖析，学习和梳理目前影视广告行业里全新的制作理念和专业的制作流程。

编辑印发《通用电视制作技术应知应会部门考试复习题汇编》。制作部每年都举办全员“应知应会”岗位技能考试，至今已坚持 15 年。技术科于 5 月份编辑印发了一本约 10 万字的《通用电视制作技术应知应会部门考试复习题汇编》技术资料，内容涵盖了电视技术基础以及制作部各专业、各岗位应掌握的知识点，分发全体员工学习，以进一步充实员工专业知识、增强自身素质、提高团队竞争力。

5 月 10 日，制作部与北视英特维联合举办“益智类知识内容产品的全媒体运行研讨会”，研讨电视如何跨界创新，实现网络、电视互动，将本台内容优势与市场需求对接。

继续组织技术人员参观 2017CCBN 和 BIRTV 并撰写观后感，引导大家跟踪新技术，思考传统广电如何寻求自我突破，应对新媒体挑战。

做好 2017 年金帆奖的各项准备工作，由郑星主任牵头，把各个项目分解落实到人。

为进一步加强广告播出管理工作，避免在广告播出时出现不规范情况，制作部与广告部于 8 月 10 日上午联合举办播出安全技术交流及培训，培训内容包括视音频标准、高标清同播规范、声音响度等几个方面。

三、创新管理，强化安全

落实《制作部安全播出管理办法》，组织例行安全检查。3 月 22 日，接受北京市广电局来台安全大检查。每月按时上报安全播出月报表。为加强人员管理，新闻演播科利用钉钉办公软件进行人员管理，主要使用软件中的内勤考勤打卡，外勤签到，以及播前检查的日志功能。

6 月 1 日至 6 月 7 日，开展每年一次的制作部直播安全评比周活动。组织与直播相关的 8 个科室安全检查、每日零事故报告、直播时长统计以及评比评分工作。

积极组织本部门 8 个与直播相关科室参加总工办开展的“6 月播出安全生产月”活动，及时上报自评表。组织 8 个科室 137 名一线技术人员参加培训学习安全播出知识，并组织安全播出知识测试。重新修改 2015 年印制的《制作系统检修应急操作手册》，交由总工办统一印发。

全力保障党的十九大期间安全播出。成立“制作部安全播出专项工作小组”；召开十九大安全播出工作部署及动员会；组织安播工作隐患排查，查漏补缺；组织完成十九大前直播设备检修；明确本部与相关编辑部口的交接面责任划分；与 15 个生产科室签订《十九大安全播出责任书》；与有合作项目的英特维公司签订《运维人员信息安全保密协议书》；印制《广播电视安全播出管理规定（国家广播电影电视总局令第 62 号）》向全部门职工发放等措施，发扬光荣传统，以过硬的政治素质和技术本领打赢这场攻坚战役。

完成 2017 年固定资产清查工作，配合技术设备管理部，完成新老台 4000 余件老旧设备的退库工作。

播出部工作概况

2017年，播出部以保障安全播出为首要任务，进行了多方面的安播保障和促进工作。

一、保障安全播出

人防加技防全力保障十九大。2017年以重大政治活动为主体构成了全年11个重要保障期，总计78天，远远超出往年水平。十九大安全播出工作从预热准备、战前部署到实战阶段历时半年多。播出部始终按照“万无一失，零差错”工作目标，打造全方位立体安播保障体系。首先从机制体制上查缺补漏。进一步梳理从播出中心、存储、传送、技审备播和网络安全等各方面规章制度、管理规范和应急操作流程。明确业务交界面的职责，做到有规可依，有据可查。部门领导加强值班巡视，全部门取消休假，增加监测岗，技术骨干安排在最关键、最重要的频道岗位上。其次提高技防能力。面对现有播出频道设备老化严重、故障频发的状况，整改设备隐患29处，提高设备可靠性和稳定性，利用季度检修时间开展应急演练。十九大重要保障期间播出部及时发现并应急处理设备故障多次，特别是10月21日新闻频道在直播《红绿灯平安行》即将切出时，交管局信号突发故障，值班员及时发现、立即处置，将一次重大播出事故消除于萌芽状态。

为保障安全播出，组织科长、值班员学习、贯彻、落实《关于播出域节目异常应急处置的管理规范》，严抓制度落实，细化应急预案，加强应急操作预演，提高值班员应急处置能力。从播出中心、网络安全等5个方面查找问题和漏洞，并逐条落实解决。对传送系统高清28路、标清25路主路双电源设备的电源进行主备电分离改造。梳理播出网络安全部署现状，部内下发6项网络安全管理制度、密码更新、网络中断应急演练。与总编室、制作部演播室的衔接处交接面的责任划分进行规范梳理。圆满完成北京市两会、全国两会、一带一路高峰论坛、市党代会、香港回归20周年、北京国际电影节、建军90周年、全运会等重大活动安全播出保障期的工作。

近年来，播出部因员工离职、台内调动及疾病等原因造成一线值班岗位人员配备不足，为保证安全播出，解决人员缺口问题，采用购置运维服务人员方式解决了一线值班岗位人员短缺问题。为确保安播工作奠定了基础。节目播出是台里整个技术和业务体系的最后一道关口，播出一线7×24小时运转，不但要随时监听监看播出质量，还要第一时间发现问题并果断处置，对值班员分析判断处置能力要求很高。2017年，播出部通过内部挖潜，改进人员结构，强化绩效考核，提高一线岗位待遇，特别是派遣制员工的待遇等措施，用细致入微的关怀，以诚心热心激发员工的工作热情，形成人人心中有安播、人人全力保安播的工作局面。

2017年，全台17个播出频道总播出时长14万小时，技术事故停播时长139秒，年停播率0.1秒/百小时，远低于总局62号令规定的一级电视中心小于5秒/百小时的要求。

二、规章制度完善

完成北京电视台2017年“播出安全生产月”系列活动，组织全员对岗位应知应会内容进行培训及考评。对《播出技术系统应急操作手册2015版》中的风险点和应急操作进行梳理和修订，并再版印刷后将手册发放到每个员工手中。为了切实做好党的十九大播出安全和网络安全保障工作，从安全播出和网络安全两个方面，完成对播出域内生产流程的全链条梳理，撰写《播出部网络安全整改建议大纲》《播出部网络安全整改建议说明》《播出部网络安全管理制度》《播出部网络安全应急响应管理规范》等制度，根据实际情况制定《关于播出域节目异常应急处置的管理规范》，并将放大打印的纸质版张贴在一线科室的宣传栏上，便于学习与落实。遵循每周技术例会制度，总结每周播出系统故障值班日志记录并形成技术维修会议纪要，同时按月总结《播出安全简报》。

三、维护改造系统

完成本年度4个季度的停机检修工作。

完成老台部分设备的维修改造工作，更换老台光设备的故障风扇；确认新老台时钟信号的正常传送和检测时钟信号的误差，老台5层播出机房到老台各个演播室时钟信号的正常传送。

对2008年建成并投入使用的标清播出中心系统的主路切换台、台标机、监视屏等硬件设备进行更新，并对相应的播控软件进行升级调整。从6月15日开始，科教、卡酷少儿、青年和生活4个频道启用改造后的系统进行播出。

调整卫视、文艺、新闻标清频道的原“信箱”下变换方式为“挤压16:9”方式。

完善网络安全管理流程和责任人职责，梳理播出网络边界，在不影响安全播出实时业务运行的情况下，对部分播出应用服务器进行补丁和病毒包升级工作。根据即将颁布的信息网络安全法，设计播出网络安全方案，力争满足三级等保要求。

对监测系统运行中出现的故障、运行漏洞进行改进，优化综合监测信息发布系统。

完成歌华有线播出编码系统的末级自动切换改造工作。升级歌华10套标清节目主路信号全部具备在线备份功能；完成6套高清节目主路信号具备在线备份工作。

完成节目传送系统中卫星接收部分升级改造。根据业务需要完成了卫星天线系统的换挡调整，使本台现有卫星天线的覆盖范围更加合理。

转播传送部工作概况

2017年，转播传送部圆满完成全年各项重大直播和录像工作。

一、发挥技术优势，确保安全播出405场次

精心准备、认真工作，2017年直播共计236场次。主要有：北京市人大、政协两会直播任务、北京市党代会直播任务、冬奥会会徽发布直播任务；完成昌平北京农业嘉年华、平谷桃花节、采摘节、菊花节、核桃节、香椿节、延庆端午节、国企开放日、北京市双创周、“一带一路”高峰论坛等新闻节目直播。

完成中国足球甲级联赛、中国足球超级联赛、篮球联赛首钢队主场和北控主场、排球联赛、台球比赛等多项体育赛事直播工作。特别是2017年全运会转播，转传部技术人员圆满完成羽毛球国际公共信号制作。

完成包括北京国际电影节开幕式、劳伦斯颁奖、跨年灯光秀、花椒之夜、北京影响力等多场各类文艺节目直播。

完成各项节目录制共计169场次。主要有：北京电视台多台春节晚会、北京卫视跨年晚会、文艺节目中心多台文艺晚会以及大型活动等。

二、加强新技术学习与应用

为了更好地为编播部门提供技术支持与保障工作，转传部成立了多媒体应用创新技术小组、EVS使用创新技术小组，小组成员不断提高新技术应用水平。2017年承接了中国之队足球赛事、全国运动会、各地马拉松的EVS制作和现场导播工作。另外，在多声道伴音制作、多机位颜色统一调整、超高速摄像机应用等方面不断探索与创新。2017年，部门邀请视、音频设备制造商、系统集成商的技术人员，多次到本部传授交流最新的4K技术及系统应用、多声道录音车的技术及应用，大大提高了部门技术人员对新设备、新系统的掌握。部门注重采用传帮带的方式，发挥老同志的经验，发挥年轻同志敢于创新的优势，互帮互学，进一步提高了技术人员的专业水平。

三、加强责任意识，确保直播安全

为迎接十九大的召开，转传部主任与各科组签订安全责任书，进一步完善安全播出预案，对现有转播系统进行检修维护，确保安播重保期的直播安全。特别是十九大期间，两次应新闻节目中心要求，临时出动卫星车直播重要会议，各科组技术骨干第一时间赶赴现场，圆满完成任务。

2017年，转播传送部多个节目获电视节目技术质量奖（金帆奖）、高清晰度节目录制技术质量奖和播出质量奖。

技术设备管理部工作概况

2017年，技术设备管理部在资产管理、节目验收、监控监录、设备维修等方面谋发展，工作取得实效。

一、资产管理制度化、信息化

技术设备管理部完善《有关资产管理员变更的相关规定》《部门间技术设备资产调转的相关管理规定》《北京电视台技术设备资产退库的相关管理规定》等制度，提高了全台技术资源管理的科学化、规范化。

资产管理方面。针对设备入账制定入库确认单的相关规范制度。严格审查专业设备入账的相关资料，做到资料不全不予入库，全年审查入账合同100余份，完成智慧媒体项目的设备入库工作。

在设备盘点方面，退库报废工作稳步推进。30年来，全台遗留了大量老旧设备和账务需要盘点、清查，绝大部分老旧设备已经处于淘汰和报废状态，但仍以原值在本台设备账上存在，对于全台设备统计和盘点造成了很大的障碍。通过各部门分别退库、集中报废的方法，2017年各部门退库设备136件，金额总计5657877.61元。2017年共提交报废设备两批，共计5978件，金额总计343498008.57元。

耗材管理方面，截至2017年10月16日，发放各类耗材数量27612件，金额总计1544688.97元，其中直进直出金额总计1395868元，各部门领出金额148820元。

二、提升技术质量管理水平

2017年部门技术质量管理科提出的OA验收流程优化建议6项，已经在网管部的支持下全部完成修改工作，OA系统成功上线。

完成智慧媒体项目测试验收。北京电视台智慧媒体服务项目是以云计算、云存储、大数据为核心，以云桥为纽带，适配未来大众化、个性化媒体、社交媒体、自媒体等多样化媒体形态的技术支撑体系，在国内具有技术与应用上的领先优势。技术设备管理部与广电总局规划院共同承担智慧媒体项目测试验收工作，此项工作为2017年全年的工作重点。目前金帆奖验收工作已进入收尾阶段。

完成全台系统验收工作43项。BTV政府采购合同HTZH－002C2、BTV箱载直播设备采购项目HT12－095、BTV播出高清系统数据库HT16－005、BTV演播车高清化升级改造项目HT16－020等验收项目43项，较2016年增加了8项。

2017年金帆奖参评工作顺利进行。作为金帆奖参评工作的组织方，技术设备管理部积极协调，用技术优势和历年金帆奖相关数据为制作部、转传部等部门提供技术支持和服务。

2017年组织报奖技术项目专家鉴定会，完成中国新闻技术工作者联合会主办的2017年“王选新闻科学技术奖”（项目奖）等3项，中国电影电视技术学会主办的第十届中国电影电视技术学会科技进步奖等4项，北京市科学技术协会主办的第十五届中国青年科技奖北京地区候选人推荐等两项，中国广播电影电视社会组织联合会主办的2017年度广播影视科技创新奖的评选。

三、做好监播、监控和监录工作

通过监录系统和人工监看相结合完成主备共44路播出信号的安全播出监播工作。对主路16个标清和6个高清频道进行7×24小时实时录制并存储半年，对备路相应频道存储1周，截至2017年10月15日，安全收录节目累积总时长155000多小时，累积存储总量为126.45TB。

对播出关键岗位49个监控点进行全程专人实时监控和录像，保存录像素材345000小时，累计存储录像文件260TB，提供录像查询输出3次，为播出故障事后原因分析和责任认定提供数据支持，提高安全播出管理水平。

通过播后节目综合服务平台为全台业务部门提供播后节目在线点播服务，为总编室节目阅评、播音主持业务纠错等提供技术与数据支持。利用播后节目素材，协助总编室完成了2016年节目评奖工作、2016年度播音主持作品专家奖评奖工作；协助新闻中心完成2017年第一季度优秀新闻作品评奖工作。为研发部、广告部、各节目中心提供播后节目内容按需输出，满足广告的投放举证、播后节目分析、评奖等需求。截至10月15日，累计提供播后节目12次，累计节目时长约137小时5分钟。

四、完成全台设备维护

2017年部门维修科完成报修设备ID码的审核，通过审核进一步实现全台技术设备的精细化管理，圆满完成全台技术设备和计算机桌面硬件设备的日常维修保养工作，共计维修、保养2111台（件），其中索尼设备648台（件）、松下设备285台（件）、计算机桌面硬件设备276台（件）、其他设备902台（件）。截至10月底，技术设备管理部复制机房完成转录节目9000余部。

信息网络管理部工作概况

2017年，北京电视台信息网络管理部在系统运维、技术创新、人才培养、日常管理、应对突发性网络安全事件等方面，圆满完成各项任务。

一、做好技术系统维护工作

部门周密部署抓推进，要求员工提高思想认识，做好技术系统维护工作，为重要活动安全播出及现场直播保驾护航。与此同时，做好生产网、办公网、新媒体系统的运行维护工作，确保业务不间断运行。

二、推进新技术的研发应用

创新驱动，重视人才培养，部门承建的新闻改版项目创新目标是建立电视生产与新媒体生产的融合业务流程；建立支撑电视、新媒体、生产、办公一体的统一内容共享平台。部门配合总工办完成了融合生产云平台一期5000万元项目的招投标工作及二期8500万元项目的市财政申报工作。

技术创新引领媒体融合，成功向科教节目中心《法治进行时》《法治中国60分》《男人帮帮忙》，卫视节目中心《养生堂》，纪实频道《我们这五年》推广融合媒体应用。完成《基于高密度无线覆盖环境下的大型活动新媒体互动技术实现及应用》项目实施，《电视台网络安全监测系统建设》《高密无线覆盖项目》分别获得王选奖一等奖和三等奖。

三、建章立制，保障网络安全

网管部是在北京电视台网络安全领导小组领导下对全台网络安全进行保障的主责部门。为保障网络安全，部门修订并完善了办公网/制播网防病毒、DMZ区安全漏洞扫描、网站安全漏扫巡检、办公网安全服务工作流程和规章制度。完成了制播网安全服务及等保测评、重点安保期安全渗透测试。对信息系统从操作系统、应用系统、系统资源、数据备份、系统日志、网络安全措施、运维操作等方面进行梳理，并对发现的问题逐一进行整改。

2017年5月12日，勒索病毒在全球爆发。为保证全台信息网络安全，防止病毒传播，网管部启动应急预案，采取强制性的安全管理措施，从各科室抽调20余名同志历时两周，按楼层逐房间对全台所有办公终端进行全面检查。排查加固新老台1860台办公终端，20余套业务系统，1800余台生产网服务器和工作站，全台电脑未受到该病毒攻击影响。

动力部工作概况

2017年，动力部确保了新办公区、苏州街办公区动力系统的安全稳定运行，保证了安全播出的供电安全。

一、动力设备的运行及维护检修

做好动力系统设备的日常维护。动力部严格落实、认真执行各项规章制度、操作规程和应急处置程序，加强巡视检查和运行维护工作，对隐患做到早发现早处置，确保了安全播出和全台工作的正常进行。

供配电设备维修维护。动力部利用停播检修时间和一路外电停电检修时间对配电室近百面配电柜进行停电检修，对播出及网络设备配电柜进行带电检修、紧固，对30台UPS电源进行了维修维护，更换了电容器、蓄电池、控制板和散热风扇等部件，对备用发电机组进行了维修维护，排除了供配电设备故障，消除了隐患，保证了供配电设备的正常运行。

新办公区冷冻站29台冷冻冷却泵进行大修。新办公区地下三层冷冻站的29台冷冻冷却水泵从投入使用至今已有9年，原有水泵轴承、机械密封等部件磨损严重，出现漏水，温升偏高等问题。动力部对29台水泵进行了大修，保证了夏季空调系统正常运行。

新办公区16层网络机房RC机组大修。网络机房2008年共安装了20套RC恒温恒湿机组，经过近10年不间断运行，主要部件磨损严重，故障频发，制冷效率下降。为保障网络机房工艺设备的安全运行，动力部组织维保公司对其中10套工况较差的机组进行了大修。

苏州街、新办公区冷却塔进行维修保养。冷却塔是中央空调的重要组成部分，常年在自然环境下运行，腐蚀、损耗、生锈情况较重，严重影响系统运行。动力部对苏州街办公区、新办公区的21台冷却塔填料进行清洗除碱，补充填料，对内部设备及构架进行维护保养。

保障电梯的安全运行。按照电梯安全监督检查法规，北京市技术监督局特检中心对全台47部电梯进行了检验，除1部电梯需要改造，其余都取得了安全运行许可证。新办公区23#、24#货梯加装监视器，进一步完善电梯设备的监控系统。综合楼12部观光电梯的324个继电器、接触器全部更换。

二、动力系统及设备的更新改造

苏州街办公区800平方米演播室直播配电改造。苏州街800平方米演播室由于不能满足直播节目的需求，台里决定对其进行改造。3月总工办将800平方米演播室供配电改造交由动力部配合完成，动力部及时起草了灯光、工艺供电设备及施工改造的技术要求，并全程监督施工质量，5月下旬设备调试完毕，工程顺利结束，目前运行状态良好。

加装用电计量设备以备对新媒体集团收取电费。3月初，台里确定对新媒体集团收取电费，加装用电计量设备。动力部对用电计量设备进行选型并确定了施工方案。4月11日用电计量设备安装到位，并投入使用。

加装自来水支路计量表为节能减排做准备。为完成市发改委下达的节能举措，动力部组织对全台范围内自来水支路管线加装新型智能计量表，为下一步节能减排做准备。

新办公区空调系统7台冷冻机组进行升级改造。新办公区7台冷冻机组是供冷关键设备，已运行10年，其操控系统的处理器、通讯模块、触控屏多次维修，现已无法正常使用。为保障设备安全运行，动力部对其操控系统进行了升级改造，目前设备运行状态良好。

新办公区综合楼1706机房加装风机盘管及排风风机。新办公区1706机房对编机和电脑较多，设备散热量大，现集中空调器无法满足使用需求。动力部经现场检测，在机房内安装了3台风机盘管和一套排风系统，解决了1706机房室温高的问题。

满足播出部对机房的湿度需求。为解决播出机房工艺设备的湿度要求，动力部采购了10台工业除湿机，解决了播出机房空气潮湿的问题；另对播出1305机房的中央空调机组进行了加湿膜的改造以满足冬季供冷加湿的特殊需求。

新办公区蒸汽锅炉进行低碳排放改造。由于本台新办公区蒸汽锅炉未达到《锅炉大气污染排放标准》，北京市朝阳区环境保护局责令限期进行整改。动力部经多方市场调研，制定详细的改造方案，并全程监督施工质量，目前已正式投入使用。

食堂4层天然气改电配套电源安装。动力部应行政部要求对食堂4层进行天然气改电配套电源安装工程。3月份动力部制定改造方案，并绘制配电柜图纸及订购工作，4月底完成了电源设备的安装工作，目前设备使用良好。

三、台外直播活动供电保障

动力部全年参与了北京市两会、北京国际电影节台外直播、国家会议中心“一带一路”论坛前方直播的供电保障工作。抽调技术骨干，积极筹措，准备UPS电源等供配电设备，提前进入现场查看，制定施工方案，并派人员驻会对用电设备进行巡视检查，确保台外直播活动的用电安全。

四、对职工进行技术培训及考核

2017年动力部10多名职工的特种作业操作证到期需要复审，他们到相关培训机构参加了学习培训，并全部通过了笔试、实操考核。为了迎接十九大的召开，动力部要求各专业从严从难对职工进行应急应会内容、应急预案的考核。

五、节假日重大活动期间的动力保障

对所辖设备进行全面细致的检查和隐患排查；对所有变配电室和工艺设备机房的配电柜带电部分进行测温，防止因接线松动或过载产生高温而造成事故；对自备发电机组进行空载运行试验，以保证当外电源失电时能够在短时间内为重要保障负荷恢复供电；对播出、制作、网络机房加装的分体空调进行检修维护；加强值班力量，安排部门领导值班，确保动力设备在十九大保障期内安全运行。

六、对物业公司的监管

每月召开动力部和物业公司的工作协调会，检查物业公司的设备运行情况和日常工作情况。根据与物业公司职责划分规定，动力部完成了物业公司所运行设备的更新改造大修工作，完成了物业公司所需备品备件的采购和设备固定维保合同的新签续签工作，保障了物业公司所辖系统设备的安全正常运行。

老干部工作概况

2017年，北京电视台老干部工作办公室牢牢把握为党和人民的事业增添正能量的价值取向，着眼全台工作大局，平稳有序开展老干部工作。

一、精心做好离退休干部服务工作，妥善落实老同志各项待遇

组织落实好退休老同志参加重要会议、通报情况、参观学习等政治待遇，配合老干部党支部深化“两学一做”学习教育，围绕学习宣传贯彻十九大精神，开展系列学习教育活动。为每位老同志订阅《北京广播电视报》《健康时报》，做好市属党报党刊的赠阅工作，确保老同志及时了解时事政策和生活信息。继续发挥退休职工专刊《金色岁月》的学习引导、信息沟通、思想交流作用，积极参与市老干部局“寄语十九大”作品征集活动，刊登老同志寄语和书画作品40余条（件），开辟《喜迎十九大》专栏。年初改版了封面和版式，开辟了新栏目《北京古村游》，让大家更加了解和热爱北京。

两节期间，举办迎新春茶话会，慰问全体离退休职工。坚持住院必访、重大节日必访制度，全年慰问患病住院和困难老同志126人次，为17位患重病和有特殊困难的老同志送去慰问金5.1万元，落实了469名困难职工的帮扶助困工作，把台党委对老同志的关怀落到实处。“七一”“十一”前夕，市委宣传部和北京广播电视台领导慰问两名特困党员，送去慰问金1万元。精心组织退休职工体检、女职工乳腺检查，并为100余位适龄老同志办理2018年公园年票。

举办4次新退休职工欢迎会，使老同志迅速全面了解老干部工作，在组织上有归属感。

二、围绕主题主线，开展有益身心的活动

坚持以“展示阳光心态、体验美好生活、畅谈发展变化”为主题，开展各项活动。

3月7日，组织退休女职工开展庆祝“三八”妇女节观影活动。5月19日，组织退休职工开展健步走和集体观影活动。“重阳节”到来之际，10月13日，组织退休职工以“喜迎党的十九大，体验农村新变化”为主题，赴通州区于家务村“第五季龙水凤港生态农场”参观游览。

根据老同志需求举办系列知识讲座。邀请北京积水潭医院中医骨科副主任医师吕泽和矫形骨科主任医师张春雨，分别为老同志们作了“常见老年性骨病的诊断和预防”和“骨质疏松及骨关节病的诊治”知识讲座。邀请天驰君泰律师事务所王岩律师进行《继承法》讲座，就立遗嘱的方式、财产继承等一系列问题，为大家解疑释惑并消除误区。

老干部志愿者继续在各项大型活动中发挥互助友爱精神，全年100余人次参加1778小时服务工作。9月29日，志愿团开展扶贫捐赠献爱心活动，共有70多位老同志为兴隆贫困地区捐献冬装、棉被、文具、书籍等600余件。

老干部合唱团、书法班、摄影俱乐部坚持每周开展常规教学活动，老同志们在快乐中愉悦身心。合唱团组织观摩“春天的歌声”音乐会。书法班为迎接十九大历时半年创作20余幅作品，3人作品刊登于《晚晴》杂志，季求时作品入选第二届京津冀老干部书画精品展。欧阳程代表北京广播电视台参加市宣传系统离退休干部“喜迎十九大 畅谈新变化”暨我为十九大献墨宝活动。40余位垂钓俱乐部成员到常兴庄渔场开展垂钓活动。

年内，组织近200位老同志参加市老记协组织的迎新春和庆祝“三八”“五一”“七一”“八一”“十一”“记者节”等重大节日的纪念活动和知识竞赛活动8次，参与迎十九大等知识问答活动，鼓励大家关心国家大事，了解时事热点，多思考、勤动脑。龙小洵撰写的“限制明星天价片酬”建议，得到市委宣传部有关部门的重视和表扬，荣获市老新闻工作者协会颁发的2017年度“建言献策奖”。郑督、徐鸣2位同志荣获2017年市老新闻工作者协会颁发的“老有所为奖”。

老干部工作办公室顺应老龄社会发展趋势，聚焦老同志关切的“抱团养老”问题，会同退休支委和志愿团负责人到多家养老机构实地调研、建立联系，获取第一手资料，为有需求的老同志提供信息，积极探索新形势下养老新模式。

招投标管理工作概况

继续推行《北京电视台采购及招投标管理规定（试行）》，加强对全台执行《规定》的指导和监督。

针对节目、技术、职能部门采购工作的不同特点，分别做好《规定》的解释说明工作，认真指导和协助各部门认真履行《规定》的相关条款，监督各采购部门对采购程序的执行过程。

接受全台各部门关于采购程序和招投标管理的咨询，协助和指导各部门按照相关法规完成本部门采购工作，其中重点在于加强对节目部门采购人员的指导，敦促节目部门建立公开透明的采购程序。2017年指导和协助全台的公开招标、内部招标、谈判磋商等工作共计105项。

对全台采购和招投标过程进行监督，重点监督开评标过程、谈判过程和定价手续。2017年共参与各部门采购过程监督

120项，涉及采购金额1.65亿元，其中公开招标17项，共计5941万元；内部招标14项，共计829万元；谈判磋商74项，共计8893万元；询价议价11项，共计329万元；单一来源采购4项，共计447万元。配合卫视节目合作项目9项，涉及采购预算共计5.1亿元。

做好采购备案工作，指导和监督全台采购工作更趋公开透明、合法合理、节约高效的方向。2017年共计审查和备案1628项台各部门的采购工作，涉及金额14.1亿元；57项台属企业的采购工作，涉及金额7462万元。

研究加强季播节目项目的采购管理。敦促和协调卫视中心建立季播节目的管理办法，建议从节目内容、形态的审核，到节目合作方式的研讨，再到节目收益和制作成本的论证，以及后期节目制作管理、结算审核等一系列管理环节上，制订完整的管理流程和审核制度，协助卫视中心在规范采购过程、提高审查效率、有效监督关键点等方面取得进展，共同做好季播节目的采购工作。

针对越来越多的节目中心将部分所谓“统筹服务”工作直接委托京视传媒等台属企业，研究这类项目资金使用的监督办法。一方面要求相关节目中心完善自身预算及合同管理，提交证明本部门实施有效管理的过程资料，另一方面要求相关节目中心提交以往类似项目的结算文件，针对从其过程文件中发现的管理风险，及时提醒节目中心加强管理。

史志办工作概况

史志办承担着代表北京电视台向《中国新闻年鉴》《中国广播影视年鉴》《北京年鉴》《北京广播影视年鉴》等上级刊物提供文字和图片资料的任务。2017年，在全台各部门的大力支持下，积极收集各类资料，认真加以整理和编辑，累计为上级刊物提供文字稿件10余万字及图片等。被北京市广电局史志办评为全系统完成供稿速度快、质量高的单位。

史志办负责每年编印一卷《北京电视台年鉴》，本年鉴于2008年创刊，主要记录和反映北京电视台上一年度的宣传情况和各项事业产业发展成果。以较翔实的图文资料，客观记述北京电视台在宣传业务、技术工作、队伍建设、事业发展、产业经营等各个方面的基本情况，反映电视事业产业的发展变化，是一部综合性资料工具书和史料文献的大型年刊。为保证《2017北京电视台年鉴》按时出版发行，史志办建立了全台各部门的特约编辑联络机制，年初开始征稿，并对陆续征集上来的稿件进行归纳、核实、编辑，从100余万字文字资料中，收录60余万字编撰成《2017北京电视台年鉴》，做到真实、准确、全面、客观，大事、要事不遗漏，为北京电视台及各中心、部室保存了较完整的资料。

2017年，史志办继续参与北京市地

方志办公室第二轮编修《北京志·广播电视志》工作。此项工作涉及搜集1994年至2010年北京电视台的有关情况，时间跨度大、内容涵盖面广、工作难度大。史志办努力按照上级要求，多方查找历史资料，目前这一工作仍在继续，为《北京志·广播电视志》提供北京电视台历年改革发展的真实情况，是史志办承担的重要任务。

北京电视产业发展集团工作概况

一、经营情况

2017年，产业发展集团应对各种风险以及改革带来的利益格局调整的考验，超额完成了2017年总收入预算4446万元，以及利润总额预算－625万元的目标。2017年全集团实现总收入4908.12万元，完成预算的110.39%；实现总利润43.44万元，超额完成利润预算668万元，提前完成了台党委要求的扭亏为盈任务。

二、重点工作完成情况

致力于本台生活服务等后勤保障资源及其他闲置资产资源的市场化开发，推动产业集团成为本台生活服务保障的公司化运营平台。对京视物业公司、京视诚餐饮加强管理，增收节支，合理控制人员成本，提高工作效率，做好苏州街办公区的后勤保障工作。

京视物业公司全面落实岗位目标责任制管理，从细节上抓管理，增强服务意识，提高服务质量标准。截至9月底，公司在不降低服务标准的情况下与去年同期相比共减少营业总成本（含费用）约170.3万元。并积极组织员工参加岗位技能培训，获得水质化验员、消防安全员、锅炉安全员等相关证书。根据安全生产服务标准，与各部门负责人签订安全生产达标责任书。完成本台会议服务接待320余次，完成与本台签署绿化、锅炉维保、消杀打药等30项外包项目合同工作。组织人员清理长期堆放的破损家具800余件，对苏州街办公区楼梯通道墙面、地面打磨清洗面积约3000余平方米。完成主楼2台蒸汽锅炉、3台供暖锅炉的低氮改造工作，并获得环保局31.5万元补贴。组织人员加班加点对绿化带进行翻新，分拣厨余垃圾，进行节能灯改造，节约经费约13万元，与去年同期相比电费下降50%，并获得街道约8万元的最高补贴。对部分老化破损严重的设备设施进行维护保养以及厂洼西街6号院、厂洼小区13号楼散水台外地面沉降区域进行开挖、回填、夯实的修补工程，消除安全隐患。完成了冬季供暖服务保障工作。

京视诚餐饮公司在确保苏州街办公区职工就餐质量的前提下，圆满完成“跨年歌会”及各栏目组的盒饭制作与配送15000余份，北京国际电影节的工作餐配送8000余份。为不断提高本台西区食堂饭菜质量和服务水平，京视诚公司采取面对面征求、发放调查问卷等方式积极听取各部门职工的意见建议，及时采纳改进并反馈给职工，通过丰富品种、调整口味等方式满足职工就餐需求，促进公司进一步提升管理和经营水平。针对行政部膳食科提出的监管意见和抽查结果及时整改，配合其开展人员裁减、菜价调整等各项工作。积极参加新台四、五层餐饮服务投标工作，考验锻炼员工队伍，为台职工提供更好的后勤保障。

全方位开展电视购物板块的对外合作。因频道位序调整，电视购物公司损失了不少客户资源，经营收入大幅下滑，跌入低谷，对产业集团的总体影响巨大。为了缓解电视购物公司运营中的资金压力，克服经营中面临的困难，2017 年 3 月与北京优购文化发展有限公司达成战略合作关系，借助其资金优势、管理模式、供货渠道，协助电视购物公司渡过难关。在项目合作的利益分配方面，采用效益保底、利润分成的模式，扭转了亏损局面。

深度挖掘本台现有资源，发挥特雷森信息中心的优势，为节目创新、生产、编排、营销提供全流程、全覆盖、多维度的数据分析与支持服务。特雷森信息中心积极配合台里的广告监管和营销工作，同时努力拓展新业务。与京视卫星、京视体育两家公司签订广告业务、广告监测、媒介分析等相关服务协议，监测合同额 228.5 万元，技术服务合同额 254.5 万元。并为台编前会提供每月北京地区广告市场分析报告，根据台监审办和广告部要求提供相关广告经营数据报告。参与广告业务系统三期的复标，对现有广告监测系统的数字化改造，预计今年年内项目可以落地实现收入。研究开发建立国内首创全媒体多源大数据综合分析处理平台。

改变产业集团一直以来只管理不经营的状况。积极引进科技含量高、具有消费升级概念的健康养生纯瓷炒锅，与京视电广公司合作，以支付广告费的方式将产品植入《食全食美》栏目，同时在 BTV i 生活电商平台及集团自有销售平台同步上架销售，紧密围绕台经营资源的有偿利用，迈出了集团本部新创收业务探索之路。

北京京视传媒有限公司工作概况

截至 2017 年 12 月 31 日，北京京视传媒有限公司实现经营收入 1.72 亿元，实现利润 226 万元。公司全力配合台内各项工作，一方面积极应对市场挑战，另一方面时刻严格要求自己，加强学习，突破创新。

一、融合发展

2017 年，京视传媒加强与本台各节目中心的项目合作，通过投资、共创等方式进行融合发展。

投资大型季播节目。京视传媒与卫视节目中心在 2017 年深入合作，积极参与投资多个大型季播节目或晚会，包括《跨界喜剧王》投资 3000 万元、《但愿人长久》投资 2000 万元等，并派出制片团队深度参与项目进展，与卫视节目中心共同从成本控制、流程把控、进度推进等方面合作，确保项目如期拍摄和上线播出。

建立运营定制化粉丝俱乐部。2017年“BTV观众俱乐部”与多个节目中心合作，共同培育了BTV财富俱乐部、BTV健康俱乐部、新闻粉丝团等定制化粉丝俱乐部，聚拢了大量的忠实粉丝。与北京金融、健康类、旅游类行业建立联系，全年举办了多次线下地面活动，直接参与人数超过3万人，实现收入约400万元。

二、创新发展

2017年，京视传媒在传统媒体市场下滑的不利环境中，努力突破，积极创新，重新梳理、整合、挖掘公司的市场竞争资源和竞争优势。

主持人经纪业务增长明显。公司一直以来负责台内主持人的演艺经纪业务，特别是商业代言和大型活动的组织策划。2017年，签约代言项目顺利推进，同时更加侧重本台栏目的商业价值开发，以主持人为核心扩大栏目的创收空间。2017年实现销售收入931.76万元，毛利润281.24万元，相比2016年度同期收入增长72.4%，毛利润增长71.54%。

三、对外发展

京视传媒通过对外合作、主动投标、拓展客户等方式，逐渐摆脱对电视台资源的过度依赖，真正锻炼出自身的市场核心竞争力。

制片统筹业务外部发力。公司的制片统筹业务以台内业务为基础，积极融入市场，用招投标的方式从市场中承接项目，在2017年共执行项目22个，其中台内签约项目14个，台外签约项目8个，包括“第十一届永定河文化节”“永定人家舞台剧”“点赞北京”“2017奥运工程建设”等，全年签约总额3300万元，全年回款总额2900万元。在本年度项目执行的过程中，签署合同130份，对外支付210笔，正在逐步实现业务对外转型。

版权发行业务对外转型调整。版权发行业务一直以来都是京视传媒的主营业务之一，但随着近年来国内地方电视台收支困难加剧，传统版权的发行收入也下滑明显。从2017年起，公司版权运营中心进行业务比重的调整，大力加强了面向市场的版权代理发行业务和项目众筹，扩大版权销售的目标客户范围。截至2017年9月底，实现总签约额2712万元，其中版权发行签约1552.6万元，图书出版签约150万元，代理发行签约1010万元，业务对外转型已初见成效。

四、战略发展

京视传媒从2016年起就开始瞄准国内两大极具发展潜力的市场进行了战略性业务布局，分别是针对中老年“大健康”市场开展的健康手机和可穿戴智能医疗设备业务，以及针对青少年“大教育”市场开展的以“京视教育”为总品牌体系的培训业务。

2017年，健康手机项目扩大合作领域。京视传媒的数字营销部从产品、服务、内容三个领域同时发力，与中国移动、华为手机、京东商城等在产品营销方面建立了深入的合作关系；同多家健康服务公司共同搭建京视健康的云服务平台，为用户引进心脑、血压、血糖等监测服务；在健康内容方面，除了深度整理《养生堂》视频音频图文信息的节目资源，还开始引进各大官媒的健康频道内容，力争打造国内首屈一指的健康头条。2017年该业务总收入492万元。

教育培训业务改革调整。增加了在办学场地、市场宣传、应对竞争方面的投入，以整合资源、做大规模、做强品牌为经营目标，以“自营+合作”的方式为经营模式，打造了“京视教育”培训品牌，并在品牌体系内开设了“BTV 少年传媒学院”“BTV 远程教育学院”等自营学院，与北视英特维合作开设了“BTV 视觉艺术传播学院”“BTV 新媒体学院”等合作学院，申报完成了海淀区校外社会实践大课堂，北京市教委校外社会实践大课堂，同时还在本台青少节目中心投资录制了 20 期《成长大会》节目。培训业务总收入 685.4 万元，市场有效咨询量超过 3000 人。

北京紫禁城影业有限责任公司工作概况

北京紫禁城影业有限责任公司成立于 1997 年，注册资本 3200 万元，是一家集影视策划、制作、营销为一体的专业影视制作公司。成立 20 年来，北京紫禁城影业公司的经营业绩一直稳居中国电影生产企业的前列，多部影片票房居当年年度票房冠亚军的地位，总票房超过 30 亿元，影片还行销到美国、法国、日本、韩国等多个国家。

北京紫禁城影业有限责任公司共摄制完成影片 70 余部，电视剧千余集。其中既有《狼图腾》《甲方乙方》《不见不散》《没完没了》《刮痧》《红色恋人》《赤壁》《倩女幽魂》《大海啸之鲨口逃生》《小时代》等商业大片，也有《离开雷锋的日子》《张思德》《生死牛玉儒》《背起爸爸上学》《法官妈妈》《紫日》《香巴拉信使》《山乡书记》《一个人的奥林匹克》《铁人》《第一书记》《杨善洲》《天河》《百团大战》《定军山》等主旋律影片，均取得社会效益和经济效益的双丰收；紫禁城影业公司摄制出品的《重案六组》《玉观音》《少年天子》《天下第一楼》《牟氏庄园》《人是铁饭是钢》《李春天的春天》《双城生活》《怪医文三块》《传奇大掌柜》《神机妙算刘伯温》等电视连续剧在中央电视台和各地电视台播出后，均创造了极高的收视率。公司成立 20 年来，紫禁城影业公司连续获得过“华表奖”“五个一工程奖”“金鸡奖”“百花奖”“金鹰奖”“百合奖”等多个国家级大奖以及开罗、莫斯科、东京、北京等国际电影节的大奖。

北京紫禁城影业有限责任公司具备一支由一流专业人士组成的影视制作及发行队伍，并融入国际化的制片营销理念，建立了庞大的明星网络，让·雅克·阿诺、吴宇森、黄建新、冯小刚、叶伟信、叶大鹰、冯小宁、陈国星、胡玫、吕乐、尹力、夏刚、姚晓峰、陈道明、葛优、陈宝国、王志文、张国荣、倪大红、冯远征、张涵予、冯巩、陆毅、吕丽萍、斯琴高娃、徐帆、刘蓓、梅婷、徐静蕾、瞿颖、范冰冰、吴尊、古天乐、吴镇宇、刘亦菲、冯绍峰、杨幂、郭采洁、篮球明星斯蒂芬·马布里、约瑟夫·费因斯等一大批国内外知名导演、演员都与紫禁城影业公司有过良好的合作。

2017 年北京紫禁城影业有限责任公司在电影创作方面稳步发展 。电视剧策划制作方面注重观察和研究市场变化，谨慎投资，力求在稳定的前提下抓好影视剧生产。

2017年北京紫禁城影业有限责任公司电影创作情况是：足球题材电影《谁是球王》、篮球题材电影《我是马布里》（原名《纽约人在北京》）、京剧电影《定军山》完成全部制作并取得发行许可证。电影《耀邦回乡》剧本报送重大题材办公室审查，根据审查意见将对剧本进行修改后再按程序申报，目前仍在剧本修改及融资阶段。组织创作的党建题材电影《狱中八条》已完成剧本，并获得总局备案立项公示。该片与中国电影家协会合作，已被中国文联列为2017年的精品工程项目，目前正在确定主创人员以及广泛寻求合作中，视融资情况在2018年上半年择期开机。2018年是毛泽东同志题词“向雷锋同志学习”发表55周年，为此公司组织创作了电影《与雷锋有关的日子》，以雷锋班历任班长的事迹为素材，着力突出习近平总书记“要做雷锋精神的种子”的要求。现已完成剧本创作及主要融资工作，导演吴卫东，电影于2017年11月22日开机，2018年初完成及通过审查。继续推进电影《甲方乙方2》的剧本创作，该剧已基本确定与大地影业等机构合作，目前仍在与各方进行合作洽谈及剧本创作中。描写公安干警历经20年追凶不止的电影《铁幕重案之铁证如山》已获得公安部门同意，取得立项备案公示，并开始初期筹备工作。该片编剧、导演古榕。目前正在与中影股份、万达电影、唐德影视等机构进行合作洽谈，计划于2018年春季开拍。

电视剧创作情况：由北京紫禁城影业公司立项并参与投资的电视剧《王子咖啡店》已取得发行许可证，原计划7月份在安徽卫视和深圳卫视黄金时间播出，由于涉及改编自韩国小说，经与总局电视剧司及市局宣管处充分沟通后，目前正在进行修改工作，预计2017年底完成全部修改及送审，剧名同时更改为《高兴遇见你》。描写年轻人在社区工作的情景剧《朝外头条》（暂定名）已完成大纲及部分分集大纲的创作。30集当代都市题材电视连续剧《冰球小子》取得立项备案公示，预计2018年8月开机拍摄。

北京卡酷传媒有限公司工作概况

2017年，卡酷传媒及子公司继续紧抓公司化运营机遇，积极尝试打造卡酷动漫产业链。

一、配合台相关部署，推进频道重点工作

配合完成动画节目中心周播节目《七色光》，季播节目《一带一路看动物》工作的对接，完成“2017年法国昂西动画节”参展招标和宣传推广工作。截至2017年12月，完成动画节目中心在职65人的人事代管工作，代理签订劳务协议255人次。

二、注重自主原创，精心打造动漫精品

完成“一带一路”主题、历史题材

系列动画剧《锡兰王子》项目的剧本、可行性方案，召开项目座谈会，与斯里兰卡大使馆建立外联关系，定期沟通项目进展情况。及时完成“2017 年度国家新闻出版广电总局丝绸之路·影视桥”、北京市宣传文化基金、2017 年度国家新闻出版广电总局广播影视部级社科研究项目、2017 年度文化产业发展专项资金新闻出版广播影视重大项目、2017 年影视出版创作基金等奖项的申报。就《锡兰王子》项目产业的衍生发展对接了福建地方政府、舞台剧开发等合作单位，为项目的后续运营奠定了基础。

出品低幼类动漫图书《卡酷创意帖》，出版发行 20000 套，回收版权费 16 万元，就《卡酷创意帖》电子版权进行了合作洽谈，跟数十家出版社就童书出版合作进行了对接，以期进一步将该图书打造成卡酷品牌动漫精品。

三、孵化重大项目，实施品牌推广

2017 年年初起，致力于“卡酷嘉年华”活动的品牌化与系列化，对“卡酷嘉年华”品牌活动进行多维度打造。

在 2016 年唐山世园会卡酷嘉年华项目成功经验的基础上，探索建立可持续平台与项目。卡酷传媒公司以搭建线下整合营销平台为初衷，致力于打造优良产品与丰富活动内容的展会。以展会为平台，向婴童产业纵深领域进行业务拓展与产业延伸，探索、孵化出广告、视频服务、公关传播等“电视 + 婴童产业”业务空间与模式，为公司日后在动画、图书、培训、玩具、母婴用品等领域拓展业务提供积极探索。尽管最终卡酷婴童展项目于 2017 年 7 月底不得不因市场与公司内控等原因终止，没有实现预期的创收，但积累了类似项目的筹备经验，为日后品牌活动的拓展打下了基础。

“卡酷嘉年华·萝卡快跑”是 2017 年上半年策划、执行的又一项目。该项目创收 18 万元，是卡酷嘉年华品牌活动与商业地产新型领域合作的探索与尝试。

四、抓紧多元开拓，着力构建产业链

卡酷传媒公司在整合营销传播与广告代理业务方面进行了尝试。麦当劳推广服务项目是公司不依赖电视资源，服务品牌客户的项目。继 2016 年麦当劳玩具展及其之后的微营销合作磨合之后，2017 年受托执行了“麦当劳新春品鉴会”“麦当劳 2.0 上线”等 8 个新品推荐或互动活动的微营销推广工作，实现项目利润率 25% ~30%。同时，其创新角度的拓展意义显著，为卡酷传媒公司今后的品牌合作与营销传播项目及产业链的构建有一定借鉴与参考价值。

五、妥善处理历史遗留，严控经营及投资风险

卡酷传媒公司投资成立的 3 家一级子公司及 3 家二级子公司，目前只有苏州卡酷和卡酷七色光两家公司正常运营，经营包袱极为沉重。卡酷传媒公司加强对子公司业务的指导和监督，继续针对二级子公司世纪公司负债和诉讼现状，做好处理债务纠纷及债务维稳两项存量工作；继续完成全卡通公司日常代管工作。

跟进前期参投的动画项目《魔晶猎人》，经多轮艰难洽商，追回投资款 237 万元，并在此基础上实现 IP 运营的尝试，达成《魔晶猎人》项目游戏授权与拇指游玩 3 年的合作，保底金为 210 万元。在合作发展中，解决了部分历史遗留问题。

六、子公司蓄力主业，整合资源直面市场

卡酷七色光公司狠抓教学质量，打磨教学产品；增设石景山新校区，留住学员。开展品牌活动，艺术团先后参加了中国青少年网络春晚的录制、六一文艺汇演、参加中山音乐堂“世界名歌童声合唱音乐会”等；走出国门，赴匈牙利布达佩斯参加第8届音乐桥夏季国际合唱节比赛，荣获童声合唱组金奖；赴德国参加中德建交45周年合唱节比赛，荣获童声合唱组金奖；组织舞蹈班团员赴匈牙利及塞尔维亚参加乌日采国际儿童民间艺术节交流活动等，均取得较好反响。同时，继续成功举办七色光品牌活动“能言善道”冬夏令营、六一汇演、才艺大赛、“转发有礼”、“票务福利”、“参观福利”等，增加了学员和家长的黏性，拉近了和培训机构的距离。

卡酷七色光成立了“小演员人才库”，打造七色光“明星学员”。对七色光艺术团、培训事业部学员的基本信息进行分门别类，对明星学员进行深度包装，为剧组、节目组选角提供更有效的渠道。

苏州卡酷公司继续承制北京电视台外协制作任务，制作完成财经频道外协动画6543秒；广告部公益广告5条，共计150秒；新闻部外协动画947秒；北京卫视栏目动画片头、栏目整体包装等，共计7657秒。

北京北视英特维文化传播有限公司工作概况

北京北视英特维文化传播有限公司现由北京电视台控股，北京电视产业发展集团、北京卡酷传媒有限公司、北京电视台黄金海岸培训中心参股组成。成立于2000年4月，秉承“开拓创新、追求完美”的企业精神，以“汇聚、融合、孵化、营销”作为经营理念，并紧随技术的进步和市场的需求，发展成为目前集舞美灯光、影视节目制作、系统集成、媒体资源管理、呼叫中心、宽带多媒体和信息技术业务为一体的多元化企业。2013年5月成为北京电视台台属一级企业。

一、已有业务稳健发展

北视英特维凭借多年的专业影视制作经验成立的“北视英特维影视工作室”，已形成由节目部、制作部、录制部、包装部及教育培训部组成的全方位矩阵，提供市场活动策划、精品节目策划、品牌营销推广、后期剪辑、特效制作、外景拍摄、演播室录制、大型转播、影视教育培训等专业一体化服务，成为以提供优质内容为核心竞争力的跨媒体整合运营商。多年来完成了台内《税收天地》等栏目一系列整体包装及后期制作项目。除此之外，完成了朝批商贸股份有限公司企业专题片及企业宣传片任务；承接了北京市人民检察院的形象宣传片项目，此片在第三届微电影专题片新媒体作品展播活动中，荣登全国检察机关“十佳作品奖”榜首，并一举拿下最佳包装奖。此外，公司还承接了

"一带一路"高峰论坛、中非合作论坛等多项国际会议的直播工作，及北京国际电影节、国家发展论坛等重要活动的录制工作。宽带综合业务是2000年公司成立时的创始业务，主要包括互联网接入、光缆网建设和租赁，多年历次成功中标国家会计学院多媒体教室及网络系统运维的外包服务。系统集成主要从事音视频系统、网络系统、智能楼宇等的项目集成。公司与电视台台办合作共同搭建的北京电视台"96168"栏目热线系统，为9个频道、100多个栏目提供服务，目前已成为北京电视台各栏目与公众之间沟通和交流的桥梁，并为台领导提供最新的舆情分析报告。被首都精神文明建设委员会授予市级"学雷锋志愿服务示范岗"称号。媒体资源管理主要是对北京电视台现有库存节目进行尝试性编目，对各类题材的节目类型进行归纳，对现有媒资管理系统相关流程进行校验和实践，同时上载历史存留的各类磁带素材到台媒资库中存档。舞美中心自成立以来承接了中央电视台、北京电视台及社会各界的大型栏目晚会，文化公司商业汇演、发布会和大型展览展示活动等，为各界提供舞台美术设计及制作的全方位服务。是中央电视台的合作单位，与其合作项目有《星光璀璨演唱会》《国庆戏曲晚会》《金砖峰会》等。

二、积极开拓新业务市场

2017年7月成立教育培训部，以青少年素质教育、岗前培训、在职培训、参与学历制教育为产品定位，以广电行业、新媒体行业、文化传媒行业、政务培训为市场领域，以培养行业教师、学生、学员为目标，联合各界优质资源，在自主办学、联合办学、教育地产IP输出等方向进行探索与深耕。自成立以来与多方签订了战略合作协议，合作领域囊括政府相关机构、教育领域优质企业、行业领域优质企业、公办高等院校、民办高等院校等，教育培训领域合作覆盖全国。

2017年底公司成立事业发展部。主要负责公司对外宣传、合作洽谈、商务开发、拓展业务等工作。自成立以来对接了国家体育总局小球运动管理中心、手曲棒垒运动中心、中国台球协会、第一太平戴维斯地产管理公司等资源，并且研讨了未来合作的方向和可能性，参与了公司福州文化创意项目、盘州东盟项目的调研与考察。

公司增设福州项目部，主要负责从事福建省文化创意产业项目开发事宜。经过多次走访、调研及实地工作开展，已经与福州大学经济与管理学院签订战略合作协议，共同成立福州大学文化发展研究院，旨在围绕北京电视台及台属企业——北视英特维与福州大学及校属学院——经管学院双方优势，共同在福建省构建一个融合南北优质资源的集文化创意、教育培训、智库建设、融资、高新技术产业、青年创业指导、公益活动策划等为一体的综合性资源平台。

北京电视台黄金海岸培训中心工作概况

一、经营情况

2017年接待工作从6月15日开始，中心采取调低房价、制定团队销售激励机制、推出微信公众号等措施，本年度接待散客开房数增长12%，但受价格调整和开业时间的影响，收入减少117万元，同比下滑27.13%；受台职工休疗政策调整的影响，台职工来中心休疗人数大幅度下滑近80%，收入减少320万元，同比下滑79.37%，中心全年实现收入395万元(税后)，同比下滑52.53%，亏损面呈扩大趋势。中心严格控制成本、压缩支出，全年减少工资支出37万元，同比下降11.46%。通过控制能源费用支出、合理利用物料库存、压缩招待性费用，2017年实际经营成本为792万元，相比2016年1013万元的总成本支出，同比减少221万元，降幅22%。

二、采购工作

中心调整了采购工作流程，完善从申报、询价、购买、入库、使用的工作流程，各个环节互有监督。柴油、液化气、客房和餐厅物料、工程零配件等易耗品的采买上，采取了尽量消耗库存减少外购，全年同比减少支出38万元，降低68.69%，在相关物料的使用上，严格出入库手续，取得较好效果。

三、锅炉改造

1月中旬中心接到本地区管委的通知，营业季开始黄金海岸地区禁止燃煤锅炉的使用，而当地并无管道燃气供应，中心多次研究后提出先建设燃油锅炉，并在条件允许的情况下适时建设太阳能集热系统以降低能源成本的工作方案，在台领导的支持下，台拨款120万元，在台相关部门的支持帮助下完成了两台燃油锅炉的建设，新锅炉于6月14日一次点火成功试运行。

四、安全生产

培训中心的主要基础设备、设施是20世纪90年代和2000年初建设，空调、管线系统、冷库以及安防监控等系统使用都已经超过15年，处于超期维持运行的状态。中心在经费紧张的情况下，对监控系统的视频探头和硬盘、消防设施和灭火器的更新添置与维护、厨房烟道清理以及部分老旧电线电缆更新等方面做了必要的投入，维持了安全生产的局面。规范各项安全管理制度并严格执行落实，确保中心本年度无安全责任事故的发生。9月26日，河北省星级评审复核小组对培训中心进行了3年一度的四星级酒店复核考察，通过本次星评复核，中心受到一次旅游接待工作的专业教育，发现存在的一些问题，对今后如何维护四星级形象，提升工作水平有助推作用。

北京国际电影节有限公司工作概况

一、组织筹办第七届北京国际电影节

2016年9月，第七届北京国际电影节筹备工作业已启动，2017年3月，公司股东变更为北京电视台，作为台属一级企业，与北京电视台影运中心共同负责北京国际电影节的具体组织运行工作。据此，在局、台领导的带领下，我们调整了电影节组委会办公室的运行机制，实行局、台双重领导制度，确保有关工作准确、高效、畅通、安全地运转。

4月16日至23日，第七届北京国际电影节在北京成功举办，组织了“天坛奖”评奖、开幕式、北京展映、北京策划·主题论坛、电影市场、电影嘉年华、闭幕式暨颁奖典礼等七大主体活动，以及“注目未来”单元、纪录单元、“经典京剧电影”单元、网络电影单元、电影音乐会、电影沙龙及行业对话、新片发布等，活动总数超过370场，受到社会各界关注。电影市场签约重点项目56个，签约额达174.58亿元，较2016年提升6.9%，项目创投板块收到712个报名项目，较2016年提高5.6%，均创历史新高；17个主题、近500部中外影片佳作在全市31家影院展映1000余场。来自50余个国家和地区、300余家中外电影机构的1.5万名中外嘉宾，100余万人次首都各界群众参加电影节各项活动。445家境内外媒体、近1600名记者参与采访报道。

第七届电影节圆满结束后，公司还完成了收集、整理档案，发送感谢信；收集数据、舆情与各界对本届电影节的评价；资金结算，项目验收与审计；第七届电影节画册、总结片、工作纪录片等视频或画册的制作；赞助商回报总结、发放荣誉证书和赞助款入账及其他收尾工作。

二、启动第八届北京国际电影节筹备工作

2017年9月，公司启动了第八届北京国际电影节筹备工作，制定电影节总体方案、场地使用方案，全面启动各项目筹备工作，大力推进招商工作。10月10日，市委常委、宣传部长杜飞进同志听取了第八届北京国际电影节筹备情况汇报，原则同意电影节总体方案，并对下一阶段工作提出具体要求和部署。

三、完成公司股东及相关材料的变更工作

2017年3月，公司完成股东变更工作，随后，完成了电影节公司产权交易鉴证、工商变更、税务变更，与台有关部门进行了对接；完善用工形式，形成较完整的部门分工；推进法人治理结构变更；参照台有关制度，修订电影节公司人事、财务、公务出访、公务用车等规章制度。

北京京视卫星传媒有限责任公司工作概况

一、广告经营创收情况

2017年北京卫视全年广告创收总额为24.6亿元，比2016年的14.56亿元增长10亿元。

全国5家一线卫视只有北京卫视实现了广告创收逆势上扬，湖南卫视广告创收下降幅度最高达到17%，浙江卫视广告创收下降达到15%，江苏卫视广告创收下降11%，东方卫视较去年持平。北京卫视广告创收增长10个亿，这不仅实现了电视媒体大环境下的逆势增长，更是全国所有省级卫视中创收增长率第一名。

二、2017年增长10亿元的重要原因

单品过亿元客户和“首都聚首席”品牌战略合作效果显著。北京卫视多年来未有单品过亿元的客户，2017年通过让品牌与平台做强捆绑的资源谈判成功获得4个过亿元的合作客户，分别是OPPO、天猫、景田、江中。OPPO冠名《跨界歌王》第二季和《舞力觉醒》，白岁山冠名品质剧场，江中集团参灵草定制《但愿人长久》和《生命缘·生命的礼物》，和天猫达成台网联盟战略合作。

2017年，京视卫星公司深入挖掘首都北京的独特营销价值，在北京卫视平台上，“首都聚首席”成为一个突出现象，越来越多的行业首席品牌聚首在北京卫视。OPPO 、百岁山、江中、天猫 、网易云音乐、云三七、中国人寿等都是行业中的翘楚和首席品牌。

新增品牌与重点行业表现抢眼。北京的刊例规模年年跃升，彰显平台向上力，根据CTR 2017年1到9月1700-2400的数据显示，北京卫视满档率位列省级卫视第二，2017年北京卫视新增品牌181个，京视卫星公司通过提前布局，在重点行业上重点发力，以行业垂直细分的节目为抓手、以行业独有的经营政策为保障，实现了在几大行业上的重点突破。

一是新型网络品牌爆发式增长。掌门一对一教育软件冠名《中国故事大会》、微医APP冠名《我是大医生》、移动i-Fi智能热点冠名《我想见到你》、齐家网冠名《暖暖的新家》。市场上越来越多的新型网络品牌，第一时间选择以北京卫视为撬动市场的载体，北京卫视互联网类客户的投量较去年同期涨幅达到1241%。

二是北京卫视靠品牌形象成为酒类客户投放的重点卫视。茅台成为《非凡匠心》节目顶级合作伙伴；汾酒连续3年冠名《大剧抢先看》；牛栏山酒厂强势合作《厉害了我的歌》和《跨界喜剧王》。根据CTR2017.1—9月前卫卫视酒类刊例花费分布图显示，在五大强势卫视投放的酒类客户，超过50%已与北京卫视有合作。

三是汽车品牌高度信任北京卫视。共有26个汽车品牌选择北京卫视，其中新品牌9家，SUV越野车和轿车品牌2017年投放量较2016年同期涨幅分别达到134%和43%。

除此之外，快消品行业也特别重视北京市场的营销价值，食品、饮料和化浴用品共有124个品牌在北京卫视投放，其中2017年新增品牌有36家，食品类客户同比涨幅达30%。

深度研发品牌定制类节目，满足客户品效合一需求，实现品牌和平台影响力的双赢。2017年，北京卫视的节目帮助广告客户实现最大的价值提升。例如江中参灵草定制《但愿人长久》栏目，节目突出的情感关怀理念与参灵草主打术后康复关怀的市场切入点深度契合；齐家网定制《暖暖的新家》，体现出齐家一站式装修解决方案提供者的姿态；云三七通过2017年《养生堂》冠名项目，新品单品季度销量破两亿，2017年整体销售突破5亿元，提升幅度2.5倍。

探索创新广告产品新形式。2017年，公司在新的广告形式上不断探索，力求为客户打造更具创新性和传播力的广告产品。在综艺节目植入类型数量上，北京卫视居省级卫视第三位，达到43个类型。节目的冠名项目单次曝光高居第一，冠名项目情景互动紧密，情景对话单位曝光时长位居榜首。

对于品质剧场，公司梳理并创新了许多“大剧营销”的广告新形式，品质剧场植入资源排名卫视平台第二位。例如全国首创并不断升级的广告产品——片尾彩蛋，屡创收视佳绩的《大戏看北京》，以及与客户高度融合的一系列线下活动等；还有与阿里巴巴“台网联盟”的战略合作，打通“电视—电商”跨平台营销渠道，在北京卫视周末季播、品质大剧及大型晚会中都有深度互动合作，把节目内容、电视剧情与互动玩法充分结合，观众可实时互动、猜胜负、摇大奖、抢红包、买爆款等。在6月18日当天舒适达天猫超市品牌店成交额是2016年的近600%，是天猫超市增长均值的2倍。

北京京视电广传媒有限责任公司工作概况

2017年北京京视电广传媒有限责任公司全面展开与生活频道的一体化运营工作。生活频道作为北京电视台地面频道探索创新经营模式的改革试点平台，从“生活一体化”成立之日起便坚定不移从以往单纯内容集成与广告单向运营的形式向生活融媒平台转化，以产业发展作为改革的核心战略方向。

一、全年收入状况

自2017年6月台党委通过生活一体化经营改革方案起，截至12月底，频道公司累计实现总收入1.158亿元，利润超过1850万元。其中广告收入9980万元，产业收入1630万元。

二、产业运营规划

近一年来，公司在“跨行业、跨媒体”方面对资本运营有了更深刻的认识并产生了新的需求。

一是全面打造优质、高端、可靠的BTV i生活品牌形象，以首都百姓的品质生活顾问为品牌内核，积极推进品牌形象设计及商标注册工作。二是树立品牌意识，共享品牌知识，熟悉品牌识别，理解品牌理念，在内容生产、产品设计、活动策划等工作中时刻注意表达品牌形象。三是采用中央厨房融媒内容生产模式，内容多平台联合生产，多屏分发，打造新媒体核心品牌“BTV i 生活”。四是在 BTV i 生活品牌的整体形象下，分别发展 i 生活家装、i 生活美食、i 生活旅居等产品，统分结合进行产业链发展规划，搭建多种投融资合作方式模型，为公司未来上市做好规划准备。

三、几大支柱项目，形成产业生态闭环

家装——打造“TV + 家装”品牌平台。以《生活 +》栏目为起点，依托电视以及新媒体的平台，实现全产业链整合，陆续在家装、房产、旅游等项目的产业化运营中摸索出适合北京电视台特色的发展模式。推出“平台 + 联盟 + 展会 + 体验馆”系列化产品。

美食——打造 i 生活美食生态。推行融媒多样化经营，实现美食品牌的深度市场化转换，由单一广告扩展为“电商 + 新媒体营销 + 大型活动”生态化产品体系。

旅居——创建北京市民旅居置业首选品牌。整合积聚京外房产资源与巨大的客户需求，全力打造旅居置业领域的权威媒体顾问管家“BTV 乐房购”项目。未来还将深入开发旅居置业、养生房产、分时租住、民宿体验等新兴生活消费产业，为京城百姓安居置业、养老养生提供最可信、最优质的房地产顾问服务。

文创品牌——推动智慧型园区建设，打造产业转型发展新模式。通过构建全媒资源矩阵，打造定位于公共文化、休闲文化、体验文化等品牌的文创产品，推出系列化年节文化活动、绿色生态体验区、时尚生活设计园等系列项目，打造集双创产业、文化消费、休闲体验于一体的北京智慧型生活园区。

i 生活商城——基于频道的内容优势，服务百姓生活的优质电商，集内容输出、产品选购、知识获取于一身的融媒电商产业生态链。

婚恋——打造婚恋与新生家庭的生活百科平台。塑造一档具有市场影响力的核心品牌栏目，从内容、品牌和产业三个层面拓展婚恋板块的内容题材和经营产品，进而推进婚博会、婚恋课堂等衍生经营产品的策划。

旅游教育——推出精品化定制化旅游产品。从品牌旅游节目到旅游全线产品开发，实现市场模式的重大转变，计划推出“旅游线路精选 + 旅游目的地开发 + 主题游学产品”等延伸产品。2017 年协同全国近 30 家省级地面频道成立了全国电视旅游联盟。

北京京视体育发展有限责任公司工作概况

2017 年是京视体育公司独立运营 BTV 体育频道广告及经营性业务的第 3 年。在头部赛事版权受限的情况下，公司一方面做好广告经营，一方面积极开拓资源，着重加强与体育联盟、行业协会、政府相关部门的紧密合作，积极开拓大型活动组织等其他创收渠道，并在公司队伍建设上下功夫，加强整合策划能力，培养多名业务骨干，管理提质增效。

对于 BTV 体育频道而言，2017 年是转型的攻坚之年，自负盈亏、加强成本控制、实现收支平衡是刚性指标。与其他频道不同，长期以来，赛事是体育频道的核心资源更是经营保障。近几年由于资本市场的震荡，头部赛事版权费用连年大幅飙升，加之地面频道性质所限，赛事引进成本增加的同时，也因版权置换压缩了广告经营的空间。针对出现的新情况、新问题，京视体育在频道经营方面因势而谋，依托本土文化和地缘优势，寻求新的对策。

群策群力，发挥一体化经营优势，在频道设立了节目策划小组，加强经营与节目内容生产的无缝衔接。强化数据分析，增强整合运营的内容策划能力。目前频道参考人群分众已经增至 82 个，分钟流水数据超过 9000 万条，针对特定分众、栏目、时段、赛事，进行了详细的收视分析和人群构成等数据对比。通过设计“情景剧植入”“高光时刻”“定制宣传片”等，在专业上精耕细作，开拓新的广告形式；进一步加强与广告客户的良好沟通，深入了解客户需求，针对客户自身特性进行个性化、差异化设计。例如，针对中超联赛国安、CBA 首钢的优质资源，提早做好各项数据及资源准备，打通赛前、赛中、赛后的黄金时间带，定制软性植入 + 硬板广告的整合营销方案；根据体育赛事自身特点和球队情况变化，及时调整北控队的销售价格和销售策略，实现增量；通过频道微博微信，提升融合传播力，增加变现渠道。加强王牌收视节目的广告价值开发，如收视率和市场占有率在全台稳居前列的《欢乐二打一》，通过不断与客户沟通，数据整合分析，在 2017 年改为大日播节目后，广告销售有所提升。同时深挖频道时段广告资源，打通黄金收视带，通过高收视节目带动前后频道时段的售卖，如增加了晚间《天天体育》后时段的“魅力北京”板块。在广告经营过程中，严守价格体系，坚持高品质、专业化。由于体育频道的目标受众主要为中青年高学历高收入的男性群体，一直以来也受到很多高端品牌客户的青睐。公司在广告经营中，严格执行台内规定的价格体系，严格把握品牌调性与频道定位相符，广告经营不以降低节目品质、影响节目内容为代价。在巨大的创收压力下，依然严控品牌品质、严查广告内容，力争找到节目与经营最佳的平衡点。加强与政府部门、行业协会的合作，借助外力共同拓展体育产业发展的有效模式。密切联系北京市体育局、北京市足协、北京市教委、北京体育大学、北京冬奥组委，整合各方优势，挖掘体育市场的赛事、人才、智力、政策资源，寻求政府的资金支持和政策倾斜，探索产业经营之路。

专项纪事

新闻节目中心全力做好十九大盛会报道

新闻节目中心

2017年10月18日上午9点，举世瞩目的中国共产党第十九次全国代表大会在北京隆重开幕。新闻节目中心提前策划，精心准备，派出40多路记者，有的在人民大会堂第一时间采访北京市党代表参加这一历史盛会的感受；有的赶赴北京市各委办局、16个区、北京城市副中心、新机场建设工地、北京冬奥组委以及驻京武警部队驻地等，一起聆听习近平总书记所作的报告，采访报道广大党员干部群众收听收看盛会的场景，反映社会各界对党的十九大的热烈反响，共度十九大时光。

一、精心策划，做好预案

上午10点，新闻中心8层机房异常繁忙，栏目所有编辑全员上岗。由于早上从7点开始并机直播十九大开幕式，《特别关注》的播出时间一直不能确定，当开幕式直播已经超过中午12点20分时，台领导果断决定，当天的《特别关注》栏目顺延播出，一定要把全市收听收看十九大开幕式的新闻第一时间播出去。在总编室、卫视中心、播出部等部门的快速反应、积极调整下，当天的节目在12点55分正式开播。

经过特殊编排的《特别关注》栏目时长51分钟40秒，由“十九大特别报道”“十九大时光”和“砥砺奋进的五年”三个段落构成，共发稿36条，其中28条为抢发新闻。为做到有备无患，记者提前联系好各委办局、各区以及各相关部门做好采访准备。同时新闻中心各栏目根据中宣部安排，从10月12日开始，统一推出“十九大时光”专栏报道，全方位、多角度地营造喜迎十九大热烈、团结奋进的舆论氛围。“砥砺奋进的五年·喜庆十九大北京新篇章”大型航拍系列宣传报道，同样是为迎接和庆祝党的十九大推出的又一力作，报道以全新的角度和表现形式，展现北京自十八大以来的巨大变化，记录北京5年来各项事业的发展。

二、反应迅速，紧抓时效

此次十九大特别报道，反应迅速，紧抓时效。当天台领导和部门领导全程现场指挥、调度、协调、监审；新闻栏目各版块分工明晰、责任落实到人。早上7点多，各路记者前往采访报道。7时30分，在人民大会堂十九大首次设立的“党代表通道”上，驻会记者占据有利地形，成功拍摄到蒙曼代表回答记者提问，谈国学热和文化自信内容，迅速完成编辑。上午大会结束后，代表们走出会场已12点40分，记者在人民大会堂门前采访了北京代表团代表，及时通过4G回传到台，在前后方记者的合力抢发下，及时准确将代表听完报告第一时间的感受展现到电视屏幕上。在开幕大会结束后不到30分钟，《特别关注》栏目就对首都各界收听收看实况进行了播出。记者们第一时间采访的首都各界干部群众收听收看的新闻，在当天节目中迅速传送、编辑并且有条不紊地播发，在省级卫视有关十九大开幕新闻报道中，北京电视台反应迅速、内容丰富全面，播出时效和体量名列前茅。

当天下午3点召开的北京代表团第一次全体会议是首都媒体报道的重中之重。北京团各位代表讨论报告的消息要第一时间播发，然而北京会议中心没有为北京电视台开通传输信号。为了及时发回报道，台领导果断决策，派出卫星车到北京代表团驻地回传素材。新闻节目中心和总工办、转传部、制作部密切配合，确定方案并于17日夜协调朝阳区委、区委宣传部等部门，确定卫星车停放位置及信号传输细节。在台办的大力协助下，又以最短时间完成了公文审批发送等手续，编辑部、制作部、转传部等迅速完成设备安装、调试等工作，夜勘场地并将卫星车停放在北京会议中心允许的最近位置，于18日上午11点顺利就位，完成信号测试，有力地保证了画面的及时传输。18日下午，前方记者采用多次拍摄、多次传递、多次传输的方法，分几次回传会议画面。台内记者与前方密切配合，准确对接画面与文稿，分四路迅速完成编辑，确保了蔡奇、郭金龙、刘淇、陈吉宁等代表对十九大报告的理解与认识第一时间在《北京新闻》中向社会发布。

三、覆盖面广，丰富翔实

此次十九大特别报道，新闻中心前后方配合默契，上下齐心。内容上力求丰富翔实，多角度多侧面反映十九大盛况。40多路记者分布在人民大会堂、市商务委、教委、财政局、新闻出版广电局、冬奥组委、新机场、部队、高校、法院、社区、远郊区、北京会议中心等地，把镜头聚焦基层，用一手收听收看实况新闻，让观众第一时间感受到社会各界对十九大的热烈反响。汇聚北京电视台新闻中心上下共同力量，开幕式当天的《特别关注》《北京新闻》栏目顺利完成十九大盛会特别报道，受到市委宣传部表扬。

“喜庆十九大·北京新篇章”大型系列航拍报道成功播出

新闻节目中心

2017年10月30日，由北京电视台新闻节目中心推出的“喜庆十九大·北京新篇章”大型系列航拍报道最后一期在《北京新闻》中播出，此次系列报道从10月1日起开播，横跨国庆黄金周和中国共产党第十九次全国代表大会全程，历时30天，展示北京市自十八大以来5年中所取得的发展成就。系列报道采用无人机航拍技术和4K超高清影像技术相结合，以空中视角全方位、立体化展示首都发展的新成就、新风貌，让观众感受到“北京砥砺前行的铿锵步伐”。

截至10月30日，大型系列航拍报道——“喜庆十九大·北京新篇章”一共首播23集次、重播158集次、网络推送35次、累积点击量超过270万；在《北京您早》《特别关注》《北京新闻》《直播北京》《都市晚高峰》《晚间新闻报道》《手语新闻》等卫视和新闻频道新闻栏目中累积播出623分钟；“喜庆十九大·北京新篇章”航拍宣传片在北京卫视频道、新闻频道、文艺频道、科教频道、影视频道、财经频道、青少频道、纪实频道、卡酷少儿频道累积播出6520多次；系列报道拍摄航拍素材达到13000G，21000多分钟。此次系列航拍从策划到播出前后历时半年，在报道规模、宣传推广方式、制作手法、创新思路上都有了全新的突破。

北京电视台圆满完成市两会报道《市民对话一把手》获赞

新闻节目中心

2017年1月14日至20日北京市两会期间，由市政府办公厅主办，北京电视台、北京城市广播、北京时间、首都之窗、千龙网、北京发布联合制作的年度大型系列直播访谈特别节目《市民对话一把手·北京新表达》与广大市民见面。市发展改革委、市国土规划委、市环保局、市交通委、市水务局、市民政局、市卫生计生委等7家政府部门的“一把手”，走进BTV两会演播厅，通过视频、电波、网络、客户端等多种形式，与市民就大气污染治理、河湖水系建设、疏解与发展、缓解交通拥堵、养老体系建设、卫生体制改革、城市副中心规划建设等话题进行对话沟通。

节目积极与市民沟通对话，主动回应市民关切，有力地塑造了公开透明、直面问题、勇于担当的政府形象，播出后赢得了广泛好评。市人大常委会党组书记、市十四届人大五次会议主席团常务主席杜德印同志称赞“一把手节目”锻炼了领导干部与群众沟通对话的能力，用事实证明了只要与群众平等、客观、坦诚对话，党和政府的各项工作一定能得到广大人民群众的支持和理解。

市委副书记、市长蔡奇在《市民对话一把手》的总结上批示：这个节目办得很好。今后要进一步加强与市民沟通互动，以争取社会对政府的理解和支持。

精心策划内容，注重市民关切。在“市民对话一把手·北京新表达”访谈节目策划阶段，BTV新闻节目中心与市政府办公厅一起联合各个委办局召开了4轮选题策划会，明确了“一把手”不回避难点问题，直面市民关切的节目理念。市发展改革委主任卢彦在节目中回应动物园批发市场服装生意搬到沧州后变得冷清的提问；市环保局局长方力回答了政府花大力气治理空气但效果并不明显的提问；市交通委主任周正宇回应了三环路施划公交车道增加交通拥堵的提问。“一把手”们真诚的态度增进了市民对政府工作的理解和信任，也提高了节目的关注度。

持续创新突破，赢得各界好评。在“市民对话一把手·北京新表达”访谈节目中，新闻节目中心和制作部合作为“一把手”拍摄宣传片，在2016年的基础上进一步创新，特别策划了拍摄“一把手”走基层、服务一线的工作状态，通过朴实、平和的镜头语言，将各委办局一把手带到大众视野当中，用真情实感述说热点话题。两会期间，市委副秘书长、市委宣传部副部长严力强传达了市领导对“一把手”宣传片的评价，认为2017年的宣传片内容真实品质高，进一步提升了政府形象。

媒体高度关注，形成两会热点。“市民对话一把手·北京新表达”访谈节目，由于节目观点新、信息量大，中央媒体以及其他市属媒体给予了高度关注。中央电视台新闻频道《新闻直播间》《共同关注》等栏目多次在重要时段，以较大篇幅突出播发北京市交通委、市民政局、市卫计委三部门“一把手”回应市民关切的相关消息。人民网、新华网等中央及市属媒体发布有关一把手节目的报道1236条，微博、微信等自媒体推送消息1355条，市属网络媒体覆盖网民1835万余人次。

打造中央厨房概念，多屏联动传播。在此次“一把手”节目中，报道组通过总体设计来确定新闻内容，安排各家媒体根据各自优势，个性化制作传播内容，综合运用纸媒、电视、广播、网站、微博、微信、手机客户端等平台深入报道。北京电视台发挥了电视传播优势，拍摄制作了“一把手”形象宣传片，推出了系列大数据短片，并和千龙网一同拍摄制作了“民意直通车”视频短片，同时保障了广播、电视、网络全媒制作呈现。北京新媒体集团发挥了融合网络媒体的作用，汇集网民意见，实现网络全程互动直播。首都之窗、北京发布则集中时间、同步推出“市民对话一把手——请你来提问”话题评选的问卷调查和问题征集活动，收到各平台留言总数3万余条，留言点赞总量突破2000万。从预告到民意征集再到最后的节目呈现，“市民对话一把手·北京新表达”访谈节目在各平台相互推送，真正实现你中有我、我中有你的融合制作，形成了“矩阵式”传播格局。

北京电视台全力投入全国两会报道

新闻节目中心

从3月3日开始，2017年全国两会在京召开。两会期间，北京电视台共在《北京新闻》《特别关注》《北京您早》《都市晚高峰》《晚间新闻报道》《直播北京》等栏目中播出两会报道近260条次，其中自采新闻近200条次；新闻评论近20个话题；同时及时转发央视相关新闻，并广泛摘发了新华社、人民日报等媒体有关两会的报道内容。

一、精心谋划，做好谋篇布局

在报道力量的配备上，调集要闻采访部、编辑部、评论部、综合部、制作部等部门的编辑记者和技术人员近百人（其中驻会22人），组成前后方相互衔接、互相配合的报道队伍。

在报道内容的宏观设计上确立了“导向正、时效强、视野广、重创新、全媒体”的总体要求，以BTV新闻频道这一全天播出平台为依托，设计了《全国两会特别报道》《两会时政要闻》《两会发布》等10多个专栏，是北京电视台历年两会报道设置专栏最多的一次。

二、主题突出，确保导向正确

2017年，根据市委宣传部和市人大、市政协新闻处的要求，全力做好常规报道，尤其是对人大北京团活动的报道，其中包括北京代表团参加的全体会议、全团会、分组会、媒体开放日等，以及涉及北京城市建设和管理的话题性报道。报道聚焦代表委员，先后采访了代表委员200人次，充分体现了基层代表委员积极履职的风采。

三、创新引领，拓宽报道视野

重点关注“部长通道”、政协记者会、人大新闻发布会等新闻热点，将全国性的重大政策发布和解读纳入我们报道视野，共发稿20余篇，采访部长40余位，为观众提供了更多来自两会上的国家级的权威资讯。同时，积极争取提问机会，在两会上发出BTV的声音。

四、主动作为，推进京津冀协同

京津冀三地电视台首度联手，组成联合报道小组，推出《共话京津冀》专栏。在中宣部召开的两会报道新闻通气会上，得到中宣部相关部门领导的表扬。

五、统筹协调，与央媒“强强联合”

与“人民日报中央厨房”共同打造《专家谈两会》专题节目。与新华社北京分社共同推出《海外看两会》《海外朋友圈》等栏目。与央视对接，在新闻采访资源上实现相互支援，相互补充。

六、加强评论，发挥智库优势

全国两会期间，北京电视台新闻中心新闻评论部与新闻编辑部联合推出新闻评论板块《大家谈两会》，每期节目时长10～15分钟/天，在北京卫视的《北京您早》栏目中播出。评论部推出《高端访谈》节目，充分利用评论部智库资源和专家资源丰富的优势，邀请众多重量级的专家、学者，就经济、环境、外交、民生等领域进行解读。评论部还与编辑部一起，每天结合当天的两会新闻热点，配发两条本台评论员团队与记者团队联合完成在卫视的新闻短评。

七、媒体融合，新媒体提升影响力

两会北京电视台新闻节目中心依托72万粉丝的微信大号“BTV新闻”的巨大影响力，每天在头条位置，推送前方记者回传的两会新闻报道，并与粉丝互动。在微信公众号上开辟“两会专区”专题社区页面。在BTV新闻今日头条官方订阅号上，每天精选推送多条两会新闻报道，碎片化处理后形成主题短视频在网络进行传播。

立足两会新闻报道，积极推进北京电视台融媒体演播室改造。北京电视台新融媒体生产演播系统，未来将承担“一次采集、多元生成、多平台发布”的“中央厨房”的融媒体任务，融指挥、生产、发布、编播、管理、数据等功能于一体，打通信息素材、直播信号，供电视屏与新媒体同时调用和分发。真正实现一个平台支撑、一个平台同步调取，满足多平台直播信号、视频素材、外来数据、新媒体交互数据等资源实时调取和使用需求，实现多平台无障碍使用。

北京电视台圆满完成“一带一路”国际合作高峰论坛报道

新闻节目中心

2017年5月14日至15日，在北京举办的首届“一带一路”国际合作高峰论坛，是我国2017年重要的主场外交活动。北京电视台举全台之力，圆满完成了“一带一路”高峰论坛大型系列直播报道《共建丝路 共赢发展》。

从5月10日开始，北京电视台在《北京您早》《特别关注》《北京新闻》等新闻栏目中推出《共建丝路 共赢发展》特别节目，全面报道北京市的筹备工作和“一带一路”国际合作高峰论坛相关动态消息，并通过外派记者，与新华社、人民日报、中国国际广播电台合作等方式，采制播发配合报道，营造良好的舆论氛围。14日、15日论坛期间，北京卫视和BTV新闻频道并机播出，开辟《共建丝路 共赢发展》特别节目大直播时段，通过现场直播、新闻报道、演播室访谈等多种形式全方位呈现高峰论坛盛况。截至5月15日23点，大型系列直播报道《共建丝路 共赢发展》共播出相关新闻报道539条次 14～15日两天，北京卫视与新闻频道并机直播有关“一带一路”内容超过21个小时，自制直播时长累计12个小时。

此次论坛是2017年我国倡导的最大规模、最重要的主场外交活动，而此次直播报道同样开启了北京电视台重大国际时政类题材新闻直播先河。多路记者全球连线，与新华社等央媒合作，与多家电视台直播联动，访谈高端、评论精彩，彰显首善媒体的风范。

报道团队在策划之初，就与国内与丝路相关的城市取得联系，或派出记者或与当地电视台合作，为大直播提供直播连线和现场报道，如天津、浙江义乌、福建泉州、甘肃兰州、云南瑞丽等地。为此北京电视台与甘肃电视台、广西钦州电视台、广西北海电视台、浙江义乌电视台、福建泉州电视台、天津电视台、新疆乌恰电视台等展开合作。

与此同时，“天涯共此时”第二季报道启动，外出采访记者先后从柬埔寨、巴基斯坦、摩洛哥发回现场报道。相关报道与国内新闻相互配合，相互呼应，延伸了报道触角，丰富了报道层次和报道内容，实现了较好的传播效果。北京电视台新闻中心还与新华社、人民日报、中国国际广播电台等央媒密切合作，此次报道共涉及20多个国家，30多个点位，可谓规模空前。

为圆满报道这一中国主场外交里程碑式的重大事件，新闻中心提前一个月开始组织相关编辑、记者、主持人进行培训和学习，或邀请外交部、论坛智库专家来台进行培训，或参加中宣部等组织的集体专项培训学习，使编辑记者对这一具有政策理论高度的事件概念清晰，事实准确。报道团队提前与论坛智库专家进行多次研讨策划，最终确定了一横一纵双轴线推进的直播内容架构，纵向以14日国家主席习近平主旨演讲解读、收听收看体会以及当天高峰论坛议程为线索进行直播，横向以习主席提出的体现丝路精神的“五通”即“政策沟通、设施联通、贸易畅通、资金融通、民心相通”为架构，为解读讲话精神提供事实依据和评论抓手。

此次报道新闻中心开启了连续直播报道的新模式。从10日开始，在北京卫视的三档节目中，持续不断地进行直播报道，连线相关地点，邀请嘉宾进入演播室访谈，为论坛的召开营造良好氛围，充分体现东道主媒体的主动担当。中央电视台的特别节目于11日开启，北京电视台比央视提前一天。

此次直播快速及时准确，引用大量外媒声音。特别强调由外向内看论坛的视角，用海外媒体的声音以及外国人的视角来呈现论坛盛会的深远意义及未来愿景。直播团队很早就与人民日报、新华社等中央新闻媒体共同策划实施了外媒看论坛的版块，在直播中利用实时虚拟的手段第一时间在电视媒体中把海外众多媒体对论坛的评价呈现出来，传播效果很好。

此次直播广泛利用新技术，在国家会议中心搭建前方演播室，在雁栖湖设立单边注入点，发出BTV自己的声音，和台里350主演播室配合联动，克服多项技术难点，增强新闻表现力。直播以“主演播室+现场演播室+媒体中心单边点+外部连线”的形式展开，形式多样，内容丰富。其中，主演播室把控全局，汇聚各方信息，主打重要事件的背景分析和深度解读；现场演播室第一时间发布论坛现场消息，主打即时评论；新闻中心“天涯共此时”大型新闻行动外派记者、新华社和国际台驻外记者、国内重要丝路城市的记者连线，重点关注各方对论坛的积极评价和重点丝路项目的动态进展。此次直播加强评论力度，充分利用北京丰富的专家资源，及时传达中国媒体声音。北京电视台新闻中心还充分利用新媒体，制作多条可视化、接地气图文，实现了千万级的移动端传播，达到全网超过1500万阅读、播放量。

报道团队敬业专业，勇于担当，体现BTV人精神。此次报道规格高，能够参与最核心活动的记者人数十分有限。在习近平主席出席的开幕式、晚宴、演出、圆桌峰会、成果发布会5场主要活动中，BTV记者除没能参与报道演出以外，参加了其他全部4场活动的报道，可以说是这种高级别会议，参与报道场次最多的一次。多位记者第一时间从核心现场传回第一手的生动报道。

为及时应变，确保播出安全流畅，全体节目编导人员召开多次会议，反复论证，多手准备，多次开会到深夜。随着高峰论坛会期的临近，直播团队不断接收最新指示，并据此作出相应变化。长达几十页的串联单每改动一次都要耗时几个小时，直到直播前夕还在反复调整，同志们坚守岗位、即时反馈协调，确保了节目编排整体流畅，不出纰漏。

另外，北京电视台历经百日，为“一带一路”高峰论坛制作北京形象宣传片，凸显首都特色。5月14日，为“一带一路”国际合作高峰论坛特别制作的新版本北京城市宣传片在论坛新闻中心滚动播出，展现出一个传统文化与现代文明交相辉映的北京。5分钟、2分30秒的综合展示版本和1分钟、30秒的创意精华版，轮番亮相，在中央电视台等国家级媒体及其所属新媒体、海外通讯社及其新媒体平台、北京电视台等市属媒体、重点新闻网站和视频网站播出，一些驻外使馆也在“一带一路”相关活动中力推，反响热烈。

BTV市党代会报道组圆满完成报道任务

新闻节目中心

为了报道好中共北京市第十二次代表大会盛况，北京电视台组成了100多人的前方报道组，从6月14日进场搭建直播间铺设线路开始，到6月23日大会闭幕，报道组圆满完成市党代会报道任务，并得到市领导的表扬和肯定。市委书记蔡奇等高度赞扬BTV市党代会开幕式直播以及《北京新闻》对于本次党代会的报道，认为各项报道内容充分、到位。

新闻报道及时准确 反映党代会盛况

从6月18日大会预备会开始，由新闻中心要闻部、社会新闻采访部、编辑部和评论部联合组成的前方报道组就开始全面报道市党代会盛况。6月19日，经过通力协作圆满完成120多分钟的市党代会开幕式直播任务。此后，《北京新闻》《北京您早》《特别关注》等新闻节目都用了大量时间对党代会进行集中报道，截至6月23日大会胜利闭幕，北京电视台相关新闻报道总时长800多分钟，准确及时报道了会议重要议程和市领导参加分团讨论活动以及各类重要时政时间，同时还将报道视角对准基层党代表，以新闻特写的方式记录了大量来自基层代表的声音，累计采访基层党代表50多位。

6月23日，市十二次党代会胜利闭幕，选出新一届市委委员、候补委员、市纪委委员，并举行十二届北京市委第一次全体会议和市纪委全体会议，选出市委书记、市委副书记、市委常委和市纪委常委。当天《北京新闻》每一条都是重要时政新闻，由于会议安排紧凑，留给记者编辑新闻的时间十分有限。新闻中心所有参与报道的人员全情投入，抓紧一切时间拍摄、写稿、编辑、传送。当天18点，离《北京新闻》开播的时间只有半个小时，“十二届北京市委第一次全体会议”这条最重要的时政新闻依然在紧张的制作中。为了争取时间，在市委全体会现场，艾冬云副总编辑紧盯市领导终审新闻稿件；在大会新闻中心，前方报道组全力编辑新闻画面；在台8楼机房，后方的值班主任、编辑、记者与技术人员也准备了多套预案——非线来不及播出就用备份的P2卡播出。

18点20分市委宣传部副部长严力强和宣传部新闻处负责同志也赶到现场指导新闻制作。到18点30分《北京新闻》开播，这条重要的时政新闻才完成传送，当新闻正常顺利播出，现场的所有人都由衷地感到兴奋和激动！严力强制部长对前方报道组的工作给予了高度评价和表扬。

深入解读会议报告 数说成绩展望未来

为了更好的让广大市民了解中共北京市第十二次代表大会和蔡奇同志所作的工作报告，从6月19日开始，新闻中心在北京卫视晚间黄金时段推出了《开启新航程》专题评论报道。为了保证节目的权威性，准确地向首都观众传递市委的声音，报道组提前进行了大量的准备工作，研究报告、邀请专家、制作动画。大会开幕后，在BTV前方演播室，主持人和评论员与中国城市规划设计研究院副院长王凯等权威专家结合工作报告，从“在砥砺中前行”“携手同行共发展”“新北京新生活”“保卫碧水蓝天”“展望未来愿景”5个方面深入解读工作报告。由于整个评论报道实现了高的上去、低的下来，既有政策理论的阐释，也有市民身边的变化，这种深入浅出的解读收到了良好的效果，在北京卫视播出中保持了较高的收视率，最高在6月21日达到1.91%，平均收视在1.3%左右。

落实中央生态文明建设精神
助力京津冀绿色发展报道

新闻节目中心

作为首都主要媒体，北京电视台始终坚持以京津冀协同发展的站位，持续加大保护、改善生态环境报道力度，展现生态文明范例典型，为建设好美丽中国营造良好舆论氛围。

2017年8月2日新华社刊发专稿，《开创生态文明新局面——党的十八大以来以习近平同志为核心的党中央引领生态文明建设纪实》。8月4日新华社长篇通讯《从一棵树到一片“海”——塞罕坝生态文明建设范例启示录》同时被人民日报、新华社、光明日报、经济日报等中央媒体在头版重要位置选用刊登。

同日，北京电视台在《北京您早》《特别关注》《北京新闻》中陆续推出京北生态涵养系列报道，从历史和时代的视角，以近5年京津冀协同绿色发展为切入口，聚焦了塞罕坝机械林场三代职工55年坚持植树造林，把昔日的茫茫荒原，变成百万亩人工林海的事迹。4集系列报道分别以《塞罕坝造林：战天斗地英雄创业》《塞罕坝：望海楼上的夫妻守望》

《塞罕坝：传承接力，增强发展后劲》《承德实施“双百”行动“黑色产业”向绿色转变》为主题，在京津冀协同发展、建设美丽中国的站位上，大力弘扬塞罕坝精神，报道京津冀生态文明建设范例。该系列报道总时长超过20分钟，在《北京您早》《特别关注》《北京新闻》中播出后，社会及收视反响良好，《北京新闻》中收视率达到4.87%。

《北京新闻》《北京您早》《特别关注》等各新闻栏目2017年陆续推出“疏解整治促提升我家门口靓起来”“环保督察立查立改”“加强生态文明建设打造和谐宜居城市”“把总书记重要思想化为京华大地生动实践”等专栏，体现城市管理可持续的新理念和绿色生活给百姓带来的获得感。

新闻中心推出系列年终报道颂歌新时代

新闻节目中心

回首2017年，中国特色社会主义进入了新时代。2017岁末，新闻中心相继推出《年终专稿·跨越2017》《年终专稿·见证2017》《魅力北京喜迎新年》系列报道，结合既有的《新时代 新气象 新作为——践行十九大精神基层行》《以习近平新时代中国特色社会主义思想为指引进一步在京华大地形成生动实践 更加奋发有为地推动首都新发展》《寒冬中的温暖》《劳动托起中国梦》《中国梦365个故事》等专栏，用一个个生动事例回顾极不平凡的2017年，用一个个具体数据显示首都政治、经济、文化、社会、生态建设发展成就，用一个个感人的故事记录普通人过去一年的奋斗和感悟，内容丰富，形式多样，弘扬主旋律，传递温暖、感动和力量，讴歌北京进入新时代的新气象和新作为，营造稳中求进、温暖祥和的舆论氛围，取得了很好的收视效果，体现了主流媒体不忘初心、牢记使命、引领导向、守正出新的责任担当。

其中，《北京新闻》栏目12月29日推出《年终专稿·跨越2017》专栏，聚焦党的十九大报告中关系北京的三大重点任务，精心组织实施北京城市总体规划，确保一张蓝图干到底，以疏解北京非首都功能为“牛鼻子”推动京津冀协同发展，全力筹办好2022年北京冬奥会、冬残奥会；展示北京抓重点、补短板、强弱项，坚决打好防范化解重大风险、精准脱贫、污染防治三场攻坚战取得的实际效果；展示首都进一步加强“四个中心”建设，统筹推进“五位一体”总体布局和协调推进“四个全面”战略布局，统筹推进疏功能、稳增长、促改革、调结构、惠民生、防风险各项工作取得的丰硕成果。报道每天一集，每集4分钟以上，在《北京新闻》首播，《北京您早》《特别关注》重播。

12月28日，《北京新闻》推出《年

终专稿·见证2017》，以新媒体征集的形式，用网友自拍的方式，介绍市民2017年的生活轨迹，展现普通人眼中的大北京。报道平视平实贴近，每天两集，每集1分半钟，《北京新闻》首播，《特别关注》《北京您早》重播。

在获得中宣部阅评员表扬后，《新时代 新气象 新作为——践行十九大精神基层行》系列报道稳步推进，并逐渐成熟丰满，成为年终报道的重要支撑。陆续播出《北京人艺扎根生活服务人民助推文化中心建设》《中国高铁：一路领跑 不断升级》，报道突出主旋律，聚焦本市学习贯彻党的十九大精神中解决实际问题推动工作的新成效、新进展，将学习宣传贯彻党的十九大精神热潮持续引向深入。报道每周三集，周一、周三、周六播出，每集5到6分钟。《北京新闻》首播，《特别关注》《北京您早》重播。

《寒冬中的温暖》报道冬日城市里有情有义的人物、事件和故事。此外，各档新闻栏目还重点关注了《轨道交通三线齐发》《市郊铁路城市副中心线开通 从西站到通州只需48分钟》《市郊铁路怀柔—密云线开通运营》等动态消息，及时报道首都建设发展以及服务和保障民生的积极成果。

古中轴点亮新希望 新时代开启新征程

新闻节目中心

2017年12月31日晚，“2018北京新年倒计时活动暨北京冰雪文化旅游节开幕式”再次如约而至，活动以“走进新时代开启新征程”为主题。国家旅游局副局长杜江、北京市政府副市长王宁，与来自13个国家的驻华使节、首都各行业的“北京榜样”、北京旅游行业代表、中外游客、学生和市民代表共1000余人共同迎接新年的到来。由新闻中心专栏部牵头，协同北京电视台技术部门，克服了天气严寒、转传条件复杂等困难，圆满完成了新年倒计时活动的直播任务，向全球提供公共信号，给观众奉献了一场美轮美奂的视觉盛宴。

克服困难，向全球奉献精彩直播

本次新年倒计时活动为助力北京中轴线申遗，特意选在了中轴线的南起点永定门举行。在确定直播地点后，新闻中心直播团队与转传部、台办通讯科赴实地考察，与多部门积极协商，对机位设置、信号传输、技术实施等逐一周密部署。

由于直播信号传输使用的光缆，需要重新布线，重新铺设，而且必须严格按照规定的路线安装，以避免对古建的影响，所以增加了技术难度。直播团队克服困难，12月31日直播当天，从整个导演组，到连线记者，再到各技术部门，坚守岗位，不畏严寒，尤其第一批到岗同志，更是在户外连续作战了12小时。整个直播团队除圆满完成BTV新闻频道的直播任务和连线报道外，还为中央电视台连线报道提供视频画面，以及面向全球及所有新媒体提供公共信号，让观众实时分享这一北京跨年活动的盛况。

设计精心，擦亮首都文化金名片

自2011年开始，北京新年倒计时活动已先后在天坛、颐和园、八达岭长城、奥林匹克公园庆典广场、太庙、奥林匹克森林公园成功举办，既宣传了北京的世界文化遗产，又展示了北京新的城市景观，成为展示北京国际旅游城市形象、推介北京旅游资源的一张名片。

本次“2018北京新年倒计时活动暨北京冰雪文化旅游节开幕式”特意选址在中轴线的南端起点永定门，还有为北京中轴线申遗加油助力的主题意义。专门为永定门设计的灯光效果是本次新年倒计时仪式的最大看点，直播团队提前勘查场地，进行了多机位的精心设置，并与灯光设计多次磨合、调试，得以在当晚360度展示永定门绚丽的楼体秀和通过舞美效果还原的永定门瓮城和箭楼之美。同时积极协调相关文史专家，最终邀请到永定门复建第一设计者、北京市古代建筑研究所研究员韩扬参加直播连线，让观众得以了解永定门的重要地位及复建的最亮点。

巧妙设计，展示首都人民的新风貌

本次新年倒计时活动以“走进新时代开启新征程”为主题，节目设计融合京腔京韵与时尚动感元素，为此，直播团队特意设计了一条演员探访连线，让电视机前的观众感受到昂扬向上的活力外，也对即将直播的节目更充满期待。

除此之外，直播团队巧妙设计，在新年寄语连线中，安排北京旅游行业榜样、文明游客代表、大学生代表，通过寄语表达新年憧憬，展现首都人民迈入中国特色社会主义新时代的新风貌。

组织得力，成功“点睛”BTV新闻频道跨年报道

本次新年倒计时活动中最精彩的演出盛况以及10秒倒数，是嵌套在BTV新闻频道的《新时代 新征程——跨越2017年终报道》中进行直播，成功将跨年特别节目推向最高潮。从18点的《都市晚高峰》开始，到《新时代 新征程——跨越2017年终报道》的多次现场连线，将本次新年倒计时活动的精彩亮点、北京市政府领导和驻华使馆代表参加“十月文学院”新年活动、现场观众的精彩新年寄语等，进行内容推送，让跨年气氛逐步升温，带领观众一起通过节目辞旧迎新，迎接2018年的到来。

第七届北京国际电影节成功举办

北京国际电影节运行中心

由国家新闻出版广电总局、北京市人民政府主办，国家新闻出版广电总局电影局、中国国际广播电台、北京市新闻出版广电局、北京市怀柔区人民政府、北京电视台、中影电影数字制作基地有限公司承办的第七届北京国际电影节，于2017年4

月16日至23日举办。电影节共组织主竞赛单元“天坛奖”评奖、开幕式、北京展映、北京策划·主题论坛、电影市场、电影嘉年华、闭幕式暨颁奖典礼等七大主体活动，以及“注目未来”单元、纪录单元、“经典京剧电影”单元、网络电影单元、电影音乐会、电影沙龙及行业对话等相关活动，活动总数超过370场。

中宣部副部长、国家新闻出版广电总局党组书记、局长、国家版权局局长聂辰席，北京市委副书记、市长蔡奇，北京市人大常委会主任、市委宣传部部长李伟，中宣部副部长景俊海，文化部党组成员、副部长董伟，国家新闻出版广电总局党组成员、副局长童刚，国家新闻出版广电总局党组成员、副局长张宏森，国家新闻出版广电总局党组成员、中国国际广播电台台长王庚年，北京市人大常委会副主任杨艺文，北京市副市长王宁，北京市政协副主席闫仲秋，北京市政府秘书长李伟等领导出席了电影节活动。

第七届北京国际电影节各项活动呈现出以下特点。

一、评委阵容豪华，展现奖项权威性

第七届北京国际电影节“天坛奖”评奖国际评委会主席为丹麦国宝级导演比利·奥古斯特，评委会成员有中国香港女导演张婉婷、意大利制作人保罗·德尔·布洛科、中国女演员蒋雯丽、罗马尼亚导演拉杜·裘德、美国导演罗伯·明可夫以及法国演员让·雷诺。

参评影片方面，共收到来自六大洲、59个国家和地区的424部影片报名，其中境外影片274部、境内影片150部。15部入围影片来自四大洲、19个国家和地区，包括《约翰之子》《一步之遥》《咖啡风暴》《灰暗之光》《他人之屋》《卡农》《卢卡》《不成问题的问题》《1000小时的夜晚》《湄公河行动》《奥托·布鲁姆的一生》《施毒天使》《姐姐》《悍妻理论》《两张彩票》。其中，国际首映影片5部、亚洲首映影片5部、中国首映影片3部。

经过评委会集体观影、讨论，《卢卡》获最佳影片奖、最佳女配角奖；《他人之屋》获最佳导演奖、最佳摄影奖；《不成问题的问题》获最佳男主角奖、最佳编剧奖；《姐姐》获最佳女主角奖；《约翰之子》获最佳男配角奖；《施毒天使》获最佳音乐奖；《奥托·布鲁姆的一生》获最佳视觉效果奖。

二、具有国际知名度的电影人云集，突出节展国际性

除了“天坛奖”评委会外，塞尔维亚导演库斯图里卡，印度导演、演员阿米尔·汗，中国台湾导演张艾嘉，中国导演张艺谋，日本导演是枝裕和，中国摄影师赵小丁等400余位电影人、国际电影节主席、国际行业协会代表出席了开、闭幕式。

开、闭幕式典礼按照“小而美”的原则进行组织、实施，突出“国际化、中国派、北京韵”，注重仪式感和电影元素。组委会办公室还举办了国际电影节主席和电影行业代表沙龙，东京国际电影节、多伦多国际电影节、温哥华国际电影节、特隆赫姆电影节、中美电影节等国际电影节主席、国际行业协会代表出席。在“大师对话”活动，著名导演冯小刚与“天坛奖”评委会主席比利·奥古斯特就“中外电影商业与艺术的融合”展开对话。

三、组织高端论坛，引领行业前瞻性

中外电影合作论坛、中国电影发行高

峰论坛、电影科技国际论坛和探寻电影之美高峰论坛等4场主题论坛，就电影行业发展现状和未来趋势展开了对话讨论。中外电影合作论坛邀请了国内外著名导演、制片人，共同探索中外电影合作制片的最佳途径。中国电影发行高峰论坛聚焦当下中国电影发行市场中“互联网+”力量的助力作用与发展方向，对电影发行市场中“互联网”的价值进行深度探讨。组委会在往届三大主题论坛的基础上，首次设立“电影科技国际论坛”，围绕“科技创新驱动电影提质升级”主题，邀请国内外电影技术行业的专家学者，共同探讨科技创新对于电影提质升级的重要意义。“探寻电影之美”高峰论坛以“‘一带一路’电影发展与全球电影新格局”为主题，邀请沿线国家知名电影人士和投资人，与中国电影人共同擘画“一带一路”电影发展建设蓝图，深化彼此电影发展战略合作，推动更多合作项目落地。

四、展映精品佳作，体现文化多元性

展映单元精选近500部境内外影片，策划“致敬大师”“环球视野”“一带一路”及“科技奇观”等17个展映单元，在北京市31家影院和学术机构展映1000余场次，22万余人次观影，此外举办了是枝裕和、张艾嘉、三谷幸喜、库斯图里卡与《牛奶配送员的奇幻人生》，阿米尔·汗与《摔跤吧，爸爸》，恩雅蒂与《肉与灵》，陈可辛、金城武、周冬雨与《喜欢你》，黄渤、徐静蕾与《记忆大师》，以及《不成问题的问题》《提着心，吊着胆》《盲·道》等电影主创见面会。

五、培养新人新作，强化品牌创新性

电影市场项目创投单元旨在为国内优秀新人新作提供直面投资方、制片人、发行方、营销推广方乃至媒体的机会，共征集到712个项目，同比提高5.6%。其中，80后、90后新锐工作室申报项目246个，占比34.6%；超过6成项目已获得市场认可，筹得了必要资金用于项目开发及拍摄。何冀平、李杨、陶昆、何韵明、秦海燕等资深业内人士担任创投评委及培训师。最终，《森山之雾》获得“特别大奖”；《塔台惊魂》《不可杀戮》《红章鱼》分别获得“最具商业潜力奖”“最佳原创剧本奖”及“最具创意奖”；《红章鱼》《森山之雾》获得了“境外推广奖”。

六、搭建交流平台，增强市场服务性

电影市场招商展会在投融资、制片、发行、放映、版权及法律支持等产业链各环节上均有体现。据统计，为期3天的招商展会共吸引3万余人次前来参观交流，促成56个签约重点项目，签约额达到174.58亿元人民币，同比提升6.9%。

七、普及文化惠民，提升活动大众性

北京展映精选了未在国内上映过的、近两年的国际获奖影片，精心组织了影片主创见面会。电影嘉年华于4月15日至5月1日在国家中影数字制作基地及星美今晟影视城举办，以“电影梦·梦圆怀柔”为主题，设置6个板块，促进了观众对电影文化的了解。组委会办公室还通过电影音乐会、“经典京剧电影”单元等活动，增强了活动的粘连度，扩大了电影文化覆盖面，提高了电影节群众参与度。

据统计，第七届北京国际电影节共有来自50余个国家和地区、300余家中外电影机构的1.5万名中外嘉宾，100余万人次各界群众参加各项活动；445家境内外媒体、近1600名记者参与采访报道。

北京电视台推出第十四届精神文明建设“五个一工程”获奖作品专题系列节目

文艺节目中心

第十四届精神文明建设“五个一工程”入选作品是习近平总书记在文艺工作座谈会讲话后的第一次评选。2017年8月25日，北京电视台文艺节目中心接到制作获奖作品专题系列节目的任务，中宣部和北京市委宣传部领导对此非常重视，多次组织主创人员研讨，指导创作，明确提出要把此次专题节目当做贯彻落实习近平总书记在文艺工作座谈会上的重要讲话精神的重要任务来完成。

创作团队只有10天的时间来完成前期的深入学习、搜集资料、采访嘉宾、联络67部作品的主创以及舞台设计搭建和完成策划文案，在时间紧、任务重、要求高的情况下，创作团队全力以赴，带着强烈的使命感投入工作。策划完成后，主创团队邀请了近120位入选作品主创人员来到节目录制现场参加访谈，外拍采访了60多名评委主创和上百名热心观众。在节目录制的3天中，主持人任鲁豫和徐春妮每天要从上午10点几乎不间断地录制到凌晨4点，平均每天要采访近40位嘉宾。在节目的后期制作中，主创团队搜集了近100G的相关视频素材，所有导演扎根机房全力剪辑，平均每天只有3~4个小时睡眠时间，终于圆满完成6集节目的制作。

系列节目于2017年9月27日至9月29日每晚19：35在BTV文艺频道播出。系列节目共6集，分别以电视剧（片）、歌曲、图书、广播剧、戏剧、电影这六大文艺门类为主题梳理了3年来文艺创作的全新思路。不同于以往的任何节目形态，本届“五个一工程”专题系列节目既不是专题片，也不是晚会和访谈，而是将以上三种节目形态有机结合，相互衬托，相互印证，相互支撑，形成一种全新的节目形式。节目整体气势磅礴，节奏流畅，舞台设计的空间感强，辉煌精致不奢华，展现出了新时代的崭新艺术形象。节目通过创作者的心得分享、专家学者的精彩点评和广大观众的真实感受这三个角度充分挖掘了本届“五个一工程”67部入选作品的精神内核。引领的总体介绍直述精髓，主体的主创访谈客观阐释，升华的专家点评观点凝练，充分展现了3年来我国文艺创作的丰硕成果和崭新成就，既是精神文明建设的成果荟萃，也是广大文艺工作者迎接党的十九大的文化献礼。

节目播出后社会反响热烈、效果良好。中国电视艺术家协会理论研究部主任赵彤看了节目后表示“节目有大情怀，大格局，制作严谨，精致，为同类节目的创作树立了新的里程碑”。

中国广播电影电视联合会专家委员会副主任赵德全发来短信说道：“北京台制

作的这台晚会，比肩‘五个一工程’的获奖作品，在思想上、艺术上、制作上达到了一个相当的高度。节目恢宏大气，庄重典雅，充满了催人奋进的昂扬力量，洋溢着暖人心脾的艺术感染力，为北京电视台剧组点赞。”

中央人民广播电台原文艺中心主任何善昭发来短信说道：“《时代的号角》五个一工程专题节目可视性、艺术性、思想性俱佳，总体编排别致、精巧，呈现的层次清晰有致，充满着鼓舞、激励、振奋人心的力量!”

本台中标市文化局2017文化活动承办定点服务供应商

文艺节目中心

2017年3月20日、23日、25日，连续3场《北京之夜》文艺演出相继在莫桑比克首都马普托市、坦桑尼亚达累斯萨拉姆市、阿联酋迪拜上演，在当地引起强烈反响。这是北京电视台成功中标市文化局2017年文化活动承办定点服务供应商后第一次具体承办的大型对外文化交流与演出项目。在莫桑比克和坦桑尼亚的两场演出，中共中央政治局委员、北京市委书记郭金龙相继与莫桑比克总统纽西、前总统希萨诺、莫桑比克解放阵线党总书记马沙瓦和坦桑尼亚革命党副总书记姆波戈洛一同观看，且两次观看后均称赞演出节目精彩、组织严密、流畅顺利、体现了高水平和艺术水准，并两次亲切慰问全体演职人员。北京市文化局、市外办、市侨办、中国驻莫桑比克大使馆、中国驻坦桑尼亚大使馆、中国驻迪拜总领事馆以及3场演出所在地的数千名观众和各界人士均对这3场演出予以高度评价和赞赏。

《北京之夜》是北京市的重要文化交流品牌，曾陪同中央和北京市政府代表团出访过近20个国家。为了完成好这次任务，北京电视台常务副台长韦小玉率队，文艺节目中心主任潘全心现场监制，从文艺节目中心抽调大型活动科导演于守山、叶蔚宁组成精干的导演组，抽调孙勤、褚旭组成超配置的纪录片拍摄和报道组，派出春妮担任主持人，从制作部灯光、音响、视频包装等科室抽调郭振渊、宋建、贺文林等技术骨干组成技术支持团队，从中国杂技团、北京歌剧舞剧院、中央音乐学院、东方歌舞团、北京市演出有限责任公司、中华龙韵功夫团等单位选调了杂技、歌舞、民乐、钢琴、歌曲、武术等10余个节目，结合出访三地各具民族特色的歌曲、舞蹈节目，经过两个多月的精心编排串联和视觉重新包装，最终打造出一台门类齐全、艺术水准高、中国元素鲜明、文化与友谊内涵丰富的视听盛宴，3场演出掌声迭起、高潮不断，每次都出现演出结束后观众久久不肯离去的景象。

“文化因交流而精彩，因互鉴而丰富。”本次任务的圆满完成，密切了北京电视台与市文化局的合作，积累了主动争办政府部门重要任务和重大项目的经验，锻炼和提高了在国外举办大型演出和文化活动的能力，对于探索电视台转型和进一步面向市场是一次有益的实践。

第二十一届“京张心连心”大型文艺演出在雨中精彩上演

文艺节目中心

2017年7月6日，第二十一届“京张心连心”大型文艺演出在张家口市宣化区黄羊山文化公园举行，所有的演职人员在风雨中为现场5000名观众奉献了一台唯美、振奋，极具当地文化特色的演出。

走入第21个年头的“京张心连心”，如今迎来了京津冀协同发展不断推进，京张携手办冬奥的重大历史时期。由北京市委宣传部、河北省委宣传部、张家口市委市政府主办，北京电视台、河北电视台、张家口市委宣传部、宣化区委区政府承办的第二十一届京张心连心大型文艺演出，以“京张心连心 共谱新华章”为主题，继续传承京张精神，共同展望美好前景。北京电视台文艺节目中心作为每年“京张心连心”的主创团队，从4月起，由潘全心主任、庄小红副主任带队，多次赴张家口宣化区推进工作。总导演辛宁、斯蕾，制片主任王炳川等组成的制作团队，与当地深入对接，挖掘文化资源，重点打造原创精品节目、群众文化性节目，同时，因地制宜，展开在舞台设计、搭建方面的两地合作，为宣化黄羊山文化公园搭建了一个集山水美景、人文互动于一体的永久性舞台。

演出阵容星光熠熠，董浩、庞龙、郑绪岚、耿连凤、石头、白雪、熊天平、五洲星海组合等近20位明星倾情演出，雨点密集，丝毫没有影响他们精湛的表演。同时，由导演团队原创，由宣化当地500位业余表演者组成主要演出阵容的大型节目，经过半个月的反复排练，终于在“京张心连心”的舞台上完美呈现。演出在雨中进行，所有的演员在登上舞台的那一刻，都扔掉了雨具，迎雨而上。主持人陈竞、青青，一次又一次在雨中登台，妆容不断地被雨水打湿，主持得依然铿锵有力，准确无误。现场5000名观众穿着黄色的雨衣，没有一个提前退场，热情不减，从头至尾鼓掌、喝彩，为舞台上演员们的敬业所感动。

降雨为各个部门的工作带来了极大的困难，北京电视台文艺节目中心摄像科一直在雨中坚守，镜头不断地被雾气笼罩甚至进水，摄像不断地擦拭镜头、保护设备，同时不遗余力地捕捉着舞台上每一个精彩的瞬间。制片组的工作人员与当地不断协调，确保了近千名演职人员的后勤、交通和设备的防雨搭建、安保等一系列工作。演出也得到北京电视台转播传送部、制作部、BTV 形象设计团队的大力支持，他们无惧风雨，忠于自己的岗位，充分展现了北京电视台的大台风范。

文艺频道推出大型文化专题节目《解码中华地标》

文艺节目中心

《解码中华地标》以在全国范围内寻找和发现具有历史之美、文化之美、人文之美、情感之美、故事之美的“中华地标”以及与“地标”在一起的人的生活、命运故事为内容，把充满民族情怀的“中华地标文化”通过百姓生活展现出来。节目时长 40 分钟，每周日 16：15 在北京电视台文艺频道播出，并且在央视影音客户端面向全球直播，覆盖北京时间、搜狐视频、爱奇艺、百度等全网播出。

《解码中华地标》栏目，从最初创意到一步步落实，都饱含着电视人对于弘扬中华传统文化的使命感和紧迫感。在中华大地上，非常具有代表性的中华地标文化地区往往存在于贫困地区，那里高山大川、人迹罕至、韵味独特、历史悠久。节目组深入全国扶贫攻坚主战场的云南麻栗坡县、陕西省丹凤县、滇桂黔石漠化片区、秦巴山片区，以及青藏高原、新疆和田等地，将“山茱萸”“土蜂蜜”“墨脱石锅”“林芝七宝”等地标物产带到世人面前，向世人推荐贫困地区的地标物产与区域文化，引导当地群众发展地标产业，提高综合竞争力，有效增加收入。围绕落实习近平总书记关于大运河文化带建设的两次重要指示和批示精神，摄制组按照北京市委市政府要求，高质量完成大运河北京通州段《运河文化带专辑》的两集节目制作。

《解码中华地标》以“纪录片 + 演播室专家解读”的形式，以文化和情感为线，以人物命运故事和物产历史传说为珠，编织成一串韵味独特、闪耀着中华传统文化美的珍珠项链，将中华地标所蕴含的深厚的中华传统文化密码解码呈现出来，节目一经播出口碑与收视率齐头并进。《解码中华地标》是挖掘民族传统文化、增强民族文化自信、落实国家品牌战略、助力公益扶贫的一档大型公益工程节目。

文艺频道推出大型电视文艺纪录片《文化记忆》

文艺节目中心

北京电视台与北京市文联联合推出的大型电视文艺纪录片《文化记忆》从2017年12月21日开始每周四23：00在BTV文艺频道首播，周日13：05和次周一16：25重播。首季共推出5集，每集30分钟。

节目用真实的镜头记录北京市文学、戏剧、书法、音乐等艺术领域的新老艺术家，在改革开放的新时代所作出的贡献与成就，同时展示时代的大发展、大繁荣。本季推出节目：《守住民俗的根与魂——刘铁梁》《纸砚有戏妙笔无私——孟繁禧》《让交响乐“流行”起来——谭利华》《向世界直播中国——陈维亚》《戏纵今古剧透人生——郭启宏》。

《文化记忆》节目拍摄历时半年，摄制组派出5路导演团队，跟随主嘉宾走访了他们曾经工作、学习、生活的地方，采访了近百人，足迹遍布广东、福建、浙江、山东等省。在拍摄技术上，主要采取“实地拍摄”与亲历者的口述相结合的方式。采访的对象，一定都是亲历者，力求最大程度地给观众呈现艺术家的真实，把前辈的故事记录下来。让观众看到一段正在发生的故事，而不是让他们听一段过去的故事。

此次《文化记忆》在主要采访人的采访方式上相比以往纪录片有所突破，采用抠像式采访，后期融入采访者所述的真实画面、图像，以最大限度地给观众以视觉冲击，加大采访的信息传播。

北京台“春碗”限量首发
三千年花丝技艺艳惊四座

文艺节目中心

2017年4月26日，2017年北京电视台春节联欢晚会衍生品“春碗”的首发仪式在北京电视台阳光大厅举行，“BTV手工花丝金质春碗”和“BTV手工花丝银质春碗”首度公开亮相并正式发行。北京电视台总编辑王珏，北京工美集团有限责任公司党委副书记、总经理魏连伟，中国工商银行北京分行高级专家张爱民，北京工美集团有限责任公司党委委员、常务副总经理王健，北京工美集团总经理助理边广增，北京工艺美术行业协会副会长兼秘书长宋印伟，北京工艺美术博物馆馆长杨燕波，北京电视台文艺节目中心主任潘全心、副主任庄小红，2017 年北京台春晚总导演段嵘出席了此次发布会，北京台春晚的老朋友、相声演员高晓攀也来到现场。

由北京电视台与北京工艺美术集团和中国工商银行强强联手合作运营的“BTV 手工花丝金质春碗”和“BTV 手工花丝银质春碗”，是北京电视台在实现广播电视产业多元化跨界发展的道路上迈出的重要一步。作为北京电视台历史上的第一款文化衍生艺术珍品——“春碗”与“春晚”谐音，而碗在中国文化中意味生活的富足，碗为圆形，因此又有家庭和睦圆满的意蕴；在图案方面，2017 年是丁酉鸡年，因此采用了我国神话传说中的神鸟“重明鸟”作为主图，传说中，重明鸟是一只可以避邪除灾的瑞兽，除此之外再配上“梅兰”的图案和“福禄寿喜”，传递出中国传统文化美好寓意；而碗底的“春碗”两字，由著名书法家、中国书法家协会理事、北京书法家协会副主席胡滨先生书写，非遗工艺、大师设计加名家题字，春碗从设计到制作的每一个细节都尽显文化内涵，极具文化价值、艺术价值，从而拥有极高的收藏价值。

“春碗”之所以采用具有 3000 年历史的花丝工艺，是由于北京的花丝技艺设计更加成熟，做工更为精细，其制品雍容华贵、典雅大方，在国内外都有深远的影响，现已被世界教科文组织列为非物质文化遗产。在古代，花丝制品多用于皇家，明代万历皇帝的金冠和后妃凤冠及各种首饰都是采用了花丝工艺，而清代花丝工艺更是集历代技艺之大成，这一点从故宫博物院珍宝馆藏珍品中可见一斑。春碗设计者、工艺美术大师赵春明曾多次在国内外艺术大赛中获得殊荣，在 2015 年参加中华人民共和国向联合国赠礼的制作任务。据介绍，该款花丝春碗比市场上一般的花丝产品在难度和工艺上都要复杂得多：首先，零部件多，产品大大小小的纹饰零件多达 1600 余个，如此复杂的图案装饰，在焊接时，既要确保每一个连接处的火候都掌握得恰到好处，又不能露出丝毫焊口痕迹；其次，因为花丝是采用贵金属手工制作，产品克重需要精确把握，市场上的花丝产品直径大多在 6～8 公分，而春碗的直径是 10 公分，直径越大意味着在成品克重的把握上难度越大，要使成品克重精确控制在规定重量，前期制作经历了无数次的失败，在一次又一次精密的计算和反复测试样品之后，才得以比较好的把握；第三，每件产品的每道工序都要由专人进行操作，设计大师赵春明全程把关，每件“春碗”的制作需要用时 160 个小时。

家有春碗，幸福圆满。“BTV 手工花丝金质春碗”由 330 克足金打造，售价为 159800 元，全球限量发售 2017 只；“BTV 手工花丝银质春碗”采用 180 克足银镀金，售价为 15980 元，全球限量发售 2017 只。发布会现场，“春碗”1 号、2017 号和 999 号分别由北京电视台、北京工艺美术博物馆收藏。“BTV 手工花丝金质春碗”和“BTV 手工花丝银质春碗”在工商银行北京分行各网点、王府井工美大厦、北京工艺美术博物馆、北京工美艺城网、北广购物进行销售。

BTV文艺全新改版　明星荟萃先声夺人

文艺节目中心

2017年6月27日，BTV文艺频道举行全新改版发布会。自26日起，北京电视台文艺频道进行了近3年来最大规模的改版。播出版面大幅度调整，重点节目时长及播出时段更加优化；周播黄金档栏目出新和日播节目优化。同时频道包装系统、舞美灯光全线升级，让BTV文艺更加充满活力。文艺节目中心主任潘全心在发布会上表示："改版，绝不是形式上的翻新，而是本质上的飞跃，是频道面目年轻化、体格健美化、思想前沿化的全面手术。"频道主题歌《让快乐多些色彩》也在本次发布会上首次发布，主持人春妮与音乐制作人罗天泽首唱此曲。相声演员方清平作为BTV文艺频道的老朋友正式"回归"，他的一段脱口秀表演引来笑声阵阵。被称为"国民闺女"的北京姑娘关晓彤也从深圳的《甜蜜暴击》片场连线发布会，祝福BTV文艺频道越办越好。

BTV文艺喜剧明星大荟萃

方清平从BTV文艺频道的《北京喜剧幽默大赛》脱颖而出，2013年起参演频道首档京味脱口秀《脱口而出》。此次改版，京味脱口秀代表人物方清平加盟每日18：00播出的《我看行》，该栏目是原来日播栏目《1810我看行》的升级版。在每周二19：35播出的全新综艺节目《喜剧合伙人》专注于北京喜剧资源和本土民生内容，首期节目由著名的喜剧导演娄乃鸣坐镇指导，联手何云伟、张海燕、李然、汪正正、龚浩川、任帅、萧鸿鹏等一众喜剧合伙人，混搭跨界，上演喜剧连连看。每日17：00播出的《笑动剧场》作为BTV文艺频道最资深的语言类节目，牵头打造享誉业界的"笑动剧场联盟"，将星夜相声会馆的李菁、捧逗会的何云伟、嘻哈包袱铺的高晓攀、笑动百华的李伟建、鸣乐汇的李鸣宇、大逗相声的李寅飞等京城最受瞩目的小剧场班主们全部网罗，让观众们在一档节目中就看到所有京城小剧场的最佳演出。

主持人全面发力，节目与剧场聚合大剧资源

春妮、顾杨、向真、陈晨、龚宁等，主持风格大方温婉，孔洁睿智儒雅，而新生代的主持人晨阳、陈竞、韦至、欧阳慧、青青、端端和嘉瑞、麦凌等，则以青春靓丽的外形、活泼的主持风格得到观众的称许。在发布会上，他们整齐亮相，推介新栏目新作品，展示出BTV文艺频道主持人的整体水准。

每天3集连播的《炫剧场》成为卫视优质剧目第一复播平台，意味着所有在卫视播出的优秀剧目，观众都将第一时间在BTV文艺频道率先重温。每周三19：35播出的《影视风云》改版后将360度全景展示影视剧片场，深入影视剧组跟踪拍摄大牌影星和导演的真实幕后，以真人秀的方式全景纪实苦乐片场。此外，《大戏看北京》栏目还将与《炫剧场》《影视风云》联合打造出BTV文艺频道的影视看点。

深度结缘演艺圈，众星力捧BTV文艺

多年来，日播栏目《每日文娱播报》和几档黄金档节目为BTV文艺频道积累了大量的文艺资源。号称“地球不爆炸，播报一直播”的《每日文娱播报》专注文娱15年，播出时间调整为每日18：30-19：30，内容扩充至一小时。仅一部宣传片就网罗了刘嘉玲、赵丽颖、赵又廷、孙红雷、姚晨、汪峰、佟大为、贾乃亮、李小璐、王珞丹等诸多一线明星协力打造。

栏目多类型，立体化打造全文艺秀场

每周五19：35播出的《加油吧孩子》是BTV文艺全新推出的一档少儿才艺智趣综艺节目，以3~12岁的孩子为主，节目由顾杨、秦天主持，搭配由李伟建、包胡尔查、伊扬组成的“加油团”，以及一位京城著名小学校长，节目有欢乐、有观点，而最终在《加油吧孩子》中脱颖而出的小朋友，将会登上北京电视台春节联欢晚会的舞台。每周日19：35播出的大型综艺节目《惊喜欢乐送》采用“热话题+轻综艺”的全新节目形态，力图打造出一档地面频道极具观众黏性的电视电商热点节目。此外，《欢天戏地》和《文化之约》作为BTV文艺频道两档较为纯粹的公益文化类节目，还将继续肩负继承和传扬优秀传统文化的重大使命。

《春妮的周末时光》5周年“欢聚之夜”成功举办

文艺节目中心

2017年伊始，北京电视台文艺节目中心品牌节目《春妮的周末时光》开播5周年“欢聚之夜”活动成功举行。春妮与曾经做客节目的明星好友、粉丝“春卷”们一起度过了一个乐翻天的“欢聚之夜”。以“欢聚之夜”活动为主线，盘点了“春妮”5年来精彩内容的特别节目，于2017年3月4日（周六）19：35在北京电视台文艺频道《春妮的周末时光》播出。

2012年《春妮的周末时光》正式开播。5年来，春妮作为“女主人”迎来了近千人次明星做客家中。每到周六，“春妮家”便星光闪耀、高朋满座，大家一起畅谈艺术人生、分享快乐生活，共度美好的周末时光。5年来，《春妮的周末时光》也屡获全国电视节目大奖。2012年在第六届《综艺》年度节目暨电视人评选中，荣获“全国地面频道节目20强”；2013年荣获北京广播电视局栏目创新奖金奖；2014年、2015年、2016年连续3年获得“博雅榜”全国优秀电视节目地面频道娱乐节目前十强称号。

在《春妮的周末时光》5周年“欢聚之夜”活动现场，明星嘉宾纷纷回忆了自己携手春妮一同走过的5年。中央电视台新闻节目主持人水均益感谢《春妮的周末时光》策划制作了正能量主题系列节目“家风”，让他有机会与自己的家族长辈一起梳理了“水家家风”；演员张山感谢春妮为他们精心准备了“中戏82明星班”30周年再聚首；而春妮则回忆了成龙做客时，对演艺事业的全情投入和敬业态度、韩红做客时所展现出的善心大爱、杨丽萍作为舞蹈家的坚守和不懈探索。对于明星好友们与自己的一路相扶相持，春妮几度鞠躬致谢："是你们让‘春妮家’星光熠熠、蓬荜生辉。感谢大家跟我一起笑、一起哭、一起分享人生、一起憧憬未来，谢谢大家，感恩有你，希望下个5年，我们还能一路同行!”而除了明星嘉宾，春妮对观众和粉丝的支持也一再感恩，数次与粉丝“春卷”们温情相拥。

时逢《春妮的周末时光》5周年，到场的明星嘉宾精心准备了小礼物纷纷送给春妮。水均益带来了“胖大海”希望春妮能保护好嗓子“撸起袖子继续好好干”；央视新闻主播文静送上了“拍立得”希望春妮用它记录下到访嘉宾的最美瞬间；演员张山送上“心连心”杯子，希望春妮和观众的心永远连在一起；演员冯雷赠送了自己精心挑选的抱枕，希望“小铁人”春妮工作之余也要注意身体健康；演员王菁华给春妮带上了水晶小皇冠，希望春妮在节目中永远能保持公主般的童心；《甄嬛传》中蒙敖将军扮演者孙渤洋则送上了“仙人掌”寓意《春妮的周末时光》具有顽强的生命力和活力；演员牛丽燕送来了富贵竹，祝福节目收视率节节高；相声演员訾凡贵则把最诚挚的祝福饱含在了一句“一年更比一年好”的吉祥话中。台上台下、嘉宾观众共同祝福《春妮的周末时光》越办越好。

BTV转播团队圆满完成全运会赛艇皮划艇公共信号制作

体育节目中心

2017年8月27日，第十三届全国运动会隆重开幕。天津这座与水结缘的城市，在飘落的雨滴中，开启了中国体育的又一场等待4年的盛宴。

本届全运会BTV转播团队承担赛艇、皮划艇项目的公共信号制作任务。作为奥运会的信号制作团队，其制作水准在国内首屈一指。这一次BTV团队也勇于尝试，第一次在大型综合赛事中承担这个项目的公共信号制作任务。8月28日上午10:45分，本届全运会开幕后的首金就在海河畔的吉兆桥赛艇场地产生，电视观众也通过BTV团队呈现的转播，见证了本届全运会开幕首金的诞生。

赛艇、皮划艇比赛转播天数多，一共有7天的赛事，赛前测试加上正赛转播时长共计50多个小时。赛艇、皮划艇转播受天气影响大，雨水焦阳，团队成员都积极面对，攻坚克难。天津全运会赛艇皮划艇比赛是在 2 公里的海河吉兆桥段进行的，赛道距离长，铺设讯道光缆就将近 12 公里之长。北京电视台转播团队运用了 14 个转播摄像机位，其中包括 1 台无人机，1 台船上微波机，4 台遥控摄像机以及一台摇臂摄像机，从水、陆、空全方位、多角度立体呈现了赛艇皮划艇的比赛。本届全运会赛艇皮划艇转播团队的高质量转播和完美的视听呈现受到了组委会电视转播部门的高度赞扬。

《欢乐二打一》完成年终系列赛录制

体育节目中心

2017 年临近岁尾，体育频道日播益智竞技类栏目《欢乐二打一》进入年终赛录制阶段。11 月 29 日，栏目组超负荷完成两季共 40 期年终特别赛事的组织、录制任务。同月，《欢乐二打一》以 3.99% 和 3.10% 的成绩双双刷新了单日 3.85% 和月度 2.95% 的收视率纪录，自 2014 年 9 月开播以来月度收视率首次破“3”。

2017 年迎来《欢乐二打一》诞生以来的第 4 位年终总冠军，之前的 3 位总冠军高源、杨桂华、宋琦都是从《欢乐二打一》节目走向全国赛场，成为国内二打一运动中的佼佼者，在全国各类比赛中屡创佳绩。宋琦还获得 2016 年全国“中扑赛”的总冠军。

2017 年终系列赛看点多多，全年 12 个常规赛季的赛季冠军和 4 位年度优秀选手通过 28 场较量产生最后的年终总冠军。和往年相比，2017 年的赛事规则更加严谨科学，冠军的含金量更高。总冠军产生后，新创办的 2017 年“王中王挑战赛”更是创造了国内扑克益智竞技类节目的先河，节目组克服各种困难将 4 年的 8 位年终冠亚军齐聚一堂，展开 12 场终极较量，最终有一位选手举起“王中王”冠军奖杯。

《欢乐二打一》节目开播以来一直秉承“品质第一、公平至上、精益求精、服务百姓”的原则，全年 365 天每天向京城观众献上最具诚意、最接地气、最生动鲜活的“二打一”比赛，有观众亲切地称它是“伴饭节目”。结束了 2017 年的录制任务后，节目组马不停蹄开始未来两年的赛制规划，12 月 11 日年终总决赛播出之日将启动 2018 年的节目创作和赛事录制，举办首届“京城牌王争霸赛”，10 位顶级高手将率领 30 位精选队友展开团队厮杀，争夺 2018 年京城牌王桂冠。

《一箩筐》华丽转身　《健身圈》闪耀登场

体育节目中心

《快乐健身一箩筐》是体育频道自2007年以来重点打造的一档非竞技类栏目，到2017年已经播出10年。栏目以普及健身理念、倡导科学健身为宗旨，多次获得国内外奖项，在大众健身领域和中老年受众群体中具有较强的影响力。

2017年8月，《快乐健身一箩筐》栏目与北京市体育局进行合作，改版为50分钟周播栏目，新节目定名为《健身圈》。依托北京市体育局及北京电视台体育频道，BTV体育的健身节目华丽转身，用更有力的声音向大众传播“健康中国健康北京”理念。

《健身圈》栏目每周五19：35在BTV体育频道首播，8月18日第一期节目播出。这次栏目的改版最主要一点就是将目标受众由原来的中老年群体，转变为年轻受众，风格上更加时尚，更加娱乐，更加有利于透过新媒体方式进行传播，同时努力拓展栏目外延，通过线下活动开展经营。归纳起来，栏目样态的改变主要体现在以下几个方面：

一是主打时效性、贴近性、权威感，改版后的《健身圈》努力打造群众体育和全民健身的信息展示平台。节目关注年轻受众，彰显时尚元素，全景展现北京健身风貌，重点描摹特色品质人群，力求将全民健身与百姓健康深度融合。节目形态的结构方式以版块组合为主，不乏娱乐元素，强化时尚气息，既有颇具时效性的体育健身领域资讯，又有深度专题报道，对行业的现象和趋势加以点评，打造栏目的权威性，融入媒体的态度。

二是强化栏目的新媒体标签，加强和北京时间等网络媒体的合作，数据定制传播内容，形成观众与节目间的互动。邀请北京时间的主播时间妹妹作为节目外景体验者，展示最新运动时尚。通过新媒体平台开展征集活动，创造新的生活化共处情境，从内容传播渠道变为内容引爆源头。

三是平台创新节目商业模式，生产短视频精品内容，重塑品牌内容传播，创造商机，为品牌提供短视频营销服务。

四是与北京市体育局加强合作，通过联合举办论坛、赛事、体育节等活动，对《北京市全民健身条例》进行深入解读，对体育产业趋势展开探讨，继而拓展商业合作空间。举办全民健身“北京纪录”挑战赛系列活动，进行全方位宣传报道，并制作“北京纪录”电视挑战大赛。

五是积极跟进体育旅游产业，通过媒体平台推动体育产业园区、体育特色小镇、城市运动休闲综合体的发展，促进体育产业链和旅游产业链深度融合，打造品牌赛事和活动，形成新的业态，成为栏目线下经营新的增长点。

全民健身上升为国家战略，体育产业

蓬勃发展，这都为健身栏目的转型升级注入了生机和活力，我们只有抓住机遇、砥砺前行，才能让美好的蓝图变为现实。

BTV生活2018战略发布暨平台联盟发起大会举行

生活节目中心

2017年12月12日，“媒无界 即生活——BTV生活 BTV i生活2018战略发布暨平台联盟发起大会”举行。

推进改革试点，定位生活融媒发展新路径。北京电视台党委副书记、常务副台长韦小玉在致辞中表示：北京电视台将生活频道作为全台开展一体化融媒改革的唯一试点，希望其凭借多年来对北京城市生活服务的洞察，经过不断的探索，为城市、为市民生产更好内容，提供全新服务，也为专业化电视频道的发展摸索一条实用路径。

在这一战略支持下，生活频道将实现从单一频道生产到融媒化、产业化、平台化发展的转变，努力从北京都市生活第一媒体品牌，升级为北京城市生活第一服务平台。

四个“极致坐标”探索美好生活新大陆 。会上，生活节目中心主任赵彤全面介绍了此次融合转型战略的主要内容：以内容体系建设为根本抓手，以产业生态推动用户体验，以融合机制为创新驱动，以共生共享为核心主旨。概括起来便是四个“极致”，即“极致内容、极致体验、极致融合、极致共享”。

生活频道将协同电视平台资源，立足网络生态，建立中央厨房式生产分发机制，打造“旗舰电视节目＋特色主题节目＋自制网络节目＋PUGC网生视频节目”多层次、全方位的内容体系。2017年，BTV生活成立了一体化运营团队，尝试了频道（内容）＋公司（产业）一体化全新运行。北京新媒体集团总经理金鹏表示，一直与生活频道在探索台网融合方面紧密合作，在过去一年中，双方组建了联合团队，从中央厨房融媒建设，到各项产业布局的开发，都在紧锣密鼓的推动当中。

推出BTV i生活融媒，“双品牌驱动”抢占全屏入口。在融媒战略的顶层设计下，发布会上推出了全新的“BTV i生活”融媒品牌。这是一个以互联网为载体的、汇及多个新媒体产品的融媒平台，将拥有除电视频道外的所有智能终端入口，形成全屏渠道，形成和BTV生活“双品牌驱动”。其中包括运营在IPTV、“北京时间”北京频道等平台内容，运营IPTV平台整体广告，运营i生活电商平台，未来也还将推出“i北京”APP等产品，以此传统电视频道将与新媒体全渠道有机结合，打破地域，实现平台升级和运营升级。

发布平台战略伙伴发起生活产业“六大联盟”。生活频道融媒转型、产业领域拓展，还将与人民日报媒体技术股份公司、北京文投集团达成未来平台转型的战略伙伴关系，推进传统媒体机制、体制改革。生活频道宣布成立味道、旅居、施工、旅游、健康、文创等六大垂直生活产业联盟，挖掘更丰富的商业模式。

此外，生活频道还与全国百家电视台及全国近30家省级强势地面频道分别联合成立了“旅居置业联盟”与“旅游联盟”，搭建了最专业、最具宣传影响力的一站式营销服务。“家装施工联盟”则由10年老牌栏目《生活+》发起的，挑选了北京地区最优质的家装企业、施工单位以及设计师。“健康中国媒体联盟”是在中国广播电影电视社会组织联合会生活委员会指导下，北京生活频道正在牵头筹建的，将联手全国各健康传媒机构、医疗卫生服务机构和企业，成为最权威的健康传播平台。

推出“融创广告计划”，融媒战略玩儿转新营销。北京电视台京视电广传媒有限公司总经理赵峥铮在发布会现场公布了BTVi生活全新融媒广告产业合作产品——融创计划，将彻底改变原有传统电视媒体广告投放、资金或价值单一流向的模式，转变为融媒广告体系、产业合作体系和投资成长体系的有机融合。

卡酷原创《最可爱的人》获国产动画最高奖项

动画节目中心

由国家新闻出版广电总局主办的“2016年度少儿节目精品及国产动画发展专项资金项目”评审结果出炉，BTV卡酷少儿卫视原创出品的国内首部抗美援朝主题动画片《最可爱的人》获得一等奖，以深耕中国故事，专注原创精神，鼓舞民族士气的媒体态度，赢得荣誉。该奖项的设置旨在鼓励和扶持少儿广播电视节目和国产动画原创作品的创作、生产和播映。卡酷少儿生产制作动画和节目的核心精神，就是原创精神，并且精品佳作频出，气势高昂，收视领跑同类少儿专业频道。

由北京卡酷少儿卫视承制的原创系列动画片《最可爱的人》，是我国首部以抗美援朝为题材的系列动画片，以真实历史故事为依据，通过生动演绎中国人民志愿军的英雄故事，将爱国主义和革命英雄主义的“抗美援朝精神”一代代发扬下去。《最可爱的人》播出同时段，核心收视在全国所有省级卫视35城收视排名中位列全国第二，在全国4+收视保持前十，远超同时段强档热播品牌动画的收视水平。2017年寒假期间，《最可爱的人》还作为总局推荐“中国梦”重点题材动画片，在全国各大卫视进行展播。

卡酷少儿始终坚持社会责任担当，从2014年中国梦主题动画片《戚继光》，到2016年抗美援朝主题动画片《最可爱的人》，卡酷少儿一直在用动画这种独特的艺术形式，用孩子们喜闻乐见的方式展现正能量的英雄和历史故事，探索了一条主旋律动画创作道路。下一步，卡酷少儿还筹备策划制作冬奥会冰雪主题动画片《冰雪冬奥村》，以 2022 年北京冬奥会为主题，贯彻京津冀协同发展理念和精神，用动画手段为冬奥会贡献价值新高度，落实总局提出的“坚持以人民为中心的创作导向，集中力量抓好重要会议、重大活动和重要时间节点的主题创作。推出一批叫得响、传得开、留得住，适于多媒体传播的精品力作”。

卡酷少儿动画春晚跨越次元

动画节目中心

开年巨献《2017 年卡酷少儿动画春晚》，1 月 24 日至 26 日，每天 18：30 在 BTV 卡酷少儿卫视首播。玩偶闯关秀，动漫综艺秀，动画游艺秀，三天三场大秀，刮起新年最强动漫旋风。这次动画春晚以“玩偶、玩具”的核心概念贯穿始终，挖掘各年龄层的回忆，演绎跨次元、跨年代、跨经典的动漫大狂欢，营造出别具风格的亲子分享、合家共欢、童趣纯真的新春氛围。

1 月 24 日 18：30 播出《偶是冒险家》。动漫人偶组队刷手游，跨越次元之壁。动画春晚首秀玩偶舞台闯关秀《偶是冒险家》，由原创的鸡年吉祥物“金晓鸣”，带领孩子们心中的动画英雄超级飞侠乐迪、雷伊和憨憨的熊二，一起组成“回家鸡动队”，开启冒险之旅。今年的动画春晚被二次元概念强势附体，闯关人物包含了孩子们喜爱的魔仙小蓝、小猪佩奇、海绵宝宝、猪猪侠等，更有漫威历代版本钢铁侠大集合，穿越组队大作战，为全龄观众打造“动漫手游不眠夜”。

1 月 25 日 18：30 播出《颐和园盛典》。“颐和园”长出迷之机器手，跨越经典之壁。这是一场全三维制作的动画盛典，颐和园作为中华园林瑰宝，成为动画春晚最后一场盛典的主会场。颐和园首次以动漫形象出现于荧幕之上，古老浪漫的园林，在动画春晚的梦幻和特效里，用拟人化的方式，点燃昔日盛世之景，华丽重生，成为孩子们心目中向往的欢乐圣地。开篇以“梅兰竹菊”幻化成真，百鸟朝凤幻化为凤凰，象征着农历鸡年，万物复苏的开启，原创吉祥物“金晓鸣”丢失了“黄金风衣”，即将失去它执掌鸡年的能力，于是召集了卡酷的动画形象二酷，以及一众动画明星，开始颐和园寻找风衣之旅。颐和园这一古老文化的象征因为动画的力量重焕新颜，融入年轻一代，开启新年新纪元。

1 月 26 日 18：30 播出《偶是大玩家》。00 后“挑战”红白机，跨越年代之壁 。《偶是大玩家》是一场炫彩魔幻的综艺嘉年华，从 70 后、80 后的童年经典红白机，到90后、00后追捧的阴阳师，怀念经典PK当红炸子鸡，一场综艺大秀网罗了跨越动漫40年的情怀与初心。00后心目中的超级飞侠乐迪，带着演员们一起表演超级玛丽元素的舞蹈，水管、蘑菇、电子乐，瞬间引得70后、80后泪奔。

2017年的动画春晚在次元狂欢的同时，还不忘情怀，在2017年1月1日至27日，推出"我的童年送给你"大型公益行动。由参与春晚演出的所有明星、动漫角色带头，号召全国的大小观众们在微博和微信上晒出小时候最爱的玩具和最珍贵的童年记忆。卡酷少儿动画春晚把大家的故事和回忆，换成礼物送给偏远地区的小朋友们。把春节的温暖和最简单的快乐带给每一个孩子。

卡酷"六一"推出人偶舞台剧《酷偶传奇》

动画节目中心

北京电视台卡酷少儿"六一"特别策划了人偶舞台剧《酷偶传奇》。节目将诸多热门IP与经典的童话故事结合，让动画英雄们在六一国际儿童节欢乐集结，完成任务，守护童心。节目在舞台剧中融入歌曲、舞蹈、武术等多种艺术形式，给小朋友在节日中呈现了一台欢乐有趣的视听盛宴。

反转童话，经典故事新内容

《酷偶传奇》沿袭了卡酷少儿收视王牌的节目形式——人偶舞台剧。在内容上节目选取了经典童话故事《灰姑娘》《小红帽》和《匹诺曹》，但是却并不拘泥于传统的故事，而是进行了突破固有思维模式的再创造，给剧情来了一个180度的大反转，给孩子们一个完全不一样的童话世界。

《酷偶传奇》的故事源自一场太阳风暴，由于太阳风暴的活动，童话故事中的某一个因素受到干扰，童话不再是按照原来的故事发生，而是在导演的创作下，有了新奇的反转剧情。王子马上要迎娶灰姑娘的姐姐，小红帽天天喝大灰狼送来的橘子汽水，匹诺曹变成了爱慕奢华生活的小金人。这些在经典故事上的再创作，让观众对故事充满期待。为了恢复童话，让故事有个完满的结局，由《猪猪侠》《喜羊羊》《熊出没》等热门动画中的英雄人物组成的酷偶战士，要通过自己的努力扭转童话向糟糕的局面发展。在节目中，这些动画人物并不是无所不能，而是和童话的主角一起会遭遇困难，学会协作，最终完成任务。

人偶真人，舞台荧屏新形式

人偶舞台剧的形式，一直是卡酷少儿的经典强项，每次推出都会受到小观众的热烈追捧。《酷偶传奇》在延续以往创作经验的基础上，加上了真人表演，萌态可掬的人偶动作，加上丰富细腻的演员神情，将童话故事更立体地展现给小观众。人偶加真人，舞台加电视，热门IP加原创IP，《酷偶传奇》不仅创造了新的节目形式，而且开拓了一条包装原创 IP，打造自有 IP 的新途径。

为了更生动有趣的推进剧情，《酷偶传奇》在表演的基础上还加入了歌曲、舞蹈、武术等表演形式。将耳熟能详的插曲如《Beat It》《let it go》等重新填词编曲，并由演员现场演唱，配合灯光和焰火特效，营造了一个浪漫而梦幻的童话世界。

多屏互动，同步直播新玩法

本场舞台剧也和新媒体结合，播出的当天，主持人通过直播的方式带着小观众一起收看节目。直播的内容以“脑洞大开，聊童话”为主题，通过一些互动问题，让小观众分享自己的有趣想法。希望充分利用直播的互动性和娱乐性，边看边聊，实时点评，弹幕吐槽，制造热点带动节目收视。让看节目的小观众，不单纯只是关注内容，而是成为一个可以参与的活动，一个可以畅所欲言发挥想象力的机会。而这些，正如卡酷少儿的宗旨一样，能够陪伴小朋友一起快乐成长。

“经典·京韵”亮相法国昂西

动画节目中心

2017 年 6 月 15 日，法国昂西国际动画电影节北京专场“经典·京韵”主题沙龙活动大获成功。来自北京的原创动画《冰雪冬奥村》《京剧猫》《我的朋友猪迪克》等 40 余部优秀作品，引起加拿大、西班牙等国际动画公司的浓厚兴趣，达成合作发行意向。

6 月 13 日至 15 日，由北京市新闻出版广电局主办，北京电视台卡酷少儿卫视和卡酷传媒有限公司共同承办，来自北京动画创意产业的管理机构、播出机构和行业代表组成的参展团亮相法国昂西国际动画电影节。当地时间 6 月 15 日举行“经典·京韵”主题沙龙，吸引了世界各国的动画参展商和业界同仁与中国原创动漫企业进行对话沟通，交流当今最先进的动漫创作理念和国际动漫精品 IP 创作孵化管理经验。

北京市新闻出版广电局副巡视员董明致辞，提出参加昂西国际动画电影节是中国动画走出去的一个非常好的出口，“我们愿意以不同的方式、热情的服务和优越的环境，加强与国外公司在资本、技术、人才、市场等多方面的合作，实现共赢”。国际动画电影交易会执行总监 Marin 表示了对中国动画的高度赞扬，肯定了中国动画对于世界动画的意义，对于北京展台连续两年的参展给予了肯定和欣赏，希望以后能多多在国际舞台上看到北京动画的身影。此次北京市新闻出版广电局组织参加昂西国际动画节，是将品牌推广、动画发行、渠道宣传、洽谈合作、实力展现作为首要目标，向世界展示中国原创动画的魅力。

由卡酷少儿原创出品电视定格人偶动画《冰雪冬奥村》，以 2022 年北京冬奥会为主题，用可爱萌趣的人偶形象讲述奥运精神。该片吸引了西班牙动画公司制作人Pamela Mora的兴趣，她表示“把人偶动画和冬季奥运会结合在一起，实在太棒了！没有什么比这个作品，更加能为北京冬奥做宣传了！”功夫+京剧题材电视动画片《京剧猫》的“最炫中国风”感染了加拿大和墨西哥的动画人，墨西哥的Kora动画公司对于功夫京剧这个题材感觉很新鲜，认为这只可爱的功夫小猫，一定会在国际舞台上大放光彩。此外低幼启智动画片《我的朋友猪迪克》、动画电影《阿唐传奇》等原创作品也得到了来自国际业界的赞誉。

法国昂西国际动画电影节是世界四大国际动画电影节之一，也是历史最为悠久的动画节，代表国际动画界最高水平和荣誉，被誉为“动画奥斯卡”。此次共有来自68个国家的530多家参展商带来全球最优秀的动画作品，规模更胜。2017年恰逢中国主宾国之年，北京动画“出征”昂西，身体力行为京味儿动画开辟国际市场。

第七届北京国际电影节·纪录单元成功举办

纪实频道节目中心

2017年4月17日，由BTV纪实频道、五洲传播中心联合主办的北京国际电影节独立单元——第七届北京国际电影节纪录单元开幕。本届纪录单元以“前沿探索 跨界融合”为宗旨，设置评审、展映、论坛、市场、沙龙等五大版块和12场论坛。来自世界20多个国家的200多部作品参展，共评选出5部优秀作品，包括最佳国际长片、最佳中国长片、最佳中外合拍长片等。2017年奥斯卡最佳纪录片提名《象牙游戏》、2017年圣丹斯最佳纪录片提名《童心无归处》等国外大片进行了展映。《最后的沙漠守望者》《生门》《镜子》《失控的生命》等一批国产优秀纪录片把关注的目光投向人性、人类、生命、环保等主题上，表现出中国纪录片人的社会责任感和国际视野。

本次纪录单元特别邀请了执导《微观世界》《喜马拉雅》《鸟的迁徙》《海洋》等多部经典纪录片的法国著名导演雅克·贝汉先生担任名誉主席，杨澜女士担任本届纪录单元终审评委，专家评审团分别来自奥地利、日本、澳大利亚和中国等国家。

国家新闻出版广电总局宣传司副司长王晓亮、中国国际广播电台和北京新闻出版广电局的相关领导出席了开幕式。北京国际电影节组委会常务副秘书长、北京电视台总编辑王珏，北京国际电影节纪录单元工作委员会主席、北京电视台副总编辑艾冬云在纪录单元开幕式致辞。王珏总编辑充分肯定了纪录单元4年来在规模和质量上的逐步提升，已成为北京国际电影节的重要组成部分。《2016中国纪录片发展年度报告》在纪录单元发布，这部年度报告于2009年首度发布，成为中国第一部发布的纪录片年度报告。

4月18日，3场论坛成为当天纪录单元活动亮点。国新办对外推广局巡视员夏云海、北京电视台副总编辑李岭涛在论坛上先后致辞。本届纪录单元适逢“一带一路”国际合作高峰论坛举办之际，“一带一路”话题成为国内外关注焦点，纪录单元推出2017年“一带一路”主题日论坛，以“合作传播，共赢发展”为主题，吸引百余名来自“一带一路”沿线国家政策研究机构、境内外媒体机构及政府部门的相关人士参与。除此之外，本届纪录单元紧扣时代脉搏，推出冬奥冰雪影像论坛和首届“中国户外纪实影像季”论坛。冬奥冰雪影像论坛上，北京冬奥组委媒体与新闻宣传部副部长徐济成发布了《北京冬奥会和冬残奥会影像计划》。有创新也有坚守，BTV纪实频道创办的“青春的纪录”环太平洋大学生微纪录作品大赛，已经坚持了5年，在本届纪录单元中，第五届（2016）“青春的纪录”环太平洋大学生微纪录作品大赛颁奖礼暨第六届（2017）大赛启动仪式成功举行。第七届北京国际电影节纪录单元得到了北京新媒体集团的大力支持，“北京时间”进行网络直播，收看人数达到24万人次。与会人员还就新媒体跨屏融合及纪录片产业发展等话题进行了深入探讨。

坚守舆论导向　加强队伍建设　夯实基层党建

——北京电视台学习贯彻蔡奇同志到市委组织部调研讲话精神

党委办公室

北京电视台认真学习市第十二次党代会精神和蔡奇书记到市委组织部调研讲话精神，深化“两贯彻一落实”，扎实推进“两学一做”学习教育常态化制度化。市第十二次党代会精神和蔡奇书记的调研讲话为北京电视台指明了工作和前进的方向，台党委要求，要认真开展学习教育，带着问题学、专题研讨学，切实把思想和行动统一到党代会精神和蔡奇书记的讲话精神上来，推动北京电视台工作水平不断提高。

一、牢固树立“四个意识”，坚持正确的舆论导向

北京电视台党委始终注意提升全台党员的“四个意识”，把提高政治站位、履行政治责任放在首位，把“两贯彻一落实”贯穿工作始终，把学习教育融入到业务工作，切入到北京经济社会发展的重要领域和关键节点。台党委以“讲政治、树形象，提素质、强队伍”为目标，通过深入推进“两学一做”学习教育常态化制度化，开展三项学习教育活动，要求广大党员，特别是组工干部要强化政治意识、大局意识、核心意识、看齐意识，牢牢树起导向意识。党委班子成员、全体中层干部和各党支部书记集中学习了市十二次党代会精神，台党委要求全台党员学习贯彻市十二次党代会精神，各支部组织党员参与长城网及微信“学习贯彻市第十二次党代会精神”专题活动，在线答题人数超过1200人，达到97.4%的党员覆盖率。广大党员干部紧紧围绕市十二次党代会确定的奋斗目标和工作任务，坚持首善标准，追求卓越创新、争创一流业绩，在弘扬主旋律、传播正能量上当好排头兵、作示范、立标杆，努力推出了一批有思想、有温度、有品质的作品，弘扬主流价值观、宣扬优秀文化，充分展现首都近年来在经济社会建设所取得的伟大成就。

二、不断提高干部队伍素质，肩负起引导舆论服务大局重任

北京电视台党委认真贯彻落实新时期好干部标准，坚持正确选任用人导向，以战略眼光加强谋划，不断提高干部队伍的整体素质，突出从严要求和关心关爱，在选、育、用、管上做到多措并举，使干部队伍更加整齐、更有战斗力，使干部素质和能力与首都地位相匹配，同“四个中心”的功能定位相匹配，始终做到忠诚干净担当。台党委坚持把思想教育和理论武装作为党员干部学习教育的重中之重，开展中心组学习，认真学习、深入领会“两贯彻一落实”，围绕相关理论和实践问题进行集中学习、研究思考、交流探讨，进一步凝聚共识。突出狠抓作风建设，教育引导党员干部增强服务意识，改进工作作风，塑造公道正派的党员干部形象。通过与干部谈心谈话，注重在日常工作中及时掌握了解干部的真实情况，关心关爱党员干部。进一步大力加强党风廉政建设，提高党员干部遵章守纪的意识，筑牢思想防线，切实履行“一岗双责”。广大干部带头执行廉洁自律准则，抓好廉政建设，形成加强作风建设的长效机制和常态举措。通过深入开展理论学习和党性教育，进一步增强党员干部的理想信念和组织定力，有效提升了党员干部在引领导向方面的业务素质，自觉担起了把控舆论的政治责任。

广大党员干部坚持新闻立台、导向引领，努力工作，自觉做到重大报道不缺位，日常新闻有引领，规定动作精准执行，自选动作守正出新，集中展示全市在贯彻习近平总书记对北京工作的指示，落实市十二次党代会精神等方面内容。以《北京新闻》为重点，以《北京您早》《特别关注》等新闻节目为补充的全方位报道体系，按照不同时间节点设置了相应的宣传重点，使“两贯彻一落实”覆盖到全市各单位、各地区，新闻报道迅速形成声势、形成规模，营造了良好的社会宣传氛围。围绕习近平总书记两次视察北京，推出了6集专题片《扬帆——习近平总书记2·26视察北京三周年》，集中展示了北京在疏解非首都功能、京津冀协同发展、治理大城市病、大气污染治理等方面取得的显著成效。各档新闻栏目以疏解整治促提升报道为抓手，将“两贯彻一落实”报道引向深入。以“加强城市治理建设和谐宜居之都”为主题，着力报道了全市各区各部门开展拆违和封堵“开墙打洞”情况。从7月9日开始，《北京新闻》率先推出《疏解整治促提升 我家门前靓起来》专栏，从疏解整治后的效果入手，以市民获得感为重点，着力报道疏解整治促提升专项行动给市民生活带来的巨大变化。这些报道全面展示了“两贯彻一落实”在首都的生动实践，使得“两贯彻一落实”的成果凸显在市广大市民眼前，达到了良好的宣传效果。

三、务实推进基层党建工作，从严从实加强自身建设

北京电视台党委结合推进“两学一做”学习教育常态化制度化，强化基层党组织的政治功能和服务功能，充分发挥基层党组织的政治核心作用和战斗堡垒作用，让党的旗帜在每一个基层阵地高高飘扬。各党支部按照台党委的要求部署，广泛开展了“党支部建设规范大讨论”和“党员行为规范大讨论”，形成了“北京电视台两个规范”，上网上墙，对照落实。市委印发《习近平总书记关于北京工作指示摘编》后，北京电视台党委第一时间下发通知，对研读《习近平总书记关于北京工作指示摘编》进行部署，各支部把学习习总书记关于北京工作的指示作为“两学一做”学习教育的重要内容，深入学习贯彻习近平总书记治国理政新理念新思想新战略，特别是学习好、宣传好习近平总书记对北京工作的指示，统一思想，武装头脑，凝聚力量。为推进“两学一做”学习教育常态化制度化，推动全面从严治党向基层延伸，台党委研究制定《北京电视台关于推进两学一做学习教育常态化制度化 做好党建工作重点任务实施方案》，按照台党委、党员领导干部、党支部和党员4类主体梳理出党建工作重点任务清单，形成台账，对照落实，总结提高。为落实市委组织部、宣传部关于党支部规范化建设工作的部署和要求，台党委研究制定方案，动员部署，抓好落实，对全台各党支部工作进行了一对一督察，组织开展党支部评星定级工作，确定了20个规范化试点党支部，为进一步推动规范化建设打下基础。

北京电视台党委始终重视组工部门的思想建设，要求组工干部认真贯彻落实习近平总书记提出的“五个坚持”，努力做到：坚持绝对忠诚的政治品格、坚持高度自觉的大局意识、坚持极端负责的工作作风、坚持无怨无悔的奉献精神、坚持廉洁自律的道德操守。当好参谋助手，加强统筹协调，强化督查落实，全力服务保障，努力适应新一届市委的工作方式，调整不适应要求的工作节奏和方法，不断提高工作水平。

为更好地带领全台深入学习领会市十二次党代会精神和蔡奇书记调研讲话精神，北京电视台组工干部先学一步，统一思想，提高认识。组工部门深入开展“两学一做”学习教育活动，明确加强和改进自身建设目标，加强理想信念、优良传统和勤政廉政教育，引导党员干部保持公道正派、坚持原则、淡泊名利、严于律己、清正廉洁的政治品格，自觉做到讲党性、讲信念、讲传统，比学习、比工作、比奉献，引导党员干部树立正确的事业观、工作观和政绩观，提高党性修养。通过深化作风建设，提高组织工作服务效能，加强对重点工作的督查，促进各项工作落实，以良好精神状态和优异工作成绩迎接党的十九大胜利召开。

技术管理和新技术应用

2017年北京电视台技术和新媒体发展与应用情况

总工程师办公室

2017年是将广播电视事业的发展、技术的更新与北京电视台整体战略相结合发展的关键一年，在这一年里北京电视台技术和新媒体发展应用情况如下：

一、融合媒体生产云平台建设。2017年启动北京电视台融合媒体生产云平台建设。它定位于全台核心业务、技术支撑平台，汰换老旧制播网，加速推进电视制播业务云端化，打造融合媒体业务支撑能力，促进实现多源汇聚、共平台生产、多渠道发布、大数据运营的目标。

二、完成北京市政府支持的更新改造中央发射塔上北京电视台节目发射机相关工程。2017年4月4日，正式关闭北京电视台原有D27模拟地面频道，采用AVS编码方式开播覆盖北京地区的地面数字频道。在原有D27频点上开播北京卫视高清、BTV科教、BTV财经、BTV卡酷、BTV青年标清数字地面频道；在原有D14频点上开播BTV纪实高清和BTV新闻高清地面数字频道。北京地区的电视观众可以通过带有中国数字地面接收标准的电视机或设备收看到北京电视台上述数字电视频道。北京电视台新的数字地面频道的开播，为推动北京市数字地面电视覆盖服务做出了贡献。

三、根据新闻立台的理念，为配合落实新闻改版的业务需求，积极开展“融合新闻业务系统建设项目”工作。

四、拟定《北京电视台“十三五”技术规划》。在充分学习研究总局、市广电局“十三五”规划的基础上，全面调研北京电视台各技术部门实际情况，完成并发布了《北京电视台技术系统“十三五”科技规划》，规划要求到2020年，北京电视台安全播出综合评分和停播率等关键指标继续保持全国领先水平，信息安全保障综合效能进一步提高。建成适应业务发展需求的融合制播平台。在全面高清化基础上，推进超高清节目规模化生产，为2022年冬奥会提供保障。全面实现现有12套电视节目的高清播出，同时尝试播出4K超高清节目。这一规划对北京电视台未来几年的技术发展提供了重要的指导，对统筹各技术环节的协调发展具有重要意义，是下一步北京电视台技术系统建设的重要依据。

五、推进北京电视台高标清同播频道统一下变换方式的落实工作，经过与总编室、各相关节目中心和技术部门的合作，于2017年3月22日将卫视高清、文艺高清节目，2017年5月18日将新闻高清节目在标清频道播出的下变换方式调整为16：9方式，有效提升了同播节目标清播出的质量。

六、2017年11月11日，在卫视节目中心“双十一”直播特别节目中成功运用声音水印技术，达成了电视节目现场与移动客户端之间的实时联动，推动了广播电视台融合媒体互动技术在北京电视台的应用。

七、根据广电总局下发的《关于加强电视节目音频响度管理的通知》组织自查和整改，积极落实总局要求，提升观众的收视质量。

论虚拟植入技术在BTV高清新闻演播室的应用

制作部　张　阳

虚拟植入技术，就是将计算机制作的虚拟三维场景与电视摄像机现场拍摄的主持人活动图像进行数字化的实时合成，在摄像机景别变化的同时能够保持主持人与虚拟三维场景的同步变化，从而实现两者天衣无缝的融合，以获得完美的合成画面。演播室中虚拟植入系统的系统构成，包含摄像机、摄像机控制单元（Camera Control Unit，CCU）、图形工作站和切换台。摄像机拍摄的画面经CCU传送给虚拟渲染设备，图形工作站将制作完成的虚拟元素线性叠加到实景画面上，最后采集摄像机的跟踪信息实时渲染合成输出。

虽然我们看到的虚拟效果非常绚丽，但虚拟植入系统的工作流程并不复杂。在演播室制作过程中，通过三维制作软件3DMax、Maya等生成虚拟元素，然后通过图形工作站上的专业虚拟图形创作软件进行修改，再将图形元素与传感器获取的跟踪信息关联到一起，以确保在摄像机运动时，导入的虚拟元素与实景保持良好的透视位置关系，这样就可以构成观众所看到的真实又虚幻的画面效果。

在整个虚拟植入系统中，定位跟踪和实时合成是两个最重要的环节。定位跟踪的作用是在真实摄像机和虚拟摄像机之间建立三维空间的对应映射关系，在很大程度上，初始定位将影响传感器跟踪的准确性，如果定位点选择的不合适，定位将会不准确，虚拟元素在画面中的位置就会不正确，出现穿帮的现象。实时合成的目标是在摄像机实时运动的过程中，由图形工作站渲染出来的三维图形将按照与摄像机建立起来的空间关系保持同步运动。只有这样，才能达到虚实结合的艺术效果。

虚拟植入系统所提供的软硬件配置和功能设计，要能够高质量地满足北京电视台新闻节目中心对节目制作的需求。整体系统设计原则概括起来，主要有：标准性、安全性、实用性、先进性、艺术性等原则。

标准性原则：系统设计主要依据国家新闻出版广电总局有关省级电视台建设标准，技术指标符合国家新闻出版广电总局颁布的行业标准。

安全性原则：播出控制端与图形工作站采用网络化的连接方式，采用“制作”“播出”“渲染”分离的系统架构，系统硬件构架采用“独立通道”式的结构，这种设计可以使各个子系统独立工作，以确保一个子系统出现故障不会导致整个系统的崩溃。

实用性原则：选用成熟的技术和先进的设备、软硬平台建设，整个系统易于管理和维护。

先进性原则：在实用和安全的基础上，虚拟植入系统所采用的技术与硬件平台的配置要有一定的前瞻性，要把业务的发展考虑进来，以保证系统具备可持续发展能力。

艺术性原则：电视是技术与艺术的结合体，设计方案在满足系统合理及功能完善的前提下，应配合新闻播出区的整体艺术风格，在技术布局、演播区背景设计、灯光设计等方面，充分体现时代感，突出具有本台特色的艺术风格。

虚拟植入系统的设计涉及视音频系统设计、物理链路设计、软件控制设计、网络设计、跟踪定位设计、虚拟场景生成设计等多个环节。

物理链路与网络设计。虚拟植入系统主要由摄像机、CCU、图形工作站 HDVG、控制 PC、交换机、图形创作工作站等组成。摄像机与 CCU 采用光缆的连接方式，CCU 与图形工作站 HDVG 和切换台之间采用 SDI 的连接方式。此外，图形工作站 HDVG 通过 RS422 数据线读取摄像机的推、拉、摇、移的信息，用来匹配虚拟场景与真实场景的空间关系。控制 PC、图形工作站 HDVG 和图形创作工作站都连接到了以太网交换机上，通过局域网共享的方式实现数据的交换。

新闻高清演播室采用了两套傲威公司的 RealSet 系统，RealSet 采用傲威的虚拟演播室技术，在没有蓝箱的环境下，利用内置线性键技术将三维虚拟物体叠加到演播室实景中，虚拟物体与实景的合成工作在虚拟系统内部完成，最后输出合成好的画面。通过虚拟系统可以在实景中添加虚拟物体、虚拟主持人、虚拟大屏幕等。

依据需求分析，北京电视台高清新闻演播室的两套虚拟植入系统采用了独立式结构，即每套系统有独立的图形渲染设备 HDVG。独立式机构为一对一的通道化结构方式，每台摄像机对应一套虚拟背景生成设备，经过渲染生成的信号可以和其他通道生成的信号在切换台完成特技切换。

目前主流的跟踪技术分为机械式跟踪、光学式跟踪和图像识别跟踪，机械式跟踪常用于新闻类的演播室，并且系统比较稳定。在特技制作科的帮助下，我们为本系统中固定机位选择的是日本 SHOTOKU 公司的 TU－03AVR 产品，摇臂机位选择的是同一家公司的另外一个产品 TK－53LVR。TK－53LVR 具备独立跟踪系统，不需任何其他辅助设备，包括设置参考点，定位操作简单，可在 1 毫秒内完成跟踪数据处理。系统由摇臂、安装在镜头、云台、臂身及基座的传感器、SPI（Serial Position Interface）组成。SPI 是一个数字信号处理单元。负责接收来自传感器的数据，经过处理后传输给图形渲染引擎。系统跟踪定位给视频信号带来 2 帧延时。

一套完整的虚拟场景制作系统包括 3 个模块，制作软件、播出控制软件、渲染引擎。制作软件负责完成虚拟场景的设计工作。新闻演播室主要用来完成日常节目制作，不需要承担场景设计工作。因此，系统对制作软件并不要求具有强大的制作能力，但是应该对主流设计平台具有很强的兼容性，方便场景导入。在操作上具有灵活性，方便对场景进行细微调整。

播出控制软件是日常节目制作主要操作的工具。新闻直播时效性强，因此要求控制软件具有管理多个场景的能力，可以快速生成播出列表，快速导入数据，可以同时控制多通道渲染引擎。

渲染引擎是虚拟场景生成系统的核心。要满足新闻节目的制作要求，渲染引擎必须支持外来视频的插入，可以将外来视频信号植入到演播室实景当中，有一种身临其境的感觉。此外为保证节目质量，渲染引擎还需具有实时的场景处理能力。

北京电视台高清新闻演播室虚拟植入系统于 2013 年 4 月建设完成，2013 年 5 月，系统测试检验合格。该演播室承担着北京电视台所有新闻节目的制作，包括不定期录制新闻频道的访谈类节目。目前系统运行正常。

虚拟植入系统作为一套新型的电视图文制作系统，采用突破性的创新技术，兼容三维虚拟演播室技术、三维图文技术、数据库技术，将三维图文、三维模型动画真实的融入到摄像机拍摄的节目信号画面中，并且能实时跟踪跟随摄像机镜头的变化而变化，为节目制作提供了全新的制作手段，其重要地位是不言而喻的。

虚拟植入技术不仅可以应用于演播室，还可以在户外环境中使用，这样就大大提高了系统使用的灵活性，为节目的制作提供了更多的思路。

非编虚拟化存储系统的设计与实施

制作部　程铓辉

北京电视台制作部的主要业务是承接台内各节目中心的后期制作任务，完成采、编、播、审到归档的一体化完整制作流程。这些工作内容都与存储设备有着密切的联系，在现有的 IT 架构管理上，存储技术始终未有任何大的变革，传统广播电视机构的存储系统面临传输速度慢、空间利用率低、安全性较低和异构系统管理复杂等诸多问题，而存储虚拟化就是解决这些问题的重要方式之一。高效可靠的数据处理对广播电视行业来说至关重要，数据的处理不仅影响节目后期制作的效率，而且关系到整个节目生产的进度。因此，存储虚拟化的实现是数据存储方式的创新，是存储系统发展的一个新技术方向。

一、研究现状

本人所在北京电视台制作部 Avid 高清制作网，使用的工作站型号为 HP Z840，非编软件 Avid Media Composer（以下简称“Avid MC”）版本为 8.5.3，在 2016 年 8 月经过一次软硬件更新后，对一期时长 50 分钟的工程进行视频 Mixdown 所需要的时间已由原先的 50 分钟提升至 40 分钟左右，Export 导出与原先无明显差距。在观察系统任务管理器中 CPU、内存以及网络使用率可以发现，各项硬件使用率并不高。

在一次空闲时间中，本人在个人电脑上安装了试用版的 Avid MC 软件，使用 Export 和 Mixdown 功能时观察任务管理器，发现 CPU、磁盘使用率均明显高于台内工作站点任务管理器所显示的数值，通过对比发现可能来源于磁盘 I/O 性能的差距。本人使用 PICe NVMe SSD 用于存储驱动器，其顺序读写性能可达 1.7GB/s 和 1.2GB/s，对比台内工作站点使用的网络存储系统情况，其存储性能差距明显。

二、研究目标和内容

通过设计实施非编虚拟化存储系统，预期达到设计一款满足北京电视台各节目中心、制作部、网络信息管理部等多部门存储需求的系统，实现提高数据存储效率、减少运行成本等目标。

以 Avid MC 高清制作网下的一个机房为研究目标，梳理现有应用环境中存在的不足，探究可改善的方向，测试存储空间、弹性文件系统、重复数据删除等新型存储技术带来的性能提升，同时为未来 4K 制播测算所需要的性能指标作准备。

三、系统需求分析

系统概述：机房现布置 6 台 HP Z840 编辑站点，每台站点均配置了双路 Intel Xeon E5 – 2630v3（8C/16T @ 2.4 – 3.2GHz）CPU、32GB DDR3 内存、nDIVIA Quadro M4000 专业显卡、两个千兆网口，并安装 Windows 7 专业版操作系统以及 Avid MC 8.5.3 非编软件。Avid MC 软件的工程与素材均使用 Avid ISIS 客户端连接至网盘。

存储容量需求：Avid MC 制作网使用的工程格式为 1080i/50，编码为 Avid DNxHD 120，色度采样格式及量化精度为 4∶2∶2 8bit，帧率 25fps，有效码率 121Mbps，每小时约占 54.45GB。假设某栏目一周五播，每期节目约 50 分钟，成片比 8∶1，那么每周该栏目所需空间为 1.815TB，算上渲染、播出和归档 Mixdown 文件所占用的空间，大约 2TB。

存储速率需求：素材上下载站点所需要的磁盘带宽为 121Mbps，由于栏目组平均每期节目工程使用 2 – 4 层视频素材轨道，那么编辑站点的瞬间吞吐带宽为 484Mbps，约 60.5MB/s。假设该机房内配有 2 台上下载站点，4 台编辑站点，那么对存储系统瞬间的吞吐需求达到 272.25MB/s。

网络带宽需求：从存储速率需求可以看出，现有的双千兆网络足以满足高清节目制作的需求。

4K UHD 环境下的存储需求：目前，超高清电视（UHDTV）包括 UHDTV – 1 和 UHDTV – 2，这两种数字视频格式是由 NHK 科技研究院首次提出，之后由国际电信联盟（ITU）定义和批准。UHDTV – 1 的分辨率为 3840 × 2160，是全高清 1920 × 1080 的 4 倍，UHDTV – 1 通常被称为 4K UHD。

为了应对 2K、UHDTV、4K 等更清晰的节目制作需求，Avid 更新了编码规范。在 4K UHD 环境下所选择的工程格式为 2160P/25。由于 4K UHD 的分辨率是全高清的 4 倍，所以采用 DNxHR LB 编码的 4K UHD 视频其清晰度与采用 DNxHD 120 编码的高清视频清晰度相似（约超过 55 寸的 4K 电视才可以看出差距）。如果采用该编码制作 4K 节目，对存储性能的要求没有过多提升。

为了制作更为精良的 4K 节目，同时更多的保留原始 4K 素材的色度采样和量化精度，一般需要采用 DNxHR HQX 编码来处理4K 视频素材，此时对存储系统的需求陡增，平均每小时占用 328.05GB，单一站点瞬间带宽可达 364.5MB/s，6 台站点总的吞吐需求可达 1.64TB/s。此时必须将交换机及站点的网卡统一升级至 10Gbps 环境，不然无法满足高精度 4K 制作环境的需求。

四、关键技术概述

存储空间：存储空间（Storage Space）是微软在 Windows 8 和 Windows Server 2012 中引入的一项存储技术，该技术通过将符合行业标准的磁盘分组到存储池中来实现存储虚拟化，然后从存储池中的可用容量创建称为存储空间的虚拟磁盘使用。

存储池：存储池是存储空间的基本构建块。它是物理磁盘的集合，允许以灵活的方式扩展容量，除安装 Windows 的驱动器外，只需要至少两个不小于 10GB 的额外驱动器就可以组建存储池。这些驱动器既可以是内部机械硬盘或固态硬盘，也可以是外部硬盘驱动器，包括 USB、SATA 和 SAS 驱动器等。存储空间提供三种虚拟磁盘的存储布局：简单不可复原（Simple），需要至少一块硬盘；镜像（Mirror），需要至少两块硬盘；奇偶校验（Parity），需要至少三块硬盘。

存储层：通过创建具有两个存储层的虚拟磁盘（其中一个存储层为 SSD 层，用于存储经常访问的数据；另一个存储层为 HDD 层，用于存储不太常访问的数据），合并了 SSD 和 HDD 的最佳属性。新的数据通常会写入到 HDD 层，然后存储空间将会根据访问数据的频率，以透明方式在两个层之间移动子文件级的数据。因此，存储层可以通过将最常用的“热”数据移到 SSD 存储来大幅提高这些数据的性能，并且不会降低在经济型 HDD 上存储大量数据的能力。

回写缓存：微软在 Windows Server 2012 R2 中为存储空间增加了新的功能：支持创建回写式缓存，该缓存使用池中现有 SSD 上的少量空间来缓冲小规模随机写入操作。占据常见企业工作负荷的随机写入操作将定向到 SSD，稍后将写入 HDD。

ReFS：弹性文件系统（英语：Resilient File System，简称 ReFS），这是微软在 Windows Server 2012 中引入的专有文件系统，目的是成为 NTFS 之后的“下一代”文件系统。ReFS 旨在克服 NTFS 被构想以来出现的重要问题，面向已改变的数据存储需求。ReFS 的关键设计优势包括自动完整性检查和数据清理、避免需要运行 chkdsk、防止数据衰落、内置硬盘驱动器故障和冗余的处理、集成 RAID 功能、数据和元数据更新切换到写时复制/分配、超长路径和文件名的处理，以及存储虚拟化和存储池，包括几乎任意大小的逻辑卷。

将 ReFS 与镜像空间或奇偶校验空间配合使用时，可使用存储空间提供的备用副本自动修复检测到的损坏（启用完整性流时，同时包含元数据和用户数据）。

Data deduplication：重复数据删除（Data deduplication）是一种节约数据存储空间的技术。重复数据删除指的是在数据中查找和删除重复内容，而不会影响其保真度或完整性。其目标是通过将文件分割成大小可以改变（32 - 128KB）的小区块、确定重复的区块，然后为每个区块保留一个副本，从而在更小的空间中存储更多的数据。

五、系统设计

系统架构：针对非编软件各项应用环境的需求不同，对存储系统的设计也有所不同。具体的设计架构如下：

1. 对于操作系统、应用程序以及缓存文件而言，更为看重小而琐碎的随机读写性能，因此可以引入固态硬盘并使用 Simple 存储布局提升 I/O 性能。

2. 对于工程文件来说，往往制作一期节目的音视频素材动辄 800GB－1TB，空间占比较高；如果因存储系统出现故障导致素材丢失，将大大影响节目的最终呈现效果，所以非常需要该磁盘具备冗余备份的功能；在工程文件中又有大量重复的如人名条、滚屏等素材，所以开启重复数据删除功能可以减轻部分磁盘空间压力。因此可根据实际情况选择 Mirror 或 Parity 的存储布局，并且引入固态硬盘启用分层存储进一步提升存储池的瞬间吞吐性能。

3. 对于渲染生成文件来说，往往只需一次性写入，并无冗余要求，可根据实际情况选择 Simple 存储布局进一步提升性能表现缩短项目进程。

存储池、虚拟磁盘和卷的创建：测试站点使用 4 块机械硬盘、2 块固态硬盘，并针对实际情况使用 PowerShell 命令行依次建立 Simple、Parity 存储空间用于系统程序以及工程文件。

六、系统测试

非编软件视频 Mixdown 测试：在 Avid MC 中 50 分钟的时间线内插入 4 轨视频素材，对部分视频进行特效处理。随后测试未进行特效生成和特效生成完毕后的视频 Mixdown 预估时间，通过对比发现在生成特效之后，此时生成视频不再依赖中央处理器的性能，只考察磁盘的性能，完成 50 分钟时间线的视频 Mixdown 预估时间为 4 分钟，大大超过现状。

重复数据删除测试：安装重复数据删除后，通过测试发现在未有人员进行数据删除操作的前提下，系统可以完成重复数据删除的操作。

七、结束语

存储设备是新闻及后期网络化制作的核心设备，其稳定性、可靠性、易操作、易维护、高带宽、通用性等直接关系到网络化制作的效率、效益和安全，存储虚拟化是实现云计算的一个重要基础。该设计不仅能够满足保密性、完整性和可用性的数据存储基本原则，同时也对广播电视行业的需求做出了调整和优化。相比传统存储系统，在成本相差不大的情况下，存储虚拟化系统的整体效率可以提高 40% 以上。

当前国内 3D 电视产业内容制作现状和前景分析

制作部　赵　博

一、国内 3D 电视产业发展现状

中国的 3D 电视内容制作产业在无比困难的局面下艰难起步，面对着经验不足、人员短缺、流程不规范、标准不健全、方向不明确等多方面的困难，步履艰难。如何在发展的“瓶颈期”尽快找到盘活全局的“钥匙”，实现整个产业的“突围”，需要自上而下多个层面扭转思路，调整布局，共同努力。

中国的3D电视节目发展起步较晚，节目内容和传播平台也较为有限。虽然中国6家一线电视台联合开播3D试验频道，但是，自制3D电视节目的数量、质量还是存在明显不足，节目重播率较高。而联合频道从上线到现在近6年的时间里，“中国3D电视试验频道”的“试验”二字并未更改，这意味着中国的3D电视仍处于磨合期，3D电视技术还远没有发展到一个较为成熟的阶段。在内容制作方面，国内外出现了多种格式并存的格局。3D电视节目的兼容性需要尽快提高，使观众可以更便捷更舒适地体验3D影像，否则3D电视内容生产的进一步普及很难实现。在我国，先后出台了《立体电视术语》和《立体电视图像质量测试方法》两个标准，这两个标准更多的是针对3D电视终端来制定的，其他与3D电视制作直接相关的标准尚未形成。

虽然政府已经将3D产业置于重要的发展战略地位上，但只有在3D传播格式、评测方法、压缩存储方式、图像制作以及终端显示等各方面的标准化规定，才能保证3D电视在拍摄、制作、传输等阶段的规范化和稳定性。虽然国内很多机构也在进行标准的制定，但基于全行业的标准体系仍然不够完善。

国内3D电视内容缺乏吸引力、缺乏竞争力的主要原因在于核心竞争力——专业技术人才的缺失。3D电视人才的培养非一朝一夕之功，要积极进行3D电视专业人才梯队化建设。选取具备较好高清电视节目制作经验以及具备一定英语素质的技术人员来进行3D相关知识的培训。在3D导演、3D拍摄、3D剪辑、3D校正、3D调色、3D合成、3D字幕、3D媒资管理等重要领域，重点培养专项业务精英，建设具有创新精神的高技术人才队伍。

二、科学高效的3D电视节目生产流程设计

对于3D电视节目的后期制作来说，简单的单机作业或是单工种作业很难满足优质3D节目的生产需求。3D节目的制作更多的是需要考量节目立体效果的舒适度以及合理性，并且能够充分发挥3D节目的视觉效果，体现出3D的优势和特点。主流的3D后期制作主要包含3D视差校正、3D剪辑、3D调色、3D合成等几个主要步骤。对于完成一部优秀完整的3D节目来说，这些步骤缺一不可。国内在3D电视一体化制作系统与异构系统设计方面均有所尝试。一体化系统的优势在于可以在独立平台内完成3D生产的全部流程。平台内的系统兼容性和交互性相对稳定。但由于平台技术尚未成熟到可以从容应对国内3D电视节目的生产要求，一旦出现问题，则会影响全局。

相比较而言，北京电视台大胆采用了异构流程系统方案设计，虽然在系统搭建及实际运行层面还有很多稚嫩和薄弱的地方。但其对国内其他主流生产平台有很好的示范和指导作用。下面以北京电视台的异构系统为例来探索一下国内3D电视内容生产流程设计的方向。

北京电视台3D立体节目后期制作系统的设计原则是力争发挥不同产品的各自优势，减少迁移数据量，提高生产效率；

实现高低端产品合理配比，优化和控制生产成本。通过发挥不同产品在3D剪辑、3D立体校正、3D调色以及3D合成方面的各自优势，建立一套满足不同类型节目日常生产需求的3D制作系统。

北京电视台3D后期制作系统采用光纤存储区域网和万兆位以太网双网结构，SAN结构共享存储与本地光纤存储相结合的方式，设计规模包含9个3D制作站点，包括3D素材粗编工作站3台、3D校正工作站1台、3D调色工作站1台、3D精编、合成工作站3台、3D高端制作工作站1台；辅助站点8个，包括3D字幕机2台、3D包装三维工作站4台、3D移动编辑工作站2台；另外还包括技术监看、辅助设备及周边接口设备等。

通过以上的配置，结合现阶段国内3D电视节目的生产能力和实际困难，北京电视台通过异构系统实现应对不同节目类型的3D后期制作流程，既可以将较为简单的演播室访谈类3D节目在单一系统中完成生产，也可以将复杂的大型晚会和用3D立体支架拍摄的3D节目依次经过所有制作环节，完成全流程制作。根据不同的节目内容和制作需求，自由组合和配置系统资源，按照剪辑、校正、调色、合成的制作顺序，按部就班或跳跃式地完成3D节目的生产制作。

三、异构3D电视节目生产流程的优缺点分析

采用异构的3D后期制作流程一方面可以避免产品单一化风险，不会因厂家调整产品架构而使得日常的3D节目生产限于被动或者受到不可逆之影响。毕竟3D电视制播技术在中国方兴未艾，还需要相当一段时间进行磨合和经验积累。

另一方面，异构流程可以汲取各家产品的长处，将生产流程中各点的优势体现出来，从而整体提高节目生产效率，保证节目生产质量。对于采用3D立体支架拍摄的3D素材进行了单独的视差校正和调色，并结合高端3D工作站点进行3D包装的设计与制作。最大限度地发挥了异构流程中各环节设备的优势技术，为高效优质地完成复杂3D节目制作提供了有力保障。

异构系统的搭建在为多任务3D制作带来方便的同时，也对系统设计提出了挑战。由于各厂家产品的定位有高低，术业有专攻，文件系统差异性大，系统架构和管理就比较复杂。为此，在3D系统搭建之前，北京电视台进行了大量的测试工作，不同系统连接3D视频矩阵以及彼此之间进行IO联通都经过反复调试。另外，异构流程中，文件交互和素材迁移会因系统差异而受阻，需要为特定的异构环境开发相应的接口程序来解决素材以及剪辑信息共享的问题。3D数据是在跨平台的环境中进行交互的，不同系统彼此之间都采用了不同底层文件编码进行数据打包，要想实现整合不是一件容易的事情。经过和各厂家之间反复的探讨研究和程序开发，在异构系统中以DNXHD编码视频为基础进行3D文件共享和迁移，采用EDL码以及XML码进行3D剪辑工程的共享和素材的回批，可以在最大程度上兼容各产品的制作体系。

四、未来国内3D电视制作产业的发展方向

中国的3D电视内容制作要想获得长足的进步，必须要尊重3D影像传达的客观规律，结合3D立体影像的视觉优势，

针对特定收视群体进行内容定制，提高3D节目的整体欣赏水平。重点探索体育竞技类、舞台综艺类以及风光游览类影片的3D化呈现。对于2D画面来讲，3D的最大优势就在于身临其境的立体深度呈现，因此在内容创作上，必须时刻体现出3D表现形式的优势以抓住观众的“眼球”。3D体育比赛直播、电影、纪录片、动画片、现场演出节目等是目前最受欢迎的3D电视节目，也比较适合个性化的频道播出。

从中国3D电视内容发展策略的制定者到3D电视内容的具体制作者都需要积极探索真正迎合国内观众需求的3D内容创作，转变传统观念。3D电视不可能像3D电影一样动辄花费上亿元的资金，运作几年时间来完成一部鸿篇巨制，《阿凡达》的成功仅限于电影领域。日播或者周播的特点决定了3D电视无论从策划、拍摄、制作、收看到背后的商业模式都与3D电影有着巨大的差异。3D电视内容生产不能盲目效仿3D电影的运作路径，需要找到适合于自身的运作方式和盈利模式。

尽管近年来我国的3D电视产业迅速起步，但整个行业产业链条却并未有效“连通”，这也是制约3D电视产业发展的主要问题。当下，带有3D功能的电视已经成为了显示终端的基本配置，国内主要卖场中的新品电视基本都带有3D功能。而与终端的海量囤积形成鲜明对比的是我国3D影视内容的储备不足，消费者可以选择观看的只有极少量的节目。3D终端的普及以及3D试验频道的开通，更加大了对3D影视内容的迫切需求。建立立体电视的内容交易平台，并探索具体可行的立体电视内容交易平台的运营模式成为当务之急。

典型经验

细处着眼 润物无声

——北京电视台关于利用文体活动做好主旋律宣传的思考与实践

北京电视台总编辑 王 珏

利用文体活动做好主旋律宣传，使其成为潜移默化宣传习近平新时代中国特色社会主义思想、社会主义核心价值观、中国革命传统、中华优秀文化、各地发展成就、干部群众良好精神风貌的重要载体，是主流媒体长期研究的重要课题和不断进行的实践探索。我台一直坚持用小文章展现大主题，小切口阐释大情怀，小细节彰显大道理，充分利用电视媒体的传播力、影响力、引导力和公信力，创新表现手段和宣传报道方式，利用一切手段、利用一切平台、利用一切机会，做好主旋律的宣传，努力实现润物无声的宣传效果。

一、用心打造城市名片，多维度体现文化自信

用好体育赛事：赛事的直播、转播传送一直是北京电视台的强项。如环北京国际公路自行车赛、北京国际公路接力赛、铁人三项世界杯等赛事转播，以及中国历史最久、世界十大马拉松之一的北京马拉松。我们把赛事直播和转播过程看作是一次良好的宣传主旋律的机会和平台。我们会提前做好策划，研究比赛路线和进程，从陆地、水面和空中多角度架设转播机位，精心打磨解说文稿，做好音乐编辑，以便在比赛过程中，通过优美流畅的镜头、解说和音乐展示首都城市风貌，介绍沿途的标志性建筑以及城市环境和城市规划等情况，反映北京悠久的历史文化和近年来的发展建设成果。

2017 年 6 月，我台直播了通州半程马拉松赛。直播前，工作人员对习近平总书记到通州考察北京市副中心建设情况时所到之处和所做出的重要指示进行了认真研究和学习，将这些内容充实在解说文稿中。直播过程中，每当运动员经过这些点位时，导播人员立刻切换出这里的优美景观，解说员马上会向观众介绍“几个月前习总书记正是在这里发表了重要讲话”等内容。上述做法让观众在欣赏美景的同时，领会习近平总书记重要指示精神，借直播进一步增强宣传效果。同时我们还会主动创意制作拍摄一些反映北京风貌的宣传片，如系列宣传片《喜迎十九大北京新航程》等，采用直升机航拍、无人机航拍、延时摄影、长镜头摄影等极致影像技术，拍摄北京城市壮美画面，在直播中择机插播（这些精美的宣传片也被制作成不同时长，成为我台的各类垫播片）；在比赛进程中，我们也会让镜头说话，及时捕捉展现沿途那些反映先进思想文化内容的标识物（如花坛、宣传画和标语等），大力弘扬拼搏精神，创造良好社会反响。

二、创新表达方式，全方位展示国家形象

新闻直播报道当仁不让：新闻直播报

道集现场性与时效性为一体，使电视新闻的传播优势最大化、为受众提供大量心理参与空间，让电视新闻的主导性得到最充分的发挥。通过积极创新，北京电视台如今已在新闻直播报道中摸索出一些有效经验。

我台曾在2016年11月推出三元桥大修直播报道，持续直播跨度达50多小时，总发稿量达130多条，全程记录下三元桥大修工程情况。当时除在各档新闻栏目中实时连线直播报道施工进程外，新闻评论节目《锐观察》连续3天聚焦三元桥大修，历史文化专栏节目《这里是北京》制作了三元桥历史回顾专题，加上北京网络广播电视台同步互动播出，形成了多种节目类型、多种节目形态复合多维立体的传播态势。直播顺利实现了多旋翼无人机航拍，确保了空中视野展现工程的全部重要工序环节，全景式展示整个大修全过程，极具画面震撼力。后续的延时摄影小片在国外引起轰动，点击量达到300万，外国网友纷纷点赞。直播直观展现首都城市建设的迅猛发展、巨大成就，把镜头对准基层一线，传递、弘扬了社会主义核心价值观，在多个方面做出了创新突破。

在连续两年推出的“天涯共此时——一带一路新闻行动”中，先后派出50多位记者前往“一带一路”沿线56个国家进行采访报道。通过一个一个鲜活事例，把中国为“一带一路”沿线国家做出的重大贡献传递给观众。

《中国梦365个故事》微纪录片把镜头对准普通百姓，讲述老百姓的中国梦故事，目前该片第一季已经作为北京市的外宣品走出国门走向世界，第二季正在紧锣密鼓地制作中。

三、紧扣新时代主题，以小见大融汇家国情怀

春晚责无旁贷。北京电视台春节联欢晚会是在北京市乃至全国极具影响力的传统大型品牌活动，一直以来备受关注。《2017年北京电视台春节联欢晚会》围绕“欢动万家夜，爱暖中国心”主题，以家国情怀贯穿始终。晚会以小见大，从小细节、小故事、小家庭着眼，反映当代中国、当代北京的大气魄、大情怀。一组“春碗”（由北京电视台与北京工艺美术集团和中国工商银行合作推出的BTV春晚衍生工艺品，设计中运用了“燕京八绝”之一的花丝工艺）、两位航天英雄、3幅名家国画、7件故宫博物院重宝、50对“北漂”情侣在春晚舞台上依次亮相，将爱情、亲情、家国情娓娓道来，体现出拳拳动人真情和煌煌北京底蕴。晚会将情感点和节目有机融合在一起，既起到成风化人的作用，又符合过年的喜庆气氛，如涓涓细流渗透进观众的心田。

综艺节目更具担当。每年的12月31日晚黄金时段是各家卫视都非常看重的。自2017年开始至2020年，我们拿出这一黄金时段，与国家体育总局和北京冬奥组委合作推出系列《BTV环球跨年冰雪盛典》，为北京冬奥会的召开营造火热氛围。2016年12月31日，由我台推出的《奥运之城 冰雪邀约——北京卫视2017跨年环球歌会》为观众带来连续4个多小时的跨年狂欢。《2017年BTV环球跨年冰雪盛典》计划由北京电视台、河北广播电视台和黑龙江广播电视台联合制作，将以北京国家游泳中心（水立方）为主会场，同时开设河北张家口和哈尔滨两个分会场，三地联动打造一场富有北国冰雪风情，以宣传冬奥会为主旨的跨年歌会。

户外楼宇也是平台：位于国贸以东的北京电视台大楼高200米，宽60米，2016年跨年夜，我台在此推出了大型楼宇灯光秀，运用现代多媒体数字制作和灯光投影造型技术，在楼体外立面上，演绎出“文化北京，美丽中国，天涯共此时”主题，并通过特殊的倒计时设计，向全国人民祝贺新年。灯光秀分为“激活BTV”“奥运城市”“互联网+”“大国重器”等8个章节，用紫禁城、天坛等著名古迹和燕京八景等锦绣风光，展示了古都北京的文化魅力和文明遗存；用高铁、飞机等立体画面展示了中国经济的活力，尤其是在“互联网+”牵引下的消费活力；用美猴王奋起千钧棒、唐诗宋词、水墨丹青等文化意象，展现了中国优秀传统文化的魅力和现代文化软实力的崛起；用长征火箭和天宫二号等科技符号，体现了中国科技进步，探索宇宙空间的壮阔图景。种种美不胜收的视觉奇观潜移默化地展现了北京乃至中国近年来的发展成就，弘扬了社会主义核心价值观。2017年12月31日跨年冰雪盛典之后，我们将继续推出楼宇灯光秀。

“天下难事，必作于易；天下大事，必作于细。”做好主旋律宣传任重道远，北京电视台将沿着习近平总书记指引的方向砥砺前行，用心讲好中国故事，体现“四个自信”。

十九大宣传报道守正出新

总编室　王　哲　任为民

2017年，北京电视台稳步推进迎接党的十九大暨“砥砺奋进的五年”重大主题宣传，在内容上形成以新闻报道为龙头，纪录片+专题片+公益宣传片，影视剧+综艺节目+栏目为两翼的内容矩阵；在平台上，形成以北京卫视为龙头，地面频道+新媒体为两翼的平台矩阵；在报道基调方面，坚持正向引领，多维发声，用小故事做好大文章，以百姓梦共筑中国梦；在内容形态方面，主题报道、大型纪录片、新闻行动、优秀影视剧展播等异彩纷呈；在宣传节奏方面，把握时度效原则，做到“重大策划不断线，重要报道连成片”，做到会前预热营造气氛，会中密集报道全面快速，会后及时有效报道十九大精神贯彻落实情况，顺利圆满完成十九大报道任务，引导并营造一波又一波舆论新高潮，彰显了北京电视台的大台风范。

一、启动重大主题会商机制，“全台一盘棋”做好十九大宣传保障组织工作

面对重大新闻事件、重大时政主题报道，以严谨的、成体系的策划来明晰报道思路、创新报道形式，北京电视台十九大宣传所取得的良好传播效果，离不开策划先行的工作方法。

在市委宣传部的统一领导下，北京电视台坚持党媒姓党、新闻立台、正向引领、多维发声，下好先手棋，打好主动

仗，确保导向正确、亮点突出，彰显首都媒体的报道实力和个性风范。从年初开始，不断更新调整全台整体宣传报道方案，在北京广播电视台的框架内启动重大主题宣传会商联动工作机制，充分发挥“中央厨房”枢纽作用，“一把手”抓好安排部署，“一盘棋”抓好统筹协调，“一条龙”抓好组织保障。

为保证安全播出，北京电视台还制订刊播安全保障工作方案，开展安全生产大检查和系列培训，确保党的十九大宣传期各项工作安全有序进行。

二、守正出新彰显担当 新闻节目全方位多角度报道十九大

2017年5月28日以来，北京电视台新闻节目提前进入“十九大时间”。全台各档新闻节目累计播发相关新闻超过70小时，各档新闻节目累计播发十九大新闻近300条次，包括开幕会直播、新闻、专题等累计播出时长超过40小时，采访党代表30多人次，采访各界党员干部群众超过200人次。

北京电视台《北京新闻》《特别关注》《北京您早》等栏目相继推出了《十九大代表风采》《砥砺奋进的五年》《喜迎十九大》《十九大时光》等多个专栏，多角度、多侧面营造喜庆热烈、团结奋进的浓厚氛围;《首都经济报道》推出5个连续系列报道，着重展现普通市民在这几年间生活、工作发生的巨大变化，多维度全方位呈现北京的发展和成就，

提前安排，直播盛会社会效果好。10月18日，党的十九大胜利召开，当日7：00开始，在新闻节目中心精心谋划、周密组织的前提下，北京卫视和新闻频道连续7小时并机直播党的十九大开幕盛况，打响漂亮一仗，受到市委宣传部领导的表扬。

精心准备，果断应变，及时播出首都各界收听收看十九大盛会报道。开幕会当天，北京电视台派出40多路记者采访收听收看盛况。由于并机直播十九大开幕会，台领导果断决定，当天的《特别关注》栏目顺延播出。12点55分顺延播出的《特别关注》，及时播出了各界群众收听收看党的十九大开幕大会的新闻，整个报道长度超过50分钟。市委宣传部严力强副部长在看完《特别关注》后第一时间打来电话，提出表扬。

在北京卫视和新闻频道转播中央电视台《中国共产党第十九次全国代表大会开幕会特别节目》及在《特别关注》栏目播出《十九大特别报道》，当日北京卫视北京地区收视率3.86%，市场份额33.24%；全国35城收视率达到0.36%，市场份额达到4.7%，在全国省级卫视35城市排名位列第一。以十九大为全部报道内容的《特别关注》当日取得收视率2.06%（北京地区），市场份额16.09%的突出收视效果，位列同时段各省级卫视35城市排名第一，央视和省级卫视中，北京电视台对大会盛况的跟进报道覆盖最全面，反应最迅速，内容最丰富，无论在规模体量还是质量上都名列前茅。国家新闻出版广电总局《收听收看日报》给予肯定。

推出“喜迎十九大·北京新篇章”大型航拍系列宣传报道。以空中视角全方位、立体化展示北京各区经济社会发展变化、历史人文景观和自然地理风貌。

全面报道北京代表团活动，重点展现基层代表风采。此次十九大报道，北京电

视台及时派出高清卫星车解决素材回传难题，并克服上会记者少于往届的不利因素，全面完成了报道北京团相关活动的报道任务，同时将镜头更多地对准基层代表，采访制作了李萌、仉锁忠等代表的专题新闻报道，表现了他们为十九大报告提出的真知灼见，展现了他们拥有坚定的信仰和炽烈的赤子之心。

会后报道以新闻节目为主阵地，集中报道全市学习宣传贯彻落实十九大精神的热潮。10 月 24 日，党的十九大胜利闭幕，北京电视台全体人员勠力同心，全身心投入到十九大会后报道中，以全面解读十九大报告精神为重心，力争将学习、宣传、贯彻、落实十九大精神推向高潮。

《北京新闻》开辟《学习贯彻落实十九大精神》《把十九大精神带回家》两个专栏；继续更新《十九大时光》专栏，保持宣传热度；开辟《全球热议十九大》专栏，继续报道国际舆论对十九大后中国发展方向的关注；评论节目《锐观察》推出特别访谈节目，让基层党代表、专家学者、资深媒体人等发出微观感受，凝聚最大共识，折射老百姓的收获和国家崛起的鲜明轨迹。

三、大型纪录片、专题片创作用大手笔做好首都文化的大文章

北京电视台策划推出多部主旋律大型系列纪录片，配合十九大报道。大型系列纪录片《你从井冈山走来》、系列纪录片《通惠古今大运河》、政论专题片《我的新北京》、系列节目《时代的号角——第十四届精神文明建设“五个一工程”入选作品专题系列节目》，全方位展现党的发展历程，多角度展示北京的新故事。系列节目《志说北京——三个文化带》，详细介绍长城文化带、运河文化带、西山—永定河文化带；系列纪录片《京城之轴》深入挖掘中轴线沿线历史人文故事，见证时代变迁。此外，2017 年 6 月正式启动的微纪录片《中国梦 365 个故事》第二季和文艺频道会前和会中播出的 80 集系列片《文化京津冀系列专题片》，都是以小见大的精品制作。

四、品牌节目用多元化的节目形态，多角度讲好中国故事

北京电视台在节目创作上坚持“三贴近”的原则，用看得见露珠、听得到呼吸的百姓故事，塑造中国形象，传递中国声音，讲好中国故事。

在党的十九召开之际，北京卫视推出系列原创季播节目《我是演说家》第四季、《中国故事大会》大力弘扬社会主义核心价值观；《生命缘·生命的礼物》、季播节目《创意中国》紧扣新时代主题，讲好中国故事；《北京评书大会》弘扬中华优秀传统文化；青年频道《军情解码》“精兵劲旅”系列特别节目，展现部队新风貌；文艺频道《每日文娱播报》会前推出喜迎十九大优秀歌曲系列展播，会后推出《为人民抒怀——现实题材精品汇》系列、特别版块《人民的文艺》，集中向百姓推介现实题材精品力作；《我爱书画》栏目从 2017 年 10 月起连续推出《最美中国人》《为人民而画》系列节目，介绍反映家国情怀的经典美术作品；科教频道《第三调解室》制作播出 10 期“优秀人民调解员”短片，宣传我市调解工作；《警法目录》着力打造“走进警营”等精品版块；《法治进行时》推出《平安行》等版块和系列报道，《法治中国 60′》推出《新航程法典》《百城百警百姓情》等专栏，《庭审纪实》推出《北京法官故事》系列节目，宣传全面依法治国方针，介绍全国司法工作者的先进事迹；科教频道《记忆》从8月起循环播出与市委组织部共同制作的《榜样 党员》专题，宣传优秀共产党员（共8期），9月中旬播出“老街坊”系列节目，10月上旬播出“大运河文化”系列节目；生活频道《生活这一刻》用“主播单车看北京”“家门口的事放心上”“阿龙讲故事”三个新设版块喜迎十九大，10月21日推出“走一线进社区，我眼中的十九大”系列报道，派记者走一线、访民情；纪实频道推出《影事——我们这五年》《中国文房四宝》《志说北京》等一系列宣传中华文化和北京发展成就的优秀纪录片。

五、爱国题材影视剧营造“大戏看北京”文化氛围

北京卫视频道《品质剧场》严把剧目和内容审查关，十九大后陆续排播国家广电总局推荐剧目《情满四合院》《急诊科医生》《北京人在北京》，弘扬真善美，传递正能量。

文艺频道在十九大结束后继续排播北京文化宣传片《喜庆十九大·洋眼看北京》，独辟蹊径地从4位不同国家、不同肤色、不同语言的外国友人的视角，感受文化北京的魅力。此外，卫视在会议期间上午时段播出了由路遥名著改编、反映城乡改革历程的电视剧《平凡的世界》；卡酷少儿频道播出《最可爱的人》《戚继光》等主旋律动画片。

六、特殊编排、跟播重大主题凸显迎接十九大主题

北京卫视在会议期间的黄金时段跟播大型专题片《将改革进行到底》《法治中国》《大国外交》《巡视利剑》《辉煌中国》，国庆期间又在黄金时段跟播《强军》《不忘初心，继续前进》，为十九大的召开营造良好舆论氛围，受到广电总局《收听收看》的表扬。

七、创新宣传手段，用融媒体互动传播，用公益宣传片点燃和呼应人们喜迎十九大的热情

多屏互动拓展平台，融媒传播创新升级。依托“BTV新闻”微信、微博、今日头条等平台配合播发十九大新闻动态，围绕党的十九大精神、北京代表团风采、北京重点工作成就、全球热议十九大等主题推送《北京市代表团继续讨论习近平同志报告时一致认为深刻把握新时代新使命新征程新理论》《首都各界干部群众学习十九大报告》《塞尔维亚主流媒体派出精兵强将报道大会》等相关文章、视频，网络点击量过百万。

多样化的公益广告和宣传片营造喜庆氛围。十九大期间，为营造喜庆氛围，总编室、广告部及卫视节目中心策划制作了“筑梦中国”系列公益广告、《砥砺奋进的五年》《我的新北京》《通州新家园》等多部公益广告和宣传片，在全台各频道密集播出，会议期间累计播出近2000次。北京卫视推出的系列宣传片《喜迎十九大，大美看北京》，沿着习近平总书记视察北京的足迹，围绕北京“一核一城三带两区”建设规划进行策划，用直升机、无人机航拍、延时摄影、一镜到底等极致镜头唯美呈现北京的城市风貌和人文气息。

北京电视台还在会议结束后持续发力，策划推出《新时代 新气象 新作为——践行十九大精神基层行》大型主题系列报道和解读十九大报告系列访谈节目

《新时代大家谈》，策划推出公益宣传活动“这是我的中国梦”，展播《北京之夜》等系列宣传片，推动党的十九大精神家喻户晓、落地生根。

北京电视台2017年国庆中秋报道亮点纷呈

总编室　高　爽

2017年“十一”假期，国庆和中秋双节相遇，又恰逢党的十九大召开在即，北京电视台加强策划、创新编排，通过主题策划、特别节目、系列报道、公益活动、假日精编、影视展播等多种形式，以家国情怀和家庭亲情为主题，丰富百姓假期文化生活，为迎接党的十九大营造良好的舆论氛围。

一、多档主题策划同步推进，喜迎党的十九大胜利召开

北京电视台多档品牌新闻栏目推出《喜迎十九大》《喜迎十九大　北京新篇章》《砥砺奋进的五年》《行走中轴线》等多个系列报道和《我的新北京》等多部电视专题片。

《喜迎十九大》专栏报道“十一”期间在《北京新闻》栏目继续推出，生动描绘广大干部群众撸起袖子加油干的情景，集中展现首都各界以实际行动迎接党的十九大胜利召开的热切期盼。

《喜迎十九大　北京新篇章》大型航拍报道“十一”期间在重点新闻节目和频宣时段滚动播出，从空中视角回顾5年来首都在经济社会发展中取得的丰硕成果，感受北京砥砺前行的铿锵步伐。报道内容包括“新蓝图 新北京”“绿水青山 生态北京”“路网纵横 畅行北京”等。该航拍报道每天在电视荧幕播出的同时制作成图文在BTV新闻微信公众号上进行推送，制作成专题页供网友查找观看，并在BTV新闻新浪微博官方账号和今日头条官方账号同步更新视频，获得众多网友点赞转发。

《砥砺奋进的五年》大型系列报道“十一”期间持续升温，集中播发了以生态文明建设为主题的报道及“砥砺奋进的五年”大型成就展，通过记者的现场报道充分体现了过去5年的辉煌成就及对未来美好生活的展望。节日期间共播出相关报道15篇，时长累计60余分钟。

7集系列报道《行走中轴线》以北京市委书记蔡奇讲话中特别提到的中轴线为线索，分别以《在历史中穿行 老胡同的“北京范儿”》《“换装”南锣鼓巷 找回北京味儿》《中轴线上24小时书香不断》《故宫打造国家宝藏 让国宝“活起来”》《中轴线上的“水乡”和谐宜居留住乡愁》《奥林匹克：为中轴线注入新的活力》《新机场的腾飞》为主题，以记者体验式报道，带领观众一起行走在北京中轴线，反映北京在疏解整治促提升工作中所取得的成果，以富含文化风、历史味的报道，生动描绘了首都未来发展的美好图景。

此外，北京电视台多档新闻栏目推出

《十九大代表风采》《聚焦北京城市总体规划（2016 年 –2030 年）》《展现首都风采 走进精品胡同》《环保督察 立行立改》《蓝天保卫战》《文明斑马线 我们在行动》《寻找最美家庭》《中国梦 365 个故事》第二季等重点报道，为迎接党的十九大营造良好的舆论氛围。

6 集电视专题片《我的新北京》在节日期间进行紧锣密鼓的制作，于“十一”假期之后推出。该片紧紧抓住“新”“改变”“获得感”三个关键词，从微观层面解读在习近平总书记新思想、新理念、新战略的指导下，北京城市风貌所发生的巨大变化，以及给人民带来的切实福祉。从北京市的“城市定位、规划建设”“城市功能定位、精细化管理”“文化中心建设与发展”“历史文脉传承与保护”“城市水环境治理”“大气空气治理”6 个方面，详细解读了北京市的发展与成就。通过故事化的讲述和电视化的表达，全景展示北京市民身边的新事物、新变化及体味到的获得感。以深入浅出、春风化雨的方式让首都广大党员群众通过本片统一思想，加深认识，提振精神，坚定信心。

为积极配合中央电视台《还看今朝》北京篇的宣传报道需要，本台调动多方资源，利用传统优势，制作了《还看今朝》北京篇系列短片，在不到一个月的时间里，先后采访了包括无人驾驶地铁燕房线研发者郜春海、暗物质卫星和量子卫星研发者吴季等多位科学家在内的 13 位故事人物，为央视提供了“北京总宣传片”“科技成就”“北京文化”“北京有我”“副中心建设”等多部短片，总时长近 15 分钟。

其中，由本台制作完成的插播小片《北京 24 小时》将北京从凌晨到入夜的一天分成若干时段，纪实拍摄了长安街交警、庆丰包子铺店长、雨儿胡同居民等 13 位不同身份和职业的人物，以时间为线，以人物活动为纬，生动串联出一幅北京都市生活画卷，通过人物的亲身感受缩影出北京 5 年来的新变化、新发展，以及百姓实实在在的获得感和幸福感。该短片于“十一”期间在《北京您早》等新闻栏目中播出。

9 月 28 日至 30 日，本台联手密云区委宣传部共同推出 3 集系列专题片《密云印象》，从《味道密云》《金秋密云》《创意密云》等 3 个方面，挖掘出“水库边的石头画”“精品名宿变身记”等 15 个生态涵养区多措并举促进低收入农户增收的基层故事，展现我市坚持绿色发展，保水富民谱新篇的生动实践。

10 月 4 日至 8 日，《这里是北京》栏目播出 5 集系列片《穿越龙脉》，分别从《谁连起了中轴线》《中轴两翼说坛庙》《水上中轴线》《中轴线的重生》《中轴线的编外成员》的不同角度，挖掘中轴线的营建与形成，通过多年资料的解读、展示近 10 年来中轴线的重修或复建。节目通过多年来的拍摄积累，集中呈现了侯仁之、罗哲文、王世仁等重量级专家对中轴线的理论阐释，兼具历史性和理论性。

二、节日资讯报道点面结合，全方位做好假日服务

“安定祥和、欢乐假期”是今年国庆期间报道的主题，北京电视台策划推出《为你点赞 我的国》《魅力北京 欢度两节》《黄金周赏花攻略》《黄金周里看世界》《自驾出行攻略》《交警家事》《大队长面对面》等节日系列报道，全面展现长假期间欢乐祥和的节日氛围和一线劳动者坚守岗位的无私情怀。节日期间共播发相关报道近200篇，时长累计近400分钟。

9月30日至10月7日期间，推出全球华人全媒体自拍海采《为你点赞 我的国》系列报道，通过联合海外留学生团体、华人组织、“一带一路”驻外央企等向全球华人发出邀请，通过手机自拍的形式，讲述身在海外的华人对中国强大的切身感受和外国人眼中的中国，报道涉及四大洲近20个国家或地区，包括乌克兰、法国、德国、塞内加尔、蒙古、斯里兰卡、西班牙、美国、爱尔兰、日本、澳大利亚、巴西、菲律宾、韩国、英国、俄罗斯等。

10月1日当天，《法治进行时》栏目派出14组记者、摄像，在天安门升旗、故宫开门迎接游客、首都机场、驻守鸟巢消防车等最具北京特色的场所进行直播连线，展现首都市民喜迎国庆和十九大的喜庆氛围，彰显节假日坚守工作岗位的基层工作人员的奉献精神。

长假期间，本台重点新闻栏目推出《魅力北京 欢度两节》系列报道，共播发相关报道100余篇，时长累计200余分钟，充分展示了节日期间市民和游客欢度国庆的盛况和安定祥和的节日主旋律。

节日期间，新闻节目推出《环卫职工加大力度 保障城市整洁干净》《消费市场购销两旺 商业服务坚持在岗》等报道和《我是园艺师》特别策划，纪实跟拍了天安门国庆花篮的吊装和颐和园中秋赏桂等，讲述了《国庆花坛的鲜花园丁》《用“机械臂”创作的插花师》《长安街的“美容师”》《桂花背后的“时间魔法师”》几位园艺师的故事，共播发坚守一线相关报道60余篇，时长累计150余分钟。

三、特别节目精品荟萃，丰富百姓假日荧屏

北京卫视频道《养生堂》栏目9月30日至10月7日每天17：25播出系列特别节目《名医养生一招鲜》；《暖暖的味道》栏目10月1日、10月9日16：35推出国庆特别节目《足不出户吃遍全国》。

文艺频道《每日文娱播报》“十一”期间以“播报15年开启独家记忆”为主题，制作播出10期特别节目；《笑动剧场》于10月1日至8日17：00推出国庆特别节目《欢乐京津冀》；《我看行》栏目9月29日至10月10日18：00推出《陪您过十一》系列节目；《我爱书画》栏目10月2日至10月30日推出“为人民而画”主题系列节目；《影视风云》栏目10月4日播出中秋特别节目，邀请演员张少华和老伴儿张惠宝讲述中秋情思，分享亲情故事；《十一喜乐汇》栏目10月1日至10月8日每天15：30集纳春晚、历年喜剧幽默大赛、中秋晚会、北京卫视及全国的优质综艺节目等进行精编，在国庆期间营造喜庆、热烈的氛围。

科教频道《法治进行时》栏目10月2日至9日期间，以“全民共防电信诈骗”“骗局揭秘”“先进政法干警访谈录”“法治训练营”为主题，推出8期特别节目；《第三调解室》国庆特别节目对以往的选题进行回访；《记忆》栏目10月1日至7日播出特别节目《笑声中我们一起走过》；《现场说法》栏目10月1日至8日播出特别节目《喜剧也说法》。

财经频道《首都经济报道》10月1日至10月9日19：00推出特别节目《新发展 新跨越》。10月1日至8日19：30

播出特别节目《百年字号》。大型演讲节目《影响者》10月1日至7日每晚20：00播出特别节目《第八届北京影响力20强晋级赛》。大型创投类节目《众筹梦想》第三季于9月29日、30日20：10和10月1日、8日20：48播出。《理财》10月1日至8日21：48播出特别节目《传承》。

生活频道《生活这一刻》设置三大主题版块，《家门口的事放心上》用老百姓的语言讲好中国故事北京故事，《中国制造》体现国家发展的巨大成就给人民带来的民族自豪感，《主播单车看北京》汇集生活节目中心10位资深主播，边骑车边聊北京城的新变化，节目通过服务组和热点组双线出击，结合大数据为百姓旅游出行做出指导；《选择》栏目国庆中秋期间延续传统制作播出“第八届集体婚礼”。《食全食美》特别策划制作5期系列节目“国庆民族团圆家宴”。

青年频道《军情解码》“十一”期间推出三轮特别节目“中国装备发展吸引世界关注”“常胜之师”“热点装备”；《戏里戏外》推出《长假观影季》系列，选取《战狼2》《绣春刀》《功夫熊猫》等深受观众喜爱的电影作品进行赏析；《档案》推出《共和国档案》系列，与观众一起重温新中国成立的经典瞬间。

新闻频道《锐观察》栏目充分发挥评论节目优势，于10月1日至6日策划推出《南锣鼓巷的华丽转身》《“故宫跑”让精品文化动起来》《西城煤厂变身养老中心》《从“北京通”看智慧城市的入口》《再见了天意小商品市场》《老楼加电梯 丰台再提速》6期深度评论节目。

纪实频道“十一”期间推出3集纪录片《中国仪仗兵》；《影事》《昨天的故事》等自制栏目推出《胖姐的快乐生活》《星野侠侣闷堆蜜》《沉默的国宝》《四合院画中缘》等“国庆特辑”。

四、主题行动掀起热潮，倡导文明推动公益

为更好传播文明旅游的理念，“十一”黄金周期间，首都文明办、北京市旅游委、北京电视台共同发起第四次大型媒体公益行动《文明旅游“袋”动中国》，活动联合BTV生活、江苏城市、湖北经视、陕西都市青春等4省市地面频道，采用北京时间直播+电视互动相结合的方式，由4省市著名主持人相继在全国8大著名景点进行8小时的网络直播接力，完成活动的盛大开启。国庆8天假期期间，活动在通过各大新闻资讯节目集中报道的同时，还在《北京时间》等各地的直播平台进行文明旅游“袋”动中国的直播活动，统一发出“一点改变 创造无限可能”的全民倡议，号召民众参与到文明旅游公益行动之中，汇聚微力量，共建大文明。

五、节日特排精彩纷呈，营造双节喜庆氛围

北京卫视频道按照上级部门要求，9月30日起每天21：30左右播出8集大型纪录片《强军》，10月1日上午10：00播出《国歌》，10月2日至5日每天16：35播出第十四届精神文明建设“五个一工程”专题系列节目《时代的号角》，10月6日、10月8日至12日每天21：05，10月7日22：14跟播央视专题片《不忘初心 继续前进》，为十九大的胜利召开营造喜庆氛围。《档案》栏目10月2日至4日每天9：05播出《毛泽东诗词的故事》。北京卫视10月2日至4日、10月9日至

11日23：18播出6集系列片《通惠古今大运河》，10月4日中秋节当天21：18播出《厉害了！我的北京卫视》，提炼以往喜剧节目的精华内容，为观众带来欢乐。

此外，9月30下午接到市委宣传部紧急部署，要求北京电视台进行第五批中国梦主题歌曲展播，总编室迅速下载备播并协调各频道制定播出方案。10月1日清晨，上级部门再次发出紧急通知，要求在国庆节期间播出指定的《新的天地》等10首歌曲。接到任务后，总编室宣传科、导播科、编排科再次通力协作，以最快速度下载备播歌曲，迅速协调各节目中心安全撤换部分已有节目，在极短时间内安全、圆满地完成了全台各频道、多时段的《中国梦》主题歌曲排播任务。此次展播计划从国庆节开始，持续至2018年3月31日。

六、宣传片关照爱国情怀

为歌颂祖国伟大成就，激发爱国情感，喜迎十九大，节日期间，总编室推出3部宣传片：《主持人问答篇》《北京夜生活篇》《通州副中心篇》。北京卫视策划制作《“喜迎十九大”街采系列》宣传片、《喜迎十九大 大美看北京》系列宣传片。

2017年国庆、中秋期间，北京电视台在浓墨重彩报道节日气氛、积极做好假日服务的同时，重点融入迎接党的十九大召开的相关内容，坚持正确导向、积极引导舆论，主题报道亮点频现，节日报道精彩纷呈，节目传播效果显著。

北京电视台全面推进全国文化中心建设宣传报道工作

总编室 王 哲

为加快推进全国文化中心建设，北京电视台认真研究《北京市加强全国文化中心建设重点任务清单》，结合各频道定位，2017年围绕全国文化中心建设展开了丰富报道，其中包括系列报道、专题报道、动态报道、季播节目、纪录片、宣传片及品牌栏目制作特别节目等多种形式。

一、新闻报道常年推出系列文化报道和动态报道

一是在《北京新闻》栏目中开设《建设全国文化中心》专栏，系统呈现北京全国文化中心建设所取得的新成绩、新成就、新进展，其中包括：反映公共文化服务建设的《朝阳区文化馆：无门槛的社区文化公园》、反映北京老旧厂房改造情况的《从“厂”到“场”工业遗存走上复兴之路》等深度报道。

二是推出惠民文化消费季系列报道。2017年，北京举办了第五届惠民文化消费季，《北京您早》《特别关注》《北京新闻》《都市晚高峰》等栏目推出系列报道。

三是各档新闻栏目针对北京国际音乐节、国家艺术院团演出季、北京喜剧周展演等大型文化展演做了相应系列报道

四是关注文物文化等相关报道。结合相关纪念日和活动，新闻节目中心在各档新闻节目中，共播出涉及文化中心建设的新闻达300余条，其中包含中国文化遗产日、全国文化中心建设专题报道、北京国际图书博览会、北京文博会以及中轴线申遗系列报道等。

二、纪录片创作注重重大题材与文化内涵挖掘并重

《你从井冈山走来》成为建军90周年宣传最具特色的纪录片作品。由北京市委宣传部策划，《档案》栏目制作推出的6集大型系列纪录片《你从井冈山走来》，从2017年8月1日至8月3日每天21：18在北京卫视播出。这部大型主题纪录片历时8个月拍摄完成，包括实景拍摄、复现拍摄和摄影棚录制，邀请到周恩来总理的侄女周秉德、罗荣桓元帅之子罗东进将军、朱德元帅外孙刘建将军等17位井冈山红军人物后代担任特邀讲述人。

《这里是北京》推出系列文化专题节目。作为一档人文纪录片栏目，《这里是北京》推出系列专题《北通州的前世今生》《老城印象》《穿越龙脉》《老城秘境》《读懂北京城》等，深度发掘老城文化。栏目与北京市文物局、北京市地方志编纂委员会深度合作拍摄《擦亮金名片》《志说北京》等专题，梳理古今志书中与三个文化带相关的内容。

推出大型系列纪录片《通惠古今大运河》《京城之轴》。《档案》栏目为做好北京“一城三带”特别是对世界文化遗产大运河的宣传推广，在国庆期间推出6集大型系列纪录片《通惠古今大运河》，以“百姓档案，古今对话”为创作理念，展现大运河历史、地理、文化对首都城市发展的重要影响。还推出6集系列纪录片《京城之轴》，通过深入挖掘中轴线沿线历史人文故事，反映中轴线作为“北京古城的灵魂与脊梁”所蕴含的历史文化和对北京发展的特殊意义。

大型微纪录系列片《中国梦365个故事》第二季于2017年9月正式开播。《中国梦365个故事》，围绕创业创新、“一带一路”、城市副中心建设、疏解整治促提升、京津冀协同发展、建设和谐宜居之都、文化传承、社会公益事业、社会主义核心价值观、“四个中心”定位等主题，以每周两次的频率在《北京新闻》首播，并在青年频道、生活频道、财经频道、纪实频道进行跨频道重播，同时节目的微信公众平台、一点账号、头条账号等自媒体账号也同步更新。

《文化京津冀系列专题片》在京津冀三地电视台同步播出。北京电视台联合天津电视台、河北电视台共同打造《文化京津冀》系列专题片。该系列专题片用纪实手法介绍文化活动、文艺演出、文化创意产业、非物质文化遗产、民俗旅游等，全方位立体化对京、津、冀优秀传统文化挖掘展示。

《拾说什刹海》第二季开播。生活频道10月底播出的《拾说什刹海》艺术化记录了“人、水、城”三者的关系，组织专家学者完成对北京山水城市根源的探寻、北京人文精神的总结及民间生活的纪录留存。生活频道利用电视台、互联网、两微一端等各类宣传载体，统筹宣传、讲好北京故事，传播中国精神。

另外，纪实频道自制档栏目“影事”“昨天的故事”“时尚印象”“纪实天下”等关注传统文化，注重传承，播出《京城“板寸”王》《国礼诞生记——景泰蓝》《最后的铁匠》等一大批节目。

三、季播节目、品牌文化节目提高各频道收视及影响力

一系列现象级大型季播节目，传播正能量。

《跨界歌王》第二季全面释放现象级节目影响力，13 期节目全国 35 城市平均收视率 1.75%，最高单期收视 2.14%，刷新北京卫视节目收视新高。7 期节目位列播出同时段的省级卫视第一名。节目视频全网累计播放量超过 20 亿。

《跨界冰雪王》是北京卫视在 2017 年策划推出的大型明星冰舞竞技节目。习近平总书记曾在 2015 年中英创意产业展上听取过该项目英国原版模式的介绍，卫视节目中心对原版模式进行了本土化改造和升级，打造出具有北京卫视特色的《跨界冰雪王》，被国家体育总局和北京冬奥组委列为 2017 年至 2022 年的重点扶持项目。

《跨界喜剧王》第二季全新升级，作品更加贴近时代热点，更贴近百姓社会，跨界选手和助演嘉宾的表演有深度、有内涵，弘扬真善美的主旋律。

《音乐大师课》是北京卫视原创的音乐教育类公益节目，从 2015 年创办至 2017 年，走过 3 年时间，邀请 10 位老师，迎来 26 位著名音乐人和跨界专家，培养出 51 名孩子，唱响了超过 300 首经典歌曲。这间音乐课堂成为中国电视独树一帜的文化清流和温暖源泉。

《但愿人长久》是全新原创的大型户外情感陪伴体验秀，由主持人悦悦首次跨界担纲总导演、制片人，在现代快节奏的生活中，这档走心、暖心、接地气又有烟火气的原创陪伴纪实节目，取得了播出同时段全国第二的收视表现。

此外，卫视节目中心原创推出的《生活相对论》《签约歌手》《厉害了！我的歌》《我想见到你》《舞力觉醒》等一批周末大型季播节目，成为 2017 年北京电视台助力推进首都文化中心建设的亮点。

品牌文化节目宣传首都功能定位，助力北京城市发展。

策划大型文化创意节目《创意中国》。作为北京市委宣传部推进全国文化中心建设重点项目，《创意中国》发挥吸引全国优质文创项目、创意人才和资金汇聚北京，旨在为北京的科技创新和文化建设作出贡献。

策划大型评书栏目《北京评书大会》。北京卫视 2017 年 11 月以每周 4 期的排播推出大型评书栏目《北京评书大会》。节目邀请刘兰芳、田连元、单田芳、连丽如等 4 位评书表演艺术家首度同台，王玥波、方清平等中青年评书演员和具有评书才艺的小朋友，以“老中青少”代际结合的方式，为观众带来评书表演，在文化的传承中探索创新。

原创文化体验类节目《非凡匠心》推动传承与交融。《非凡匠心》由张国立作为匠心体验引领者，每期邀请两位明星好友与他一起寻访中国瑰宝级文化与技艺，策划推动同领域的殿堂级大师和新兴青年创作团体两代巨匠巧匠之间的传承与交融，打造两代匠心交相辉映的惊世传奇之作。节目入选国家新闻出版广电总局 2017 年第一季度广播电视创新创优节目提名。

原创文化讲述类节目《中国故事大会》讲述百姓故事。

《中国故事大会》通过展现社会生活百态，描绘百姓群像，深入挖掘文化内涵，传播社会正能量。是一幅当代中国的《清明上河图》。

演讲类品牌节目《我是演说家》第四季推出。《我是演说家》是北京卫视原创推出的大型演讲类季播节目，曾荣获广电总局评选的2015年度全国创新创优节目，是北京卫视“讲好中国故事”的品牌节目。2017年，卫视节目中心特别编排，将第四季《我是演说家》提前到十九大期间的10月21日开播。本季《我是演说家》在主题设计上全面围绕十九大精神展开，紧扣新时代主题，展现各行各业中国人面对新征程和新目标的努力实践和坚定信心。

“一带一路”主题户外探险秀《萌娃看动物》展现中外文化的交流与融合历程。2017年11月25日起每周六17：00于卡酷少儿频道播出的《萌娃看动物》，以萌娃和“一带一路”上的动物为主角，通过各国萌娃的主题探险，展现“一带一路”上国家的风土人情，体现中国与友好邻邦的合作交流。

此外，还有很多节目依据栏目定位，坚持发掘具有北京特色展现北京生活的节目，如《最北京》《记忆》《军情解码》《食全食美》等。

四、以特色文化活动为出口，深化群众性精神文明创建活动，深化公共文明引导活动，将文明引导融入城市治理

第七届北京国际电影节传递北京金名片。由北京电视台承办的第七届北京国际电影节于2017年4月16日至23日举办。本届电影节举办了主竞赛单元“天坛奖”评奖、开幕式、北京展映、北京策划·主题论坛、电影市场、电影嘉年华和闭幕式暨颁奖典礼七大主体活动，以及“注目未来”单元、纪录单元、“经典京剧电影”单元、网络电影单元、电影音乐会、电影沙龙及行业对话、新片发布等相关活动，活动总数超过370项。本届北京国际电影节主竞赛单元“天坛奖”共收到来自59个国家和地区的424部影片报名参评；北京展映设置17个主题，在全市31家影院展映500部中外影片佳作1000余场次；电影市场签约重点项目56个，签约额达到174.58亿元，较2016年提升6.9%，项目创投板块收到712个报名项目，较2016年提高5.6%；来自50余个国家和地区、300余家中外电影机构的1.5万名中外嘉宾，100余万人次参加电影节各项活动；445家境内外媒体、近1600名记者参与采访报道。北京国际电影节的知名度、美誉度、国际影响力和传播力再次提升。

冬奥会主题的系列跨年盛典点燃冬奥激情。从2017年至2020年，卫视节目中心将与国家体育总局和北京冬奥组委合作，在每年的12月31日推出系列《BTV环球跨年冰雪盛典》，为北京冬奥会的召开营造火热氛围。《2017年BTV环球跨年冰雪盛典》由北京电视台、河北广播电视台和黑龙江广播电视台联合制作

“京张心连心”文艺演出继续举办。2017年7月，“京张心连心”大型文艺演出在河北张家口举办。演出融合京张联合申办2022年冬奥会和京津冀协同发展两大主题，汇集多位知名演员，打造一场弘

扬主流价值观主题、展现群众心愿和风采的文艺演出。

《生活这一刻》推出特别板块和主题系列活动。《主播单车看北京》《聚焦养老·陪伴空巢老人一小时》《陪伴天使一小时》《文明旅游“袋”动中国》《北京礼物第二季》《太庙国学讲坛》等，弘扬社会主义核心价值观。

五、系列宣传片展现新北京，宣传文化自信

2017年，北京电视台自主策划制作了《丁酉大吉》《我们的中国年》《2017北京阅读季》《2017北京书市》《北京之夜》《喜迎十九大 大美看北京》《砥砺奋进的五年》等公益宣传片。

新闻中心做好习近平总书记在京考察工作配合报道

新闻节目中心

2017年2月23日、24日，中共中央总书记、国家主席、中央军委主席习近平到北京考察城市规划建设和北京冬奥会筹备工作。习近平总书记到北京考察工作，由中央电视台制作了21分30秒的报道。作为当地媒体，北京电视台新闻中心在习近平考察北京工作结束后的第二天，也就是2月25日早晨《北京您早》，播出了央视时长21分半的主新闻，以及回访亲历者的4条时长共12分钟的组合报道，并在25日《晚间新闻报道》中播出了一条新闻特写《总书记的百姓情怀》，体现了习近平总书记对北京发展的关心、对人民生活的关切，也反映出全市人民备受鼓舞、无比振奋的昂扬状态，取得了良好的传播效果。相同内容的采访报道，中央电视台《新闻联播》在2月26日播出。

一、时政报道 确保准确无误

习近平总书记到北京考察工作的新闻，2017年2月24日在中央电视台《新闻联播》播出，总时长21分30秒。按照惯例，25日18:30首播的《北京新闻》才会重播这条消息。但此次，北京市委宣传部要求，在25日的《北京您早》中就播出该条新闻。因题材特别重大，经过反复核对、层层把关，审看无误后才最终提交。

二、提前筹划 悉心准备

此次习近平总书记在北京考察的地点分别为新机场保障房、新机场工地、五棵松体育中心、首体、通州行政副中心以及大运河森林公园。除了地点外，考察行程的其他细节记者事先并不掌握，而且北京电视台也只有一名摄像记者可以进入现场拍摄资料。

面对这些困难，新闻中心积极想办法、创造条件。一方面，23日一大早就分头派出4组记者先后联系了相关部门，尽可能地提前掌握情况；另一方面，与在现场拍摄资料的摄像记者保持密切联系，尽可能早地了解考察现场的动态、细节。与此同时，记者们早早赶到考察地点周围，做好准备，等习近平总书记考察结束后，马上进行采访。

经过大家的努力，23日上午，有关于此次考察的细节逐渐丰满起来：当天下午，习近平总书记在京考察工作开始，大兴区委书记谈绪祥第一个向习总书记汇报安置房的情况；城建的项目经理第二个向习近平总书记介绍新机场的技术创新；24日上午，五棵松体育中心现场将会有一群打冰球的孩子……这些信息让记者们做好报道的信心越来越足。

三、找细节挖故事 做有温度的报道

习近平总书记在京考察的地点有6处，为了将报道做得充分、丰满，每一个地点报道组都安排了一组记者提前去等候。习总书记一离开，记者马上进入现场，回访亲历者，重点是挖掘现场的故事与细节，讲出新闻背后的故事。

故事一：一厅还是两厅?

2月23日晚上，在新机场安置房现场，大兴区委书记谈绪祥向记者回忆了向习近平总书记汇报工作的情况。他向记者介绍说，当习近平总书记看到张贴在墙上的房屋户型图时，仔细询问房屋到底一厅还是两厅。因为图上的文字写的是两厅，但图上画的是一个大开间，谈绪祥解释说，一个是9平方米的餐厅，一个是19平方米的客厅，图上没标，中间可以打隔断，打上隔断就是两厅。

故事二：给担架电梯点赞。

安置房居民楼里，安装了两部电梯。谈绪祥介绍说，其中有一部是担架电梯，也就是担架可以进入，方便病人上下楼。习近平总书记专门查看了这部电梯，对此十分赞赏。

故事三：农民工与总书记亲密接触。

在新机场建设工地，习近平总书记走进了工人中间，与一位来自河南的农民工聊起来，问他是哪里人，是否回家过年，父母好不好，让他工作中注意安全。事后记者采访到这位农民工，他说，他给家里人打电话，说与总书记拉了家常，家里人都不信。他还说，总书记能来看我们在一线的农民工，特别温暖。

在副中心行政办公区建设工地，一位佩戴党徽的工人跟总书记握了两次手。他说，总书记看到了自己佩戴的党徽，他跟总书记汇报说，自己在副中心的建设中就要亮明党员身份，总书记点头说好！

故事四：总书记与冰球小选手“撞肩”。

五棵松体育中心，习近平总书记观看了一场小学生冰球训练，活动结束时，他和中关村二小三年级的一位冰球小选手以“撞肩”的动作来互相致意。“撞肩”是冰球运动中一个常见的礼仪性动作。事后，记者采访到这位小选手，他说这一亲切的动作，让他感觉习爷爷对冰雪运动十分了解与热爱，同时他和同学们也受到了莫大的鼓舞。

这些故事与细节，都是记者们在回访亲历者时，通过与当事人的深入交流得来的。

这一组回访新闻把央视新闻中没有展示出来的细节呈现于电视屏幕上，报道有温度、有感情，丰满生动，富有感染力。

此外，北京电视台新闻中心的记者还将所有回访者中，与习近平总书记有亲切互动的细节，集合起来，制作完成了一条新闻特写《总书记的百姓情怀》，在25日

《晚间新闻报道》中播出。

四、领会精神 连夜奋战

为习近平总书记考察北京的新闻做配合报道，要求非常高，尤其在口径和尺度把握方面，既要在可以说、可以展示的范围内，又要有所不同，展现镜头背后的故事。

2月24日晚上，新闻中心所有参与报道的记者，集体收看《新闻联播》，领会精神。随后，记者们连夜写稿编辑，工作到凌晨4点才完成全部新闻的提交。

2月25日，新闻中心记者继续奋战，分别采访了北京冬奥组委、北京市规划和国土资源管理委员会、北京城市副中心建设工地、北京市体育局，以及通州区、延庆区传达学习贯彻习近平总书记考察北京工作的重要讲话精神的一组报道，在26日《北京您早》中第一时间顺利播出。

《我的新北京》——发现一个不一样的北京

新闻节目中心

为迎接党的十九大胜利召开，北京电视台自2017年10月12日起在北京卫视每天18:12，推出系列专题片《我的新北京》。全片分为《未来之城》《大城之治》《粉墨书香》《金色名片》《绿水青山》《蓝天之梦》6集，紧紧抓住“新”“改变”“获得感”三个关键词，采访了近30个鲜活的百姓生活故事，从百姓角度出发，展示北京紧紧围绕“四个中心”功能定位，在努力建设国际一流的和谐宜居之都过程中所取得的辉煌成就。

一、选题聚焦精准

节目组放弃大而全的选题方式，将视点投向最基层的百姓生活。记者走胡同、穿街道、涉湖泊、访深山，选取最有代表性、最具全新发现和前瞻性的内容来反映北京市民的获得感。如：东城区解决老城停车难的车辇店胡同的立体停车场、“西城大妈”的日常工作、丰台区亚洲最大的再生水厂等，都成为记者关注的重点。《我的新北京》在市民身边寻变化，向百姓心中问感受，从而将习近平总书记对北京发展的指示要求，北京市的工作努力，百姓的可闻、可见、可感，实实在在地呈现在电视屏幕上。

二、讲述亲近自然

切实的变化，需要真切的表达。主创人员摒弃了单纯依靠解说词去完成主体内容讲述的方式，而是采用主体人物全程口述的方式，用他们的语言去确切地表达他们身边的变化，他们的心声。

通过主体人物口述，讲述方式变得更加接地气，语言更丰富，表达更亲切，说服力更强，就像话家常一样，拉近了讲述人与观众之间的距离，把发生在被采访对象身上的变化，心得感受，通过他们平实的语言娓娓道来，增强了节目的感染力。

三、镜头生动到位

采用更生动的讲述方式，还需要用更加生动到位的镜头语言去呈现。《我的新北京》在拍摄上也做了更加具体的规范要求。全片使用单反镜头拍摄，强调景深、层次在画面中的表现张力。景别上强调两头——特写和全景的画面呈现，通过人物细节的特写去抓取鲜活的人物情感，精致的内涵表达；通过将被摄主体置于大环境中的全景呈现，完成人物与周围环境的关系交代，完成节目主旨的画面客观呈现。在画面节奏上注重强调呼吸感。在拍摄过程中，摄影必须要与被摄主体保持一定的空间距离（至少在5米），很多特写镜头都是通过摄影采用长焦镜头完成的，从而使得画面由于摄影的有规律的呼吸振动带有了一定节奏的呼吸感。而这种呼吸的节奏被镜头采集后，由于与电视观众的呼吸节奏相一致，从而达到了节目与观众之间在生理节奏上的收视联通。除此之外，节目为了增加画面信息量，还使用了大量航拍镜头去完成环境信息交代，起到了良好的视觉效果。

四、融媒体传播灵活便捷

在《我的新北京》创作之初，主创团队就将节目如何适应、便于融媒体形式下的广泛传播纳入考虑范畴。每集的主体故事既要服从主题要求，同时又能够独立成章，成为一个个具有网络传播特性的独立故事。经过后期加工，6集专题片共衍生出25个时长在2~3分钟的网络短视频，在电脑、手机端配合专题片的播出迅速传播开来。

从播出效果看，《我的新北京》达到了创作之初的预期。在北京卫视的首播平均收视率达到2.58%，超出同期同时段北京卫视平均收视，并多次在其他时段安排重播。同时，在北京时间、BTV新闻微博和今日头条等新媒体端进行推广，25条配发的网络短视频，北京时间当天相关阅读量过万，BTV新闻微博平均点击都在5000+，今日头条平均点击量在1万+，全网点击量达到50万+，均取得良好的传播效果。

《新时代　新气象　新作为》大型主题系列报道受好评

新闻节目中心

2017年12月4日起，新闻节目中心《北京新闻》《特别关注》《北京您早》三档卫视栏目同步推出大型主题系列报道《新时代 新气象 新作为——践行十九大精神基层行》。截至12月18日，已播出10集，其中自采7集，市委宣传部统一采访3集，总时长达到150分钟以上。报道紧紧围绕党的十九大和习近平总书记系列重要讲话精神、聚焦本市学习贯彻党的十九大精神过程中解决实际问题推动工作的新成效、新进展，系列报道播出后受到中宣部阅评员的表扬。中宣部“新时代

新气象 新作为”报道专评认为，北京电视台“三新”报道“标题醒目，版面突出，内容丰富，反映了在学习十九大精神中解决问题、推动工作”。

系列报道首集播出的《北汽人的初心》，讲述了在2017年建军90周年阅兵式上吸引世界目光的越野车BJ80背后发生的故事。

该系列报道具有以下特点：

一是高度重视，策划先行。北京电视台党委和新闻中心高度重视，迅速落实，李春良台长亲自部署谋划，王珏总编辑、艾冬云副总编辑精心指导。

二是领导率先垂范，推动落实。10月底以来，台领导和新闻中心所有主任与记者、主持人一起，深入一线，分别前往北京经济技术开发区、朝阳区文化馆、北汽集团、中关村国家自主创新示范区等多地调研采访。

三是创新机制，提高编辑、记者、主持人的积极性。新闻中心从各部门抽调精兵强将，组成9个专门报道团队，深入偏远郊区、街道、建设工地、垃圾处理厂等基层单位，行程上千公里，踏实践行走转改，深入调查研究，聚焦各行各业学习宣传贯彻落实十九大精神的新实践、新举措、新成效，助推习近平新时代中国特色社会主义思想在京华大地落地生根，形成生动实践。

四是加强流程和规范管理，保障报道顺利实施。新闻中心既提高了系列报道的考评标准，又制定了严格的考评细则，保证报道的播出质量和水平。分阶段评奖，对于好的作品予以重奖，鼓励创新创优。

五是注重后期精编，力争完美呈现。编辑记者提前与制作部沟通协调，提前介入，派专人实施，运用大数据、虚拟植入等特技包装体现重要论断、数据等，提升了节目的品质。

六是同步进行新媒体端推送。本次报道采用了融合报道形式，一方面新媒体在电视版播出后，同步进行新媒体端内容推送；另一方面，根据新媒体的语态、特点，新闻中心制作出新媒体版图文和视频。截至12月14日晚间，BTV新闻新公众号共推送新媒体版原创图文3篇，总阅读量超过25万。与此同时，在微博、今日头条、腾讯企鹅号等新媒体平台共计推送“三新”报道新媒体版原创视频7条，总播放量超过50万。

深入学习宣传十九大精神，是身体力行地践行十九大精神的一个过程。在这场生动的新闻实践中，报道团队蹲点调研深入京华大地，进农村、进企业、进机关、进校园、进社区、进军营。记者们采访感人故事，记录发展成果，也在走转改过程中被鼓舞、被感染，激发了不忘初心、牢记使命的精神，展现出爱岗敬业、无私付出的新闻人品质。

新闻中心新媒体团队打造“一带一路”峰会千万级移动端传播力

新闻节目中心

2017年5月14日至15日，“一带一路”高峰论坛在北京举行。新闻中心新媒体团队策划了多个“爆款IP”新媒体产品，在新媒体端实现了千万级的移动端传播。做到把严肃的时政财经类新闻，制作成年轻网友粉丝爱看、乐于接受的产品。

一、会前：策划先行，在“可视化、干货、接地气”上下功夫

根据移动端传播特性及对用户的洞察，新媒体团队预判虽然人们对“一带一路”话题关注，但缺乏系统的知识和认识。基于这种判断，新媒体团队提前策划制作了多条贴近性强的可视化图文、短视频，预热“一带一路”报道。

雁栖湖系列短视频、图文播放阅读量超过1000万。新媒体团队预判峰会会址雁栖湖极可能成为网友关注热点，因此提前对怀柔雁栖湖实施了无人机航拍，并在新媒体端制作了短视频《航拍“一带一路”高峰合作论坛会址：品雁栖湖晨夕之美》《震撼！雁栖湖灯光秀，这样的视角外国元首都看不到!》及图文《美到令人窒息！这个红五月，北京的这个地方将成为世界瞩目的焦点!》等多项新媒体产品，全网传播力超过1000万。

干货科普性“一图看懂”引发转载热潮。“一图看懂”类图文《涨姿势！我们常听到的“一带一路”到底是啥？这是我见过最详尽的图解!》发出后，阅读量迅速超过10万+，多家媒体或机构的公众号纷纷致电要求授权转载，甚至很多公众号未经授权就自行转载。保守估计，该新媒体产品全网传播阅读量超过500万。

策划制作北京城关联、探秘图文及直播受到网友好评。针对北京与“一带一路”的关系，新媒体团队策划制作了《北京城与丝绸之路竟有这么多渊源？故宫的铜狮有话要说……》等图文，为北京用户答疑解惑。

二、会期：“短视频+图文”快速及时发布，新媒体账号矩阵报道峰会

峰会期间，新闻中心新媒体团队在国家会议中心现场，通过“短视频+图文”的形式快速及时报道峰会，依托自有微信、微博、今日头条、腾讯企鹅号、秒拍等新媒体账号实时报道现场动态，制作出多篇10万+图文及短视频，会期抓拍短视频播放量超过100万，制作的知识测试小游戏受到网友好评。

根据热点策划制作图文刷爆朋友圈。高峰论坛期间，新媒体团队抓住天气热点，第一时间策划制作了图文《今天北京美翻了！“丝路云”“一带一路蓝”随手一拍就是大片！美图刷爆朋友圈!》，发出不到两个半小时，阅读量就超过10万+。

针对网友关注的中国“新四大发明”，编辑制作了图文《外国人最想带回国的中国生活方式是什么？反正哈萨克斯坦前政要最想把微信带回国!》、现场体验式图文《高峰论坛开幕了，你却无法亲临现场？BTV小编带你体验现场记者“疯忙”的一天!》，以记者视角展现BTV新闻直播报道团队的风采。

短视频抓拍快速发布。峰会期间，新闻中心新媒体团队在国家会议中心现场，通过“短视频+图文”的形式快速及时报道峰会动态，截至5月15日，新媒体团队共发布“一带一路”微博近30条，短视频近20条，播放量超过100万。

其中，在国家会议中心现场抓拍到的短视频《王健林惊现国家会议中心》在BTV新闻频道官方微博一经发出，阅读量在几分钟内迅速过万，全网播放量超过5万。趣味短视频《太萌了！害羞的外国小哥“一带一路峰会”大屏前自拍》通过微博发布后，播放量近10万，这种抓拍的趣味视频收获大量粉丝点赞！而短视频《丝路云、一带一路蓝，怀柔进入大片模式，美爆了!》通过“BTV新闻”腾讯企鹅号发布后，播放量迅速超过50万。

答题H5小游戏产品传播品牌。根据很多网友喜好手游特点，新媒体团队联合北京电视台网络管理部小伙伴策划制作了知识测验类小游戏《测测你的知识量！据说只有1%的人能全答对，其中会有你吗？不信就来试试!》，寓教于乐，普及“一带一路”相关知识。高峰论坛第一天推出，推出后当天就有超过6万的网友参与游戏互动。

搭建微专题页方便用户阅读。从5月11日开始，北京电视台新闻中心新媒体团队每天通过“BTV新闻”新闻频道官方微信公众号，在头条或二条位置刊登峰会相关的预热报道。并在公众号内搭建了“一带一路”国际合作高峰论坛报道专题微站，将已发布的关于“一带一路”的相关图文和新闻视频都集中汇总到微站，方便用户阅读。新媒体团队还与腾讯·大燕网达成合作，以“BTV新闻”专区的形式，在腾讯上搭建“天涯共此时·一带一路”视频专题页面，借船出海，传播BTV声音，截至5月15日共更新视频近100条。此次“一带一路”峰会新媒体报道，新闻中心新媒体团队通过前后方的协调配合，取得了全网超过1500万阅读、播放量。

讲好中国故事的三个转向

——北京电视台推出第二季“天涯共此时”大型新闻行动

新闻节目中心

2017年5月，“一带一路”国际合作高峰论坛在北京举行。为配合“一带一路”倡议的传播，北京电视台于5月22日至8月1日推出第二季“天涯共此时——‘一带一路’”大型新闻行动。本季的新闻行动定位于“分享丝路故事、见证造福时刻”，北京电视台立足国家高度，展开全球视野，围绕习近平总书记提出的“一带一路”发展倡议在过去3年多以来所取得的成就、现阶段所做出的努力以及未来规划进行报道。

摄制组派出近30人的前方团队，分6路沿“一带一路”线路跨越亚、欧、非三大洲进行采访，共播出70余篇新闻报道。以精心的内容设计、高效的传播策略和精致的声画语言，体现了其新闻报道中语态、叙事与视野三个层面的转向，以具体行动落实习近平总书记关于“讲好中国故事、传播中国声音”的要求。

一、由宣传到对话的转向

第二季“天涯共此时”新闻报道在贴近受众心理、尊重大众审美取向、遵循国际传播规律等方面有了长足发展，在镜头语言、内容设计、传播渠道等层面改变了宣传报道的常规思路，革新了宣传报道的样态，“对话式”的报道透出一种全新的传播态度和情感。

在新闻作品的具体呈现上，“一带一路”建设者的情感倾诉、创业者的心路历程、受益者的真心独白三个方面是本季报道的重点。对于远在海外的“一带一路”建设场所和工作者，记者通过镜头语言与直接采访，建构了被访者与观众之间的直接对话关系。无论是情感倾诉还是心路历程抑或真心独白，这种人格化的语言、人性化的对话，相较于“画面+解说词”式的新闻报道更具有沟通的效率与力量，这种真诚、动情的文本样式更具感动力与说服力。

“记者出镜”是本季新闻报道中广泛采用的一种报道形式。在中国与缅甸的国界桥上、在巴基斯坦的反恐车内、在迪拜的电厂建设基地、在波兰的电视工厂、在莫桑比克的卫星电视天线旁边……“一带一路”报道的各个重要场景，几乎都有记者出镜的身影。

同时，由宣传到对话的转向不仅体现在新闻文本层面，也在传播渠道层面有所呈现。北京电视台第二季“天涯共此时”报道，不仅在传统电视媒体端进行报道，也通过与北京广播电台、北京新媒体集团、北京广播电视报社合作，实现全媒体联动报道，通过网站、微博、微信等打通线上线下渠道，让观众和网友能够关注并参与此次新闻行动之中。

二、由理论到故事的转向

对于新闻报道的叙事方式而言，“讲故事”往往比“讲道理”更容易让人接受。在“一带一路”建设中讲好中国故事，落脚点在于将高屋建瓴的政策化解到每一则短小的新闻报道中。如何把一则新闻讲得引人入胜，如何把宏大的价值观与新闻命题寓于新闻故事之中，第二季“天涯共此时”新闻报道提供了值得肯定的思路。

例如，中欧班列作为陆上丝绸之路的现代化呈现，它的开通为沿线各国带来了巨大便利，运输效率、贸易质量等都得到大幅提高——这是政治话语层面的价值。而在“天涯共此时”的新闻报道中，记者通过中欧班列义乌运营负责人方旭东、西班牙小商品商人劲博、中国红酒商人金海军三人的个体经历——班列仓位一票难求、义乌的小商品运往西班牙更便捷、红酒不再怕海运途中变质，每一则小故事都是中欧班列时效性、便利性和性价比良好的最好诠释。

故事的讲述同样不能缺失情感的共鸣。在本季“天涯共此时”报道之中，对情感元素的抓取和放大实现了更为深入人心的传播效果。驻扎海外10年，一年只能回家一次的工程师对家庭的愧疚；错过孩子生日，只能视频为孩子祝福的年轻父亲的遗憾；中国西班牙两国少年因足球结成的深厚友谊……这些情感因素让“一带一路”的新闻报道更为生动、温暖、有情怀。

三、由本土到全球的转向

第二季“天涯共此时”大型新闻行动的行进路线比第一季进一步延伸，报道版图跨越亚、欧、非三大洲，涉及俄罗斯、哈萨克斯坦、波兰、德国、西班牙、越南、柬埔寨、马来西亚、印度尼西亚、文莱、阿联酋、巴基斯坦、莫桑比克等13个国家，涵盖了“一带一路”全球战略的各大洲和重要地区。在国际视野下，新闻命题的设计也更需更全面。中国与“一带一路”沿线国家的共同发展，包含了政策沟通、设施联通、贸易畅通、资金融通、民心相通五个相互支撑、密不可分的层面。第二季“天涯共此时”报道团队就在“五通”领域进行深耕，镜头记录之下，反恐安保、轨道工程、油气管道、中欧班列、移动支付技术、媒体工作与文化产品……这些新领域、新建设是讲好中国故事最为珍贵的素材与案例。北京电视台“天涯共此时”第二季大型新闻行动，以全新的表达方式和宽广的国际视野创新了宣传报道的样态，为“讲好中国故事”留下了值得参考的样例。

《市民对话一把手·砥砺奋进的北京》直播访谈架起政府与市民之间的沟通之桥

新闻节目中心

《市民对话一把手·砥砺奋进的北京》大型系列直播访谈特别节目2017年7月24日至27日每天19：30至21：00在BTV350新闻演播室进行直播，在BTV新闻频道、北京城市广播、北京时间、首都之窗、千龙网等多媒体与首都市民见面。

北京市委副书记、代市长陈吉宁在市政府通过电视观看了“市民对话一把手·砥砺奋进的北京”大型系列直播访谈特别节目，并表示节目做得很好，提升了政府的公信力，让政府更好的取得人民的认可。

节目紧扣习近平总书记两次视察北京时重要讲话精神和在中央政治局常委会会议审议北京城市总体规划时的重要讲话，结合市十二次党代会精神，邀请市发展改革委、市规划国土委和通州区政府、市科委、市环保局等10个单位的“一把手”在8期节目中就坚定不移疏解非首都功能、高水平规划建设城市副中心、全力抓好“三城一区”建设、清洁空气北京在行动等热点话题与广大市民沟通对话。4天360分钟的节目向广大市民详细介绍了政府的重点工作，回应社会关注的热点问题。

一、市民与政府部门“一把手”直接对话，真情实感取得人民的广泛认可

“市民对话一把手·砥砺奋进的北京”大型系列直播访谈特别节目为了实现政民对话的这个主题，设置了包括前期征集问题、网络实时提问等多种对话方式，其中最特别的是将市民代表请到直播现场并坐上北京电视台主新闻《北京新闻》的主播台直接与“一把手”面对面交流。在提问中市民的问题针对性强、有力度，而“一把手”也是诚恳回答、不推诿，一来一回之间看似是种交锋，实际上彰显了政民关系的良好互动。

“臭氧污染具有高危害，而且现阶段几乎无法治理”曾在网络上广泛传播，在7月25日的节目中，来自大兴区的观众现场提问北京市环保局局长，“北京除了PM2.5的污染，最近臭氧污染又有越来越厉害的趋势，蓝天时也有重污染，政府还有没有办法治理?”方力局长专门分析了臭氧污染的成因，并表示请市民放心，现在治理PM2.5的措施对臭氧治理同样有效果，短短几句话就从污染生成原理到防治实际情况回应了市民的关切。

二、场内场外互动积极，将对话带到基层带到新闻现场

在“市民对话一把手·砥砺奋进的北京”大型系列直播访谈特别节目中，北京电视台派出8路记者结合8个主题奔赴相关新闻现场，直接将基层一线的情况和社区居民身边事儿传回直播现场，在节目中实现了基层实时情况与“一把手”面对面，让“一把手”可以“现场办公”。

三、对话现场气氛活跃，有效拉近官民之间的距离

在“市民对话一把手·砥砺奋进的北京”大型系列直播访谈特别节目直播过程中，节目前期积极与各位“一把手”进行沟通，而道具的运用让看似沉闷的访谈节目灵动起来，让市民与政府部门“一把手”的对话更加生动，彼此之间的距离感明显拉近。

在7月26日的节目中，北京市商务委主任把近10种蔬菜和肉类带到直播现场，用自己的手机扫码追踪食品来源，现身说法来解释食品安全追溯机制的重要性。

四、充分利用中央厨房概念，打造全媒体传播平台

“市民对话一把手·砥砺奋进的北京”大型系列直播访谈特别节目通过打造中央厨房概念，不仅在BTV新闻频道制作播出，还在北京城市广播、北京时间、千龙网、首都之窗等多个平台实现联动直播，并在各网络平台采用视频和图文点播、文字专题等多种形式传播。

《从胜利走向胜利》大型直播报道全景展示纪念建军90周年阅兵活动

新闻节目中心

2017年7月30日，中国人民解放军建军90周年盛大阅兵式在内蒙古朱日和训练基地举行，新闻节目中心推出大型直播报道“从胜利走向胜利”，北京卫视和BTV新闻频道从当天早上7点至11点55分全程同播，将近300分钟的直播节目全景展示了本次阅兵的盛大场景和恢弘气势。北京电视台成为全国各省级电视台中，唯一一家到阅兵现场进行直播报道的电视台，内容全面、丰富翔实、专家高端，凸显了北京电视台在大事面前不缺位，不失语，实现了北京电视台要在省级电视台新闻节目中处于领军地位的目标。

一、主动策划、主动作为、导向正确，符合要求

“从胜利走向胜利”大型直播报道在策划和执行的各个阶段与中央军委保持密切联系，既主动策划，主动作为，又始终把握正确的报道导向，还特别邀请到解放军报社评论部主任辛士红担任总撰稿，邀请到多位军事专家和时事评论员参与，从专业视角看阅兵、评装备，解读此次阅兵的重大意义和深远影响。高端的专家资源既保障了报道的准确性，又体现了权威性。

二、唯一一家到达阅兵现场进行直播的省级电视台，唯一一家邀请到“八一勋章”获得者参与直播的新闻媒体

本次中国人民解放军建军90周年阅兵活动规格高，最初，中央军委只邀请了中央10家媒体亲临阅兵现场参与报道，新闻节目中心凭借在“9.3阅兵”中与军方形成的良好合作关系，通过不懈努力，让主持人和摄像提前一周进驻到朱日和训练基地，并在阅兵现场进行了直播报道，北京电视台成为唯一一家进入朱日和基地的省级媒体。在直播过程中多次连线，带来阅兵现场最鲜活的第一手新闻。

在阅兵前夕，习近平主席向10位立下卓越功勋的我军英雄授予了“八一勋章”。节目组经过不断努力成功邀请到“八一勋章”获得者、空军著名试飞员李中华来到演播室，为大家讲述他不忘初心、矢志蓝天的故事。北京电视台成为唯一一家邀请到“八一勋章”获得者参与直播的新闻媒体。

三、多点联动、内容丰富、体量大，10多路记者在全国多个注入点与演播室实时连线

为了展现我军90年来“不忘初心、砥砺前进”的历程以及此次阅兵活动在各地引起的广泛反响，新闻节目中心充分调动各种资源，派出10路记者分别前往朱日和训练基地、江西南昌起义纪念馆等在军队建设和发展历史上有重要意义的地点进行现场直播连线，并特约维和部队记者从黎巴嫩、南苏丹、亚丁湾发回报道。

四、精心设计、创新布置演播现场

根据中央军委的统一部署，此次阅兵要突出“战味儿”和“野味儿”的特点，为了达到这一要求，大型直播报道大胆创新，对演播室进行了实景式改造，使用野战伪装网对主播台进行艺术造型，将122毫米榴弹训练弹、野战帐篷等作为演播室的组成元素，将350新闻演播室变身为“战区联合作战指挥部”。

此外，还将虚拟植入技术运用到直播中，对辽宁舰、歼20、运20、长剑10导弹、99A主战坦克等新型武器装备进行动态分析展示，将专家解读与虚拟展示相结合，专业的军事科技与普通观众科普相结合，用直观的视觉冲击提升观众的观感。

五、赴朱日和记者严守保密纪律和涉军报道要求，克服重重困难发回丰富的报道

根据节目需求，新闻节目中心记者在7月23日即出发赴内蒙古朱日和训练基地展开采访报道，在当地，部队保密程度高，自然环境艰苦，生活条件差，记者克服重重困难，携带拍摄设备，辗转各个受阅部队的驻训场，抓紧时间采访制作了宝贵的阅兵新闻。在直播当天，更是在传输信号条件不良和时间紧张的情况下，想尽办法，克服各种困难，拍摄回传了8条阅兵新闻并在直播中顺利播出，在重大政治活动现场报道的第一线发出了BTV的声音。

六、广泛与新媒体合作，直播报道实现全媒体呈现

此外，建军90周年阅兵直播还借助新媒体平台实现与观众的实时互动，观众在收看节目的同时就可以参与演播室互动，表达自己的观点，并将观点立即呈现在演播室直播中。实现了在全媒体平台的传播，让观众更有参与的热情。阅兵专题7月30日上午点击超110万，创流量新高。

新闻中心推出大型系列报道《寻踪英雄路》

新闻节目中心

为纪念中国人民解放军建军90周年，新闻节目中心联手全军政工网推出40集大型系列报道《寻踪英雄路》，于7月21日在北京卫视和新闻频道同步开播。该系列报道从2017年年初启动，拍摄组足迹横跨大半个中国，于海陆空精锐之师展开实地探访，记录下英雄们薪火相传的光荣与梦想，见证了人民军队爱党报国的信念与担当，以匠心策划完成了一次重大主题纪念性报道的创新探索。

一、以新闻系列报道形式完整呈现建军90年历程

《寻踪英雄路》是北京电视台第一部全面反映人民解放军从创立之初到成为21世纪新型现代化军队的系列报道。全系列共分三个篇章，“历史篇－追忆峥嵘岁月”“现实篇－今日钢铁长城”“未来篇－筑就强军之梦”。

“历史篇”中所追忆的每场血战，摄制组都寻访到了当年的亲历者或其后人，通过生动、深情的口述历史，还原众多浴血奋战的英雄形象。

在反映我军现状与未来发展的篇章中，《寻踪英雄路》凭借与全军政工网的通力合作，两个月间共派出近20个摄制组，进入朱日和；登上辽宁舰；探访战略导弹部队，追寻各军兵种从建立到发展壮大的轨迹。

以新闻的形式表现重大革命历史题材是比较难的。《寻踪英雄路》用讲故事的方法，或浅入深出，或深入浅出。每篇报道在不到5分钟的时间里，紧紧围绕“英雄”的核心，包括英雄的将士、英雄的连队、英雄的事迹，从一而终地突出核心主题。每集都有精彩的亮点和动人的细节，既不零散也不冗长。

二、新闻主播首度深入英雄部队直面强军风采

《寻踪英雄路》系列报道属一部题材宏大的重磅制作，却出自一个“85后”的摄制团队。对于长达90年的建军史，绝大多数成员都算不上熟稔，但从接到任务开始，他们翻阅海量资料，联系军事领域权威专家，召开学习研讨，拟写拍摄脚本。当系列报道最终完成之后，这群年轻的电视人始料未及地发现自己内心经受了一场深刻的洗礼和震撼。特别是担任外景记者的新闻主播们，此次深入到多支海、陆、空、火箭军的精锐之师之中，实地见证了官兵们如何将“忠诚、血性、苦干、顽强、奉献”的英雄品质融入实战训练之中。

三、大胆尝试在新闻题材中应用虚拟植入等特效技术

《寻踪英雄路》系列报道的大部分镜头是用“5D”拍摄完成的，不仅方便于一线部队拍摄中的便携操作，更主要是加大了色彩的饱和度和景深等常规新闻摄像器材所无法达到的画面效果。全系列总共拍摄了近千小时的素材，片比远远超出常规新闻报道的比例。这也促成了最后电影般的视觉效果。

该片在拍摄中还多次运用小飞行器和移动轨道进行拍摄，丰富镜头角度。同时首次尝试户外虚拟植入等特效技术，填补现实环境中历史遗迹的缺失。例如，摄制组寻访昔日百团大战的战场遗址时，通过AR现实增强和后期追踪技术，还原了日军当年在娘子关上构筑的碉堡工事、我军的作战路线，将曾经的烽火硝烟，直观展示于观众眼前。

在新闻中大胆尝试虚拟植入特效手段在北京电视台尚属首次，这相对改变了过去新闻报道中枯燥的数据解读和相对抽象的环境介绍。对于还原实战环境，展现武器装备，充实新闻信息、增强视觉冲击力效果明显。

四、通过缜密权威的审核流程确保所有内容的准确呈现

《寻踪英雄路》策划之初，就邀请到海陆空各军种大校级别以上的权威专家组成强大的专家论证和策划团队，对每一个选题、每一位采访对象以及每一个报道方向给予认真指导和评估。

而最终完成的每篇报道都经历了从一线部队宣传部到各军兵种最高指挥官，再到国防大学、军事科学院等层层把关，系列报道最终的权威呈现正是通过每一步严肃的创作态度和缜密的审核制度予以保证的。

《寻踪英雄路》是一部出自年轻群体的倾力之作、创新之作，他们所呈现的严肃主题更能被同龄人所接纳和理解，而创作者们所期望收获的收视人群也正是年轻受众。

创新创优　软硬兼施

卫视节目中心　马　宏

电视节目的创新创优一直是繁荣发展社会主义文艺的重要组成部分。党的十九大报告中指出：“要发扬学术民主、艺术民主，提升文艺原创力，推动文艺创新。”近5年来，国家新闻出版广电总局不断加强对全国上星综合频道的引导和管控，陆续推出了一系列具有指导性和规范性的规章制度，通过多种形式鼓励电视节目的原创，从顶层设计的角度净化着电视节目生产和播出的生态环境，促进了中国电视创新创优能力的提升，无论是电视台、投资方、制作公司还是普通观众，都是受益者。

2017年，北京卫视总共推出了32档节目，全部是北京卫视自主原创或联合制作公司合作原创的。这里既有《非凡匠心》《中国故事大会》《创意中国》等全新上线的节目，也有像《我是演说家》《音乐大师课》这样的综N季节目，还有像《养生堂》《档案》连续播出了多年的品牌节目。其中，《生命缘》《我是演说家》《传承者》和《非凡匠心》等节目被广电总局评为全国创新创优节目。

北京卫视努力进行节目的创新创优主要有三个方面的考虑。

一、北京卫视作为具有全国影响力的一线主流媒体，始终把社会主义核心价值观放在首位，始终坚持生产符合首都定位、发挥首都优势、体现首都特色的节目，始终坚持“讲导向、有文化、肯担当”的媒体作为，北京卫视有这样的文化自觉，也有这样的责任担当。

二、北京卫视在创新创优上坚持“软硬兼施”。我们的体会是，艺术创作大体可以简化为两部分的内容——想法 + 做法。想法是软件，是我们做一档节目的初心和主旨；做法是硬件，是我们完成一档节目的模式和呈现。而创新创优的要素在于——软件要够硬，硬件要够软。

“软件要够硬”指的是什么？指的是我们坚守艺术创作的价值内核——导向坚定、旗帜鲜明、主旨清晰。用广电总局一直以来约束指导广播电视生产的6个字来概括就是“讲导向，有文化”。这里的导向就是社会主义核心价值观，这里的文化就是中国特色社会主义文化，围绕“讲导向，有文化”来推进节目创新就不会跑偏。这个内核必须硬！

举例来说，《我是演说家》是北京卫视从2014年开始播出的一档演讲类文化节目。《我是演说家》第四季经过创新升级后，我们特意安排在2017年党的十九大期间播出。这一季紧密围绕“中国特色社会主义进入新时代”的主题背景进行创新，一方面我们请到了钱文忠、郦波、王立群等学者担任点评嘉宾，深化演讲内容；另一方面我们请到了“天宫二号”的总设计师、兰渝铁路胡麻岭隧道工程师、辽宁舰女兵等国家工程的普通建设者来到演说家的舞台。事实证明，这样的内容再加上赛制等技术方面的创新赢得了年轻观众的青睐，第一期节目在腾讯视频上线播出后，19个小时之内就收获了1亿次的点击量，创造了北京卫视的新纪录。

“硬件要够软”指的是什么？指的是用各种强力的电视及新媒体等综合手段，即硬件，达到内容传播的三个效果——反映现实、触动人心、润物化人，就是直抵人心，引发共鸣。要做到这三点，就必须要深耕新时代的文化土壤。习近平总书记在党的十九大报告中有这样一句重要的论述，他指出：“发展中国特色社会主义文化，要坚守中华文化立场，立足当代中国现实，结合当今时代条件”，这三个条件构成了社会主义文化生长的土壤。

《传承者》品牌是北京卫视对中华优秀传统文化进行挖掘和电视呈现的高端文化系列节目。第三季《传承者之传承中国》，我们邀请到10位跨界嘉宾，师从京剧名家学习和体验京剧表演，并邀请到近百位京剧名家参与每期一出的京剧公演。这些德艺双馨的京剧表演艺术家有的已经年过古稀，大部分是当今京剧界的顶梁柱，在节目中展现出夺目的光彩。节目在尊重传承京剧艺术精粹的基础上，对舞台呈现进行了大胆创新，让京剧呈现出更具年轻化和时尚化的艺术冲击力。从录制效果看，现场500位年轻观众几次起立为演员叫好鼓掌。古老的艺术在新时代依然能够绽放出全新的活力。

此外还有第三点，我们开玩笑叫“穷人的孩子早当家”，因为北京卫视一年的节目制作经费比几家兄弟卫视都要少，这就逼迫我们必须加大自主原创的能力，自己动手。

目前，在广电总局的坚强领导下，电视节目的创新创优正在加速发展，但电视台仍然面临着文化清流节目广告招商困难、明星漫天要价、节目制作费用水涨船高等现象，我们期待总局能够继续加大对原创节目、文化节目的扶持力度，为创作者多提供境外培训的机会，让中国电视的原创之路更加畅通，市场环境更加清朗。

我们这个国家和民族所走过的历史和即将开创的未来是独一无二的，只有中国人原创的节目，才能最真实、最准确地反映中国人自己的故事和精神风貌，这是中国电视人的文化自信，也是中国电视人的文化使命。相信在全体中国电视人的共同努力下，我们任重道远，但一定会不辱使命。

北京卫视《音乐大师课》用爱哺育 情暖人心

卫视节目中心

2017年8月13日，北京卫视第三季《音乐大师课》温暖收官。这档北京卫视原创的音乐教育类公益节目，2015年创办，3年时间里邀请10位老师，迎来26位著名音乐人和跨界专家，培养51名孩子，唱响了超过300首经典歌曲。

三季《音乐大师课》，同时段收视多次跻身省级卫视前三名，微博话题阅读量接近20亿，全网视频点击量突破35亿。第一季学员周安信和“名誉校长”李谷一老师共同登上2017年央视春节联欢晚会的舞台，唐子宜演唱的《世上只有妈妈好》、王浩丞演唱的《父亲》、王奕程演唱的《贝加尔湖畔》、宋亚轩演唱的《夜空中最亮的星》都成为网络点击过亿的热门歌曲，其中周安信的一首《天之大》视频点击量更是超过了8亿次。2016年《音乐大师课》入选中国电视博雅榜“娱乐类栏目满意度十强”。

《人民日报》先后4次发表文章赞扬《音乐大师课》，评价这档节目“寓教于乐，用心设计，用功编排，用情贯穿，每一集都显示了编创者的匠心。”

《音乐大师课》是孩子们学习音乐的课堂，也是一群有情怀、有技艺的电视人打磨艺术的课堂。它教会孩子们的三件事，也同样教会我们怎么做电视。

一、没有什么事能随随便便成功

《音乐大师课》从诞生第一天就经历了重重考验，险些无法播出。最初，创作团队从收视率的角度出发，坚持要在节目中加入竞技和选秀的成分，导致的结果就是一、二集样片送到广电总局直接被毙掉。而当时创作团队始终无法扭转创作思路，审片被毙的那天晚上，北京电视台副总编辑徐滔问了所有人一个问题，如果参加节目的是你们自己的孩子，你们愿意他们在这么幼小的年纪就开始承受竞争、选秀、造星的安排吗？如果你们的答案是愿意，那我们现在就终止合作，北京卫视绝不播出这样的节目。

最终的结果，如大家看到的，《音乐大师课》成为中国电视第一档没有选秀、没有竞技、没有淘汰的儿童音乐教育节目，广电总局宣传司司长高长力亲自审看了样片，终于同意播出。播出3年时间，无一差评，被很多观众誉为“最值得一家人一起观看的电视节目”。

很多看过节目的人，都感叹《音乐大师课》情感的真挚，尤其是那些孩子在舞台上说出的话，是那么的纯真和可爱。

大家都知道，拍摄孩子是多么的不容易，既要让孩子记住整场节目的录制流程，又要最大程度保留他们语言的童趣，减少人为的干预。导演组为此付出了非常多心血，选角和前采就整整用去了一年的时间。在每期节目录制前，导演会根据主题需要与孩子们进行提前沟通，听他们怎么说，把他们的真实反应写进剧本中。录制开始前，导演组还会对这些问题进行二次沟通，如果发现孩子们的回答有变化，就马上更新脚本，为的是保证孩子们的每个反应、每句回答都是发自内心的想法，所以说这些孩子不是在背台词，他们就是在做自己。正是因为对每个细节的用心雕刻才成就了节目的返璞归真，而对艺术品的雕刻就是对自己的刁难，没有什么事情能随随便便成功。

二、最好的那首歌是感动自己的那首歌

《音乐大师课》的成功再次印证了那句话，要想感动别人，首先要感动自己。三季毕业典礼不变的一个场景就是孩子们在台上哭，老师们在台下哭，编导们在幕后哭。对于这档节目，台前幕后的每个人都付出了巨大的感情投入和理想寄托。

令总导演姚小莹印象非常深刻的一句话，是李春良台长在一次汇报会上告诉他们的。他建议节目要多从孩子的视角出发，更展示孩子的思维和孩子眼中的世界。这句话成为第三季节目的创作核心。

孩子才是这个舞台的主角，我们记住了这些歌声，记住了这些面孔，也记住了这些瞬间。这些歌曲之所以打动我们，是因为它们唱出了孩子们自己的心声，因为最好的那首歌永远是感动自己的那首歌。而所有参与《音乐大师课》录制、审片的领导和同事们，无不为这档节目动容，这说明能够感动我们自己的节目，才能够感动观众。

三、从音乐抵达人生

在策划《音乐大师课》的时候，节目组和导演组就多次提出，这不仅是一堂音乐课，更是一堂人生课。从音乐出发，人生才是我们要抵达的地方。

因此，《音乐大师课》在节目中聚焦亲情、聚焦孝道、聚焦爱国、聚焦环保、聚焦留守儿童、聚焦抗战老兵，一次次把自闭症男孩、把大山里的侗族女孩、把金婚的老夫妻、把国旗护卫队的战士们请上舞台，他们的故事是比音乐更好的老师，而孩子们心灵的成长是比他们歌唱的进步更令我们高兴的事情。

每一年的毕业典礼都是一场关于亲情、友情、师生情的团聚。在第三季的毕业典礼上，谭维维穿上扎西爸爸亲手缝制的藏袍，30 年没有说过相声的朱军为曹立做起了捧哏，从来只为别人写歌的李偲菘，第一次收到了自己学生给他创作的歌曲。

《音乐大师课》把这些学生送出课堂，把一个更好的孩子还给父母，把一个更好的少年交给社会，从音乐抵达人生，音乐是他们的大师课，而人生才是他们的必修课。

北京卫视推出大型系列纪录片《你从井冈山走来》

卫视节目中心

2017 年是中国人民解放军建军 90 周年，北京市委宣传部策划，北京卫视《档案》栏目制作推出 6 集大型系列纪录片《你从井冈山走来》，节目于 2017 年 8 月

1日在北京卫视播出，播出之后受到社会各界的广泛好评。

纪录片《你从井冈山走来》聚焦中国共产党领导的工农武装力量以井冈山为摇篮，在艰苦卓绝的对敌斗争中不断聚拢星火、发展壮大的革命历程。通过翔实的历史档案、珍贵的亲历者口述和生动的电视呈现，展示中国人民解放军如何从当年井冈山上的星星之火，经过近一个世纪的薪火相传，成长为今天这支听党指挥、能打胜仗、作风优良的人民军队。

一、宏大主题独特视角，从强军梦瞭望中国梦

《你从井冈山走来》中记录了这样一段对话，1928年时任前敌委员会书记的毛泽东跟战士们一起挑粮上山，在山顶休息时，毛泽东问战士们："你们站在这儿能看到哪里？"战士们说能看到湖南和江西，毛泽东却说："我们是共产党人，共产党人应该要看得更远，我们要在井冈山看到全中国，看到全世界。"

正如当年战士们口中的"毛委员"告诫共产党人的道理一样，视野决定了我们可以抵达的远方。作为献礼建军90周年的主旋律纪录片，《你从井冈山走来》在宏大主题中找到了独特的视角。全片以人民军队的建立为主线，却以更加高远的立意，阐释了党、军队和人民之间的关系，从井冈山上的强军梦瞭望中华民族伟大复兴的中国梦。

纪录片系统回顾了南昌起义、三湾改编、井冈山会师、古田会议等一系列重大历史事件，同时通过信函、日记、回忆录等珍贵的一手资料，对"枪杆子里面出政权""党指挥枪""三大纪律八项注意""星星之火可以燎原"等重要论述进行了溯源和解读，展现了我们的军队是如何从井冈山走来的。

井冈山岁月不仅孕育了人民的军队，更孕育了人民的政权。纪录片讲述了工农红军在井冈山地区建立苏维埃政权，打土豪、分田地，带领劳苦大众翻身做主的经历，著名的《三大纪律八项注意》就是在这个过程中孕育而生的。纪录片中提到的一个细节耐人寻味，在江西客家方言中，苏维埃的"埃"就是"我"的意思，生活在井冈山根据地的乡亲们，虽然不知道苏维埃是什么意思，但他们永远记得苏维埃政府就是"我的政府"。

二、档案叙事触动人心，用故事为历史注入温度

作为全国第一纪录片品牌，《档案》在播出的7年时间里，形成了独特的档案研究方式和电视叙事语言。用历史学家的治学精神对档案进行考古式发掘，再用电视工作者的艺术呈现对历史进行大众化传播。故事，就是打开历史之门的钥匙。

《你从井冈山走来》创作团队通过对党史、军史的档案研究，通过对方志和传记的检索，通过对日记和回忆录的查阅，通过对近百位历史亲历者的采访，积累起丰富的、有史可依、有档可查的历史故事，不仅弥补了井冈山革命时期影像档案稀缺的客观现实，还为纪录片注入了丰富的精神和情感内涵。

创作团队从史料中梳理出36个具有典型性且内容饱满的真实故事。

这些人物故事中有对共产主义的坚定信仰。例如1927年，时任中国工农革命军第一军第一师师部参谋长的何长工，在一个风雨飘摇的夜晚，在一盏马灯的微光中，亲手设计出了第一面中国工农革命军的军旗。何长工秘密地找到老裁缝梁幼陶，请他连夜赶制出 100 面军旗。要知道，在那个白色恐怖蔓延的时局里，连新娘都不敢穿上红色的嫁衣，但何长工手中的红旗图样深深震撼了梁幼陶，于是经过老裁缝昼夜不停的缝制，中国共产党领导的革命队伍中第一次飘扬起了镰刀斧头的红色旗帜。

这些人物故事中有对革命道路的矢志不渝。例如“四·一八反革命政变”爆发后，国民革命军中的共产党员代表陈毅安给恋人李志强写下了第 46 封家书。那不是一封情书，却是一份革命的誓言。陈毅安写道：“除了我们努力革命，再找不到别的出路，把一切旧势力铲除，建设我们的新社会，这个时候才能实现我们真正的恋爱”。

这些人物故事中有对军民一家的鱼水情深。例如，1928 年的大年三十，饥寒交迫的红军队伍进驻大柏地乡，只能向乡亲们借粮充饥。当晚，回到家中的村民刘良林发现家里的米少了，米缸里却多出一张红军写给他的欠条。日后，将信将疑的刘良林真的用这张欠条换回了价值几倍的大洋，而他也受到鼓舞成为一名红军战士。

越是宏大叙事的历史故事，越需要直指人心的情感细节，那是时代洪流与人物命运的交织和共振。《你从井冈山走来》用一个个充满细节、饱蘸情感的故事串联起人民军队的建军历程，让革命不只有枪林弹雨中的呐喊，也能听到家国儿女的诉说。

三、电视语汇再次突破，开国将帅后代担任特邀讲述人

从《档案》栏目创办的第一天起，独具一格的电视呈现方式就成为《档案》为观众熟知的品牌符号。从 2014 年起，《档案》栏目陆续推出《伟大的抗美援朝》《砥柱中流——伟大的敌后抗战》《伟大的贡献》《西藏》《解放——人民的选择》《红军不怕远征难》等一系列重大题材历史纪录片。伴随而来的是《档案》电视语汇的不断创新，从实景拍摄到虚拟植入，从复现历史场景演绎到双时空双讲述人交错，这些开电视纪录片之先河的呈现突破，成为《档案》主流创新的重要表现，也是《档案》可以历时 7 年仍然年轻，仍然让人热泪盈眶的原因所在。

这种电视语汇的创新，在纪录片《你从井冈山走来》中得到了又一次的升级。摄制组得到了中共党史人物研究会井冈红军人物研究分会的大力支持，邀请到 22 位开国将帅和革命先烈的后代们担任“特邀讲述人”。

最宝贵的“档案”是人，文字和影像固然能够还原历史的细节，但只有人才能带领我们回到历史的心境和情感中去，体会触动人心的真实。在摄制组搭建起的列宁室、纪念碑、湘赣农家等复原场景中，周恩来总理的侄女周秉德同志、罗荣桓元帅之子罗东进将军、朱德元帅的外孙刘建将军等 22 位“特邀讲述人”，面对镜头讲述着发生在他们祖辈或父辈身上的故事。他们的讲述串联起纪录片的叙事脉络，他们的讲述也钩沉起无数打动人心的家国记忆。

你会听到，朱德元帅的外孙刘建将军讲起朱老总的故事。朱德元帅因为不喜欢“姥爷”和“老爷”同音，坚持让外孙刘建称呼自己“爷爷”。这一段有趣的“家事”背后，道出的是这位人民军队缔造者心中质朴却坚定的革命情怀。

你会听到，罗荣桓元帅之子罗东进将军，回忆父亲提到过的关于毛委员的故事。1927 年 10 月，工农革命军在大汾遇袭，部队被打散，毛主席到老乡家要了一些米饭和咸菜，没有筷子就和战士们一起用手抓着米饭吃。吃完以后，毛委员站上墙头说道：“愿意革命的跟我站在这儿。”那一刻，他把选择的自由摆在每个人面前，也把革命的信仰根植在了所有人的心里。

你会听到，陈毅安烈士的长孙陈正烈将军讲起爷爷和奶奶的战地家书。1931 年 3 月，祖母李志强收到祖父寄来的第 55 封家书，却是两页空白的信纸。李志强知道，这是她与陈毅安的约定，如果牺牲了，就托人捎回一封无字信。

这些开国将帅的后代们，从祖辈或父辈的手中接过了高高飘扬的旗帜，也接过他们亲手锻造的“井冈山精神”。镜头中的每一位讲述人，当年的红小鬼们，如今也已是两鬓斑白的老同志，他们在摄影棚中一录就是五六个小时的时间，但每一次录制，都传递出从容的姿态、坚毅的目光和澎湃的情怀，这是井冈山精神在他们身上的体现。

优秀的纪录片创作者们就像站在时间长河中的“摆渡人”，不停奔走在历史与当代的两岸，一边把真实的历史带到今天去照亮前路，一边又把现实的困惑带回历史去寻找答案。《档案》这条摆渡船划出的一道道涟漪就是历史的波澜壮阔，而它留下的则是激浊扬清后的汩汩清流。

探寻文化中国背后的非凡匠心

——北京卫视《非凡匠心》节目创作谈

卫视节目中心

2016 年，随着“二十四节气”被列入联合国教科文组织世界非物质文化遗产名录，中国已有 39 项非物质文化遗产名列其中，成为拥有世界级非物质文化遗产最多的国家。而经由国务院批准，文化部确定的国家级非物质文化遗产已经达到了 1372 项。这些既源远流长又种类繁多的非物质文化遗产，成为中国文化谱系上浓墨重彩的高光之笔，令世界为之惊叹。这些非物质文化遗产之所以能够代表文化中国的形象，之所以能够延绵数千年依然光耀当代，最核心的价值就藏在文化背后的那颗非凡匠心上。

2016 年 1 月 15 日，北京卫视原创推出了一档匠心文化体验类节目《非凡匠心》，体验引领者张国立，带领朋友们一起走上匠心寻访之旅，拜谒了 10 余位国家级非物质文化遗产传承人和传奇匠人，展示了徽派木雕、佛山醒狮、青神竹编、龙凤旗袍、景泰蓝工艺等 10 项国家级非物质文化遗产的制作技艺。如果说中央电视台制作的《大国工匠》记录的是共和国科研领域的建设者们，是一股充满了科学精神的时代激流的话，那么北京卫视的《非凡匠心》则通过记录那些平凡朴素又技艺超绝的非遗传人们，汇成了一股文化与艺术交融的时代清流。

匠艺：在探寻中体验，在体验中传承

如何将中国传统文化发扬光大？如何让工匠精神深入人心？如何让非物质文化遗产传承不绝？这既是新闻工作者的职业使命，也是文艺工作者的时代命题。

带着这样的创作初心，《非凡匠心》栏目组经过近一年时间的调研，寻访了全国100多项非物质文化遗产和300多名代表性传承人，经过筛选最终确定了第一季节目中的10个主题和20名匠人。“探寻”只是匠心体验的第一步，《非凡匠心》节目真正独树一帜的设计，也是最打动人心的呈现，是体验者们的“学艺”和匠人之间的“合作”。

以张国立领衔的匠心体验者们，所到之处都要学会这门非物质文化遗产的关键技艺，并亲身参与每一件作品的创作。这样的匠心体验，不是明星嘉宾的一次作秀，而是一次实打实的学艺。在节目中观众会看到张国立通宵达旦捆扎狮头的疲惫，会看到裘盛戎为练习梅花桩数次踩碎坛子跌倒在地的窘迫，会看到于洋烧制景泰蓝的时候不慎烧着衣袖的危险，会看到王耀庆采伐苦竹的时候汗流如注的劳累，没有这样的勤学苦练，换不来体验者的感同身受，对工匠精神的领悟已然由手入心。

更为难得的是，每期《非凡匠心》节目都精心促成了两位传奇匠人的“跨越式”合作。这里有跨越代际的合作，比如90岁的徽州木雕大师王金生和80后出生的现代木雕艺术家马文甲，在同一块木板上完成了融贯古今的一次创作；比如中华人民共和国第一代动画工作者、《大闹天宫》的美术设计师严定宪老人和新一代三维动画的年轻设计师们，一起绘制了美猴王的穿越之旅，这样的新老合作，本身就是文化的一次传承。这里也有跨越领域的合作，比如四川青神的竹编大师张德明和浙江龙泉的青瓷艺人刘杰，以“土木之缘”完成的一次牵手；比如中国著名曾侯乙编钟修复大师李明安和德国音乐家老锣，以及他的妻子歌唱家龚琳娜，联袂带来的一场复原曾侯乙编钟的演奏会。这样的跨界合作，则是对古老文化的发扬与创新。

匠人：于平凡处练就非凡，在非凡时归于平凡

《非凡匠心》节目里着重介绍了10余位国家级非物质文化遗产代表性传承人，他们掌握着这些古老中华技艺的生命存续，他们也书写着传统中国匠人的大道至简。于平凡处练就非凡，又在非凡时归于平凡，是他们共同的生命写照。

从茂林修竹间的农舍，到工矿厂区里的住宅楼，从徽州小城里的寻常巷陌，到十里洋场旁的国营老店，这些国宝级匠人们的生活亦如常人。年近九旬的王金生每天下午都会和老友们打打麻将聊聊天，但只要是手握刻刀，千年古木在他的手中便能幻化成各式的山水人物，那是74年刀笔不辍的功力。江湖传颂的锯瓷大师“王老邪”，每天在自家5平方米大小的阳台上修修补补，厨房里都挂满了他的工具，叮叮当当的单调声他一听就是60年。85后的青瓷艺术家刘杰，作品被选为G20峰会的国礼赠送外宾，但他每天最自在的事情是自己背着口袋去山上挖土，那是一个陶瓷匠人与土地的约定。

平凡的人生要经过怎样的锤打和烈炼才能成就非凡的技艺？《非凡匠心》在走进这些匠人绝技的同时，也记录下他们历历在目的生活绝境。双双荣获过金马奖的台湾电影人张毅和杨惠姗，巅峰时退出演艺圈，从文艺人变身手艺人，学习琉璃制造，最艰难的时候负债3000多万元，夫妻俩连一颗茶叶蛋都舍不得买。出身锔瓷世家的王振海，为了将手艺传给更多人，执意打破“不传外姓”的家训，被家族扫地出门，从此不许使用家族旗号。上世纪50年代，23岁刚刚从中央美院毕业的钱美华，放弃更好的发展机遇，毅然跟随林徽因先生来到清华大学，抢救濒危状态下的景泰蓝工艺，终成一代大师。

他们几乎都是在山穷水尽处，靠着对手艺的执念和挚爱，守护着中国文化的薪火，走出自己的一方天地，完成他们从平凡到非凡的跨越。而时至今日，这些令世界仰慕的大师们，依然日复一日守着他们的工作台，拿着用了一辈子的工具，诠释着对“匠人”二字的人生解读。

匠心：手艺之中藏匠心，匠心之中见国魂

中国人对工匠的尊崇，不仅是赞叹于他们精妙绝伦的技艺，更是折服于他们身上所体现的民族精神和国家气韵。

《非凡匠心》的体验之旅，从技艺到匠人一路前行，最终的落脚点是匠心，匠心折射出的是中国手艺人对人生、自然和世界的价值思考。比如佛山醒狮，新扎的狮头在表演前要“点睛”，曾为黄飞鸿扎过狮头的黎家人，世代点睛时都会铿锵吟诵“左点天地洞，右点日月明，铁线横山过，中间一点明”，传承百年的口诀背后是佛山醒狮对仁义忠勇的崇敬。比如景泰蓝制作，要经历“千锤百炼造铜胎，烈火燃彩成珐琅”的108道工序，这是景泰蓝成器的过程，又何尝不是中国人成才的过程？比如张毅和杨惠姗夫妇的琉璃吹塑，冷却成型的那一刻，即便是多出一个气泡也要坚决砸掉，不留瑕疵在人间。

传统技艺中蕴藏着中国人的智慧哲学。我们常说的“没有金刚钻别揽瓷器活”是锔瓷行的术语，但时代变迁，匠人们也在推动着传统的创新。出身锔瓷世家的王振海，用了3个月时间的实验，把牙医用的电钻改良成为锔瓷匠的电钻，做起工来更快、更准，他抛弃了代表着行业符号的金刚钻，却彻底激活了这门古老技艺的生命力。手在，金刚钻就在，传承不是复制，传承更是一种创新。

传统技艺中也蕴藏着中国人的虔敬崇礼。编钟修复大师李明安，每次来到湖北省博物馆观看曾侯乙编钟原物时，总会脱鞋近前，合十长揖，那是对历史的崇敬。木雕大师王金生，刻刀出神入化，口诀只有一句“顺着纹理走”，那是对自然的崇敬。舞狮人套上狮头之后，要先向左中右三个方向拜三拜，那是对天地人的崇敬。

匠心就是人心，从中能见自己、能见天地、能见众生，更能见一个民族和一个国家的精神与气韵。北京卫视从《传承者》到《非凡匠心》，一路坚持对中国优秀传统文化和匠人精神的弘扬，这是北京卫视作为首都主流媒体的使命坚守，更是首都电视工作者对“工匠精神”的一次致敬，鼓舞着我们将工匠精神在荧屏内外传承发扬。

2017年北京电视台春节联欢晚会创作手记

文艺节目中心 段 嵘

任何民族都有其特定的文化符号，而节日文化则是各国民族文化中的标志性符号。在中华民族众多的节日文化中，“春晚文化”可以说是承载了一个民族感情最深的品牌，因为春晚这个新民俗已经深深融入到大众的生活中。春晚是年度情感的汇聚，春晚是时代潮流的印章！北京电视台的春晚品牌已经有28年的历史了，“北京春晚”是北京电视台每年大年初一献给全世界的新春大礼，是多元文化的凝聚，也是首都文化影响力的精彩绽放。

在接受任务之初，作为晚会的创作者，首先要思考的，就是如何让整台晚会在“欢动万家夜 爱暖中国心”的主题指引下，既能突破传统春晚语境，追求时代感，让人耳目一新，又能让“北京春晚”表达出北京欢度中国年的文化情感内涵。在此目标指引下，“创新”“传承”与“融合”，就是“2017年北京电视台春节联欢晚会”创作过程中贯穿始终的几个关键词。

对于春晚创作而言，什么是创新？我觉得这种创新就是要求改变的速度，要高过观众的期望值。然而这次创新又是非常有风险的。“北京春晚”连续3年取得省级卫视收视冠军，在导演艺术上也形成了自己独特的风格。观众对“北京春晚”的这种风格有一种熟悉的感觉。换了新的导演，这种风格就会有新的变化，观众还会接受吗？另一方面，由于“北京春晚”以往取得的优秀业绩，造成了春晚大战中其他省级卫视的模仿与竞相追赶。在这种情况下，我们既要保证“北京春晚”的原有观众不因春晚风格改变而流失，同时还要坚持创新，在众多的晚会中让观众对“北京春晚”留下独特的印象，那就要做到“人无我有、人有我新、人新我优”。像“田忌赛马”一样，用不同的节目去作差异化竞争，使晚会整体呈现出新意与别致。

一台晚会的核心竞争力靠的是内容，是节目的内涵、品位与水平。“2017年北京电视台春节联欢晚会”在内容创作上，把握了以下几个原则。

一、独特的吸引力

春晚必须要注重创新、创意与品质。这个基本属性决定了我们在演员的选择上必须注重品质及其独具的艺术吸引力。首先，我们确定邀请范冰冰、李晨作为形象代言人，这是两人首次宣传合体。在演员的选择上，我们更多考虑年轻受众的需求，这不仅会逐步改变受众结构，还会对广告招商和新媒体推广更具吸引力。邓紫棋、大张伟、王凯，都是青年偶像，也是深受广告商欢迎的明星。2017年北京春晚招商突破历年之最，演员的选择至关重要。

二、熟悉的陌生感

演员要优中选优，表演的内容更要精心设计。小宋佳与迈克学摇滚合作，演唱了《花儿·吻别》，成为观众们热议的话题。晚会还大量运用创新混搭的方式，高晓攀的小品引出100位北漂新人的婚礼；杨树林的小品引出真实的快递小哥一家人；故宫充满传奇故事的文物首次走进春晚舞台，并开启长达12年的合作。这些创新之举，让观众沉浸在“熟悉的陌生感”之中，消除心灵上的距离感，让明星站在田埂上，让百姓走上殿堂，也使晚会呈现出独特的协调之美。

三、情感的融合性

在创作理念上，我们坚持情感性与艺术性相融合。我们从我台新闻中心拍摄的“一带一路”建设者的故事中，选择了一对节日无法团聚的小夫妻，进行现场连线，他们的真情表达感动了全场观众，将录播做出了直播效果。音乐人小柯创作的歌《在一起》，就是根据他们的真实故事量身定做的，被毛阿敏温暖演绎。“在一起”也是《2017年北京电视台春节联欢晚会》的温暖主旋律。我们从朝阳区一所普通小学调集了160名热爱京剧的小学生，让他们与京剧大师“在一起”演绎中国京剧。他们不仅是春晚京剧节目的表演者，也是北京市“京剧进校园”计划的体验者和参与者，日后更将成为京剧文化的传播者。让航天英雄景海鹏、陈冬与八一中学的中学生航天小组“在一起”，共同编织未来的梦想，这是两代航天人和梦想者的聚会，也是心与心的融合。“在一起”不仅是心灵的相聚，更是北京对新一年的情感表达，是人们对新年、新春的相互祝愿，以及对未来、对时代的憧憬之情，凝聚着北京与时代心灵共通的伟大情感。也正是这种情感，让2017年北京电视台春节联欢晚会走进了观众的心里。

如果说创新是“内容为王”，那么形式的创新，就是为内容添加“隐形的翅膀”。

一是创新舞美，拓展符合多样性文化表达的视觉空间。

创新的舞美空间能承载多样性的节目，是克服视觉疲劳的载体。如今，大家通过各种娱乐方式体验和感受了3D、4D等多样式的艺术，有了自己的视觉记忆，如果我们仍然坚守着二维表达的春晚空间，那一定会落伍于观众丰富的视觉记忆。在初步勘探场地之后，根据本届春晚对艺术氛围的独特需求，我们确定了360度全视觉“蛋壳”型舞台的舞美方案。通过唯美的视觉变幻，拓展出更为广阔的创意与创智空间。舞美的创新与节目创新相辅相成，密切配合。由于舞美设计突破了传统的观演关系，所以节目创作也有了更新的突破。杂糅型的立体景观秀《冲向巅峰》就充分利用了360度的空间，将虚拟技术、杂技、空中威亚、武术、舞蹈、演唱结合起来，上演了一出精彩纷呈的“景观大戏”。

二是创新结构和叙事方式。

任何一台优秀的电视文艺作品，都会在如何讲好故事上做文章。因此，追求独特的叙事方式，是我们在春晚创作过程中一直思考的问题。2017年北京春晚采用二元的叙事结构，用故事化的手段、音乐剧的形式拉开春晚帷幕，可谓独具创意，另辟蹊径。

追求艺术的过程是完美的，但结果总会留一些遗憾。北京春晚对传统春晚语境的突破还可以更彻底，内容和形式的创新也还可以有更多提升的空间，并且深具开拓市场化道路的实力。

十四年磨一剑“北京影响力”走上品牌之路

财经节目中心

2017年12月8日晚，主题为“北京·向未来”的第八届“北京影响力”颁奖盛典在BTV大剧院举行。值得一提的是，这一届发布了《北京影响力蓝皮书》，增加了4项特别贡献荣誉称号，它们是：年度“京津冀协同发展”特别贡献荣誉称号、年度“一带一路”特别贡献荣誉称号、年度“共享经济”特别贡献荣誉称号、年度“新科技”特别贡献荣誉称号。

北京影响力评选活动从2004年第一届到2017年第八届，经过八届14年的打磨，共有3200个企业入选，240个企业捧起“北京人”奖杯，参与人数过亿人次，这一连串数字累积起独有的“北京影响力”大数据，让一个大型的财经类评选活动走上一条品牌化之路，“北京影响力”为何能够在众多的同类活动中突出重围呢？

一、品牌发展“原创”是根本

“北京影响力”评选活动始终把原创性作为整个活动的灵魂，无论从活动定位到活动形式展现，无论是从媒体联动到高标准的评分体系，无论是从活动的波谷设计还是节目的表现形态，每一个细节都体现出了活动的原创性，原创是“北京影响力”的灵魂，也是它品牌成功的关键。

二、“专业精神”的坚守

“北京影响力”自2004年首次举办以来，已成为北京产经界著名的“名片”之一，为北京经济建设的孺子牛们搭建了一个展示成就和品牌价值的舞台。寻找、发现谁在影响百姓的生活，是“北京影响力”不懈的追问，也是活动不变的宗旨，每一届“北京影响力”颁出的最具影响力的十大企业、十大品牌、十大企业家，都是大家关注的焦点。“北京影响力”与专业调查公司合作，制定了严谨的评选体系，从2004年第一届开始，就在公证处的严密监督和专业统计公司的调查下，通过报纸选票、网络和短信投票方式，面向大众形成全民互动，参与人数从22万人发展到过亿人。举办八届，跨度14年，“北京影响力”大型活动的成功，靠的就是团队里每一个人用自己的专业精神去影响更多的人，时时刻刻遵循专业精神去做每一项工作，而这种坚守是“北京影响力”形成品牌的精髓所在。

三、超前的媒体联动融合

“北京影响力”是与京城12家主流媒体共同发起合作的大型经济评选活动。在2004年创立之初就预见未来媒体融合的大趋势，通过彼此融合、联动，保证立体覆盖受众，保障内容客观公正，营造健康舆论环境，从而有效提升品牌的竞争力。来自13家媒体的主编担任活动评委，并由他们评出“北京影响力”的奖项之一“传媒大奖”，颁给对北京经济做出杰出贡献的突出人物。“北京影响力”14年来与主流媒体的强强联合，让品牌赢得了广泛认可和传播。

四、强有力的政府支持

“北京影响力”14年一路走来，始终与政府进行紧密合作，得到社会各界的大力支持，从最早的与北京市国资委合作到后来的与北京市各个委办局合作，每一步都离不开政府的支持，也得到了领导的肯定。2006年，原北京市副市长陆昊为第三届“北京影响力”评选活动特别撰写了一篇文章《注意力经济与北京影响力》，文章写道：“我感到它不是一般意义上的一次评选活动，不是企业简单地获得一次荣誉，重要的是它能以注意力经济的形态，使我们北京更多的优秀企业更受社会关注，更有影响力，进而更有竞争力。感谢北京的传媒，它们以自己特有的影响力，为公众更加关心、理解和支持北京企业的发展，为北京企业不断扩大影响力进而提高竞争力，不断进行积极的探索，做出了重要的贡献，北京影响力评选活动就是一个很好的例证。”

五、做“产经界”的“风向标”

北京影响力评选活动已经成为北京地区产经和财经领域的品牌，其奖项也成为“京津冀”产经界的重要“风向标”。北京影响力评选活动，每一届都有一个主题，这些主题紧扣时代脉搏和城市发展趋势，每一届的获奖企业、品牌、企业家都是这个时代的杰出代表，彰显出榜样的力量。北京影响力评选活动14年中还衍生出子品牌活动《与您同行》和子品牌节目《影响者》。

《生活这一刻·陪伴空巢老人一小时》特别节目融媒体直播受关注

生活节目中心

2017年3月6日至12日，由生活节目中心《生活这一刻·生活帮扶团》发起的为期一周的《聚焦养老·陪伴空巢老人一小时》特别节目及网络直播特别活动，在《生活这一刻》栏目及新媒体中心《北京时间》每天18：30连续报道。

据统计，中国现有老龄人口已超过1.6亿，且每年以近800万人的速度增加，在这些老年人群中，空巢老人占据了很大的比重。空巢老人面临着生活失能、吃饭难、下楼难、出行难、看病难、内心孤独以及遗产财产如何合理再分配等问题。自生活频道节目中心《生活帮扶团》开播以来，接收的热线中很多都是空巢老人寻求帮助的，空巢老人是需要社会重点关注的一大人群。《聚焦养老·陪伴空巢老人一小时》特别节目及网络直播特别活动应运而生。特别节目及活动亮点如下：

一、全名嘴阵容做公益

《生活这一刻》的7位当家主持人高燕、阿龙、秦天、吴冰、李向显、张楠、彭祖倾力于公益事业，轮流每天利用新媒体中心《北京时间》的“时间号”进行一小时的网络直播，主持人在空巢老人家中，与专业的养老服务机构、民间志愿者、出租车爱心团队、律师、健康专家、餐饮机构组成一个帮扶联盟，针对每位空巢老人的困难及愿望进行帮助。

二、融媒体直播报道

《生活这一刻》90分钟节目大直播与《聚焦养老·陪伴空巢老人一小时》网络直播在每天18：30同步开始，两条直播线全线打通，网络直播活动主持人可以实时与人直播主持人连线，进行活动的实况报道，将年轻人纳入观众群体。

三、全民互动实时参与

观众在观看电视期间扫二维码可以直接进入《北京时间》《一直播》用手机同步观看网络直播进行互动；同时也可以关注《生活这一刻》的微信公众号，和主持人同步互动，在公众号里发布自己参与活动的照片，演播室可以将观众的互动情况展现出来。栏目每天选取10位观众志愿者，每人送出由鸿茅药酒提供的1000元爱心基金，以此鼓励和支持大家做公益事业。同时参与“摇一摇”，进入社群，可以统计出每天不同区县参与活动的总人数以及区县比例和男女比例。此外，观众还可以通过社群里的二维码，进入“帮扶联盟志愿者”微信群，随时成为栏目的志愿者，为下一次活动储备基层力量。本次活动共招募志愿者143人，3月6日-3月11日，每天均有不同的志愿者到空巢老人家里开展帮扶活动。

四、聚焦养老话题，北京市人大代表解读政策

《聚焦养老·陪伴空巢老人一小时》除了实时的网络直播活动以外，还在当天90分钟的直播节目中辟出一个版块聚焦养老话题，分别针对社会养老方式、民间养老服务机构、老年餐桌、老旧小区改造、老年艾滋病调查、遗嘱及理财等问题进行系列专题调查，结合大数据发布。同时获得了北京市人大内务司法委员会、北京市老年产业协会的支持，邀请到权威人士进行政策解读，给观众展现最新的养老模式及现状。

五、组成强大的帮扶联盟

《聚焦养老·陪伴空巢老人一小时》获得了多家组织单位的支持，帮扶联盟成员有：鸿茅药酒、金牌护士、家乐福、北京宴、北京大学第三医院、北京市中信公证处、北京市朝阳区首都机场街道办事处、北京市朝阳区望京街道办事处、北京市海淀区永定路街道办事处、北京市海淀区中关村街道办事处、北京市丰台区长辛店镇长辛店村委会、北京祥龙出租客运有限公司、北京市汉卓律师事务所、生活帮扶团观众志愿者。

纪录片《拾说什刹海》以“北京方式”弘扬“北京文化”

生活节目中心

2017年10月26日，在党的十九大胜利闭幕之际，北京电视台生活频道于晚间黄金时间推出大型人文纪录片《拾说什刹海》第二季，共6集，分别是：

“源流”——正本清源，勾连大运河与永定河的水系文明核心，追寻北京山水城市的今昔；“拾刹”——探寻千年间众多的寺、庙、观、祠的今昔，全景呈现民间信仰生活；“王府”——北京古都的精华所在，王府大院的前世今生，是家风亦是国风；“风骨”——什刹海是元杂剧、昆曲、京剧的集萃之地，这里亦上演了无数士大夫、文人、艺术家的人生大戏；“后市”——前朝后市，北京古都独有的商业模式的特性，讲述老字号的故事，以及延伸到今天面向未来的高端商业文化；“宜居”——山水城市的文化气脉、逐水而居的胡同生活美学，建筑、人居、民俗构成的风物格局。

整部作品体现出严谨的纪录精神、精美的画面语言，以及紧扣当下的时代气息。创作经验如下：

一、紧扣北京文化带建设，树立北京城市核心区文化名片

纪录片《拾说什刹海》，紧密结合北京三大文化带建设，深耕历史、精研地理，围绕着什刹海这片水域的今昔，把北京城市规划发展的历史脉络、社会演进生动的演绎出来。作品正本清源，把很多百姓模糊的历史概念，比如大运河与什刹海的关系、北京中轴线与什刹海的关系、元代以后北京城市格局的变化与人民生活的关系，阐述得清晰、有趣、回味悠长，让人对北京文化的渊源深厚心生敬意。

中华民族的伟大复兴与文化建设息息相关。北京市委书记蔡奇说过：“北京文化，肩负着对外展示国家文明形象、对内增强文化自信、对全国文化建设起着引领示范作用。”纪录片《拾说什刹海》，正是以北京文化的风格特质，树立起北京城市核心区文化的“金色名片”。

二、用北京特色的讲述方式，演绎高品质的京味文化

纪录片《拾说什刹海》流露出浓郁的京味文化特色。作品对什刹海地区历史文化遗产的寻找呈现丰富，对当地百姓的生活纪录非常深入，对北京的语言、地名、胡同、民居背后的故事进行了深入的挖掘整理。在宏大的历史叙事中，不失京味十足的故事。平实中透露着北京文化的优雅从容。多位采访对象的人生故事，充满令人感动的正能量，他们对北京文化的热爱和担当，对于电视观众而言，有潜移默化的影响。

三、以纪录方式深入生活，以优秀作品影响生活

纪录片《拾说什刹海》引领百姓对北京的热爱，促使大家自发的去爱护北京、建设北京，让更多人提升内心的自豪感、幸福感、满足感。透过它，让人感到再看到北京的什刹海，再见到北京的人、水、城，会有不一样的感触。

卡酷少儿推出动漫主题游戏秀《奔跑吧白糖!》

动画节目中心

2017年，卡酷少儿品牌栏目《闪天下》推出暑期特别节目——动漫主题游戏秀《奔跑吧白糖!》，这是将大型实景游戏闯关与卡酷少儿出品的原创动画IP《京剧猫》紧密结合的创新尝试。7月28日在卡酷少儿卫视开播，首播当期全国35城4岁+人群收视播出同时段在省级卫视排名跻身前十，第二期4~14岁核心观众收视达6.78%，在全国35城省级卫视播出同时段收视排名位列首位，同时节目实现经营收入200万元，实现社会效益和经济效益的双丰收。其创新之处是：

一、深挖动漫IP价值

《奔跑吧白糖!》衍生自国产漫画知名大IP《京剧猫》，以剧中角色“白糖”为主角，改编相关剧情，结合赛道闯关的栏目模式，以动漫主题游戏秀推出。故事前情是：京剧猫“白糖”功成名就之后变得自负又好吃懒做，变成了重达2000千克的“胖子”，为了帮助京剧猫恢复往昔的英姿飒爽，节目召集了一群“胖胖的”小朋友，帮助白糖减肥，节目中的反派通过设置各种游戏障碍和赛道，阻止他们完成任务。《京剧猫》是由卡酷少儿出品的功夫奇幻电视动画系列片，以“京剧”为元素，以“梦想”与“热血”为核心，把“唱”“念”“做”“打”等京剧绝活演变为京剧猫们的各路神功。这部作品首播收视超过数档动漫收视强片，网络平台收看点击6.5亿。特别是在2017年法国昂西国际动画电影节上，以其京味儿特色获得来自加拿大、墨西哥、意大利等动画公司的合作意向，是国漫大军中不可多得的成熟IP。系列新作《京剧猫之信念的冒险》也于2017年暑期在卡酷少儿卫视首播。

二、次元交错打造栏目创新

动漫主题游戏秀《奔跑吧白糖!》就是起源于《京剧猫》这个IP的理念与口碑价值，将形象的知名度、动漫的正能量理念和栏目的综艺互动性充分结合，打破次元界限，实现动漫IP与栏目的深度结合，与首播动画新作一起在电视屏幕上形成了立体化全方位的IP攻势。卡酷少儿针对暑期收视的受众分析和受众期待，抓住观众特点，大胆地推出这档动漫主题游戏秀，也是基于2016年暑期《七色光》推出的水上赛道闯关节目《世园会大冲关》的成功经验，延续大型游戏闯关的节目形态，让孩子们在暑期走到户外强身健体，从动画世界进入现实体验，获得身心健康。

除了《奔跑吧白糖!》作为暑期强档上线，卡酷少儿还推出了《猪猪侠之超星萌宠》《新成龙历险记》等最新动画片，母婴时尚类服务类节目《妈妈育上娃》《大玩家暑期狂欢节》等暑期特别节目打造精品播出带。卡酷少儿通过线上线下结合，丰富暑期荧屏，让卡酷少儿的品牌影响力日渐成熟。

用“萌”要素讲“大”主题

动画节目中心

“一带一路”重大政治主题要怎么给孩子讲？孩子和动物两个难以控制但也是萌点满满的因素碰撞在一起有怎样的看点？北京电视台卡酷少儿卫视于2017年11月25日起每周六17：00推出的季播节目“一带一路”主题户外动物综艺秀《萌娃看动物》，就是在挑战用“萌”要素讲述“大”主题。开播首期在全国35城4～14岁目标核心受众收视份额直冲4.74%，最高达8.92%，在全国省级卫视同时段排名第二位。节目还荣获广电总局“迎接十九大优秀少儿节目”二等奖。

《萌娃看动物》筛选了“丝绸之路”起点西安、枢纽青海、西域文化代表新疆等丝绸之路上面的重点地域，通过各地最具特色的野生动物，展现“一带一路”沿线地区的历史文化、风土人情，也传达爱护动物、保护大自然的理念。

一、见微知著，通过动物读“丝路”

《萌娃看动物》的前6期主要是探寻陆上“丝绸之路”的轨迹，陆上“丝绸之路”在中国境内涵盖西北和西南共9个省区市，节目如何体现这条路上最具标志的风貌？节目组通过多次专家探访和录制踩点，行程遍及7300多千米，甄选了陕西省的秦岭野生动物园和佛坪金丝猴自然保护区、青海省的青藏高原野生动物园和青海湖牦牛养殖区、新疆维吾尔自治区的天山野生动物园、库木塔格沙漠骆驼养殖区这6大野生动物保护区和动物养殖区，涉及骆驼、金丝猴、羚牛、松鼠猴、牦牛、蒙古马等近20种动物。

选择这些动物不仅是出于好玩、好看，更是要通过这些动物折射出“一带一路”的风貌和意义。比如在两千年前一步一脚印帮助人类完成“丝绸之路”运输工作的沙漠之舟骆驼；“丝绸之路”上最具代表性的我国一级保护动物金丝猴；在古代以及现代牧民生活中有着不可替代作用的高原之舟牦牛；还有热带的鸵鸟、沼泽地区的白枕鹤等并不是“丝绸之路”原产动物品种的出现，这些都体现了“丝绸之路”的风貌和对沿途地区经济文化交流发展的重要作用。

节目让萌娃们真正行走在“一带一路”上，通过对动物的探寻，亲身体验“一带一路”沿线地区的历史、文化、经济、人文，以微见真，以点及面，生动诠释国家倡议。

二、亲密共处，在合作中求和谐

节目不仅是要通过动物来讲“一带一路”，也旨在通过“与动物亲密接触”的主题设定，用萌娃与动物的互动，启迪少年儿童的心智。每期节目都根据地域特点和动物习惯，为小朋友设定不同的主题任务，让他们通过和动物的接触、熟悉，让孩子领会人与自然和谐共处的意义。比如小嘉宾要学会记录金丝猴的生活特征；要照顾3个月大嗷嗷待哺的小狮子；要帮助长颈鹿刷脖子，防止它的毛被油脂粘连；还要帮助新疆女孩儿寻找骆驼。在这些经历中，小嘉宾从不敢、不想接近动物到尝试触碰再到和动物们成为好朋友，萌娃帮助了动物，动物给萌娃带来了快乐，这让孩子们知道互帮互助、和谐共处才是人与动物之间最好的相处方式。

三、寓教于乐，在探险中引思考

《萌娃看动物》在创作中坚持以寓教于乐的形式向少年儿童普及野生动物保护、湿地保护和自然保护的知识。节目根据儿童认知特点，通过"观察发现""野外探险""思考总结"三个环节，用循序渐进的方式逐步引导小朋友们形成"探索、思考"以至触类旁通的思维习惯。比如通过给小鸵鸟称重，为白枕鹤找食物，观察金丝猴，变身动物奶爸体验"实习饲养员"等活动，激发小朋友思考关于动物和自然现象的"十万个为什么"，让小朋友们和大朋友一起认识真正的动物和自然界，实现科普启蒙。

《萌娃看动物》的两个核心要素——孩子和动物，都是在拍摄过程中非常不好控制的因素，同时也是屏幕上最吸引收视的两大要素。卡酷少儿这次选择用孩子和动物来表现"一带一路"的重大主题，也是从卡酷少儿自身的频道定位出发，用孩子们喜欢的方式来讲述历史、讲述文化，让萌娃们成为保护野生动物的传播使者。节目之后还将走向海上丝绸之路，再次用萌娃的视角、动物的身姿，展现"一带一路"不同地区的文化魅力和地域特色。

北京电视台党支部规范化建设试点工作全面推开　取得成效

党委办公室

北京电视台党委高度重视党支部规范化建设试点工作，认真学习上级有关工作部署，深刻领会加强基层党建工作规范化建设的目的和意义，严格按照"B＋T＋X"工作体系，全力抓好"一规一表一册一网"的落实，结合实际制订工作计划，周密部署，重点督查，全力推进，不断提升北京电视台基层党建工作能力。

一、高度重视，动员部署

台党委对开展党支部规范化建设试点工作高度重视。一是先学一步，学深一层。台党委认真学习有关工作要求，逐字逐句、原原本本领会文件精神，主动研究把握规范化建设的特点和要点；二是集中动员，打好基础。召开党支部规范化建设工作会，传达宣传系统党支部规范化建设试点工作和领导干部落实党风廉政建设主体责任全程记实工作有关精神，提出支部工作要严起来、实起来、动起来的要求；三是组织培训，抓好落实。组织规范化工作专题培训，对每一项工作任务进行具体分析和周密安排，统一思想认识，规范工作流程，明确工作重点，确保各项规范化建设工作落到实处。

二、全面推开，重点督查

台党委把党支部规范化建设在全台所有党支部全面推开，要求全台各党支部都要对照标准、自我体检、规范工作，不断提高基层党支部工作能力。党委办公室对全台所有党支部一一对接，悉心指导，重点督查，全面推动规范化建设各项工作有序开展。一是对落实党风廉政建设主体责任情况进行自查自评。结合北京市党风廉政建设责任制检查考核，台党委对照标准，深入落实各项举措，对各级领导干部落实党风廉政记实手册记录工作反复强调；全面梳理各支部设立纪检委员的情况。目前，全台63个党总支、党支部已按照规范要求设立了专职纪检委员或兼职纪检委员。二是逐项检查各支部学习活动内容落实情况。重点检查各支部开展学习教育情况、“三会一课”开展情况，特别是对支部换届情况、主题党日制度执行情况，以及《支部工作手册》目录登记和支部活动对应情况，进行仔细核查，不断提升支部活动记录工作的规范化水平。各支部书记对支部工作记录逐次审阅签字，有效推进支部工作落实。三是强化党员教育管理情况的督查。台党委对派遣制员工党员的组织关系进行全面梳理，对个别未按要求及时转入组织关系的派遣制党员，作出了严肃整改的决定。利用全台党务工作交流微信群、台内网、“智慧党建”APP发布二维码图片等方式，逐级转发，层层落实，向全台党员手机推送“一网一号”，确保订阅全覆盖。四是认真组织对党的十九大精神的学习。全台各支部按照台党委的部署，集中组织收看了党的十九大开幕式，开展“重温入党誓词”特色党日活动，组织开展“不忘初心 牢记使命”主题教育，进一步明确党员干部所肩负的重大责任，不忘入党初心，牢记职责使命，在全台迅速掀起学习十九大精神的热潮。

截至2017年11月中旬，北京电视台各支部开展“三会一课”1400余次，开展“两学一做”和学习十九大精神等各项学习教育活动800余次，组织具有鲜明特色的党日活动148次，利用多种形式讲党课150多次。

三、主要成效

台党委牢固树立“抓好党建是最大政绩”的理念和“党的一切工作到支部”的鲜明导向，全力抓好基层党支部规范化建设工作，统一思想认识，坚持问题导向，统筹推进工作，有效地增强了党支部创造力、凝聚力和战斗力，提高党建工作制度化、科学化和规范化水平。

规范化建设有效增强了支部主体责任意识。通过严格“三会一课”制度、认真落实主题党日制度、规范支部记录等，极大地促进了各支部的主体责任意识。各党支部自觉担起了教育党员、管理党员、监督党员和组织群众、宣传群众、凝聚群众、服务群众的职责，基层党支部活力和凝聚力不断提升，形成了全面推动基层党建工作的强大合力。

规范化建设有力推动了基层党建任务全面落实。台党委认真督查各支部党费收缴情况、流动党员情况、支部换届情况和支部设立纪检委员等情况。通过认真梳理，督促各党支部全面落实基层党建各项重点任务，确保基层党建中的突出问题得到有效解决。围绕全面从严治党向基层延伸，抓严抓实基层党建工作。

规范化建设有力提升了基层党建工作水平。台党委坚持把思想政治工作落到支部，以党的政治建设为统领，以加强党支部规范化建设工作为契机，全面推进基层党的政治建设、思想建设、组织建设、作风建设、纪律建设，把制度建设贯穿其中，进一步增强党支部整体功能，进一步发挥党组织的战斗堡垒作用和广大党员先锋模范作用。

四、经验体会

通过开展党支部规范化建设试点工作，针对如何有效推动党支部规范化建设，总结出以下经验。一是有效兼顾，全台覆盖。台党委在确定20个试点支部时，有效兼顾节目、技术、职能、企业四类机构，全面反映电视台党支部不同组织架构和支部工作水平。二是全面推开，夯实基础。台党委对规范化工作在全台各支部全面部署，对20个试点支部工作重点跟踪，着力提升全台党支部工作能力，为2018年全面推开规范化工作打下良好基础。三是改进作风，周到服务。党支部规范化建设工作内容多，要求细，党委办公室主动承担试点支部，精心规范支部手册填写，全面梳理全台廉政教育情况，做好带头示范，提高工作效率。四是统计分析，提升水平。党委办公室对全台57个党支部的工作进行全面会诊和详细统计，重点针对党支部开展“三会一课”“两学一做”学习教育等进行量化统计和质量分析，坚持问题导向，不断改进工作，提升支部工作水平。

北京电视台创新开展因公出国（境）监管工作

监察审计办公室

2017年以来，北京电视台结合新时代党风廉政建设特点，针对实际工作中因公出国（境）环节存在的一些问题，认真学习贯彻中央八项规定和市委市政府关于因公出访的相关文件规定，进一步规范相关管理制度，加强纪律教育学习，有效地预防了党员、干部在出国（境）方面的违法违纪问题。

一是针对北京电视台工作中因公出国（境）环节容易发生的问题，制定了《北京电视台因公出国（境）管理规定》。规定提出8条办法措施，包括严格行前登记备案、严禁私自改变行程、严禁持因私护照执行公务、严禁报销出访计划中明确由邀请方承担的相关经费等。同时明确提出，凡因公出国（境）工作中出现公款旅游、弄虚作假和违规操作的，不仅将依规追究相关人员责任，同时将把监督考核与个人利益相挂钩，并取消违纪责任人和责任部门不同期限的因公出国（境）资格。

二是由纪委书记亲自与团组负责人进行行前教育谈话，以案说纪，提出纪律要求。团组负责人必须在《外事出访行前教育一览表》（承诺书）上签字并按手印，承诺按规定认真执行表中列明的7项因公出国（境）纪律要求。对未进行谈话和行前教育团组不予发放证照。

以上做法得到了全台职工的肯定和好评，认为既为因公出国（境）监管工作提供了制度保障，也令出国（境）人员感受到了组织的关心和爱护，体现了纪律的威严和温情。《北京电视台因公出国（境）管理规定》的制定和落实，从源头上防范因公出国（境）的违纪风险，确保对外交流合作健康有序进行。

监察审计办公室党支部基层党建创新经验

监察审计办公室

一、抓实“两学一做”，提升党员执行力

监察审计办公室支部深入结合部门实际情况与主要工作，坚持理论学习不放松，通过采取研读上级精神、学习规章制度、剖析典型案例、交流思想心得等多种形式，将集体学习与自我学习相结合。特别是在深入推进“两学一做”学习教育常态化制度化过程中，监察审计办公室支部坚持学用结合、知行合一、以知促行，推动学习教育融入日常工作，提升党员干部的工作执行力。通过民主生活会和组织生活会，广泛开展批评和自我批评、开展支部委员与党员谈心谈话等活动，让每名党员主动把自己摆进去，对照党章党规和习近平总书记系列讲话找差距做改进，着力解决“不在组织、不守规矩、不起作用、不像党员”，以及“不敢为、不善为、不会为、不作为”等一系列问题，切实增强践行党章党规和习近平总书记系列讲话的理论自觉，切实提高围绕自己的党员身份和所处岗位发挥职能作用的行动能力，切实强化廉洁从政的自觉性和坚定性，建设新常态下“四讲四有”“四个合格”的党员队伍。

二、加强组织建设，增强支部凝聚力

全面落实党建工作责任制。监审办党支部严格执行“三会一课”制度，定期召开支委会，认真讨论党建工作，凡涉及党支部的相关重要事项必须通过支委会进行集体研究。2017年以来，监审办党支部的支部委员的工作分工、党员管理与发展新党员、党费交纳、党日活动和“智慧党建”的实时更新等各项工作都进行了认真细致的布置与安排，党支部书记负总责，支部委员具体抓落实，实现任务落实到位、责任落实到人，形成一级抓一级、层层抓落实的工作格局。

细致做好党员发展和谈心工作。对于入党积极分子，做到支部有安排、支委有分工、党员有责任、本人有行动；在发展党员的过程中，则做到注意思想动态、注意个人情绪、注意职业成长。截至2017年6月底，按照相关程序、经过严格考察，有2名入党积极分子被列为党员发展对象，另有3人正处于考察阶段，有5人递交了入党申请书。2017年，支部书记、支部委员利用各种场合、采取各种形式与党员、入党积极分子进行30余次一对一谈心交流。

三、创新工作思路，推动党风廉政建设上台阶

加强纪检监察工作整体部署。组织召开北京电视台党风廉政建设工作会。制定下发《关于进一步加强和改进纪检监察审计工作的实施意见》，围绕健全监督体系机制、力求监督全覆盖等，对加强纪监审工作作出全面部署，将意见中的19项工作任务落实到每个班子成员和各个具体部门。编制实施意见解读手册，得到市纪委驻局纪检组领导高度评价。

进一步加强纪检监察队伍建设。扩充监察科室、选调人员充实纪检监察力量，由原来的8人增加到目前20多人，设立了首批纪检协作员、纪律监督员，确保工作有人做，事情有人管，监督有人问，执纪有人查。

加大招投标服务指导力度。提高服务意识，对全台招投标工作提供指导和监督。针对节目、技术、职能部门采购工作的不同特点，分别做好相关规定的解释说明工作，监督各采购部门正确执行采购程序。

四、持续教育学习，强化队伍战斗力

为贯彻落实习近平总书记视察北京重要讲话精神，近距离感受北京城市副中心建设步伐，2017年5月23日，监察审计办公室支部与台基建办公室党支部联合开展“撸起袖子加油干，争做新北京建设好党员”主题党日活动。为推进“两学一做”学习教育常态化制度化，监审办支部响应市委宣传部关于观看《为你而歌》（第十五部）的学习号召，认真学习优秀共产党员的先进事迹。“七一”之际，监审办支部与总工办党支部共同组织共产党员和入党积极分子分批次前往北京火车站开展特色党日活动，参观北京火车站站史展、开展志愿者帮扶活动。为发挥党员在脱贫攻坚中的模范带头作用，监审办支部组织全体党员、入党积极分子和部分群众利用业余时间参与“带本书给家乡的孩子”爱心公益活动，以“爱心读诗亭”为载体，通过诵读经典诗词的方式，捐献60余本图书。为扎实推进“两学一做”学习教育，全力备战十九大安全播出保障工作，2017年9月6日，监审办支部与总工办党支部、播出部党支部开展联合党日活动，三个支部的党员和入党积极分子赴国家新闻出版广电总局无线局北京地球站参观学习。

组织机构

组织机构

中共北京电视台委员会

书　记：李春良

副书记：王　珏、韦小玉、彭司海

委　员：田　方

北京电视台领导班子成员

李春良　北京广播电视台党委书记、台长

北京电视台党委书记、台长（兼）

王　珏　北京电视台党委副书记

北京电视台总编辑

韦小玉　北京电视台党委副书记

北京电视台常务副台长

彭司海　北京电视台党委副书记

北京电视台纪委书记

田　方　北京电视台党委委员

北京电视台总工程师

王　澎　北京电视台副台长

李岭涛　北京电视台副总编辑（2017 年 3 月任该职务）

艾冬云　北京电视台副总编辑

徐　滔　北京电视台副总编辑

秦　华　北京电视台副台长（2017 年 3 月任该职务）

共青团北京电视台委员会

书　记：洪　聿

副书记：王　寅

委　员：张恺轩　吴秋辰

机构设置

内设机构：

党委办公室、办公室、总编室、研究发展部、监察审计办公室、工会办公室、人事部、计划财务部、行政部、离退休干部办公室、保卫部、广告部、基建办公室、经营管理部、总工程师办公室、制作部、播出部、动力部、技术设备管理部、转播传送部、信息网络管理部、卫视节目中心、新闻节目中心、文艺节目中心、科教节目中心、影视剧中心、财经节目中心、体育节目中心、生活节目中心、青少年节目中心、海外节目中心、动画节目中心、纪实频道节目中心、北京国际电影节运行中心

内部机构：

办公室——史志办、监察审计办公室——招投标办公室

注：青少年节目中心、海外节目中心，在台内合并为青少·海外节目中心

北京电视台在职中层干部

截至 2017 年 12 月 31 日

类别	序号	姓名	部门及职务
中层干部	1	郝　洪	党委办公室主任
	2	孙书明	党委办公室副主任
	3	王　昕	办公室副主任
	4	李　晗	办公室副主任
	5	史椰森	总编室主任
	6	高　譪	总编室副主任
	7	刘　虎	总编室副主任
	8	毕　江	北京电视台副总工程师
	9	林　平	总工程师办公室主任
	10	王立冬	总工程师办公室副主任
	11	徐志军	总工程师办公室副主任
	12	秦新春	研究发展部主任
	13	马克燕	研究发展部党支部专职书记
	14	刘晓隽	研究发展部副主任
	15	周久兰	监察审计办公室主任
	16	周志豪	监察审计办公室副主任
	17	宗　昊	工会办公室主任
	18	陈　冬	工会办公室副主任
	19	杨建忠	人事部主任
	20	高　扬	人事部副主任
	21	余维杰	计划财务部主任
	22	汪　红	计划财务部副主任
	23	王京梅	计划财务部副主任
	24	王　晶	行政部主任
	25	纪　勇	行政部副主任
	26	卢英锁	行政部副主任
	27	钟　强	保卫部主任
	28	马世飞	保卫部副主任
	29	姚大禹	广告部副主任（主持工作）

续表

类别	序号	姓 名	部门及职务
中层干部	30	张 红	广告部副主任
	31	冯 平	基建办公室主任
	32	张宇青	基建办公室党支部专职书记
	33	朱晓宇	基建办公室副主任兼招投标管理工作领导小组办公室主任
	34	孙洪斌	经营管理部主任
	35	戴巧玲	经营管理部副主任
	36	买剑平	经营管理部副主任
	37	马 宏	卫视节目中心主任
	38	李利影	卫视节目中心副主任
	39	程 军	卫视节目中心副主任
	40	邵 晶	卫视节目中心副主任
	41	郑 蓉	卫视节目中心副主任（试用）
	42	张 庆	新闻节目中心主任
	43	丁晓阳	新闻节目中心副主任兼新闻编辑部主任
	44	王 毅	新闻节目中心新闻编辑部副主任
	45	徐京玲	新闻节目中心副主任兼要闻采访部主任
	46	张晓鲁	新闻节目中心要闻采访部副主任
	47	袁 朴	新闻节目中心社会新闻采访部副主任
	48	刘 民	新闻节目中心副主任兼新闻评论部主任
	49	黄 瑨	新闻节目中心副主任兼新闻专栏部主任
	50	李大功	新闻节目中心综合管理部主任
	51	袁子勇	青少年节目中心主任
	52	陈 晔	青少年节目中心副主任
	53	张 苏	青少年节目中心副主任
	54	潘全心	文艺节目中心主任
	55	李 兰	文艺节目中心党总支书记
	56	齐建彤	文艺节目中心副主任
	57	庄小红	文艺节目中心副主任
	58	杜 研	科教节目中心主任
	59	岳 民	科教节目中心副主任
	60	张 宸	科教节目中心副主任

续表

类别	序号	姓 名	部门及职务
中层干部	61	王　勇	科教节目中心副主任
	62	张　恒	影视剧中心主任
	63	郭跃进	影视剧中心副主任
	64	严　澍	影视剧中心副主任
	65	朱礼庆	影视剧中心副主任
	66	宗燕红	财经节目中心主任
	67	李迎军	财经节目中心副主任
	68	赵　波	财经节目中心副主任
	69	白　平	财经节目中心副主任
	70	焦少波	体育节目中心主任
	71	邱大卫	体育节目中心副主任
	72	宋健生	体育节目中心副主任
	73	王少华	体育节目中心副主任
	74	赵　彤	生活节目中心主任
	75	任友红	生活节目中心副主任
	76	白艳军	生活节目中心副主任
	77	齐学耕	生活节目中心副主任
	78	张　帆	动画节目中心主任
	79	史月光	动画节目中心副主任
	80	周　方	动画节目中心副主任
	81	严　崴	纪实频道节目中心主任（试用）
	82	周永萍	纪实频道节目中心副主任
	83	崔　岩	北京国际电影节运行中心副主任（主持工作）
	84	刘宏亚	播出部副主任
	85	金　强	播出部副主任
	86	郑　星	制作部主任
	87	王　浩	制作部副主任
	88	孙海峰	制作部副主任
	89	朱雨稼	转播传送部主任
	90	韩士聪	转播传送部副主任
	91	王晓龙	动力部主任

续表

类别	序号	姓 名	部门及职务
中层干部	92	刘 颖	动力部副主任
	93	侯宏炜	动力部副主任
	94	刘晓光	技术设备管理部主任
	95	周旭辉	信息网络管理部主任
	96	李 湧	信息网络管理部副主任
	97	李 程	信息网络管理部副主任
	98	王 方	移动云架构多通道录制系统项目组组长
	99	刘绍芬	老干部工作办公室主任
	100	孟传妍	老干部工作办公室副主任
	101	刘方平	北京电视产业发展集团法定代表人、总经理
	102	牛振青	北京京视卫星传媒有限责任公司法定代表人、董事长
	103	赵峥铮	北京京视电广传媒有限责任公司法定代表人、董事长、总经理
	104	曹 征	新纪实（北京）传媒投资有限公司法定代表人、董事长、总经理
	105	许建海	北京紫禁城影业有限责任公司总经理
	106	李雅涛	行政部主任助理
	107	翟 涛	援疆干部
	108	马国颖	世园局借调干部

党委办公室

北京电视台科级干部

序号	部门	姓名	职工编号	性别	职务名称	职务级别
1	总工程师办公室	赵宏伟	0649	男	科长	正科级
2	总工程师办公室	周 宏	1051	男	科长	正科级
3	总工程师办公室	叶晋卿	1076	女	科长	正科级
4	总工程师办公室	尹 言	1196	男	副科长	副科级
5	总编室	罗丽红	0535	女	科长	正科级
6	总编室	李 昕	0634	男	科长	正科级
7	总编室	黄 晋	0940	男	科长	正科级
8	总编室	连燕青	1079	女	科长	正科级
9	总编室	李 鹏	1227	男	科长	正科级
10	总编室	孙湘源	1276	男	科长	正科级
11	总编室	周 红	1631	女	科长	正科级
12	总编室	田爱民	1627	女	科长	正科级
13	总编室	王 华	1742	女	科长	正科级
14	总编室	丁 军	0576	女	副科长	副科级
15	总编室	张桂花	1017	女	副科长	副科级
16	总编室	苏小兵	1142	女	副科长	副科级
17	总编室	刘五洋	1468	女	副科长	副科级
18	总编室	高 爽	WPT0043	女	副科长	副科级
19	总编室	于 烜	1166	女	新媒体划转回台，保留待遇	副科级
20	转播传送部	叶志云	252	男	科长	正科级
21	转播传送部	郝 纪	1622	男	副科长	副科级
22	转播传送部	康金萍	171	男	副科长	副科级
23	转播传送部	谢 原	251	男	副科长	副科级
24	转播传送部	杨梓江	242	男	科长	正科级
25	转播传送部	刘燕伟	170	男	副科长	副科级
26	转播传送部	姜世杰	174	男	科长	正科级

续表

序号	部门	姓名	职工编号	性别	职务名称	职务级别
27	转播传送部	马　捷	833	男	副科长	副科级
28	转播传送部	谢苏文	432	男	副科长	副科级
29	制作部	陈立强	0189	男	科长	正科级
30	制作部	韩　烜	0247	女	科长	正科级
31	制作部	余一华	0193	男	科长	正科级
32	制作部	何　旭	0471	男	科长	正科级
33	制作部	匡　葵	0397	男	科长	正科级
34	制作部	王　江	0945	男	科长	正科级
35	制作部	陈嘉超	0948	男	科长	正科级
36	制作部	赵新生	0979	男	科长	正科级
37	制作部	姚银壮	1038	男	科长	正科级
38	制作部	章文博	1034	男	科长	正科级
39	制作部	殷　亮	1061	男	科长	正科级
40	制作部	刘伟立	1063	男	科长	正科级
41	制作部	张　硕	1069	男	科长	正科级
42	制作部	覃　刚	1219	男	科长	正科级
43	制作部	李文军	1606	男	科长	正科级
44	制作部	周东红	1605	男	科长	正科级
45	制作部	左　晶	1632	女	科长	正科级
46	制作部	王建业	1425	男	科长	正科级
47	制作部	梁　爽	1829	女	科长	正科级
48	制作部	周海峰	0551	男	副科长	副科级
49	制作部	冯耀华	0552	男	副科长	副科级
50	制作部	邵京娜	0766	女	副科长	副科级
51	制作部	石　巍	0877	男	副科长	副科级
52	制作部	郭振渊	0949	男	副科长	副科级
53	制作部	孙大庆	0981	男	副科长	副科级
54	制作部	刘光辉	1056	男	副科长	副科级
55	制作部	黄之为	1057	男	副科长	副科级

续表

序号	部门	姓名	职工编号	性别	职务名称	职务级别
56	制作部	李 勇	1218	男	副科长	副科级
57	制作部	俞 滨	1286	男	副科长	副科级
58	制作部	王 冰	1371	女	副科长	副科级
59	制作部	王 祎	1390	男	副科长	副科级
60	制作部	陈志明	1577	男	副科长	副科级
61	制作部	王 倩	1618	女	副科长	副科级
62	制作部	陆 军	1610	男	副科长	副科级
63	制作部	韩正雷	1609	男	副科长	副科级
64	招投标管理工作办公室	白希军	1292	男	科级干部	正科级
65	影视剧中心	刘越峰	0935	男	科长	正科级
66	影视剧中心	张立新	1629	女	科长	正科级
67	影视剧中心	杨凌一	1729	女	科长	正科级
68	影视剧中心	李 燕	1728	女	科长	正科级
69	影视剧中心	贾晋平	1718	男	科长	正科级
70	影视剧中心	贾建华	1846	女	科长	正科级
71	影视剧中心	李江江	1164	男	援藏	副科级
72	影视剧中心	张 蕾	1441	女	副科长	副科级
73	研究发展部	史 兵	0433	男	科长	正科级
74	研究发展部	刘 锐	1436	女	科长	正科级
75	研究发展部	马英男	1452	男	科长	正科级
76	研究发展部	黄新荣	0137	男	副科长	副科级
77	研究发展部	李 玲	1635	女	副科长	副科级
78	研究发展部	高 菲	WPT0046	女	副科长	副科级
79	信息网络管理部	冯新春	0827	女	科长	正科级
80	信息网络管理部	许之明	0842	男	科长	正科级
81	信息网络管理部	孙 波	0918	男	科长	正科级
82	信息网络管理部	陈 宇	1194	男	科长	正科级
83	信息网络管理部	韩益亚	1217	男	科长	正科级
84	信息网络管理部	王学奎	1813	男	科长	正科级

续表

序号	部门	姓名	职工编号	性别	职务名称	职务级别
85	信息网络管理部	芮　浩	1854	男	科长	正科级
86	信息网络管理部	郑　岩	1199	男	副科长	副科级
87	信息网络管理部	陈广鑫	1230	男	副科长	副科级
88	信息网络管理部	季　民	1285	男	副科长	副科级
89	信息网络管理部	丁　辰	1404	男	副科长	副科级
90	信息网络管理部	栾　花	1928	女	副科长	副科级
91	信息网络管理部	赵　涛	WPY1579	男	援藏	副科级
92	信息网络管理部	柴　焱	WPT0115	男	副科长	副科级
93	信息网络管理部	宋　琳	WPY0156	男	副科长	副科级
94	新闻节目中心	马　莉	0493	女	科长	正科级
95	新闻节目中心	董二兵	0178	男	科长	正科级
96	新闻节目中心	史　慎	0200	男	科长	正科级
97	新闻节目中心	张　耀	0702	男	科长	正科级
98	新闻节目中心	陈　楠	0571	女	科长	正科级
99	新闻节目中心	李　斌	0722	女	科长	正科级
100	新闻节目中心	李　欣	0741	男	科长	正科级
101	新闻节目中心	颜　匀	0806	女	科长	正科级
102	新闻节目中心	张文天	0853	男	科长	正科级
103	新闻节目中心	宋　旸	0916	女	科长	正科级
104	新闻节目中心	柏广群	0956	男	科长	正科级
105	新闻节目中心	樊　煜	1064	女	科长	正科级
106	新闻节目中心	吴　群	1094	男	科长	正科级
107	新闻节目中心	王　晔	1212	男	科长	正科级
108	新闻节目中心	刘　效	1252	女	科长	正科级
109	新闻节目中心	朱晓梅	1254	女	科长	正科级
110	新闻节目中心	梁雪松	1280	女	科长	正科级
111	新闻节目中心	赵　欣	1412	女	科长	正科级
112	新闻节目中心	代　晓	1660	女	科长	正科级
113	新闻节目中心	林　力	1649	女	科长	正科级

续表

序号	部门	姓名	职工编号	性别	职务名称	职务级别
114	新闻节目中心	肖艳萍	1670	女	科长	正科级
115	新闻节目中心	楚 钊	1792	男	科长	正科级
116	新闻节目中心	杨晓飞	1835	男	科长	正科级
117	新闻节目中心	田 刚	1847	男	科长	正科级
118	新闻节目中心	马 迟	WPT0174	男	科长	正科级
119	新闻节目中心	伊国庆	0262	男	副科长	正科级
120	新闻节目中心	张若南	0165	男	副科长	副科级
121	新闻节目中心	张 民	0802	男	副科长	副科级
122	新闻节目中心	徐志贤	0626	女	副科长	副科级
123	新闻节目中心	卢晓南	0566	男	副科长	副科级
124	新闻节目中心	张 炜	0815	女	副科长	副科级
125	新闻节目中心	尹 航	1040	男	副科长	副科级
126	新闻节目中心	刘非非	1195	男	副科长	副科级
127	新闻节目中心	刘 婧	1486	女	副科长	副科级
128	新闻节目中心	李 颖	1657	女	副科长	副科级
129	新闻节目中心	段忠俊	1702	男	副科长	副科级
130	新闻节目中心	杨 洋	1782	女	副科长	副科级
131	新闻节目中心	李光军	1802	男	副科长	副科级
132	新闻节目中心	陈 岳	1844	男	副科长	副科级
133	新闻节目中心	国培源	1871	男	副科长	副科级
134	新闻节目中心	朱 岩	WPY0474	女	副科长	副科级
135	新闻节目中心	尹 磊	WPT0056	男	副科长	副科级
136	新闻节目中心	黄 广	WPY0541	男	副科长	副科级
137	新闻节目中心	胡 阳	1799	男		保留正科级待遇
138	文艺节目中心	裴晓林	1707	男	科长	正科级
139	文艺节目中心	吕 晶	1809	女	副科长	副科级
140	文艺节目中心	焦 峰	WPY0472	女	副科长	副科级
141	文艺节目中心	王炳川	0292	男	副科长	副科级

续表

序号	部门	姓名	职工编号	性别	职务名称	职务级别
142	文艺节目中心	褚 旭	WPT0008	男	副科长	副科级
143	文艺节目中心	于 瀛	0813	女	科长	正科级
144	文艺节目中心	刘朝晖	WPY1415	女	副科长	副科级
145	文艺节目中心	赵 楠	1239	女	科长	正科级
146	文艺节目中心	付德刚	0733	男	科长	正科级
147	文艺节目中心	李雪萍	1759	女	副科长	副科级
148	文艺节目中心	于东玉	WPY0470	女	副科长	副科级
149	文艺节目中心	段 嵘	0567	女	科长	正科级
150	文艺节目中心	郭 悦	1444	男	科长	正科级
151	文艺节目中心	杨 行	WPY0473	女	科长	正科级
152	文艺节目中心	顾 杨	1284	女	科长	正科级
153	文艺节目中心	许佳多	WPY2427	男	副科长	副科级
154	文艺节目中心	孔 洁	0646	男	科长	正科级
155	文艺节目中心	孙 勤	1467	男	副科长	副科级
156	文艺节目中心	张文华	111	男	科长	正科级
157	文艺节目中心	田 歌	0141	女	科长	正科级
158	卫视节目中心	李志兵	1019	男	科长	正科级
159	卫视节目中心	景 林	1431	男	科长	正科级
160	卫视节目中心	吕 军	1417	男	科长	正科级
161	卫视节目中心	田 天	1473	女	科长	正科级
162	卫视节目中心	郭 巍	1838	男	科长	正科级
163	卫视节目中心	李 彬	0368	男	副科长	副科级
164	卫视节目中心	邢志国	0791	男	援疆	副科级
165	卫视节目中心	林 斐	1192	女	副科长	副科级
166	卫视节目中心	黄 炜	1206	男	副科长	副科级
167	卫视节目中心	华剑雄	1690	男	副科长	副科级
168	卫视节目中心	王 泓	1668	男	副科长	副科级
169	卫视节目中心	李 潇	WPY0963	女	副科长	副科级
170	卫视节目中心	王 寅	WPY2482	男	团委副书记	副科级

续表

序号	部门	姓名	职工编号	性别	职务名称	职务级别
171	卫视节目中心	王 璐	WPY0633	女	副科长	副科级
172	体育节目中心	周 欣	0643	男	科长	正科级
173	体育节目中心	胡宁扬	1037	女	科长	正科级
174	体育节目中心	赵 华	1093	女	科长	正科级
175	体育节目中心	孙 松	1148	男	科长	正科级
176	体育节目中心	林 琛	1273	女	科长	正科级
177	体育节目中心	田 丰	1483	男	科长	正科级
178	体育节目中心	章 玫	1750	女	科长	正科级
179	体育节目中心	曹晓磊	1741	男	科长	正科级
180	体育节目中心	司 虹	1145	女	副科长	副科级
181	体育节目中心	张 洪	1457	男	副科长	副科级
182	体育节目中心	金 巍	1739	男	副科长	副科级
183	体育节目中心	王 速	1791	男	副科长	副科级
184	体育节目中心	唐骏飞	WPT0120	男	副科长	副科级
185	史志办	胡 泊	0377	女	新媒体划转回台，保留待遇	正科级
186	生活节目中心	刘春艳	1233	女	科长	正科级
187	生活节目中心	高 燕	1662	女	科长	正科级
188	生活节目中心	王 倩	1900	女	科长	正科级
189	生活节目中心	于 莉	WPY0097	女	副科长	副科级
190	生活节目中心	王昱斌	WPY2160	男	副科长	副科级
191	生活节目中心	王 宏	868	女	科长	正科级
192	生活节目中心	倪小康	1102	男	科长	正科级
193	生活节目中心	许 亮	1118	男	科长	正科级
194	生活节目中心	凌 英	1088	女	科长	正科级
195	生活节目中心	李 翔	1658	男	副科长	副科级
196	生活节目中心	王蔚然	1379	女	科长	正科级
197	生活节目中心	宋虹君	1731	女	科长	正科级
198	生活节目中心	王 昆	1228	男	科长	正科级

续表

序号	部门	姓名	职工编号	性别	职务名称	职务级别
199	生活节目中心	李　璐	1389	女	科长	正科级
200	生活节目中心	敖　娜	1811	女	副科长	副科级
201	生活节目中心	霍　雯	572	女	科长	正科级
202	生活节目中心	刘　星	WPT0098	女	副科长	副科级
203	生活节目中心	刘继东	588	男	科长	正科级
204	生活节目中心	吕　丹	1901	女	副科长	副科级
205	生活节目中心	黄殿琴	1730	女	副科长	副科级
206	人事部	唐乐平	1508	男	科长	正科级
207	人事部	吴　峰	1788	男	副科长	副科级
208	人事部	张兰岚	1795	女	副科长	副科级
209	人事部	江明慧	1876	男	副科长	副科级
210	青少年节目中心	宋　民	0761	男	科长	正科级
211	青少年节目中心	姜　华	0478	女	科长	正科级
212	青少年节目中心	张　弘	0647	男	科长	正科级
213	青少年节目中心	马　嘉	0807	女	科长	正科级
214	青少年节目中心	李晓军	0925	女	科长	正科级
215	青少年节目中心	徐　剑	1067	女	科长	正科级
216	青少年节目中心	吴　玮	1446	女	科长	正科级
217	青少年节目中心	王　赤	1915	女	科长	正科级
218	青少年节目中心	崔笑田	0846	男	副科长	副科级
219	青少年节目中心	吴　筠	1245	女	副科长	副科级
220	青少年节目中心	张晓彦	1269	女	副科长	副科级
221	青少年节目中心	刘　岩	0926	男	副科长	正科级
222	青少年节目中心	刘健辉	1653	女	副科长	副科级
223	青少年节目中心	章向东	1794	男	副科长	副科级
224	离退休干部办公室	梁　爽	0780	女	科长	正科级
225	离退休干部办公室	文　平	1146	女	科长	正科级
226	科教节目中心	彭　皓	0379	男	科长	正科级
227	科教节目中心	杨韵仟	1033	女	科长	正科级

续表

序号	部门	姓名	职工编号	性别	职务名称	职务级别
228	科教节目中心	杨子云	0534	女	科长	正科级
229	科教节目中心	郑　兵	0616	男	副科长	副科级
230	科教节目中心	王未央	WPY0126	女	副科长	副科级
231	科教节目中心	白红洁	0931	女	副科长	副科级
232	科教节目中心	许　越	0559	男	科长	正科级
233	科教节目中心	周　波	WPT0071	男	科长	正科级
234	科教节目中心	王丹英	1071	女	科长	正科级
235	科教节目中心	王进平	0430	男	副科长	副科级
236	科教节目中心	施卫平	0104	男	科长	正科级
237	科教节目中心	陈中颖	WPY0742	女	副科长	副科级
238	科教节目中心	王壮壮	1419	男	科长	正科级
239	科教节目中心	刘　佳	1858	女	副科长	副科级
240	科教节目中心	穆　彤	1032	女	科长	正科级
241	科教节目中心	王　晓	WPY0563	女	副科长	副科级
242	科教节目中心	李玉国	WPT0111	男	科长	正科级
243	科教节目中心	董炬光	0614	男	科长	正科级
244	科教节目中心	冯　旭	1406	男	副科长	副科级
245	科教节目中心	陶继忠	1886	男	科长	正科级
246	科教节目中心	王　丹	WPT0146	男	副科长	副科级
247	经营管理部	杨　播	1676	男	科长	正科级
248	经营管理部	齐　斌	1797	男	副科长	副科级
249	监察审计办公室	石　慧	1518	女	科长	正科级
250	监察审计办公室	唐晓燕	0879	女	副科长	副科级
251	监察审计办公室	郑　欣	1796	男	副科长	副科级
252	监察审计办公室	陈　晨	WPT0006	男	副科长	副科级
253	监察审计办公室	吕　沁	WPT0068	女	副科长	副科级
254	技术设备管理部	张保军	0656	男	科长	正科级
255	技术设备管理部	贾玉升	0405	男	科长	正科级
256	技术设备管理部	李　玲	0849	女	科长	正科级

续表

序号	部门	姓名	职工编号	性别	职务名称	职务级别
257	技术设备管理部	王　克	1569	男	科长	正科级
258	技术设备管理部	王　嘉	1576	男	科长	正科级
259	技术设备管理部	邹　庆	0344	男	副科长	副科级
260	技术设备管理部	刘顺平	1580	男	副科长	副科级
261	技术设备管理部	赵江怀	WPY0033	男	副科长	副科级
262	纪实频道节目中心	钱丹丹	0435	女	科长	正科级
263	纪实频道节目中心	张　洁	0936	女	科长	正科级
264	纪实频道节目中心	俞　恺	1162	男	科长	正科级
265	纪实频道节目中心	秦　蕾	1445	女	科长	正科级
266	纪实频道节目中心	高国华	1461	男	科长	正科级
267	纪实频道节目中心	赵　怡	1249	女	副科长	副科级
268	纪实频道节目中心	潘　旭	1409	男	副科长	副科级
269	计划财务部	赵亚波	0598	男	科长	正科级
270	计划财务部	李培云	0718	女	科长	正科级
271	计划财务部	冯　妍	1386	女	科长	正科级
272	计划财务部	李天莉	1448	女	科长	正科级
273	计划财务部	陈　方	1469	女	科长	正科级
274	计划财务部	史楠楠	1525	女	科长	正科级
275	计划财务部	赵景瑞	1519	男	科长	正科级
276	计划财务部	郭勇华	1523	女	副科长	副科级
277	基建办公室	李学红	1437	女	科长	正科级
278	基建办公室	张向华	1769	男	科长	正科级
279	基建办公室	周　疆	1887	男	科长	正科级
280	基建办公室	董英秀	1907	女	女工委副主任	正科级
281	行政部	侯国强	0705	男	科长	正科级
282	行政部	姜　涛	0627	男	科长	正科级
283	行政部	李金明	1541	男	科长	正科级
284	行政部	崔子强	1870	男	科长	正科级
285	行政部	崔国飞	1906	男	科长	正科级

续表

序号	部门	姓名	职工编号	性别	职务名称	职务级别
286	行政部	裴二利	0183	男	副科长	副科级
287	行政部	马晓冬	1198	男	副科长	副科级
288	行政部	朱　洪	1553	男	副科长	副科级
289	行政部	曹京立	1543	男	副科长	副科级
290	行政部	马树军	1897	男	副科长	副科级
291	行政部	孙建华	WPY2401	男	副科长	副科级
292	广告部	张　云	0246	女	科长	正科级
293	广告部	朱义婕	0811	女	科长	正科级
294	广告部	孙元元	1772	女	科长	正科级
295	广告部	王文献	1822	男	科长	正科级
296	广告部	苏　勇	1820	男	科长	正科级
297	广告部	张　弢	0952	男	副科长	副科级
298	广告部	金丽萍	0970	女	副科长	副科级
299	广告部	刘　琪	1380	女	副科长	副科级
300	广告部	潘海云	1826	女	副科长	副科级
301	广告部	王　凯	WPT0165	男	副科长	副科级
302	工会办公室	陈　静	WPT0151	女	副科长	副科级
303	动力部	方亦军	0307	男	科长	正科级
304	动力部	程　毅	0677	男	科长	正科级
305	动力部	杜　伟	0678	男	科长	正科级
306	动力部	赵　阔	0691	男	科长	正科级
307	动力部	张　焱	1559	男	科长	正科级
308	动力部	黄晓峰	0676	男	副科长	副科级
309	动力部	殷　鹏	0679	男	副科长	副科级
310	动力部	张　勇	0688	男	副科长	副科级
311	动力部	张　岩	0693	男	副科长	副科级
312	动力部	宋明防	0753	男	副科长	副科级
313	动力部	苑宏伟	1563	男	副科长	副科级
314	动画节目中心	曾　艺	533	女	副科级干部	副科级

续表

序号	部门	姓名	职工编号	性别	职务名称	职务级别
315	党委办公室	高艺溦	1408	女	科长	正科级
316	党委办公室	蒋奕雯	1497	女	科长	正科级
317	党委办公室	洪　聿	WPY2742	女	团委书记	正科级
318	财经节目中心	李铁军	0156	男	科长	正科级
319	财经节目中心	宋北光	1191	女	科长	正科级
320	财经节目中心	陈　栩	1268	女	科长	正科级
321	财经节目中心	杨　健	1663	男	科长	正科级
322	财经节目中心	鲍　文	1651	女	科长	正科级
323	财经节目中心	王春元	1678	男	科长	正科级
324	财经节目中心	马　昊	1667	男	副科长	副科级
325	财经节目中心	关　月	1843	女	副科长	副科级
326	财经节目中心	赵文涓	1867	女	副科长	副科级
327	财经节目中心	李　玲	0911	女	副科长	副科级
328	财经节目中心	谢燕秋	0934	女	副科长	副科级
329	财经节目中心	范红军	1129	男	副科长	副科级
330	财经节目中心	郑长红	1277	女	副科长	副科级
331	财经节目中心	司　健	1479	女	副科长	副科级
332	财经节目中心	马　旭	1701	男	副科长	副科级
333	财经节目中心	常海龙	WPY0061	男	副科长	副科级
334	财经节目中心	韦　嘉	WPT0180	女	副科长	副科级
335	播出部	张　皓	0393	男	科长	正科级
336	播出部	王　进	0161	男	科长	正科级
337	播出部	刘　威	0938	男	科长	正科级
338	播出部	董秀琴	1161	女	科长	正科级
339	播出部	张宏斌	1598	男	科长	正科级
340	播出部	刘新同	1597	男	科长	正科级
341	播出部	梁建华	1596	男	科长	正科级

续表

序号	部门	姓名	职工编号	性别	职务名称	职务级别
342	播出部	武　岳	1595	男	科长	正科级
343	播出部	安贵江	1594	男	科长	正科级
344	播出部	王志华	1585	男	科长	正科级
345	播出部	王　麒	1912	男	副科长	副科级
346	播出部	张　勃	0655	男	副科长	副科级
347	播出部	杨建英	0212	女	副科长	副科级
348	播出部	程　宏	0658	男	副科长	副科级
349	播出部	于先靖	1134	男	副科长	副科级
350	播出部	赵　悦	1216	男	副科长	副科级
351	播出部	肖春艳	1262	女	副科长	副科级
352	播出部	王　辉	1602	男	副科长	副科级
353	播出部	易　钢	1601	男	副科长	副科级
354	播出部	褚　存	1587	男	副科长	副科级
355	北京国际电影节运行中心	姜　宣	1963	女	科长	正科级
356	北京国际电影节运行中心	张　丽	1968	女	科长	正科级
357	北京国际电影节运行中心	郝　洁	1970	女	科长	正科级
358	北京国际电影节运行中心	原　婧	1972	女	科长	正科级
359	北京国际电影节运行中心	李晓杭	1975	男	科长	正科级
360	保卫部	张　毅	0630	男	科长	正科级
361	保卫部	李　锐	0837	男	科长	正科级
362	保卫部	张建宁	0843	男	科长	正科级
363	保卫部	毕小兵	1009	男	科长	正科级
364	保卫部	戴晋军	0574	男	副科长	副科级
365	保卫部	王喜宗	1085	男	副科长	副科级
366	办公室	李晓亭	0777	女	科长	正科级
367	办公室	曹　勇	0633	男	科长	正科级
368	办公室	秦　爽	1367	女	科长	正科级

续表

序号	部门	姓名	职工编号	性别	职务名称	职务级别
369	办公室	刘海述	1910	男	科长	正科级
370	办公室	王宇哲	1937	女	科长	正科级
371	办公室	邢亚平	0731	女	副科长	副科级
372	办公室	贾　岩	0828	女	副科长	副科级
373	办公室	徐春梅	0547	女	副科长	副科级
374	办公室	刘　妍	0978	女	副科长	副科级
375	办公室	李　宇	1135	男	副科长	副科级
376	办公室	兰　巧	WPY2076	男	副科长	副科级

截至 2017 年 12 月 31 日（人事部）

北京电视台人员情况

截至 2017 年 12 月 31 日，全台在职职工总数 3173 人。其中：在编人员 1202 人，派遣人员 1971 人。

政治面貌

项目 人员	合计	政治面貌			年龄情况					学历						
		中共党员	共青团员	其他	≤30	31～40	41～50	51～60	≥61	博士	硕士	大本	大专	中专	高中	初中及以下
在编人员	1202	709	0	493	3	105	706	387	1	3	123	973	86	4	12	1

技术职称级别

别级称职术技 专业技术系列	初级（4）	初级（5）	中级	副高级	正高级	未评聘	总计
播音	15	1	17	5	5		43
工程	24	3	88	90	9		214
会计	9		4	12			25
经济			27	9			36
审计			3				3
统计	1			1			2

续表

别级称职术技 / 专业技术系列	初级（4）	初级（5）	中级	副高级	正高级	未评聘	总计
图书资料	3		2	1			6
新闻	74		258	136	36		504
艺术	15		59	35	7		116
政工	16		9	8			33
广告师			2				2
翻译			1				1
						222	222
总计	157	4	470	297	57	222	1207

截至 2017 年 12 月 31 日

频道 栏目

2017 年北京电视台频道栏目一览表

总编室

频道名称	开办时间	播出时间 00：00－24：00	主要节目 栏目设置	2017 年新增 节目栏目
BTV 北京卫视	1979 年 5 月 16 日北京电视台开播。2012 年 1 月 1 日起综合频道标识由“BTV 北京”变更为“BTV 北京卫视”	06：00－次日 06：00	周间： 《暖暖的新家》《机会来了》《哎呦你真美》《身边——生命缘》《厉害了奶爸》《我想见到你》《念念不忘》《生命缘·生命的礼物》《小区运动会》《养生堂》《暖暖的味道》《档案》《我是大医生》《北京评书大会》《光阴》 周末： 《跨界冰雪王》《厉害了，我的歌》《非凡匠心》《真实的声音 奥迪创新说》《跨界歌王》《音乐大师课》《签约歌手》《跨界喜剧王》《但愿人长久》《中国故事大会》《我是演说家》《舞力觉醒》《创意中国》《生活相对论》 大型纪录片： 《你从井冈山走来》	《跨界冰雪王》《哎呦你真美》《厉害了，我的歌》《非凡匠心》《真实的声音 奥迪创新说》《厉害了奶爸》《我想见到你》《念念不忘》《签约歌手》《跨界喜剧王》《但愿人长久》《中国故事大会》《身边——生命的礼物》《舞力觉醒》《创意中国》《小区运动会》《生活相对论》《北京评书大会》
BTV 文艺	1988 年 12 月 30 日开播	06：00－次日 02：00 左右	栏目：《每日文娱播报》《我看行》《笑动剧场》《我爱书画》《喜剧合伙人》《影视风云》《星夜故事》《加油吧孩子》《春妮的周末时光》《文化之约》《欢天戏地》《解码中华地标》《美味人生》 编辑类节目：《笑动欢乐秀》 晚会：《2017 年北京电视台春节联欢晚会》《北京喜剧幽默大赛》《京张心连心》等 20 余档大型晚会及活动	《解码中华地标》《美味人生》
BTV 科教	1999 年 12 月 27 日开播，其前身为 1993 年 11 月 1 日开播的以教学节目为主的二十七频道	06：00－次日 02：00 左右	《现场说法》《法治进行时》《第三调解室》《警法目录》《庭审纪实》《法治中国 60'》《健康北京》《记忆》《最北京》《非常向上》《留学生》《晚晴》《健康无双》	无

续表

频道名称	开办时间	播出时间 00：00－24：00	主要节目 栏目设置	2017 年新增 节目栏目
BTV 影视	1992 年 5 月 4 日开播	06：00 － 次日 06：00	《电影时间》《电影时间先导片》《气象星播报》《BTV 聚精彩》	《电影时间先导片》《气象星播报》《BTV 聚精彩》
BTV 财经	2001 年 7 月 1 日开播	06：00 － 次日 02：00 左右	《财富晚间道》《品味消费在北京》《税收天地》《数说北京》《大牌价到》《总裁读书会》《首都经济报道》《天下财经》《天下财经・投资者说》《法眼看剧》《理财》《拍宝》《财经商圈》《影响者》《财富故事》《才高八斗》《问鼎世界》	无
BTV 体育	1986 年 12 月 30 日开播	06：00 － 次日 06：00	栏目：《欢乐二打一》《天天体育》《体坛资讯》《快乐健身一箩筐（健身圈）》《足球一百分》《BTV 赛场》 特别节目：《海洋沙滩狂欢节》	无
BTV 生活	1996 年 11 月 8 日开播	06：00 － 次日 02：00 左右	栏目：《生活这一刻》《美食地图・一探到底》《美食地图》《食全食美》《生活面对面》《幸福厨房》《生活 +》《生活 + 家装攻略》《第一房产》《四海漫游》《我爱我车》《生活特供》《选择精编》《特别定制》《选择》《生活广角》《快乐生活一点通》《我爱食全食美》《王芳遇上王为念》《生活假日精编》 特别节目：《2017 北京礼物》《美食地图・一探到底》开播三周年特别节目“8・18 全城钜惠”、《生活这一刻特别节目“益安宁丸杯”首届北京合唱大赛》《生活特供特别节目——我的北京我的家》《拾说什刹海第二季》《生活这一刻特别节目——阅读北京・我是领读者》《太庙国学讲坛》	《王芳遇上王为念》 特别节目：《2017 北京礼物》《美食地图・一探到底》开播三周年特别节目“8・18 全城钜惠”、《生活这一刻特别节目“益安宁丸杯”首届北京合唱大赛》《生活特供特别节目——我的北京我的家》《拾说什刹海第二季》《生活这一刻特别节目——阅读北京・我是领读者》《太庙国学讲坛》
BTV 青年	前身为 2002 年 1 月 1 日开播的 BTV 青少频道。2012 年 1 月 1 日起调整为青年频道，频道标识变更为“BTV 青年”	06：00 － 次日 02：00 左右	《军情解码》《国际双行线》《成长大会》《谁在说》《戏里戏外》《书香北京》《青年下午茶》《青年探秘者》	《成长大会》《戏里戏外》《青年下午茶》

续表

频道名称	开办时间	播出时间 00：00－24：00	主要节目 栏目设置	2017 年新增 节目栏目
BTV 新闻	前身为 2003 年 1 月 1 日开播的 BTV 公共频道。于 2011 年 1 月 1 日推出 BTV 公共·新闻频道。2012 年 1 月 1 日起调整为新闻频道，频道标识变更为“BTV 新闻”	06：00－次日 02：00 左右	1. 卫视新闻：即北京卫视播出的新闻节目，包括《北京您早》《特别关注》《北京新闻》，三档节目覆盖早中晚三个时段。 2. 地面新闻：即新闻频道播出的节目，包括与卫视同步播出的三档节目和《直播北京》《都市晚高峰》《锐观察》《有话就说》《红绿灯》《晚间新闻报道》《这里是北京》等骨干栏目，同时根据市委宣传部、电视台的安排部署播出纪录片、专题片和大型新闻直播。	1. 特别节目《市民对话—把手·北京新表达》 2. 春节系列报道《过年啦》 3.《北京农业嘉年华》系列大型直播 4. 第二季《天涯共此时——“一带一路”》大型新闻行动 5. 大型系列直播报道《共建丝路共赢发展》 6.《志说北京：西山文化带》5 集系列节目 7.《应对强降雨 我们在行动》特别报道 8. 大型新闻系列报道《寻踪英雄路》 9. 大型直播报道《从胜利走向胜利》 10. 系列专题片《我的新北京》 11. 大型主题系列报道《砥砺奋进的五年》 12.“砥砺奋进的五年——喜迎十九大·北京新篇章”航拍系列宣传报道 13. 大型主题系列报道《新时代 新气象 新作为——践行十九大精神基层行》

续表

频道名称	开办时间	播出时间 00：00－24：00	主要节目 栏目设置	2017 年新增 节目栏目
BTV 卡酷少儿	2004 年 9 月 10 日开播动画频道。 2007 年 1 月 1 日更名为卡酷动画卫视。 2012 年 1 月 1 日调整为卡酷少儿频道，频道标识变更为“BTV 卡酷少儿”	06：00 － 次日 06：00	《卡酷幼儿园》《剧星派》《穿越吧少年》《卡酷动物园》《闪天下》《妈妈育上娃》《大玩家》《七色光》	无
纪实频道	前身为 2008 年 7 月 30 日正式播出的奥运高清频道。2011 年 7 月 1 日全新推出纪实高清频道。2013 年 7 月正式更名为“北京电视台纪实频道”。2014 年 6 月 8 日正式上星播出，首播节目从开播时每天 3．5 小时调整为现在的每天 5．5 小时，全天播出时间也从开播时的 14 个小时调整为 20 个小时	06：00 － 次日 02：00	栏目：《纪实天下》《奇妙之旅》《时尚印象》《昨天的故事》《影事》《中国故事》《寰宇客》《探索》（原《奇纪实》）《纪录片影院》《纪录中国》	《纪录中国》
长城平台北京电视台频道（国际频道）	2004 年 10 月 1 日开播	每天首播 7.22 小时，24 小时滚动播出。	每天首播 7.22 小时，24 小时滚动播出	该频道以人文节目为主打，荟萃了 BTV10 个频道的精选内容，在长城平台上坚持“无电视剧纯自制栏目”播出

其他：

1.《电视先锋榜》，各频道播出。　2.《BTV 电视购物》，BTV 财经播出。

2017 年北京电视台优秀节目（栏目）

总编室

1.《跨界歌王》第二季

节目（栏目）类别：音乐真人秀

播出频道：BTV 北京卫视

播出时间及节目时长：2017 年 4 月 15 日起每周六晚，每期 100 分钟，共 14 期

节目内容及特色：《跨界歌王》是北京卫视推出的大型明星跨界音乐真人秀节目。节目旨在突破固有的音乐边界，为非专业的音乐人提供打造专业且丰富的演唱舞台，共享音乐魅力，共展音乐才华。节目汇集了活跃在影视、娱乐等领域的众多明星，他们在各自的领域成绩斐然，却都曾拥有音乐的梦想。在《跨界歌王》的舞台上，他们重拾音乐之梦，展现了鲜为人知且令观众惊艳的音乐才华，释放出更真实的自己。《跨界歌王》第二季全新升级，强势回归，不仅扩大跨界范畴，舞美、音乐等更是全面升级。跨界歌王，王者无界。在这里，每一颗怀揣音乐梦想的心都值得尊敬，每个在音乐道路上付出努力的人都应给予鼓励，每个行业热爱音乐的人都应该有属于他们的音乐舞台。

受欢迎程度及影响：全国 35 城市平均收视率 1.75%，最高单期收视 2.14%，刷新北京卫视节目收视新高，并成为 2017 年上半年全国收视最高的音乐类节目，七期节目位列播出同时段的省级卫视第一名。

主创人员：宫鹏、李扬、郝竞波、捞仔、栗坤

2.《养生堂》

节目（栏目）类别：健康类

播出频道：BTV 北京卫视

播出时间及节目时长：每日 17：25，每期 60 分钟

节目内容及特色：《养生堂》是中国电视健康第一品牌，是国家新闻出版广电总局健康养生标杆栏目、北京电视台王牌栏目。栏目始终秉承“献给亲人的爱”的宗旨，以权威性、科学性、服务性和普及性的栏目特点，正在影响着、引领着和改变着亿万中国人的健康观念和生活方式，成为中国最大的全民普及健康课堂。《养生堂》是中国为数不多的，真正能够改变观众健康方式、生活习惯、甚至命运的一档栏目，每天 60 分钟的科普课堂搭建起权威专家与观众的桥梁，通过编导对健康知识的可视化翻译，把“献给亲人的爱”落到了实处。

受欢迎程度及影响：《养生堂》节目力求不断自我颠覆与创新，引领中国健康栏目的创新语态。提倡“看得懂、学得

会、用得上”，在医学知识的讲解过程中，通过现场演绎、互动、道具、实证、动画等多种手段，进行可视化呈现，使健康节目生动有趣，寓教于乐，权威医疗专家也成为风趣幽默的科普明星。

主创人员：田天、王泓、华剑雄、王孜、刘哲、王旻、里文艳、张志恒、段峥、李率男、魏紫光、李贞、段霁芸、邵天雷、刘鑫

3.《生命缘·生命的礼物》

节目（栏目）类别：纪录片

播出频道：BTV 北京卫视

播出时间及节目时长：2017 年 10 月 23 日起每周一 21：18，每期 60 分钟，共 12 期

节目内容及特色：《生命缘·生命的礼物》是由北京卫视自制的一档大型公益“治愈系”纪实季播节目。节目在《生命缘》基础上升级改版，通过文化名人 24 小时“零距离”公益陪伴，打造“全中国 12 间最阳光的病房”，传递乐观积极人生态度，感悟生命顽强、伟大的普世真谛。节目着力打造“治愈力”三个层级，身体治愈、心灵治愈、生命自身的治愈，让这档节目更参透人性，可以直达人内心最柔软的地方，去触摸和感受生命的力量。

受欢迎程度及影响：全国收视排名全国前三，栏目收视排名前二。最高收视 0.71%，全国排名第一。首期《生命缘·生命的礼物》播出后表现优异，欢网、酷云收视排名前三；在网络上的点击量直线上升，播出当晚 3 小时秒拍视频点击量即突破 500 万，并引发百余微博 KOL 的关注和分享，辐射用户达 3000 余万，同时登上微博热搜榜长达 7 小时，引发网友如潮好评。

主创人员：邵晶、李潇、秦晓明、高笑冉、季楠

4.《但愿人长久》

节目（栏目）类别：户外情感陪伴体验秀

播出频道：BTV 北京卫视

播出时间及节目时长：2017 年 8 月 20 日至 11 月 5 日每周日晚，每期 60 分钟，共 12 期

节目内容及特色：《但愿人长久》是北京卫视一档全新原创的大型户外情感陪伴体验秀，由主持人悦悦首次跨界担纲总导演、制片人，在节目中化身贴心“密友”，与每期嘉宾开启 48 小时的心灵陪伴“蜜悦”之旅，通过与普通人交往的日常生活，发现平淡中的不平凡，回归初心、感悟人生，讲述每一位嘉宾褪去光环，与社会普通人一起相处时分享的真实感情与人生故事。“真实”是节目最大的亮点，而“温暖”是节目风格的核心。《但愿人长久》节目名称本身，就自然带出温暖的意味，节目中不单只讲明星的故事，也深入挖掘社会各阶层普通人的经历与情感，创意之初就着力于采集社会中更多普通人身上所具有的、单纯的情感光芒与生活智慧。主持人悦悦从健康节目跨越到《但愿人长久》，并担当主创，为观众带来的是养生、疗愈病痛之外，另一重抚慰心灵的情感陪伴和一股直抵人心的温暖力量。

受欢迎程度及影响：该节目在收视

率、影响力和美誉度多个方面收获成功，收视率稳居全国上星卫视同时段前列，各方面领导、广大观众评价其“真情流露、接地气、不矫情”，是一档真实记录人间真情，体现出北京卫视一贯创作风格的好作品。该节目话题总阅读量10.4亿，讨论量97.6万，单期微博电视指数排名前三，在整体综艺环境中取得了不错的关注度，尤其最后一期微博关注和转发均非常惊人。

主创人员：刘洪悦、岳月、石璐娃、刘书含、周凌姗、冯胜男、王迪、张昱、沈思然、李媛媛、季楠、高笑冉、杨毅

5.《念念不忘》

节目（栏目）类别：文化类

播出频道：BTV 北京卫视

播出时间及节目时长：2017年5月24日起每周三21：08，每期50分钟，共7期

节目内容及特色：该节目从书信中窥见文化大家的家风家训，以独特中国风的创新呈现方式，让观众在50分钟的时间内有所收获。《念念不忘》由北京卫视团队独立制作，走下《百家讲坛》的于丹和走下《新闻联播》的郎永淳坐在一起，一位深情朗读，一位趣味解读。在“场景复现”和“史实讲述”中，电视画面的呈现多元生动，综合运用实拍、复现、民乐、流行音乐多种视听手段相结合。节目开创“跨时空对话”新模式，进行大胆的节目创意。历史名人的后代首次在节目中亮相，对先辈家书进行回信，实现“隔空对话”。

受欢迎程度及影响：节目自开播以来，电视化传播中国优秀传统“家风、家教、家训”的宗旨引人深思，名人后代用书信与先辈“对话”的方式更是让网友赞不绝口。网媒先后以嘉宾为主题推出网络新闻稿件，“念念不忘”成为所搜关键词。近百家主流平面媒体为节目发声，覆盖人群近1亿人次；网络媒体相继推荐节目新闻，累计覆盖人群超5亿人次。

主创人员：李丹、郭畅等

6.《创意中国》

节目（栏目）类别：文化创意服务类

播出频道：BTV 北京卫视

播出时间及节目时长：2017年11月19日起每周日，每期60分钟，共12期

节目内容及特色：为宣传北京建设全国科技创新中心的发展成就，卫视节目中心在北京市委宣传部和北京市文促中心的指导下，策划推出全国首档文化创意类的季播节目《创意中国》。《创意中国》是一档以文化和创意为核心、以创意秀和创投互动为形态的综艺节目，选取优秀文化创意项目作为主要内容。节目邀请资深创意人和投资人组成专家团，邀请年轻投资人组成“百人天使团”，共同助推优秀创意项目的孵化。《创意中国》作为北京市委宣传部推进全国文化中心建设重点项目，发挥积极的示范引领作用，吸引全国优质文创项目、创意人才和资金汇聚北京，为北京的科技创新和文化建设作出贡献。通过节目的播出，展现中国传统文化积淀的厚度，前瞻中国文化发展的希望。

受欢迎程度及影响：这档融合了综艺和创投两大元素的节目，通过聚焦文化创

意，冲破专业性与大众之间的藩篱，让创意创业与百姓的生活变得息息相关。文创项目颇为看重文化内涵与价值的挖掘，这些创意十足的项目在收割拥趸的同时，也凭借韧劲儿十足的创业故事打动了观众。

主创人员：程军等

7.《中国故事大会》

节目（栏目）类别：文化讲述类

播出频道：BTV北京卫视

播出时间及节目时长：2017年9月8日起每周五，每期60分钟，共8期

节目内容及特色：《中国故事大会》是北京卫视原创推出的文化类季播节目，一个好的故事胜似一万个道理，标志性"一句话"故事环节引发观众的好奇和倾听欲望。小而美的"书吧"舞美，营造温馨讲故事氛围，在这里每个人都是故事讲述者，也是聆听者。明星嘉宾、业界领袖、普通百姓，他们讲述或是自己亲身经历、或是感触最深、或是最打动人心的故事。以故事的内核力量引发观众普世情感共鸣。八期节目，八个主题，大故事用小切口，小人物讲述大情怀。大国情怀、小家楼台、儿女情长、人生百态。故事背后的情感，直抵人心。《中国故事大会》用最真实的故事描绘中国当代的清明上河图。

受欢迎程度及影响：《中国故事大会》在多期节目中，栏目同时段排名居全国收视前四。在保持收视竞争力的前提下，《中国故事大会》同时引发了社会热评，微博话题阅读量达到1705万，讨论量20.2万，《中国故事大会》由腾讯单网播出，截至2017年11月22日，节目腾讯视频播放量达到1.5亿，最高单日播放量4500万，最高单集播放量高达6000万，网络观看火爆，远高于同类型节目。《中国故事大会》在党的十九大召开期间播出，还多次获得市局表扬，评价该节目彰显首善之都媒体制作深度，主题有深度，弘扬真善美和社会正能量，弘扬中华传统文化引领人文节目风潮。

主创人员：桑恬、穆同、刘婧等

8.《非凡匠心》

节目（栏目）类别：文化体验真人秀

播出频道：BTV北京卫视

播出时间及节目时长：2017年1月15日起每周日，每期60分钟，共10期

节目内容及特色：《非凡匠心》是北京卫视于2017年第一季度推出的大型匠心文化体验真人秀。体验引领者张国立，带领观众一起走上匠心寻访之旅，拜谒了十余位国家级非物质文化遗产传承人和传奇匠人，展示了徽派木雕、佛山醒狮、青神竹编、龙凤旗袍、景泰蓝工艺等10项国家级非物质文化遗产的制作技艺，通过记录那些平凡朴素又技艺超绝的非遗传人们，汇成了一股文化与艺术交融的时代清流。在每期节目中促成一次老匠人和青年艺术家之间的合作，打造两代匠心交相辉映的惊世之作。

受欢迎程度及影响：节目以创新的形式融合综艺和传统文化，抓住年轻高学历群体的兴趣点，创下综艺节目类豆瓣评分9.5分新高，在年轻群体中发挥了积极正面影响作用，与大量有文化责任感的高知青年进行了传统文化共振。"匠心""文

化”成为网络传播的关键词，相关评论文章获得超60000次阅读量。《非凡匠心》不仅在电视、网络数据上表现不俗，更得到了业内主流媒体以及观众的一致好评。2017年节目播出期间正值两会，节目得到了两会代表重点关注；国家新闻出版广电总局批文表扬北京卫视《非凡匠心》；国家新闻出版总局监管中心李然在《广电时评》为《非凡匠心》自发发声——“北京卫视《非凡匠心》洗净铅华致敬匠心”；人民网评《关停炒作账号：是一次正能量对负能量的胜利》中以《非凡匠心》作为电视节目正能量举例：“真人秀节目《非凡匠心》于体验感受中讲述工匠精神”。

主创人员：程军、林斐、张玲等

9.《音乐大师课》第三季

节目（栏目）类别：公益音乐教育

播出频道：BTV北京卫视

播出时间及节目时长：2017年4月30日起每周日，每期80分钟，共14期

节目内容及特色：《音乐大师课》第三季以“纯真年代，经典发声”为口号，16位6至12岁的音乐天赋少年在顶级音乐人的辅导下传唱经典歌曲，用真实、自然、感人至深的方式给观众带来一堂音乐公开课。节目以爱国经典歌曲、给我爱的家人唱首歌、跨越年代的合唱等主题，分为主题授课和汇报演出两个环节；同时，节目邀请经典歌曲原唱者、跨界大师、音乐专家、新锐老师、儿童教育专家等组成特约听课团，对经典歌曲进行补充讲解。节目在传唱经典曲目、发掘音乐教育价值的同时，注重学生的情感表达和实践体验，进一步提升音乐教育理念。

受欢迎程度及影响：《音乐大师课》采用独特而纯真的视听角度，以孩子之口，传唱国内外经典曲目，力图规避一切浮夸和刁钻，用音乐拼接几代人的记忆，用童声维系几代人的情感。

主创人员：程军、刘熙晨、姚小莹、胡亦姗、张玲等

10.《2017年北京电视台春节联欢晚会》

节目（栏目）类别：文艺晚会

播出频道：BTV北京卫视、BTV文艺频道、BTV青年频道

播出时间及节目时长：2017年1月28日19：32，时长215分50秒

节目内容及特色：《2017年北京电视台春节联欢晚会》以家国情怀贯串主题，汇聚正能量，体现万物勃发、欣欣向荣的新春寓意。围绕“欢动万家夜，爱暖中国心”的主题，通过多种艺术形式，打造了一台欢乐温暖的春节联欢晚会。晚会具有强大的演员阵容，舞台呈现独具特点，设置在北京雁栖湖国际会展中心，360度全视觉“蛋壳”型舞台三面环绕开放，演员通道穿过观众群，用自由的空间为观众营造了一种普天同庆、共同参与的联欢气氛。晚会将艺术与技术相融合，以高科技创新节目形式。AR、全息、投影等最新技术手段的应用，令北京台春晚呈现出了高超的艺术水准和技术水准，大大提升了晚会的观赏性，创造了舞台艺术的新典范。

受欢迎程度及影响：《2017年北京电视台春节联欢晚会》荣获第25届电视文艺“星光奖”电视综艺节目大奖；在

2017年春节晚会、春节特别节目讲评交流活动中获春节晚会最佳作品奖、优秀导演奖、优秀摄像奖；在北京电视台2017年度优秀节目评选中，获电视文艺类最佳导演、最佳摄像奖；衍生品“花丝春碗”在第十八届中国工艺美术大师作品暨手工艺术精品博览会上获2017“百花杯”中国工艺美术精品奖银奖。晚会连续四年蝉联省级卫视同时段收视率、微博互动和微信互动三项核心数据冠军。

主创人员：

总策划：李春良、王珏

策划：艾冬云、潘全心

总导演：段嵘

执行导演：赵伟

导演：李蓓、张蕊、许燕、单岩柏、唐月喜

导播：殷鹤鸣

摄像指导：褚旭

摄像：文艺节目中心摄像科

晚会技术：BTV各技术部门

视频包装：杜少鹏、黄锐、纪君

宣推：吕晶、李佳、万思余

制片：苗毅、李狄、金京、赵志军

主持人：春妮、曹一楠、栗坤、罗旭、悦悦、曹扬、张卫健（中国香港）、关晓彤

11.《每日文娱播报》

节目（栏目）类别：新闻资讯类

播出频道：BTV文艺频道

播出时间及节目时长：每天18：30，时长60分钟

节目内容及特色：《每日文娱播报》一直强调独家内容、独特视角、独到观点，在忠实记录文化娱乐事件现场的同时，力求从更深的层次进行分析，解读娱乐真相，发出不一样的声音，在文化娱乐界形成了强大的话语权和影响力。

受欢迎程度及影响：2017年，北京地区收视率1%。《每日文娱播报》栏目制作的电视作品曾多次获得了各类殊荣。《每日文娱播报》在北京电视台优秀节目评选中荣获优秀栏目奖，同时，《每日文娱播报》春节特别策划《舌尖上的小品》在2017年春节晚会、春节特别节目讲评交流活动中荣获春节特别节目优秀作品。

主创人员：

总监制：徐滔

监制：潘全心、庄小红

制片人：杨行

主编：常群、王春华、徐立、蒋超、贾乃锐、宫璇

责编：肖京文、陈姝燕、孔慧、李哲

主持人：韦至、陈竞、陈阳、欧阳慧、向真、陈晨

12.《笑动剧场》

节目（栏目）类别：综艺曲艺

播出频道：BTV文艺频道

播出时间及节目时长：每天17：00，每期时长55分钟

节目内容及特色：文艺节目中心唯一一档日播的大型语言类栏目，栏目从《笑动2008》开始，已经走过10个年头。栏目精选北京观众喜闻乐见的相声、小品、评书、二人转、情景喜剧，并兼顾带有喜剧元素的各门类优秀作品，雅俗共赏。在弘扬民族传统文化，传播经典艺术作品的同时，不忘初心、与时俱进，展现传统艺

术的时代新貌，不断培育曲艺新人，推出时代新作，深受北京地区观众的喜爱。栏目在收视率、市场份额和广告经营等多方面都成为了频道主力，是具有品牌价值和影响力的名牌栏目。

受欢迎程度及影响：栏目成立10年来，以良好的口碑，优异的收视，以及在曲艺届和观众中广受欢迎的影响力，成为了文艺频道的主力栏目，并衍生了每年一届的《北京喜剧幽默大赛》。与全国多家兄弟电视台合作，将“喜幽大赛”打造成了具有全国影响力与品牌号召力的大型项目。为北京电视台品牌项目建设、巩固收视率、赢得口碑做出了突出贡献。

主创人员：

制片人：郭悦

主编：张颖

责编：张琳

主持人：龚宁

编导：刘雅婷、刘帆、尹迪、高靓、冯肃然、杨晗、张一弛

13.《我看行》

节目（栏目）类别：文艺专题服务

播出频道：BTV 文艺频道

播出时间及节目时长：每天18：00，时长25分钟

节目内容及特色：打造一档从“二人”脱口秀到以年轻趣味化的“三人行”圆桌聊天形式的节目，内容通过生动有趣的文艺化拍摄，为观众普及提供生活小窍门，节目生动有趣，观赏性好，服务性强。该节目实现生活窍门与传统文化的结合，让观众在欣赏节目的过程中获得精神上的感悟，弘扬中华传统（民俗）文化；节目中全面翔实的文化演出资讯，丰富人民群众文化生活，引导京城百姓文化消费升级。

受欢迎程度及影响：《我看行》栏目改版近一年，深受北京百姓喜爱，真正成为了百姓衣食住行的好帮手，京城百姓的精品购物指南，特别受到了年轻观众的喜爱。节目播出后，很多观众朋友通过96168打来热线，询问节目里提到的衣食住行相关内容，我们在与热心观众的联络中能深深感受到观众对于节目的喜爱，观众也为我们的节目提出了宝贵的建议。

主创人员：

制片人：顾阳、许佳多

主编：尹冰、蒋巧、李婧

导演：肖垚等

主持人：顾阳、曹端端、应嘉瑞、谢蕴青

14.《春妮的周末时光》

节目（栏目）类别：专题综艺类

播出频道：BTV 文艺频道

播出时间及节目时长：每周六19：35，每期时长50分钟

节目内容及特色：《春妮的周末时光》是北京电视台文艺频道推出的以著名主持人徐春妮的“家”为核心元素打造的首档大型全景式戏剧访谈节目。春妮以女主人的身份邀请各界明星好友来“家”中做客，以各个领域中的明星代表为嘉宾阵容进行轻松聊天，并穿插才艺表演，营造居家氛围，寻找情感共鸣，品味生活感悟，追忆青春年华，畅谈人生理想，描绘时代印记，梳理万千情丝。栏目不断向社会传达“正能量”，努力围绕创新、责

任、品质、影响四个维度进行创作，在节目内容、表达形式、运营模式上努力创新、自成一格，引领国内同类栏目潮流。

受欢迎程度及影响：节目不但在电视平台播出时取得了较高收视率，网络影响力也日益增强。在栏目市场化运作方面，团队各工种积极配合广告商，共同探索双赢的合作模式。2017 年，中国人寿全年冠名了《春妮的周末时光》同时，栏目软性植入了燕京啤酒、农夫山泉、Blueair 空气净化器等各种既符合节目内容设定又能为栏目增收的商品，《春妮的周末时光》努力在成为文艺中心周播节目软性广告植入探索尝试的先锋。

主创人员：

总监制：徐滔

监制：潘全心、齐建彤

制片人：李雪萍

主编：徐春妮、刘昕冉

主持人：徐春妮

15.《喜剧合伙人》

节目（栏目）类别：综艺类

播出频道：BTV 文艺频道

播出时间及节目时长：每周二 19：35，每期时长 50 分钟

节目内容及特色：文艺中心《我爱我家》栏目在年中改版后的一档栏目，节目以 20～44 年龄段为受众主体，是一档青春、亲民、快乐、幽默的年轻态综艺喜剧节目。它以民生热点事件，趣闻轶事为素材，专业编剧执笔创作，喜剧导师坐镇现场，笑星达人吐槽演绎，用喜剧的眼光看世界，开启喜剧综艺新模式，创新出一档低成本、高品质、年轻态，喜感强的演播室年轻态综艺喜剧节目。

受欢迎程度及影响：《喜剧合伙人》播出以来，收视率在 BTV 黄金档名列前茅，口碑度和影响力在全媒体宣传数据也不俗。《北京时间》网站单篇宣传稿最高达 150 万；腾讯、优酷、爱奇艺、搜狐等全网播放量累计达 700 万次；微博热度话题阅读量累计多 500 万次；今日头条单篇阅读量达 23 万次。

主创人员：

制片人：刘朝晖

导演：李鹏、高洁等

制片：李狄

摄像：崔元东、BTV 文艺摄像科

主持人：晨阳、付强、阿龙

16.《我爱书画》

节目（栏目）类别：专题服务类

播出频道：BTV 文艺频道

播出时间及节目时长：每周一 19：35，每期时长 50 分钟

节目内容及特色：以展示和弘扬中华文化中的美术精髓和世界绘画的瑰宝为宗旨的一档雅趣横生、雅俗共赏的“大型书画鉴赏教育类”节目。

受欢迎程度及影响：《我爱书画》栏目从 2016 年 4 月播出至今两年的时间，播出一百多期节目，创造了书画鉴赏教育类节目的先河，无论是节目质量还是节目效果，都引发了社会关注和讨论，目前已经成为中国艺术类节目中的明星栏目。《我爱书画》已经成为中国艺术家对大众传达自己文化理念的重要平台，同时也是观众学习艺术，了解文化最重要的平台之一。

《我爱书画》栏目不仅在中国美术界拥有巨大的影响力，同时在北京电视台海外频道播出，覆盖20多个国家和地区，也在海外华人圈中拥有一定的知名度和影响力。

主创人员：

制片人：于瀛

制片主任：李伟

编导：张挺、杨国楠、赵卓

制片：孙慕君

主持人：春妮

17.《文化之约》

节目（栏目）类别：文艺专题

播出频道：BTV 文艺频道

播出时间及节目时长：每周日13：05，每期时长30分钟

节目内容及特色：《文化之约》是2012年北京电视台文艺频道推出的一档公益类文化节目。共播出近250期，节目以人物专题片形式展现中国有影响力的艺术家的人生阅历和生活感悟。《文化之约》始终坚持文化的正确导向，坚持纪实性和故事性相结合，讲好每一个生命个体的“历史”。“以古人之规矩，开自己之生面。”作为首都的电视台，我们应该肩负起实现中华民族伟大复兴的中国梦的责任。《文化之约》2017年策划并推出了《文化记忆》第一季，《文化记忆》由北京电视台与北京市文联联合推出，节目以北京市文化建设的成就与发展为背景，用真实的镜头记录北京市文学、戏剧、书法、音乐等艺术领域的新老艺术家，在改革开放的新时代所作出的贡献与成就，展示时代的大发展、大繁荣。首季推出了《纸砚有戏 妙笔无私》——书法家孟繁禧、《守住民俗的根与魂》——民俗学家刘铁梁、《让交响乐流行起来》——指挥家谭利华、《向世界直播中国》——导演陈维亚、《戏纵今古 剧透人生》——戏剧家郭启宏。本片用纪录片的形式，记录了五位艺术家的成长历程及文化思考。通过对他们生活与工作点滴的记录，力图向观众传达出艺术家们的工匠精神，传递不忘初心，方得始终的精神力量。

受欢迎程度及影响：《文化之约》栏目的观众主要为35~55岁的中高收入及高等教育水平的观众，播出以来深受观众喜爱，观众多次留言、来信表达——《文化之约》是一档有深度的文化节目，希望能够越办越好。同时，《文化之约》也多次受到业内专家好评。

主创人员：

总监制：徐滔

监制：潘全心、李兰

制片人：孙勤

主编：杭昕

编导：王晰、曾繁荣、苑明旺、翟优

18.《北京喜剧幽默大赛》

节目（栏目）类别：综艺喜剧类

播出频道：BTV 文艺频道

播出时间及节目时长：2017年12月30日至2018年1月5日，共7期，每期时长90分钟

节目内容及特色：打破作品门类限制，既有相声小品，也有滑稽魔术，默剧、脱口秀等。选手不分专业业余，一律同场竞技。由现场观众打分评判定输赢，公平公正。入选作品贴近时代、贴近生

活，深受观众欢迎。

受欢迎程度及影响：《北京喜剧幽默大赛》获得了北京市文联，以及黑龙江台都市频道、济南电视台、石家庄电视台、长春电视台等合作各方的一致认可与好评。喜剧名家牛群老师看到来自祖国各地和海外地区的选手踊跃参加，说“北京电视台的喜剧幽默大赛不但走出北京走向了全国，甚至已经走到了国际”。市文联书记沈强、副书记刘开阳异口同声称赞：《大赛》一年比一年办得好，为北京曲艺、喜剧事业的繁荣起到了很好的推动作用，为青年人才和优秀作品的发掘和培育做出了突出的贡献。夸赞“大赛”是说新唱新、贴近生活、与时俱进的好节目。

尽管新年档有诸多跨年晚会的围追堵截，节目竞争极其激烈，但《北京喜剧幽默大赛》仍然取得了地面频道播出最高单期收视率1.37%，最高单期收视峰值2.65%，本届平均收视1.17%的好成绩。《北京喜剧幽默大赛》也获得了北京广播影视协会颁发的“北京市优秀广播电视节目电视文艺类优秀奖”和中国广播电视产业联盟颁发的“融合创新十大品牌影响力非上星电视栏目奖”以及中视协颁发的“全国创新电视节目百家奖创优一等奖”等殊荣。并且《大赛》的多个获奖作品和选手还登上了北京电视台以及央视和许多兄弟台春晚与元宵晚会的舞台，再次向观众交出了一份圆满的答卷。

主创人员：

出品人：李春良

总监制：王珏、徐滔

监制：潘全心、庄小红

制片人：郭悦

总导演：郭悦、秦峥

导演：尹迪、刘帆、冯肃然、张一弛、王杨

编辑：唐月喜、龙舒

制片主任：苗毅

主持人：陈阳、陈竞

19.《最北京》

节目（栏目）类别：专题服务类

播出频道：BTV科教频道

播出时间及节目时长：每周日20：08，时长60分钟

节目内容及特色：行走中的相声，北京人的乡愁。

受欢迎程度及影响：2017年节目平均收视率1.02%。

主创人员：

制片人：周波

主编：程文

编导：马栃鑫，张爽

主持人：夏婷寅子

20.《记忆》

节目（栏目）类别：新闻专题类

播出频道：BTV科教频道

播出时间及节目时长：每周一至周六20：08，时长50分钟

节目内容及特色：以“情境式讲述”为主体表现方式，挖掘“大事件背后不为人知的往事”，同时邀请事件的亲历者参与节目，旨在“让记忆别在我们这一代消失”。《记忆》栏目以独到的角度解读事件，是一档有温度，有态度的演播室访谈加外拍形式的节目。

受欢迎程度及影响：节目收视率在北

京地区同时段自办类节目里名列前茅，同时节目在业界也多次受到肯定。《韶山记忆——毛泽东32年后回家》获得了北京新闻奖三等奖，《周恩来：生日里的思念》获得北京电视台评选的电视新闻类节目二等奖。

主创人员：

制片人：王未央、白红洁、左博

主编：刘薇、叶雪、李丹、丁永文、韩斗斗

主持人：孙宇

编导：张子悦、郑芳、佘小君、曾珍、王嫄朝、王珏、杜昕、张红梅、李晓芳、李健、万芳、邵力、刘可、张艳菊、游玮炜、韩贤、陈阿茫、徐宜华

21.《法治进行时》

节目（栏目）类别：法治新闻资讯类

播出频道：BTV科教频道

播出时间及节目时长：周一至周日12：00，时长40分钟

节目内容及特色：《法治进行时》栏目自1999年开播已有18年，已经安全播出6400多期。《法治进行时》以独特的新闻视角、真实的现场报道以及鲜活的法治案例，打造了家喻户晓的品牌栏目。近两年，栏目重点打造融媒体平台，多方了解电视观众和网络观众的需求，全面整合了栏目官方微博、微信公众号、头条号、大鱼号、企鹅号、网易号、新浪看点、一点资讯等网络平台。与腾讯、新浪、网易、360、一直播、北京时间等多方合作，实现了图文信息、新闻视频、网络直播的多平台发布，实现电视屏和手机屏真正的融合与互动。同时，栏目大量运用4G视频技术，使电视节目和网络节目都更具时效性。

受欢迎程度及影响：《法治进行时》收视率、占有率和广告创收连续多年在全台的所有节目中稳居前三位。近年来，栏目与公安局勤务指挥中心合作推出的《北京110》，与市消防局联合推出《平安119》，与国际防卫学院合作推出《法治训练营》，与北京交通银行合作推出《全民共防金融电信诈骗》，这些固定版块都是栏目精心制作的精品专题纪实节目，社会各界反应良好。

主创人员：

制片人：陶继忠、郭玉林、王丹

主 编：刘井元、马良、王卓、潘续、贾术杰、高颂东

主持人：王振龙、张富丽

22.《法治中国60′》

节目（栏目）类别：法制新闻资讯类

播出频道：BTV科教频道

播出时间及节目时长：每天19：00，次日13：20，时长60分钟

节目内容及特色：以案说法，服务百姓，答疑解惑，提供法律援助。宣传依法治国，构建百姓身边的普法阵地。报道全国范围内公、检、法、司的最新动态，重大案件，追踪法治事件，法制热点人物，提供专业及实用法律资讯。节目由全国多家具有影响力的电视台地面频道提供海量素材，经过北京电视台科教频道重新编辑、专家点评和精致包装，发往加盟台，所有加盟台同步播出。我们联合多家省级电视台地面频道采取节目经费众筹形式，

以小博大、借力使力，以提高各电视台地面频道的竞争力。大家共同出资，资源共享，联合制作，共同播出。这种“抱团取暖”的模式是当前地面频道应对市场变化的一种创新。

受欢迎程度及影响：《法治中国 60′》为推进依法治国进程，提升国民法律素质起到了促进作用，与此同时，各合作台的收视率和份额有了明显的提升，最多提升几十倍，带动了各合作台法治节目的发展，这种众筹的合作形式得到胡占凡总局长的高度评价。

主创人员：

制片人：董炬光

副制片人：冯旭

主编：高婉梅、刘都、王强

后期主编：汤戌

主持人：关文平、柴翰杰

编导：尹希宇、李卉、刘文庆、张晓天、马聪

后期责编：王晓、徐静娜、周雷、陈思思、赵自谦

制片：蒋双洁

23.《第三调解室》

节目（栏目）类别：专题服务类

播出频道：BTV 科教频道

播出时间及节目时长：每天中午 12：40，每期 40 分钟

节目内容及特色：全国首档具有法律效力的电视调解节目，栏目聘请资深的律师、心理专家和调解员为当事人化解矛盾解决纠纷。

受欢迎程度及影响：全年平均收视率 1.9%，广告收入税后合计 1197 万，投入产出比超过 140%。

主创人员：王壮壮、刘佳、刘培根、周潇、孙诺、何国锋、文雅、苏宇、周亚、张小童、张鹏

24.《品质剧场》

节目（栏目）类别：优秀剧目

播出频道：BTV 北京卫视

播出时间及节目时长：每日 19：35 播出两集电视剧

节目内容及特色：以“大戏看北京”的品牌理念，播出主题立意深远、人文含量高、叙事宏大、阵容豪华、制作精湛的“大戏”，并在全国宣传推广中全力突出这一剧场形象和品牌价值。

受欢迎程度及影响：2017 年的卫视《黄金剧场》正式更名为《品质剧场》，1～9月份收视暂居省级卫视排名第五。在选剧上，坚持“大戏看北京”的精品战略，始终如一的品质化路线。播出了《我的前半生》《情满四合院》《外科风云》《剃刀边缘》等收视和口碑双赢的力作。其中《深海利剑》在同期省级卫视收视排名第一，《外科风云》《黎明决战》同期卫视排名第二。

主创人员：无

25.《周播剧场》

节目（栏目）类别：优秀剧目

播出频道：BTV 北京卫视

播出时间及节目时长：每周一至周三 22：05 播出两集电视剧

节目内容及特色：精选以古装剧为主的热剧好剧。

受欢迎程度及影响：继 2016 年成功的开办该剧场后，2017 年创新采用了全新的商业合作模式。在购买版权的同时获得了覆盖成本的广告保底及分成权益，实现了我台《周播剧场》零成本运转，并享有增额广告分成的权益。2017 年《周播剧场》北京地区和全国的收视率分别为 1.08%和0.25%，与去年同时段相比均有小幅提升。

主创人员：无

26.《首都剧场》

节目（栏目）类别：优秀剧目

播出频道：BTV 影视频道

播出时间及节目时长：每日 18：55（首播）、次日 07：00（重播）四集电视剧

节目内容及特色：该剧场根据首都观众的电视剧品位与兴趣，坚持综合化定位、精品化的选剧标准，努力锁定第一地面剧场的目标，通过建立地面预购制、卫视地面联合购买、上星后购买等方式，同时开展更接地气的观众互动地面活动，与卫视品质剧场形成良性的差异化竞争策略和互补策略，努力锁定第一地面剧场的目标，维护首都剧场的黄金品牌价值和影响力。

受欢迎程度及影响：深受欢迎。

主创人员：无

27.《拍宝》

节目（栏目）类别：专题服务类

播出频道：BTV 财经频道

播出时间及节目时长：周六、周日 20：46，时长 50 分钟

节目内容及特色：《拍宝》是一档与知名拍卖公司联袂打造的互动型财经栏目。节目中主持人与嘉宾充分互动，将鉴宝与拍宝紧密结合，通过收藏界顶尖专家及拍卖市场资深分析人士的现场讲解，为收藏爱好者所持宝物鉴定，科学引导观众的艺术品投资行为，拓宽百姓的投资理财渠道，探寻艺术品知识的无限魅力。

受欢迎程度及影响：深受欢迎。

主创人员：

栏目负责人：陈啸

主编：曹辰

编导：董红军

28.《首都经济报道》

节目（栏目）类别：新闻资讯类

播出频道：BTV 财经频道

播出时间及节目时长：周一至周日 18：30，时长 60 分钟

节目内容及特色：栏目在晚间黄金时段播出，是以报道首都经济发展为主要内容的大型经济资讯节目。重点关注百姓身边的新闻，透视新闻背后的经济，紧抓首都经济发展的热点、焦点、难点、亮点，反映首都经济变化和成就。以贴近首都市场、服务北京市民为宗旨，追求独家线索、独到视角、独具画面、独有声音，为广大电视观众提供内容实用鲜活、形式丰富多彩、节奏明快简洁的经济资讯。

受欢迎程度及影响：《聚焦共享经济》《聚焦养老》《冬日情怀 难舍冬储菜》获得 2017 年北京电视台优秀电视节目电视新闻类三等奖。

主创人员：

制片人：李玲、范红军

主编：邱红英、张小燕、王娟、刘欣然

主要记者：齐济、王骁

主持人：卢迪、张颖、李杰

29.《税收天地》

节目（栏目）类别：专题服务类

播出频道：BTV财经频道

播出时间及节目时长：每周四晚19：30,时长30分钟

节目内容及特色：解读国家税收政策，税收改革；满足纳税人办税需求；提升政府部门影响力和公信力。具有权威，高端，贴近等特点。

受欢迎程度及影响：全国唯一一档以税收视角阐释解读国家大政方针、重大改革、重大战略税收的专业节目。节目曾获得北京广电系统重大主题宣传创新奖；中国媒体欣赏指数最具欣赏价值电视节目；国税总局新闻宣传一二等奖。

主创人员：何雷宇、乌竹木、张泓、张栩、穆楠、田蕊、刘娜、刘晔、李天荣

30.《天下财经》

节目（栏目）类别：专题服务类

播出频道：BTV财经频道

播出时间及节目时长：每周一至周五19：30，时长90分钟

节目内容及特色：《天下财经》作为北京电视台一档证券类专业财经品牌节目，搭起了专业财经机构和普通投资者沟通交流的平台。大到宏观经济事件，小到投资理财问题，逐一抽丝剥茧、阐释解读。帮投资者研判市场热点，发现投资机会。其中《投资者说》版块创新形式，挖掘民间高手炒股秘籍，传达正确投资理念。一经推出，广受好评。

受欢迎程度及影响：《2017年A股关键词》获北京电视台2017年度节目评选优秀作品奖，曾获中国电视满意度博雅榜地面频道财经、生活类栏目十强，曾获中国电视欣赏指数本地财经类节目排名第一。

主创人员：

制片人：马旭、关月

主编：柏松、范文斌、杨捷、赵钰

编辑：王志杰、刘雯雯、朱慧、徐梦奇、刘苏庆、高莹

主持人：张勤、张伟、张一萌、董莉

31.《总裁读书会》

节目（栏目）类别：专题服务类

播出频道：BTV财经频道

播出时间及节目时长：周六19：30，时长30分钟

节目内容及特色：《总裁读书会》是一档企业家读书电视访谈节目，节目由一线企业家担任首席分享嘉宾，著名专家学者担任点评嘉宾，为观众推荐他们读过的、受益最大的一本书。节目不仅突出故事性——每期讲述一位企业家因一本书而改变人生或事业轨迹的经历，还颇具思想性——表现企业家的学习力、创新力，从而提升其影响力。

受欢迎程度及影响：2017年4月获中国广播电影电视社会组织联合会颁发的“2016年度优秀电视经济节目电视社教类特别节目三等奖”。

主创人员：

栏目负责人：杨文明

主持人：王新星、韦嘉

32.《欢乐二打一》

节目（栏目）类别：扑克益智竞技类电视赛

播出频道：BTV 体育频道

播出时间及节目时长：周一至周日 17：55，时长 50 分钟

节目内容及特色：节目内容为“竞技二打一”扑克电视擂台挑战赛及赛季、年度系列赛事，特色是普通老百姓可以人人参与的群众性体育竞技比赛，趣味高、参与度广。

受欢迎程度及影响：2014 年 9 月 1 日开播以来收视率年年递增，已成为北京地区地面频道中收视率最高的电视栏目，2017 年年度平均收视率 2.73%、最高收视率 4.22%。

主创人员：

制片人：孙松

主编、解说：李岩

编导：孟文、平平、蒋雅妮、张冉、平平

主持人：陆姝、李赜彤、张鹏

解说：李岩、金巍

33.《天天体育》

节目（栏目）类别：直播新闻资讯类

播出频道：BTV 体育频道

播出时间及节目时长：周一至周日 21：25，时长 50 分钟

节目内容及特色：当天体坛资讯的集大成者，是一档综合性、日播体育新闻栏目。

受欢迎程度及影响：自 2006 年 1 月开播以来，已成为北京地区最受关注的体育资讯类新闻节目。在京城球迷中影响力巨大，微博微信的粉丝数量高达数十万。

主创人员：

制片人：田丰

副制片人：王速、王征、唐骏飞、张洪

主编：张亚军、杨帆、滑小毛、孙璐、王浴浩、石晶晶

34.《足球一百分》

节目（栏目）类别：新闻资讯类

播出频道：BTV 体育频道

播出时间及节目时长：每周一 19：35，时长 100 分钟

节目内容及特色：覆盖国际足坛到国内足坛的各方面资讯，打造北京国安足球影响力和球迷文化。

受欢迎程度及影响：在京城球迷中树立起了专业的权威性和良好的美誉度，同时在全国足球圈内也有着广泛的影响力。

主创人员：田丰、王征、张晓龙、刘瑜、云笛、潘文峰、于伟等

35.《美食地图》

节目（栏目）类别：专题服务类

播出频道：BTV 生活频道

播出时间及节目时长：周一至周五 20：30，时长 45 分钟

节目内容及特色：《美食地图》作为北京地区唯一的一档餐厅推荐类栏目，在

餐厅选择上执行严格的选题标准，使美食呈现上更加公正、客观，真实可信，在京城观众心目中有较高的公信力和权威性，成为京城百姓权威的就餐指南。每期都由美食侦探出马，通过多层次的互动，深入的体验，对各家餐厅的特色美食进行探寻和挖掘，快速传递新餐厅开张、特价优惠等信息，传递美食文化，分享美食心得，并梳理出侦探报告供京城吃货们参考，看《美食地图》，吃好吃的。

主要有三大亮点：第一，画面精美，制作精良。第二，勇于创新，互动性强，依托于71万微信粉丝，栏目建立粉丝资源库，并发起美食商城等多项线上线下活动。第三，实惠到底，服务性强，观众看节目将以最实惠的价格到餐厅就餐。看节目送福利已成为栏目的独特符号，真正做到利民惠民，在观众中获得广泛好评。

受欢迎程度及影响：2017年传媒中国年度品牌影响力广播电视栏目二十佳；TV地标（2017）年度省级地面频道优秀节目；2017年传媒中国年度广播电视栏目微信公众号二十强。

主创人员：

制片人：王昱斌

执行制片人：李威

主编：姜瑾、郑浩

编辑：路增辉

编导：张媇、贾露蒙、萧宫月美等

36.《生活+》

节目（栏目）类别：专题服务类

播出频道：BTV生活频道

播出时间及节目时长：《生活+全能改造》首播每周日晚20：45，重播次周六7：40，17：15，时长45分分钟；《生活+家装攻略》首播每周一至周四17：00，重播每周一至周四22：40，每周二至周五7：10，时长30分钟；《生活+周末开聊》首播每周五17：00，重播周五22：40，次周一7：10，时长30分钟；《生活+第一房产》首播每周日17：15，重播次周日7：28，时长30分钟

节目内容及特色：《生活+》是一档复合型家装服务经营类节目。美好家居的筑梦者，家装知识的传播者，产业运营的排头兵。节目有温度、有担当、有价值。百姓美好生活的筑梦者：《生活+全能改造》开创家装节目“故事+情感+人物+服务”的模式先河，出设计、出施工，真刀真枪为百姓进行全屋改造，在同类型节目中独树一帜。10年来，栏目为500户家庭圆了安居梦，提升了他们的居住品质，被专家誉为“一档有温度的家装情感节目”。栏目经营创收的领航者：2015—2017年间，栏目经营收入实现了从“1000万+”到“2000万+”再到“4000万+”的跨越，位列北京电视台栏目创收的前茅。一个不足30人的团队，创造了4200余万元的经济效益，小栏目做出大文章。电视产业化运营的开拓者：节目摆脱单纯靠广告创收的旧模式，提升多渠道、多维度的资源融合能力。

受欢迎程度及影响：做家装房产节目，团队始终坚守“故事性”与“服务性”并重的特色，将小众节目大众化，传递出主流价值观，在同类型节目中独树一帜，赢得同行的高度肯定。在电视业效益下滑，遭遇寒冬的2017年间，《生活+》逆水行舟，勇于担当，不断探索资源类节目发展的新模式，经营业绩高歌猛进，为

北京电视台节目产业化转型发展提供了有益的借鉴。节目摆脱单纯靠广告创收的旧模式，提升多渠道、多维度的资源融合能力。家装大讲堂常态化运行，每年开办约70场，服务百姓共计十几万人。2016—2017年，《生活+》成功举办6场大型家博会，共吸引了20万多人次参与，签约超过15000单，商家和百姓“获得感”十足。《生活+施工联盟》2017年3月成功上线，采取派单提成的方式与装饰企业进行深度合作，以先行赔付、第三方监理、三方协议以及投诉率超过10%淘汰制作为核心竞争力。截至目前，派单3200余单，签约300余单，签约总额235万元。

主创人员：

制片人：王宏

主编：潘子飞、田涛、吕军

记者：白怡、张倩、王远、高海春、赵玲玲、王亮之

主持人：秦天、毛天宇、王傲然

37.《生活这一刻》

节目（栏目）类别：新闻资讯类

播出频道：BTV生活频道

播出时间及节目时长：每天18：30，时长90分钟

节目内容及特色：民生新闻为主体、恪守民生取向，秉承平民视角，关注民生百态。立足这一刻，直击生活新闻，探讨生活话题，捕捉社会动势，关注公众热议。强调独家性，第一时间进行具有广泛传播价值的生活解读，传播主流价值观。节目形态杂糅播报、讲述、访谈、演示、评论、实验等多种表现形式，通过生活态区域化演播室设计和大型道具全媒体新技术综合运用，用生动有趣的形式传递新闻资讯与服务信息，热点多、服务实、节奏快、互动强。

受欢迎程度及影响：（1）收视。首播重播整体频道收视贡献率30%。（2）获奖情况。2017年 中国广播电视联盟颁发的“年度省级地面频道电视栏目影响力TOP10”。2017年度品质消费中国行评选中荣获影响力金奖。《一本书点亮一个梦想》《陪伴大使一小时》《临终关怀30年》《铁木真连锁自助回收“口水肉”调查》等在北京电视台年度优秀节目评选中获奖。（3）大型公益行动“生活微行动”以“一点改变创造无限可能”为主旨，凸显媒体社会责任，“最美一米风景”2017年暑期文明旅游主题宣传活动、“陪伴空巢老人一小时”主题活动都取得了很好的社会反响，其中《一本书点亮一个梦想》捐书助学主题报道获得国家新闻出版广电总局表扬。

主创人员：

制片人：刘春艳

主编：汤军军、张楠、杨苗、张劲松、郭笑梅

主持人：高燕、阿龙、吴冰、秦天、李向显

38.《军情解码》（精兵劲旅——中国“蓝盔”热血维和）

节目（栏目）类别：专题访谈类

播出频道：BTV青年频道

播出时间及节目时长：每天21：00，时长60分钟

节目内容及特色：该节目展现了以我第83集团军“杨根思连”为班底组建的

南苏丹维和步兵营，在当地弹雨如飞的环境中，像钉子一样坚守自己的岗位，不怕牺牲的大无畏精神。节目通过维和军人的讲述，展现了我国维和部队官兵舍生忘死、前赴后继坚守岗位的壮举，鼓舞青年人砥砺奋进。

受欢迎程度及影响：经过8年时间的沉淀与积累，栏目已成为一档较为知名、具有一定社会影响力的军事栏目，曾被总政称为“信得过栏目”，被国防科工局列为合作栏目。栏目曾获广电总局2011—2012年度中国广播影视大奖电视栏目大奖、2015—2016年度中国广播影视栏目大奖。

主创人员：

制片人：张弘、吴筠、王任飞

主编：李航、乔鲁京

主持人：罗旭、邬晔纬

编辑：余文、朱彬、乔健宁、尤鑫、刘微、李文慧、石冀明、李纯、李东巍、孙小喆、周欣征、苏抒、耿珅、徐士悦

39.《国际双行线之时尚生活》

节目（栏目）类别：专题服务类

播出频道：BTV青年频道

播出时间及节目时长：每周二18：00，时长60分钟

节目内容及特色：定位于中外文化差异在青年人生活中的投射。以全球化视野，聚焦当下青年人关注的主流文化、生活方式，充分体现青年频道青年、国际的诉求。节目话题设置具有国际视野，同时贴近生活。外籍观察团的加入彰显节目的多元视角，充分体现中外文化交流的节目定位。节目制作手段新颖、内容丰富。整体节目实用性与趣味性兼备，特色鲜明。

受欢迎程度及影响：节目自2017年6月27日开播以来，收视率始终保持频道同时段节目第一。频道自制节目收视率前三名。

主创人员：

制片人：李晓军

导演：李臣、颉予、张善源、路之逾

主持人：刘俊呈、裴琳

40.《书香北京》

节目（栏目）类别：专题访谈类

播出频道：BTV青年频道

播出时间及节目时长：每周一22：05，时长50分钟

节目内容及特色：《书香北京》是北京电视台青年频道2010年倾力打造的唯一一档原创大型演播室文化类谈话节目。栏目以社会热点话题为切入点，以书为载体，邀请各行业权威专家围绕书的核心价值进行解读。在娱乐至上的电视大环境中，书香北京团队整合“爱书人大数据”，形成“书香文化圈”，并把“政府公益平台”与“线下阅读体验”结合，坚持传播优秀文化，树立正确的价值观，引领大众阅读，使《书香北京》成为深受观众喜爱的电视读书品牌节目，共建书香社会。

在《书香北京》的品牌化建设中，以日常节目为核心，以“学习”理念整合传播《书香北京》栏目各类型文化内容、知识内容，及相关应用实践内容，既注重客户实际需求，也提倡寓教于乐，既关注线上内容呈现，更强调线下教学成长。《书香北京》结合自身栏目特色，整

合所有与“学习”及优秀文化相关的资源方和投资方，共同打造一个“高品质、高信誉度、多媒体、多客户端”的地面垄断性平台——“学习中国”。

受欢迎程度及影响：节目多次受到中宣部阅评、市委宣传部的表扬，迅速形成了业界口碑，深受电视观众的喜爱，开创了读书节目的新气象。2013 年 8 月北京市委书记郭金龙在市宣传文化系统调研时来到《书香北京》栏目录制现场，与主持人、嘉宾及观众亲切交流。

《书香北京》开拓创新，发挥其读书节目的特质，进行跨媒体合作，用丰富的栏目活动延续“读书”的内涵，发挥栏目优势，书香足迹遍布各处，成为电视读书媒体领航者。

（1）每年 4 月 23 日“世界读书日”，《书香北京》策划举办播出大型文化类特别节目；

（2）2014 年策划了国庆系列特别节目：“太庙国学讲坛”；

（3）连续三年联合北京市新闻出版局评选出“北京市书香家庭”；

（4）创办《书香北京》书友会，举办公益读书活动；

（5）走进多所中小学开展“书香进校园”活动；

（6）深入远郊区县宣传京城益民书屋；

（7）联合北京市残联，举办了近二十场“给盲人读有声书”大型公益阅读活动。

《书香北京》坚持传播优秀文化，树立正确的价值观，引领大众阅读，成为深受观众喜爱的电视读书品牌节目。

主创人员：

制片人：吴玮

主编：白钢

导演：王洋、佟美佳、马潇

主持人：姜华、李文文

统筹：于晓琳等

41.《国际双行线之完美行动》

节目（栏目）类别：综艺益智类

播出频道：BTV 青年频道

播出时间及节目时长：每周六 18：00，时长 60 分钟

节目内容及特色：《国际双行线之完美行动》是以青少年为选手，以国际化及青年为核心视角，集“文化、益智、娱乐”为一体，主旨是展现及培养青少年适应社会的能力，并为青少年分享增强这种能力的知识。节目运用闯关、益智、访谈、小综艺等多种电视化包装手段，通过寓教于乐的轻松形式，带动青少年向观众展示积极向上的态度，打造出一档最有营养的青少年人文节目，为青少年开拓有趣、有用、有爱的活动平台。

受欢迎程度及影响：节目自开播以来，收视率一直稳居《国际双行线》通档前列，受到广大电视观众尤其是青少年观众的喜爱。节目邀请到中国神舟飞船首任总设计师、中国音乐学院院长、国家博物馆首任讲解专家等重量级嘉宾，极大地提升了节目的内容含金量及影响力，并多次受到市局等上级单位的表扬，节目为青少年生动了传播了有益知识，有助于提升文化自信。

主创人员：

制片人：王策

导演：陈立一、闻静、竺弋

主持人：刘俊昱、裴琳、李玮琦、朱一静

42.《戏里戏外》（一部《欢乐颂》直击都市情感危机）

节目（栏目）类别：专题服务类

播出频道：BTV 青年频道

播出时间及节目时长：周一至周日10：00，时长 60 分钟

节目内容及特色：《欢乐颂 2》作为2017 年度都市情感题材热剧，引发社会女性情感话题。节目紧跟时效，推出以一部《欢乐颂》直击都市情感危机为题的特别节目。本期节目分两大版块，一是“剧”能聊。作为演播室深度剧评环节，通过樊盛美——惊醒都市大龄剩女、安迪——独立女性为何洗手做羹汤、曲筱绡——用爱情平衡差距等，通过盘点五位不同性格、不同境遇的女主角，折射当下都市女性情感问题。二是“剧”有料。以资讯快播的方式搜罗网络集锦，对近期各大热剧做提前预告。例如：《深夜食堂》迎首播，暖心暖胃，温暖你的故事；“三生三世”年初擦肩，六月再遇“桃花”盛开。富有条理的编辑思路，不但加强了节目节奏感，同时还增强了节目服务性，迎合节目定位。节目呈现三大亮点：①节目短片剪辑作为一大亮点，均以交叉、对比、综合等方式呈现轻快、鲜活的视觉体验。②素材巧妙运用是节目的第二大亮点，除了戏中人物，演员在戏外的真实生活及性格特点也进行充分的展现，增强节目信息量。③与剧迷的深度互动构成节目第三大特色，除了主持人与剧评人现场剖析，剧迷们在评论区及吐槽点也在现场——做了回应。

受欢迎程度及影响：节目播出后，在数据呈现上，明显提升了频道在白天时段的收视率及收视份额，达到节目预期效果。在受众反馈上，节目热线增多，反馈信息围绕播出时间、重播时间、嘉宾联络等。同时节目得到了台领导的高度关注，并对节目寄予“开辟了小成本低运作节目生存之道”的厚望。

主创人员：

制片人：李岩

导演：张浩、李慧

编辑：张弓

主持人：刘晓明

43.《北京新闻》

节目（栏目）类别：新闻资讯

播出频道：BTV 卫视频道、BTV 新闻频道

播出时间及节目时长：周一至周日18：30，时长 25 分钟

节目内容及特色：《北京新闻》是北京电视台历史最长的一档节目。历经 38 年创新发展，如今已成为全台最重要、收视率最高、影响力最大的新闻栏目。

《北京新闻》是政府与市民的信息和情感纽带。《北京新闻》“权威发布政策资讯，悉心关怀百姓冷暖”，策划了一系列具有广泛影响力的重大主题报道，组织了一批批接地气、“带露珠”的社会新闻。《北京新闻》引领导向，守正出新，展现了大台风范和文化品位。以“准确、及时、严谨、规范”为准绳，唱响主旋律，传递正能量。

受欢迎程度及影响：《北京新闻》美

誉度高，传播力强，是首都地区观众最受关注的新闻节目。在全国省级卫视频道35城市范围一周新闻类型节目平均收视率排名中，连续多年稳居第一。多次获得中国新闻奖电视编排类一、二等奖。

主创人员：

制片人：陈楠

副制片人：李光军

编辑：李晓军、崔菲、石云、舒予、元伟

主持人：王业、王小佳、聂一菁、孙扬、李杨薇、马迟、邬晔炜、陆放

44.《特别关注》

节目（栏目）类别：新闻资讯类

播出频道：BTV 卫视频道、BTV 新闻频道

播出时间及节目时长：周一至周日12：00，时长58分钟

节目内容及特色：关注社会发展，贴近百姓生活。倾听百姓心声、报道百姓关心的事、身边的事、困难的事、烦心的事。为百姓排忧解难，为政府上传下达搭建沟通理解的桥梁。

受欢迎程度及影响：《特别关注》在北京地区一直拥有较高的收视率和占有率。2017年栏目收视率稳步提升，上半年平均收视率为2.14%，比去年同期增长了13%以上，以2017年随机对比1个月收视数据，央视、东方卫视、湖南卫视、江苏卫视等同时段新闻栏目，《特别关注》北京本土收视率达到2.51%，遥遥领先；全国范围，《特别关注》在新闻类节目中收视率排名第三。

主创人员：

主编：赵欣

副主编：李颖、段忠俊

编辑：方园、王欢、斯琴、刘瑶

主持人：桑朝晖、王巍、赵彬彬、孙扬

45.《北京您早》

节目（栏目）类别：新闻资讯类

播出频道：BTV 卫视频道、BTV 新闻频道

播出时间及节目时长：周一至周日7：00，时长120分钟

节目内容及特色：梳理一天大事，提供丰富资讯。国内开办时间最早的早间新闻栏目，节目定位为“站在北京看世界”，在每天2个小时的节目时间里，以全球视角梳理国内外新闻，同时兼顾评论、气象、路况、生活服务等各种电视元素，节奏快、信息量大，为全国观众提供清晨最适合的新闻早餐。

受欢迎程度及影响：25年来《北京您早》不断地改进与创新，将同时段全国收视冠军的头衔一直保持至今，是一档深受北京乃至全国观众喜爱与认可的早间新闻节目。

主创人员：

制片人：马迟、黄广、刘非非

编辑：李苑、王大伟、王金春、王怡、赵静、李娜、杨蔚苠、刘坤、肖宬、张竞超、阎石、闫彩荣、王亦鹏

主持人：邬晔纬、张伟、张默、孙杨、李杨薇、西鸥、陆放等

46.《都市晚高峰》

节目（栏目）类别：新闻资讯类

播出频道：BTV 新闻频道

播出时间及节目时长：《都市晚高峰1》周一至周日 18：00，时长 30 分钟；《都市晚高峰 2》周一至周日 19：00，时长 97 分钟

节目内容及特色：栏目立足“从北京看天下”，深度融合一天之中电视、纸媒、网络媒体、移动媒体的热点新闻，并抽取新闻中的视频、音频、图片及数据进行重新编辑整合，用媒体融合的方式，为观众梳理一天的国际国内热点大事。

受欢迎程度及影响：突出互动特色，实现网络视频互动和微博互动、短信互动，多元化呈现观点和事实。

主创人员：宋旸、王潇、白云、周琼、桑朝晖

47.《锐观察》

节目（栏目）类别：新闻资讯类

播出频道：BTV 新闻频道

播出时间及节目时长：周一至周日 20：37，时长 30 分钟

节目内容及特色：互动式新主流新闻评论节目，它以新锐的视角、敏锐的探寻做有锐度的评论。

受欢迎程度及影响：给观众带来宽视野、高威信、广影响的言论传播力。

主创人员：张民、陈岳、何思、李藏宇

48.《红绿灯》

节目（栏目）类别：新闻资讯类

播出频道：BTV 新闻频道

播出时间及节目时长：周一至周日 21：10，时长 42 分钟

节目内容及特色：《红绿灯》是北京交通管理政策措施的权威发布平台，关注北京交通事业和百姓出行的方方面面，北京交通所包含和涉及的公交、地铁、城铁、铁路、民航等领域发生的新闻尽在其报道范围之内。

受欢迎程度及影响：十多年来，《红绿灯》培养了一批属于自己的稳定收视群体。在遇有重大、重要交通事件时，《红绿灯》都会在第一时间提供全方位的报道。

主创人员：张耀、朱岩、陈晶磊、赵昊、张默

49.《晚间新闻报道》

节目（栏目）类别：新闻资讯类

播出频道：BTV 新闻频道

播出时间及节目时长：周一至周日 21：55，时长 45 分钟

节目内容及特色：综合性新闻栏目。报道、梳理北京、国内、国际新闻大事，关注热点事件、热点人物，直播突发事件。

受欢迎程度及影响：通过微博等多种手段，与观众互动，评点热门话题。

主创人员：徐悦钧、王娟、胥兵、国培源、孙颖

50.《这里是北京》

节目（栏目）类别：新闻资讯类

播出频道：BTV 新闻频道

播出时间及节目时长：周一至周日 22:40，时长 20 分钟

节目内容及特色：一档历史文化类专题栏目，既是北京历史文化的展示平台，又是北京文化大发展大繁荣的见证者和参与者。

受欢迎程度及影响：自 2004 年开播以来，以京味儿语言、百姓视角、戏剧化的结构方式形成栏目独有的风格。曾拍摄百余条北京胡同、近百项文物古迹，详细介绍市级以上博物馆百余家。

主创人员：李欣、夏婷寅子、张晓达

51.《新时代 新气象 新作为——践行十九大精神基层行》

节目（栏目）类别：新闻资讯类

播出频道：BTV 卫视频道、BTV 新闻频道

播出时间及节目时长：12 月 4 日起在《北京新闻》《特别关注》《北京您早》三档卫视栏目同步播出，每集 3～5 分钟

节目内容及特色：紧紧围绕党的十九大和习近平总书记系列重要讲话精神，聚焦本市学习贯彻党的十九大精神过程中解决实际问题推动工作的新成效、新进展。

受欢迎程度及影响：系列报道播出后受到中宣部阅评员的表扬。中宣部《新时代 新气象 新作为》报道专评认为，我台“二新”报道“标题醒目，版面突出，内容丰富，反映了在学习十九大精神中解决问题、推动工作”。

主创人员：陈楠、李光军、梁雪松、刘晓、楚钊、金蕾、李烨、邓耀明、聂一菁

52.《萌娃看动物》

节目（栏目）类别：综艺类

播出频道：BTV 卡酷少儿频道

播出时间及节目时长：每周六 17:30,时长 30 分钟

节目内容及特色：以“一带一路”为主题的户外动物综艺秀，节目以小朋友们喜爱的动物为主角，用孩子的视角探访丝绸之路。节目筛选了古代丝绸之路的代表地点，不仅带领孩子们了解各地最具特色的野生动物，表达保护大自然的理念，还在途中体验“一带一路”地区的风土人情，展现“一带一路”倡议对沿途地区经济文化发展产生的影响。

受欢迎程度及影响：开播首期在全国 35 城 4～14 岁目标核心受众收视份额最高达 8.92%，在全国省级卫视同时段排名第二位。荣获了广电总局“迎接十九大优秀少儿节目”称号。

主创人员：

制片人：杨钊

导演：王淳、刘若玉、程序、张广轩、张敏、任佳宇

制片：季烨

53.《卡酷少儿动画春晚》

节目（栏目）类别：动画＋综艺

播出频道：BTV 卡酷少儿频道

播出时间及节目时长：2017 年 1 月

24 日至 26 日 18：30，时长 60 分钟

节目内容及特色：以“童心集梦 17 成长”为主题，打造《偶是大玩家》《偶是冒险家》《颐和园盛典》三场主题晚会，以玩偶特攻队闯关集齐梦想碎片为串联线索，向观众传递美好、勇敢、包容、善良的优良品德，让孩子们在最心爱的玩具陪伴下迎接新年，一起成长。

受欢迎程度及影响：开播核心收视份额北京地区稳占首位，全国 35 城跻身省级卫视前列，微博阅读量冲上话题榜第一位。

主创人员：

总导演：李严

导演组：袁媛、王沛珊、朱业、杨钊、李菲菲、王淳、郭衍超、王佳卉

主持人：彩虹、天天、瘦不了、闹闹

54.《穿越吧少年》

节目（栏目）类别：综艺类

播出频道：BTV 卡酷少儿频道

播出时间及节目时长：每周五 17：30，时长 25 分钟

节目内容及特色：文化探索类节目《穿越吧少年之爱上博物馆》由专家带领博物馆少年团展开博物馆的奇妙探索之旅，用孩子们的视角带来不同的文化体验。以博物馆为起点，在人文、艺术、自然科学的不同维度里尽情穿越；以博物馆为载体，将书本里看到听过的知识，变得鲜活。让文化拥有“触摸感”和“亲近感”，吸引孩子们爱上博物馆。

受欢迎程度及影响：获得市委宣传部阅评表扬。

主创人员：

制片人：许隽隽

副主编：庄严

主持人：黄焜

编导：马源艺、李雨婷、黄金

制片：张亚楠

统筹：郑佾

55.《闪天下之卡酷偶剧院》

节目（栏目）类别：综艺类

播出频道：BTV 卡酷少儿频道

播出时间及节目时长：每周日 17：00，时长 30 分钟

节目内容及特色：《闪天下之卡酷偶剧院》是全国首档大型儿童综艺舞台剧，将全国最酷的人偶形象汇聚一堂，以“用心讲述好故事”为创作理念，汇聚各大知名动画 IP 和经典舞台剧，通过深入互动的方式去引导孩子的潜在思维，使其在笑声中接受故事传达的意义。

受欢迎程度及影响：集结 10 多个全国知名 IP 舞台剧资源。

主创人员：

制片人：王沛珊

主编：马迪

编导：刘婷、赵诗涵

制片：杨婉娟

56.《七色光之热血躲避球》

节目（栏目）类别：综艺竞技类

播出频道：BTV 卡酷少儿频道

播出时间及节目时长：3 月 26 日至 6 月 11 日每周日 17：00，时长 30 分钟

节目内容及特色：大型户外竞技节目。《七色光之热血躲避球》以学校为单

位进行室内躲避球大战，最终角逐出一支冠军队伍。节目旨在让更多的孩子体验竞技体育的乐趣，提高团队意识，增强身体素质。

受欢迎程度及影响：2017 年卡酷少儿频道常规节目收视最好水平。

主创人员：

制片人：蒲文苑

导演：马子俊、刘若玉、王媛、林桐

主持人：彩虹、瘦不了

制片：路漠

57.《大玩家》

节目（栏目）类别：综艺类

播出频道：BTV 卡酷少儿频道

播出时间及节目时长：周六日 17：30，时长 30 分钟

节目内容及特色：《大玩家》是动漫多屏互动综艺秀。用综艺化、剧情化的讲述方式表现玩具的童真童趣。节目给玩具以生命，用趣味、时尚、梦幻的玩具故事，鼓励孩子们努力成长和认知自我，传递正确的价值观和正能量。

受欢迎程度及影响：在我国少儿电视玩具市场占据领先地位，现已积累微信粉丝近 30 万人，栏目合作客户多为国内玩具行业翘楚，展现了来自国内 20 多个顶尖玩具品牌的 70 多种产品，经营额连年增长。

主创人员：

制片人：李严

主持人：杨若天、王雅婷

主编：袁媛

导演：王淳、王佳卉

编辑：王帅霖、任佳宇、帅领

记者：李菲菲、杨暘

制片：郭衍超

统筹：蒿业媛、李玲

58.《纪实天下》

节目（栏目）类别：纪实类短片栏目

播出频道：BTV 纪实频道

播出时间及节目时长：每周一21：00，时长 27 分钟

节目内容及特色：《纪实天下》栏目是一档周播短纪录片栏目，创办 4 年来，先后播出了 200 多部社会现实题材纪录片。栏目通过每周的 27 分钟，记录社会风貌、讲述人物故事，用温暖的视角、真实的记录、生动的讲述去感知人的情怀，串联成今天的时代群像，记录当代中国人真实的生活轨迹。

受欢迎程度及影响：《纪实天下》栏目一直坚守在弘扬社会正能量，用记录的手法记录中国故事，串联成今天社会的时代群像的栏目定位上，从栏目开播至今 4 年内总计播出了 200 多部短纪录片作品，在收视表现、社会影响、斩获大奖三方面均获得了优异的表现。2014—2015 年连续两年取得频道收视第一的好成绩、四年内获得北京新闻奖、两岸四地最具影响力最具影响力栏目、总局十佳栏目、优秀栏目等在内的十多个集体奖项，近 30 多部作品在国内外纪录片评选中斩获十佳纪录片、优秀短片、最佳纪录短片奖、评委会特别推荐短片等奖项。栏目在困境中勇于探索创新，从选题源头把关，注重节目品质，不流俗、追风，力求节目背后的社会价值和社会影响，创出了纪实频道以小博

大、以低博高的自制纪录片创作之路，但成绩只属于过去，路在脚下，我们的记录之路不会停歇。2017 年度获奖情况：（1）纪录片《夏雨暖的生死考验》——2017 第五届“中国·镇江国际纪录片盛典”评选活动入围奖。（2）纪录片《“横走”虎跳峡》——2017 年第十三届北京国际体育电影周暨第 35 届米兰国际体育电影电视节全球挑战赛北京站入围作品。（3）纪录片《我在瑞士教滑雪》——获得 2017 年国家新闻出版广电总局第一季度推优作品，并同时入选国家新闻出版广电总局第一季度“中国梦”展播作品；2017 年第 13 届北京国际体育电影周暨第 35 届米兰国际体育电影电视节全球挑战赛北京站入围作品；意大利米兰国际体育电影电视节全球总决赛“奥运精神与价值观”单元提名奖。（4）纪录片《谭派传人》——第 23 届中国纪录片短片十佳作品；2016 年度优秀国产纪录片及创作人才扶持项目优秀短篇。（5）纪录片《使命生死》、纪录片《国礼诞生记——景泰蓝》——获得 2017 年国家新闻出版广电总局第三季度推优作品。（6）三集系列纪录片《当他们渐渐老去》——获得 2017 年国家新闻出版广电总局第四季度推优作品。（7）2017 年 2 月《纪实天下》栏目——获得 2016 年度中国电视满意度博雅榜地面频道文教类栏目十强。

主创人员：

制片人：张洁

导演：闫伟、陈玉、汪琳

59.《影事》

节目（栏目）类别：纪实类短片栏目

播出频道：BTV 纪实频道

播出时间及节目时长：每周五 21：00，时长 27 分钟

节目内容及特色：《影事》栏目定位讲述“影像与人”的故事，用“影像”作为载体，用影像证明时间的力量，讲述人生的百味，见证时代的进程。《影事》用独特的创作视角，展现当下影像创作者背后的喜怒哀乐，记录当代中国人真实的生活轨迹，随着科技让记录影像愈发便捷时，记录影像更成为一种生活方式。在某种意义上说，《影事》是一部中国人讲述自己故事的影像志。

受欢迎程度及影响：栏目拥有较固定的观众群，节目视频在网络传播中拥有较高点击量。《胖姐的快乐生活》入选 2017 年第二批“中国梦”主题短纪录片展播作品；《负重奔跑》入选 2017 年第三批“中国梦”主题短纪录片展播；《拍雪豹的人》被评为 2016 年度优秀国产纪录片及创作人才扶持项目优秀短片。《影事》被评为 2016 年度优秀国产纪录片及创作人才扶持项目优秀栏目奖。《影事》获第 23 届中国纪录片十优栏目。《留给未来的北京城》在“人文中国第六季——家园”专题片、纪录片推选中获中篇三等奖。《记录北京的人》获得第十二届“中国纪录片国际选片会”创优评析社会类一等奖。

主创人员：

制片人：赵怡

导演：孟祥意

摄像：王梓

调研报告
收视调查

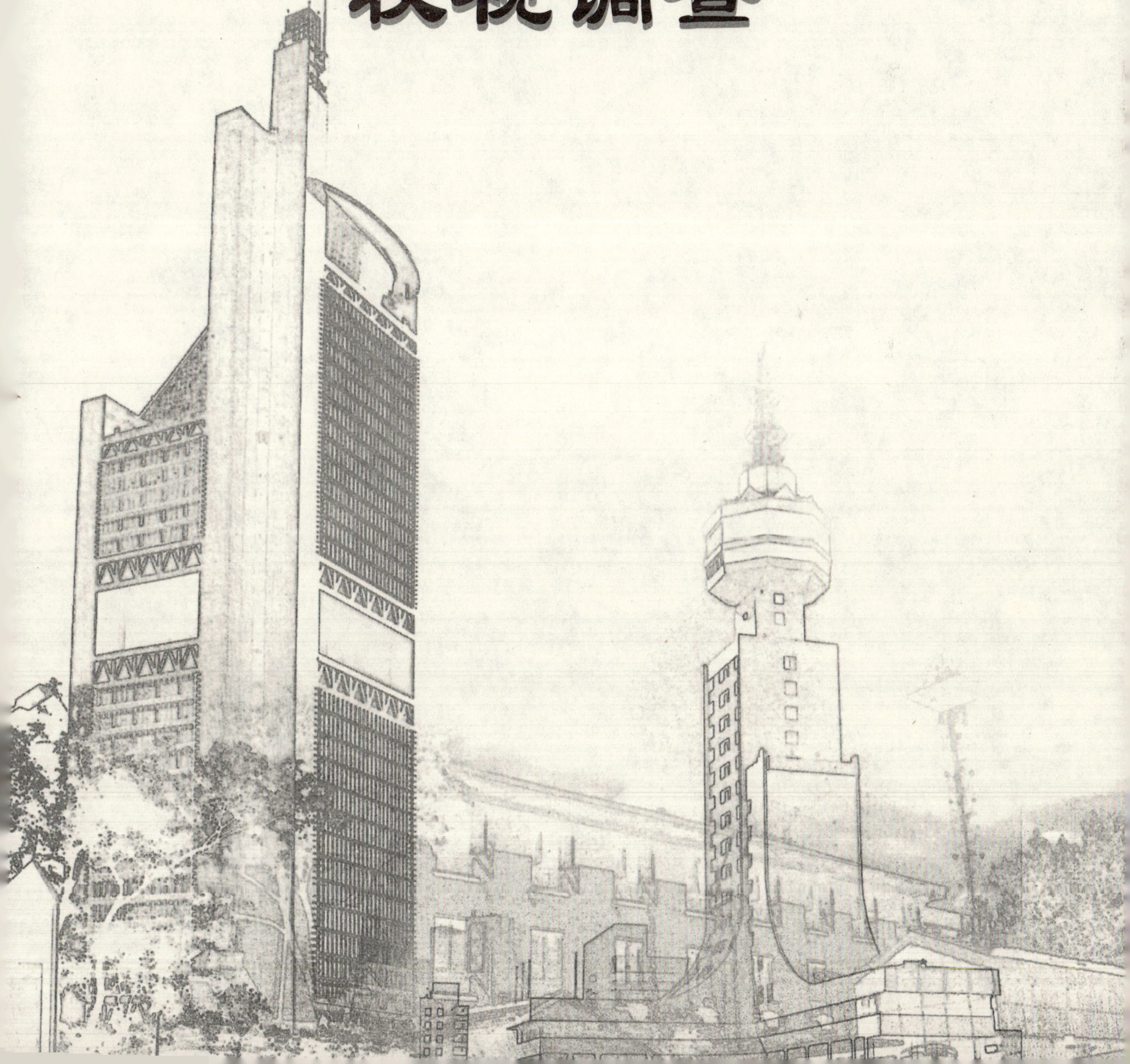

北京电视台2017年收视情况

研发部

全国电视市场整体情况

一、人均每日收视时长逐年走低

从CSM全国71城市数据来看，2017年，人均收视分钟数为143分钟，较2016年减少16分钟。电视观众人均每日收视时长从2014年的268分钟降至262分钟。

二、各年龄段观众收视量下降明显

具体到各年龄段受众人均每日收视时长来看，各年龄观众收视时长均有不同程度下降。其中，45~54岁下降最为明显，2017年较2016年下降21分钟；35~44岁和25~34岁人群同比分别下降18分钟、17分钟。

三、省级卫视整体份额略有下滑

从全国71城市数据表现来看，省级上星频道、地面频道市场份额分别由2016年的31.0%、21.10%下降至29.50%、19%，央视频道组在全国市场份额则有所上升，2017年市场份额为29.8%，与省级卫视差距进一步缩小。

北京电视市场整体情况

一、北京地区电视开机率持续下降

对比近3年北京地区电视开机率变化，无论是全天时段还是晚间时段(18：00—23：00)，开机率都延续下降态势。2017年，全天时段电视开机率为11.13%，晚间时段为26.59%，同比下降幅度均在7%左右。

二、北京台组继续保持领先优势

2017年，北京地区各级频道竞争格局基本延续上一年态势，北京台组继续保持领先优势，全天市场份额为33.60%，晚间时段份额为38.29%。中央台组全天和晚间市场份额分别为28.64%、25.72%，省级卫视全天和晚间时段份额分别为20.59%、21.20%。

三、北京台组分周走势相对平稳

从全年分周各台组份额走势来看，北京台组市场份额分周多数低于去年同期，但走势相对平稳，在第29~30周、第42~44周和第46~50周有冲高表现；中央台自第34周直至年尾，单周市场份额表现基本完全超过去年同期。

四、北京台组午间晚间优势明显

对比2017年三大台组全天收视走势来看，北京台组早间、午间和晚间收视优势较为明显，在上午和下午时段以及22：30至次日凌晨1：00后黄金时段和深夜时段落后于中央台和省级卫视。中央台组在白天时段收视基本保持稳定，整体收视走势和数值与2016年相近，晚黄时段收视则有一定下滑。省级卫视上午时段收视呈现一定增长，晚间19：30—21：30时段收视同比有所提升。

五、北京卫视、影视频道在北京地区继续领跑

对比近两年北京地区所有频道排名来看，2016 年，北京台全天时段共有 7 个频道进入排名前 20。

六、北京卫视省级卫视 35 城排名连续 5 年保持第四

从全国 35 城市数据来看，北京卫视全天和晚间份额连续 5 年保持增长态势，2017 年，市场份额分别增至 2.166%、2.362%，全天排名保持第四，晚间排名保持第三。

七、地面频道稳固台组整体市场份额

2017 年，北京电视台 8 个地面频道稳步发展，全天不同时段形成收视高峰，充分吸纳不同年龄、不同文化程度、不同收入水平的观众群体。其中，科教频道午间法制栏目带表现突出，有效提升台组白天大时段的市场占有率；体育频道次晚间时段收视表现突出，影视频道晚黄时段收视持续高位；文艺、生活、青年、新闻等多个频道也凭借各自品牌栏目，与省级卫视强档季播综艺及电视剧，分别在晚间黄金时段、后黄时段形成强势对抗，稳固台组整体市场份额。

八、卡酷少儿频道全国收视提升显著

2017 年，卡酷少儿频道收视、份额稳中有升，35 城全众收视率 0.1085%，市场份额 1.0545%，与 2016 年相比排名提升 3 位，进入全天时段省级卫视排名前 10。在 4 ~ 14 岁分众收视表现上，卡酷少儿频道 2016 年 35 城收视率 0.4051%，市场份额 5.1187%，排名上升 1 位，位列省级卫视第 2 位。

2017 年北京电视台节目收视情况一览

研发部

全台各中心栏目收视一览

数据包含日期：2017 年 1 月 1 日—10 月 31 日

序号	栏目名称	播出频道	平均收视率%	平均市场份额%	备注
1	北京新闻	北京卫视	5.13	22.85	
2	欢乐二打一	体育频道	2.59	13.08	
3	法治进行时	科教频道	2.44	18.01	
4	养生堂	北京卫视	2.03	11.75	
5	特别关注	北京卫视	1.99	13.92	
6	第三调解室	科教频道	1.94	15.79	
7	我是大医生	北京卫视	1.63	6.27	

续表

序号	栏目名称	播出频道	平均收视率%	平均市场份额%	备注
8	北京您早	北京卫视	1.62	31.43	
9	笑动2017	文艺频道	1.24	6.31	3月6日起改名为笑动剧场
10	暖暖的味道	北京卫视	1.11	8.47	
11	最北京	科教频道	1.04	3.27	
12	每日文娱播报	文艺频道	1.02	4.10	9月19日起改为19：00播出 分为两段
13	选择	生活频道	0.96	3.41	
14	脱口而出（20：50）	文艺频道	0.92	2.46	1月6日—3月24日周五20：50
15	足球100分	体育频道	0.91	2.85	
16	生活这一刻	生活频道	0.88	3.37	
17	体坛资讯	体育频道	0.87	3.45	
18	星夜故事	文艺频道	0.86	2.60	6月26日编排停播
19	红绿灯	新闻频道	0.83	2.69	
20	影视风云	文艺频道	0.82	2.68	
21	天天体育	体育频道	0.81	2.93	
22	都市晚高峰18：00	新闻频道	0.76	3.92	
23	我爱我家	文艺频道	0.76	2.31	6月26日编排停播
24	法治中国60′	科教频道	0.74	7.19	
25	笑动剧场	文艺频道	0.72	5.04	
26	春妮的周末时光	文艺频道	0.72	2.20	
27	我家有明星	文艺频道	0.71	2.09	6月26日编排停播
28	每日文娱播报大头条	文艺频道	0.69	3.14	
29	现场说法	科教频道	0.68	5.82	
30	记忆	科教频道	0.63	2.18	
31	生活广角	生活频道	0.61	2.80	
32	美食地图·一探到底	生活频道	0.59	1.81	
33	我爱食全食美	生活频道	0.56	2.95	
34	1810我看行	文艺频道	0.55	2.54	
35	特别定制	生活频道	0.55	1.63	
36	军情解码	青年频道	0.54	1.79	
37	红绿灯·平安行	新闻频道	0.53	3.30	

续表

序号	栏目名称	播出频道	平均收视率%	平均市场份额%	备注
38	都市晚高峰19：00	新闻频道	0.52	1.90	
39	拍宝	财经频道	0.52	1.66	
40	脱口而出（19：35）	文艺频道	0.51	1.73	3月28日—6月20日周二19：35
41	晚间新闻报道	新闻频道	0.50	2.12	
42	王芳遇上王为念	生活频道	0.50	1.93	
43	档案	北京卫视	0.49	4.53	
44	食全食美	生活频道	0.48	2.64	
45	我看行	文艺频道	0.46	2.67	6月26日起由1810我看行改名为我看行
46	喜剧合伙人	文艺频道	0.46	1.68	6月26日编排开播
47	谁在说	青年频道	0.45	1.57	
48	剧星派	卡酷频道	0.45	1.93	
49	惊喜欢乐送	文艺频道	0.43	1.48	
50	快乐生活一点通	生活频道	0.43	2.84	
51	生活面对面	生活频道	0.41	1.31	
52	我爱书画（20：50）	文艺频道	0.40	1.13	6月26日编排后20：50首播
53	健康北京	科教频道	0.40	2.00	
54	警法目录	科教频道	0.38	1.23	
55	生活+全能改造	生活频道	0.37	1.07	
56	健康无双	科教频道	0.36	1.19	
57	庭审纪实	科教频道	0.36	1.14	8月5日调整播出时间
58	理财	财经频道	0.36	1.25	
59	四海漫游	生活频道	0.35	1.78	
60	加油吧孩子	文艺频道	0.34	1.23	6月26日编排开播
61	首都经济报道	财经频道	0.34	1.34	
62	综艺麻辣烫	文艺频道	0.33	2.65	6月26日编排停播
63	聚文艺	文艺频道	0.33	2.54	6月26日编排停播
64	美食地图	生活频道	0.32	1.98	
65	生活特供	生活频道	0.32	2.62	
66	锐观察	新闻频道	0.31	0.93	
67	状元榜	青年频道	0.29	0.99	

续表

序号	栏目名称	播出频道	平均收视率%	平均市场份额%	备注
68	北京记忆	青年频道	0.29	1.10	
69	闪天下酷玩一冬	卡酷频道	0.28	1.34	
70	天下财经	财经频道	0.26	0.88	
71	青年探秘者	青年频道	0.26	0.76	
72	婚姻大事	青年频道	0.26	0.85	
73	欢乐微逗秀	文艺频道	0.24	1.64	6月26日编排停播
74	天下财经·投资者说	财经频道	0.23	0.86	
75	你会怎么做	青年频道	0.23	0.76	
76	这里是北京	新闻频道	0.22	1.29	
77	文化之约	文艺频道	0.21	1.28	
78	我爱我车	生活频道	0.21	1.02	
79	理财周末版	财经频道	0.20	0.58	
80	快乐健身一箩筐	体育频道	0.20	0.97	
81	综艺万象	文艺频道	0.19	1.70	6月26日编排停播
82	数说北京	财经频道	0.19	1.16	
83	财富故事	财经频道	0.19	0.78	
84	生活+第一房产	生活频道	0.19	1.06	
85	新闻50+	青年频道	0.19	0.75	
86	青春快乐季	青年频道	0.19	0.68	
87	北京客	青年频道	0.18	0.52	
88	闪天下	卡酷频道	0.17	0.99	
89	直播北京	新闻频道	0.16	1.59	
90	您吃对了吗	科教频道	0.15	1.19	
91	卡酷动物园	卡酷频道	0.15	0.80	
92	品位消费在北京	财经频道	0.14	0.97	6月4日调整首播时间
93	时尚漫生活	财经频道	0.14	0.72	
94	书香北京	青年频道	0.14	0.50	
95	品智生活	财经频道	0.13	0.60	
96	美丽乡村	新闻频道	0.12	1.14	
97	消费观察	新闻频道	0.12	0.94	
98	生活+家装攻略	生活频道	0.12	0.95	

续表

序号	栏目名称	播出频道	平均收视率%	平均市场份额%	备注
99	生活+周末开聊	生活频道	0.12	0.93	
100	电视先锋榜	青年频道	0.12	0.70	
101	大玩家	卡酷频道	0.12	0.78	
102	非常向上	科教频道	0.11	0.67	
103	创业听我说	财经频道	0.11	0.46	
104	国际双行线	青年频道	0.11	0.56	
105	趣味大课堂	青年频道	0.11	0.40	
106	新歌来啦	青年频道	0.11	0.55	
107	超强设计	青年频道	0.11	0.38	
108	财富家战略	财经频道	0.10	0.54	
109	法眼看剧	财经频道	0.10	0.30	
110	戏里戏外	青年频道	0.10	0.32	
111	七色光	卡酷频道	0.10	0.62	
112	KAKU少儿热血躲避球	卡酷频道	0.10	0.57	
113	北京议事厅	新闻频道	0.09	0.70	
114	镜鉴	新闻频道	0.09	0.87	
115	留学生	科教频道	0.09	0.30	
116	闪天下特别节目童话大作战	卡酷频道	0.09	0.56	
117	新闻手语	新闻频道	0.08	0.80	
118	提问投资人	财经频道	0.08	0.33	
119	美味人生	文艺频道	0.07	0.62	6月26日编排开播
120	党建进行时	新闻频道	0.06	0.63	
121	都市阳光	新闻频道	0.06	0.60	
122	怎么看	新闻频道	0.06	0.64	
123	欢天戏地	文艺频道	0.06	0.67	
124	才高八斗	财经频道	0.06	0.50	
125	影响者	财经频道	0.06	0.28	
126	妈妈育上娃	卡酷频道	0.06	0.21	
127	昨天的故事	纪实频道	0.06	0.19	
128	晚晴	科教频道	0.05	0.99	
129	总裁读书会	财经频道	0.05	0.27	

续表

序号	栏目名称	播出频道	平均收视率%	平均市场份额%	备注
130	成长大会	青年频道	0.05	0.28	
131	影事	纪实频道	0.05	0.16	
132	奇妙之旅	纪实频道	0.05	0.16	
133	人才	新闻频道	0.04	0.39	
134	我爱书画（13：55）	文艺频道	0.04	0.46	6月26日编排前13：55首播
135	家装大揭秘	文艺频道	0.04	0.66	5月22日起播出
136	税收天地	财经频道	0.04	0.21	
137	问鼎世界	财经频道	0.04	0.18	
138	纪实天下	纪实频道	0.04	0.12	
139	大牌价到	财经频道	0.03	0.19	
140	纪录中国	纪实频道	0.03	0.12	
141	奇纪实	纪实频道	0.03	0.19	
142	寰宇客	纪实频道	0.03	0.12	
143	档案	纪实频道	0.03	0.15	
144	这里是北京	纪实频道	0.03	0.19	
145	时尚印象	纪实频道	0.03	0.09	
146	中国故事	纪实频道	0.03	0.08	

卫视节目中心栏目收视一览

数据包含日期：2017年1月1日—10月31日

序号	栏目名称	播出频道	平均收视率%	平均市场份额%	备注
1	养生堂	北京卫视	2.03	11.75	
2	我是大医生	北京卫视	1.63	6.27	
3	暖暖的味道	北京卫视	1.11	8.47	
4	档案	北京卫视	0.49	4.53	

文艺节目中心节目收视一览

数据包含日期：2017年1月1日—10月31日

序号	栏目名称	播出频道	平均收视率%	平均市场份额%	备注
1	笑动2017	文艺频道	1.24	6.31	3月6日起改名为笑动剧场

续表

序号	栏目名称	播出频道	平均收视率%	平均市场份额%	备注
2	每日文娱播报	文艺频道	1.02	4.10	9月19日起改为19：00播出 分为两段
3	脱口而出（20：50）	文艺频道	0.92	2.46	1月6日—3月24日 周五20：50
4	星夜故事	文艺频道	0.86	2.60	6月26日编排停播
5	影视风云	文艺频道	0.82	2.68	
6	我爱我家	文艺频道	0.76	2.31	6月26日编排停播
7	笑动剧场	文艺频道	0.72	5.04	
8	春妮的周末时光	文艺频道	0.72	2.20	
9	我家有明星	文艺频道	0.71	2.09	6月26日编排停播
10	每日文娱播报大头条	文艺频道	0.69	3.14	
11	1810我看行	文艺频道	0.55	2.54	
12	脱口而出（19：35）	文艺频道	0.51	1.73	3月28日—6月20日周二19：35
13	我看行	文艺频道	0.46	2.67	6月26日起由1810我看行改名为我看行
14	喜剧合伙人	文艺频道	0.46	1.68	6月26日编排开播
15	惊喜欢乐送	文艺频道	0.43	1.48	
16	我爱书画（20：50）	文艺频道	0.40	1.13	6月26日编排后20：50首播
17	加油吧孩子	文艺频道	0.34	1.23	6月26日编排开播
18	综艺麻辣烫	文艺频道	0.33	2.65	6月26日编排停播
19	聚文艺	文艺频道	0.33	2.54	6月26日编排停播
20	欢乐微逗秀	文艺频道	0.24	1.64	6月26日编排停播
21	文化之约	文艺频道	0.21	1.28	
22	综艺万象	文艺频道	0.19	1.70	6月26日编排停播
23	美味人生	文艺频道	0.07	0.62	6月26日编排开播
24	欢天戏地	文艺频道	0.06	0.67	
25	我爱书画（13：55）	文艺频道	0.04	0.46	6月26日编排前13：55首播
26	家装大揭秘	文艺频道	0.04	0.66	5月22日起播出

科教节目中心栏目收视一览

数据包含日期：2017年1月1日—10月31日

序号	栏目名称	播出频道	平均收视率%	平均市场份额%	备注
1	法治进行时	科教频道	2.44	18.01	

续表

序号	栏目名称	播出频道	平均收视率%	平均市场份额%	备注
2	第三调解室	科教频道	1.94	15.79	
3	最北京	科教频道	1.04	3.27	
4	法治中国60′	科教频道	0.74	7.19	
5	现场说法	科教频道	0.68	5.82	
6	记忆	科教频道	0.63	2.18	
7	健康北京	科教频道	0.40	2.00	
8	警法目录	科教频道	0.38	1.23	
9	健康无双	科教频道	0.36	1.19	
10	庭审纪实	科教频道	0.36	1.14	8月5日调整播出时间
11	您吃对了吗	科教频道	0.15	1.19	
12	非常向上	科教频道	0.11	0.67	
13	留学生	科教频道	0.09	0.30	
14	晚晴	科教频道	0.05	0.99	

财经节目中心栏目收视一览

数据包含日期：2017年1月1日—10月31日

序号	栏目名称	播出频道	平均收视率%	平均市场份额%	备注
1	拍宝	财经频道	0.52	1.66	
2	理财	财经频道	0.36	1.25	
3	首都经济报道	财经频道	0.34	1.34	
4	天下财经·投资者说	财经频道	0.23	0.86	
5	天下财经	财经频道	0.26	0.88	
6	理财周末版	财经频道	0.20	0.58	
7	数说北京	财经频道	0.19	1.16	
8	财富故事	财经频道	0.19	0.78	
9	品位消费在北京	财经频道	0.14	0.97	6月4日调整首播时间
10	时尚漫生活	财经频道	0.14	0.72	
11	品智生活	财经频道	0.13	0.60	
12	创业听我说	财经频道	0.11	0.46	
13	财富家战略	财经频道	0.10	0.54	
14	法眼看剧	财经频道	0.10	0.30	
15	提问投资人	财经频道	0.08	0.33	

续表

序号	栏目名称	播出频道	平均收视率%	平均市场份额%	备注
16	才高八斗	财经频道	0.06	0.50	
17	影响者	财经频道	0.06	0.28	
18	总裁读书会	财经频道	0.05	0.27	
19	税收天地	财经频道	0.04	0.24	
20	问鼎世界	财经频道	0.04	0.18	
21	大牌价到	财经频道	0.03	0.19	

体育节目中心栏目收视一览

数据包含日期：2017 年 1 月 1 日—10 月 31 日

序号	栏目名称	播出频道	平均收视率%	平均市场份额%	备注
1	欢乐二打一	体育频道	2.59	13.08	
2	足球 100 分	体育频道	0.91	2.85	
3	天天体育	体育频道	0.81	2.93	
4	体坛资讯	体育频道	0.87	3.45	
5	快乐健身一箩筐	体育频道	0.20	0.97	

生活节目中心栏目收视一览

数据包含日期：2017 年 1 月 1 日—10 月 31 日

序号	栏目名称	播出频道	平均收视率%	平均市场份额%	备注
1	选择	生活频道	0.96	3.41	
2	生活这一刻	生活频道	0.88	3.37	
3	生活广角	生活频道	0.61	2.80	
4	美食地图·一探到底	生活频道	0.59	1.81	
5	我爱食全食美	生活频道	0.56	2.95	
6	特别定制	生活频道	0.55	1.63	
7	王芳遇上王为念	生活频道	0.50	1.93	
8	食全食美	生活频道	0.48	2.64	
9	快乐生活一点通	生活频道	0.43	2.84	
10	生活面对面	生活频道	0.41	1.31	
11	生活＋全能改造	生活频道	0.37	1.07	
12	四海漫游	生活频道	0.35	1.78	
13	美食地图	生活频道	0.32	1.98	
14	生活特供	生活频道	0.32	2.62	

续表

序号	栏目名称	播出频道	平均收视率%	平均市场份额%	备注
15	我爱我车	生活频道	0.21	1.02	
16	生活+第一房产	生活频道	0.19	1.06	
17	生活+家装攻略	生活频道	0.12	0.95	
18	生活+周末开聊	生活频道	0.12	0.93	

青少·海外节目中心栏目收视一览

数据包含日期：2017年1月1日—10月31日

序号	栏目名称	播出频道	平均收视率	平均市场份额	备注
1	军情解码	青年频道	0.54	1.79	
2	谁在说	青年频道	0.45	1.57	
3	状元榜	青年频道	0.29	0.99	
4	北京记忆	青年频道	0.29	1.10	
5	青年探秘者	青年频道	0.26	0.76	
6	婚姻大事	青年频道	0.26	0.85	
7	你会怎么做	青年频道	0.23	0.76	
8	新闻50+	青年频道	0.19	0.75	
9	青春快乐季	青年频道	0.19	0.68	
10	北京客	青年频道	0.18	0.52	
11	书香北京	青年频道	0.14	0.50	
12	电视先锋榜	青年频道	0.12	0.70	
13	国际双行线	青年频道	0.11	0.56	
14	趣味大课堂	青年频道	0.11	0.40	
15	新歌来啦	青年频道	0.11	0.55	
16	超强设计	青年频道	0.11	0.38	
17	戏里戏外	青年频道	0.10	0.32	
18	成长大会	青年频道	0.05	0.28	

新闻节目中心栏目收视一览

数据包含日期：2017年1月1日—10月31日

序号	栏目名称	播出频道	平均收视率%	平均市场份额%	备注
1	北京新闻	北京卫视	5.13	22.85	
2	特别关注	北京卫视	1.99	13.92	
3	北京您早	北京卫视	1.62	31.43	

续表

序号	栏目名称	播出频道	平均收视率%	平均市场份额%	备注
4	红绿灯	新闻频道	0.83	2.69	
5	都市晚高峰 18：00	新闻频道	0.76	3.92	
6	红绿灯·平安行	新闻频道	0.53	3.30	
7	都市晚高峰 19：00	新闻频道	0.52	1.90	
8	晚间新闻报道	新闻频道	0.50	2.12	
9	锐观察	新闻频道	0.31	0.93	
10	这里是北京	新闻频道	0.22	1.29	
11	直播北京	新闻频道	0.16	1.59	
12	美丽乡村	新闻频道	0.12	1.14	
13	消费观察	新闻频道	0.12	0.94	
14	北京议事厅	新闻频道	0.09	0.70	
15	镜鉴	新闻频道	0.09	0.87	
16	新闻手语	新闻频道	0.08	0.80	
17	党建进行时	新闻频道	0.06	0.63	
18	都市阳光	新闻频道	0.06	0.60	
19	怎么看	新闻频道	0.06	0.64	
20	人才	新闻频道	0.04	0.39	

动画节目中心栏目收视一览

数据包含日期：2017 年 1 月 1 日—10 月 31 日

序号	栏目名称	播出频道	平均收视率%	市场份额%	备注
1	剧星派	卡酷频道	0.45	1.93	
2	闪天下酷玩一冬	卡酷频道	0.28	1.34	
3	闪天下	卡酷频道	0.17	0.99	
4	卡酷动物园	卡酷频道	0.15	0.80	
5	大玩家	卡酷频道	0.12	0.78	
6	七色光	卡酷频道	0.10	0.62	
7	KAKU 少儿热血躲避球	卡酷频道	0.10	0.57	
8	闪天下特别节目童话大作战	卡酷频道	0.09	0.56	
9	妈妈育上娃	卡酷频道	0.06	0.21	

纪实节目中心栏目收视一览

数据包含日期：2017 年 1 月 1 日—10 月 31 日

序号	栏目名称	播出频道	平均收视率%	平均市场份额%	备注
1	昨天的故事	纪实频道	0.06	0.19	
2	影事	纪实频道	0.05	0.16	
3	奇妙之旅	纪实频道	0.05	0.16	
4	纪实天下	纪实频道	0.04	0.12	
5	纪录中国	纪实频道	0.03	0.12	
6	奇纪实	纪实频道	0.03	0.19	
7	寰宇客	纪实频道	0.03	0.12	
8	档案	纪实频道	0.03	0.15	
9	这里是北京	纪实频道	0.03	0.19	
10	时尚印象	纪实频道	0.03	0.09	
11	中国故事	纪实频道	0.03	0.08	

获奖 表彰

2016 年度中国电视满意度博雅榜北京电视台获奖情况

研究发展部

2017 年 2 月 25 日，第九届“中国电视南方论坛”暨2016 年度“中国电视满意度博雅榜”发布会在南京举行。在当天揭晓的2016 年度“中国电视满意度博雅榜”榜单中，北京电视台卫视频道和地面频道将十项大奖收入囊中：北京卫视荣膺“上星频道十强”；北京卫视《跨界歌王》《养生堂》《音乐大师课》分别获得“卫视频道综艺类节目”十强栏目、“卫视频道财经生活节目”十强栏目、“特别推荐奖”三大奖项；新闻频道《都市晚高峰》和《直播北京》两档栏目双双跻身“地面频道新闻类节目”十强栏目榜单；文艺频道《我爱我家》被评为“地面频道综艺类节目”十强栏目；纪实频道《纪实天下》被评为“地面频道文教类节目”十强栏目；科教频道《现场说法》和《留学生》两档栏目分别被评为“地面频道文教类节目”十强栏目和“地面频道财经生活节目”十强栏目。

本届博雅榜是在中国电视艺术家协会的指导下，由北京大学新闻与传播学院、南京大学新闻传播学院、南方电视学刊联合主办，由江苏省广播电视总台、广东省广播电视台、北京大学视听传播研究中心联合承办的。来自全国传媒业界、学界的代表 120 余人出席。本届博雅榜共评选出 11 个奖项，每个奖项有 10 个获奖单位，另外还有 2 个特别推荐奖，涵盖了从上星媒体到城市台的新闻、综艺、文教、财经生活等多个类型。共有 10 家卫视频道、10 家省级地面频道、10 家城市电视台、82 个栏目上榜。

博雅榜满意度评估体系是北京大学视听传播研究中心的科研成果，由陆地教授领衔开发。该评估体系基于科研团队 20 余年研究中国电视产业的经验，以中国电视产业的发展现状为基础，以满意度为核心，以搜索引擎技术和语义分析技术为支撑，以推动中国电视产业健康发展为目标，综合定量分析与定性分析两种思路、数据研究和专家研讨两种手段，对中国电视栏目、频道和电视台的网络满意度情况进行统计和研究。该榜根据网民关注度、满意度和市场份额等指标，初选出候选频道和栏目，再由北大、人大、复旦、清华等 15 所著名高校新闻学院的 15 名专家按照“创新能力、文化品位、社会价值、人际口碑和总体印象”五个标准进行打分评选，最后和软件分析评比的结果按照 4:6 的权重评选出最后的榜单。2016 年博雅榜栏目评选基数与 2015 年相仿，所有上榜者均从 2000 多个候选栏目中脱颖而出。

从 2010 年起，北京大学视听传播研究中心每年发布中国电视满意度博雅榜（原名中国电视满意度博雅奖）和中国电视满意度研究报告，已经连续举办了7届，得到了学界和业界的认可和积极反响。满意度指标正逐渐被国内电视台和视频网站所采纳，用于内部的评估和研究。这种利用新媒体、新技术与专家独立判断相结合的评比方式，旨在增强中国电视媒体的社会责任感，提升电视节目的文化品位，促进电视节目评估的多元化，是当下“电视节目综合评价”标准的一个有效补充和完善。

北京电视台精神文明创建获奖情况

党委办公室

一、新闻节目中心李杨薇获得第三十一届“北京青年五四奖章”。

二、新闻节目中心聂一菁获得“北京榜样”2017年8月月度上榜人物。

三、北京电视台“智慧党建”手机互动平台入选2015—2017北京市基层党建创新项目孵化工程。

四、卫视节目中心李丹获得“2017年度首都市民学习之星”称号。

五、科教节目中心韩贤在2017年全国学雷锋志愿服务“四个100”先进典型评选中获得“最美志愿者”称号。

2017年北京电视台节目获奖情况

总编室

（截至2018年4月4日）

序号	奖项名称	届数	奖项等级	获奖作品或单项个人	首播时间	参评项目	部门
1	中国新闻奖	第27届	三等奖	“限塑令”为何名存实亡	2016. 2. 16	电视评论	新闻
2	中国新闻奖	第27届	三等奖	《中国梦365个故事》之《生命线》	2016. 11. 1	国际传播（电视专题）	新闻
3	电视文艺“星光奖”	第25届	电视综艺节目大奖	北京电视台2017年春节联欢晚会	2017. 1. 28	电视综艺节目	文艺

续表

序号	奖项名称	届数	奖项等级	获奖作品或单项个人	首播时间	参评项目	部门
4	电视文艺“星光奖”	第25届	少儿电视节目大奖	音乐大师课（第三季）	2017.4.30—2017.8.13	少儿电视节目	卫视
5	电视文艺“星光奖”	第25届	电视文艺栏目大奖——提名作品	传承者之中国意象（第二季）	2016.9.11起每周日北京卫视21：08播出，共12期	电视文艺栏目	卫视
6	电视文艺“星光奖”	第25届	电视动画节目大奖——提名作品	最可爱的人	2016.10.18—10.24	电视动画节目	动画
7	北京新闻奖	第26届	组织策划奖	“带本书给家乡的孩子”第四季之爱心长征路	2016.9.26—9.30	组织策划	新闻
8	北京新闻奖	第26届	一等奖	首条入京特高压输电通道配套工程全面完工 今夏北京将首用特高压电	2016.6.16	短消息	新闻
9	北京新闻奖	第26届	一等奖	寻踪长征路	2016.9.26—10.25	系列报道	新闻
10	北京新闻奖	第26届	一等奖	天使之约	2016.4.11	专题	卫视
11	北京新闻奖	第26届	一等奖	《春潮》——习近平总书记2.26视察北京两周年第一集：两年回首	2016.2.21	专题	新闻
12	北京新闻奖	第26届	一等奖	《大家谈》第一季第一集——守护蓝天	2016.10.31	新闻访谈	新闻
13	北京新闻奖	第26届	二等奖	19厘米超长3D打印脊椎植入 救治恶性脊椎肿瘤患者	2016.6.27	长消息	新闻
14	北京新闻奖	第26届	二等奖	《最北京》	每周日20：00 （1）2016.2.28 （2）2016.8.28	栏目	科教
15	北京新闻奖	第26届	二等奖	《北京您早》	每天7：00—9：00 （1）2016.1.1 （2）2016.9.2	栏目	新闻
16	北京新闻奖	第26届	二等奖	中国梦365个故事——生命线	2016.10.3	专题（境外）	新闻
17	北京新闻奖	第26届	三等奖	生命的接力：25岁山东小伙捐献器官 有望挽救7人	2016.5.25	长消息	新闻

续表

序号	奖项名称	届数	奖项等级	获奖作品或单项个人	首播时间	参评项目	部门
18	北京新闻奖	第26届	三等奖	网民主动抵制谣言 为坚守者点赞传播正能量	2016.7.21	长消息	新闻
19	北京新闻奖	第26届	三等奖	“限塑令”为何名存实亡?	2016.2.16	评论	新闻
20	北京新闻奖	第26届	三等奖	应对强降雨 我们在行动	2016.7.20	现场直播	新闻
21	北京新闻奖	第26届	三等奖	北京城市副中心·考古进行时	2016.11.28	专题	新闻
22	北京新闻奖	第26届	三等奖	《征途》第四集	2016.11.10	专题	财经
23	北京新闻奖	第26届	三等奖	《法治中国60’》	2016.12.6	新闻编排	科教
24	北京新闻奖	第26届	三等奖	韶山记忆——毛泽东32年后回家	2016.4.13	新闻访谈	科教
25	北京市文学艺术奖	第八届	北京市文学艺术奖	伟大的贡献	2015.8.26	纪录片	卫视
26	北京市文学艺术奖	第八届	北京市文学艺术奖	戚继光	2014.10.10	动画片	动画
27	北京市优秀广播电视节目	2016年度	优秀广播电视节目	生命的接力:25岁山东小伙捐献器官 有望挽救7人	2016.5.25	长消息	新闻
28	北京市优秀广播电视节目	2016年度	优秀广播电视节目	19厘米超长3D打印脊椎植入 救治恶性脊椎肿瘤患者	2016.6.27	长消息	新闻
29	北京市优秀广播电视节目	2016年度	优秀广播电视节目	网民主动抵制谣言 为坚守者点赞传播正能量	2016.7.21	长消息	新闻
30	北京市优秀广播电视节目	2016年度	优秀广播电视节目	首条入京特高压输电通道配套工程全面完工 今夏北京将首用特高压电	2016.6.16	短消息	新闻
31	北京市优秀广播电视节目	2016年度	优秀广播电视节目	寻踪长征路	2016.9.26—10.25	系列报道	新闻
32	北京市优秀广播电视节目	2016年度	优秀广播电视节目	关注出租车改革新政	2016.7.30—8.1	系列报道	新闻
33	北京市优秀广播电视节目	2016年度	优秀广播电视节目	快递行业火爆 包装垃圾去哪儿了	2016.2.15	系列报道	新闻
34	北京市优秀广播电视节目	2016年度	优秀广播电视节目	“限塑令”为何名存实亡?	2016.2.16	评论	新闻

续表

序号	奖项名称	届数	奖项等级	获奖作品或单项个人	首播时间	参评项目	部门
35	北京市优秀广播电视节目	2016 年度	优秀广播电视节目	应对强降雨 我们在行动	2016. 7. 20	现场直播	新闻
36	北京市优秀广播电视节目	2016 年度	优秀广播电视节目	天使之约	2016. 4. 11	专题	卫视
37	北京市优秀广播电视节目	2016 年度	优秀广播电视节目	北京城市副中心 · 考古进行时	2016. 11. 28	专题	新闻
38	北京市优秀广播电视节目	2016 年度	优秀广播电视节目	网络直播探秘	2016. 5. 26	专题	青少 · 海外
39	北京市优秀广播电视节目	2016 年度	优秀广播电视节目	《征途》第四集	2016. 11. 10	专题	财经
40	北京市优秀广播电视节目	2016 年度	优秀广播电视节目	换房之痛	2016. 4. 13	专题	财经
41	北京市优秀广播电视节目	2016 年度	优秀广播电视节目	《春潮》——习近平总书记 2. 26 视察北京两周年 第一集：两年回首	2016. 2. 21	专题	新闻
42	北京市优秀广播电视节目	2016 年度	优秀广播电视节目	《最北京》	每周日 20：00 （1） 2016. 2. 28 （2） 2016. 8. 28	栏目	科教
43	北京市优秀广播电视节目	2016 年度	优秀广播电视节目	《四海漫游》	每周六 17：45 （1） 2016. 2. 27 （2） 2016. 10. 1	栏目	生活
44	北京市优秀广播电视节目	2016 年度	优秀广播电视节目	《北京您早》	每天 7：00—9：00 （1） 2016. 1. 1 （2） 2016. 9. 2	栏目	新闻
45	北京市优秀广播电视节目	2016 年度	优秀广播电视节目	12 月 6 日《法治中国 60'》	2016. 12. 6	新闻编排	科教
46	北京市优秀广播电视节目	2016 年度	优秀广播电视节目	韶山记忆——毛泽东 32 年后回家	2016. 4. 13	新闻访谈	科教
47	北京市优秀广播电视节目	2016 年度	优秀广播电视节目	《大家谈》第一季第一集——守护蓝天	2016. 10. 31	新闻访谈	新闻
48	北京市优秀广播电视节目	2016 年度	优秀广播电视节目	聚焦杭州 G20	2016. 8. 30—9. 5	组织策划	新闻
49	北京市优秀广播电视节目	2016 年度	优秀广播电视节目	最可爱的人	2016. 10. 18—24	动画节目	动画
50	北京市优秀广播电视节目	2016 年度	优秀广播电视节目	跨界歌王	2016. 5. 28—8. 20	综艺节目	卫视
51	北京市优秀广播电视节目	2016 年度	优秀广播电视节目	2016 年北京电视台春节联欢晚会	2016. 2. 8	综艺节目	文艺
52	北京市优秀广播电视节目	2016 年度	优秀广播电视节目	传承者之中国意象	2016. 9. 11—12. 4	综艺节目	卫视
53	北京市优秀广播电视节目	2016 年度	优秀广播电视节目	"奥运之城 冰雪邀约" 2017BTV 跨年环球歌会	2016. 12. 31	综艺节目	青少 · 海外
54	北京市优秀广播电视节目	2016 年度	优秀广播电视节目	音乐大师课（第二季）	2016. 3. 5	综艺节目	卫视

续表

序号	奖项名称	届数	奖项等级	获奖作品或单项个人	首播时间	参评项目	部门
55	北京市优秀广播电视节目	2016 年度	优秀广播电视节目	红军不怕远征难	2016. 10. 17—10. 21	纪录片	卫视
56	北京市优秀广播电视节目	2016 年度	优秀广播电视节目	大西山	2016. 12. 5—12. 16	纪录片	新闻
57	北京市优秀广播电视节目	2016 年度	优秀广播电视节目	融通之路	2016. 12. 19	纪录片	青少·海外
58	北京市优秀广播电视节目	2016 年度	优秀广播电视节目	《瓷痴》（上、下）	2016. 8. 31	纪录片	纪实
59	北京市优秀广播电视节目	2016 年度	优秀广播电视节目	90 后的豆汁店	2016. 2. 24	纪录片	纪实
60	北京市优秀广播电视节目	2016 年度	优秀广播电视节目	第六届北京国际电影节开幕式	2016. 4. 16	文艺专题节目	青少·海外
61	北京市优秀广播电视节目	2016 年度	优秀广播电视节目	世界艾滋病日特别节目	2016. 12. 1	科普节目	卫视
62	北京市优秀广播电视节目	2016 年度	优秀广播电视节目	毛泽东诗词的故事	2016. 12. 26—10. 28	文学节目	卫视
63	北京市优秀广播电视节目	2016 年度	优秀广播电视节目	系好安全带，守住生命线	2016. 11. 2—12. 20	广告节目	科教
64	北京市优秀广播电视节目	2016 年度	优秀广播电视节目	中国梦 365 个故事——生命线	2016. 10. 3	专题	新闻
65	北京市优秀广播电视节目	2016 年度	优秀广播电视节目	跑步社交	2016. 6. 30	消息	青少·海外
66	北京市优秀广播电视节目	2016 年度	优秀广播电视节目	男旦传承面临挑战	2016. 6. 17	专题	青少·海外

备注：以上统计未算《狼图腾》获得北京市文学艺术奖。

2017 年北京电视台技术获奖情况

技术设备管理部

（截至 2017 年 12 月 8 日）

王选新闻科学技术奖

序号	项目名称	主要完成人	获奖等级
1	电视台网络安全监测系统建设技术白皮书	毕江、周旭辉、王立冬、李程、张伟、赵为纲、王燕清、何晶、陈厅、张宁、胡恺	一等奖
2	电视台制播网运维管理研究	毕江、周旭辉、王学奎、李湧、王立冬、栾花、陈奇、胡凯、马晨阳、吕少鹏、王宇	二等奖
3	北京电视台智慧媒体云架构制播网络系统建设项目	毕江、李湧、陈广鑫、张晓山、张晓涛、王宇、尹习武、翟林、郑岩、唐冬梅、张帆	二等奖
4	基于高密度无线覆盖环境下的大型活动新媒体互动技术实现及应用	周旭辉、李程、冯新春、王燕清、苏爽、罗旭、张鹏宇、张益恺	三等奖

王选优秀新闻影视科技论文奖

序号	项目名称	主要完成人	获奖等级
1	电视台信息安全工作的相关思考与尝试	毕江	一等奖
2	脉络与印记——关于电视台技术体系发展的思考与探索	毕江	一等奖
3	电视台信息技术系统运维服务管理体系研究与实践	毕江、王学奎、陈广鑫、栾花、丁辰	二等奖
4	北京电视台数据系统建设与应用实践	毕江、李程、倪晨爽	二等奖
5	高密度无线覆盖技术及其实现	王燕清、李程、苏爽	二等奖
6	北京电视台云生产系统设计与实现	陈广鑫、张晓山、王宇	三等奖
7	高标清同播时期标清信号品质提升的技术探索与实践	程宏、王麒、张德军	三等奖
8	体验超高清带来的改变——详解 4K 版纪录片《最后的沙漠守望者》	赵新生、郭豪珺	三等奖

中国电影电视技术学会“全国杰出影视科技工作者”

序号	姓名
1	毕江

中国电影电视技术学会“全国优秀影视科技工作者”

序号	姓名
1	刘晓光

中国电影电视技术学会第十届科技进步奖

项目名称	主要完成人	获奖等级
北京电视台智慧媒体云架构制播网络系统建设项目	毕江、李湧、陈广鑫、张晓山、张晓涛、王宇、尹习武、翟林、郑岩、唐冬梅	二等奖

金帆奖

序号	类别		名称	主要完成人	等级
1	标清	新闻	北京新闻	王浩、宋成、陈晓雷、冯红才	一等奖
2			特别关注	王江、曹颜、彭智唯、靳红飞	二等奖
3	高清	专题	大西山·京西流翠	孙海峰、赵宏伟、赵博、张墨一	一等奖
4			上菜	孙略、刘睿、武经纬、王顺林	二等奖
5		综艺	2017BTV 春节联欢晚会	郑星、王倩、张宁、孙东燕、金凯、罗旭	二等奖
6			2017BTV 跨年环球歌会	邓乐、祝子龙、王剑伟、张民、刘燕伟、李玥	二等奖
7		电视剧	职场是个技术活	王建业、唐青、武文举、卢薇、樊思津、刘超	二等奖
8		体育	排球联赛	叶志云、安晓军、冉晓峰、刁旭、周旭、冯婧	二等奖
9			中国男子篮球职业联赛	韩士聪、谢原、谢苏文、陈志军、刘畅	二等奖

续表

序号	类别		名称	主要完成人	等级
10	高清音频	音频专题	大西山·京西流翠	姚银壮、吴铮、余勇平、崔雨	三等奖
11			上菜	吴铮、张志杰、范强、张益恺	二等奖
12		音频综艺	2017BTV 春节联欢晚会	杨宣军、吴铮、生硕、季民	三等奖
13			2017BTV 跨年环球歌会	吴铮、杨宣军、刘莘、万韵初	三等奖
14		音频体育	排球联赛	姜世杰、黄玮、李鹏、白国涛	三等奖
15	视频图形	视频短片	大西山·京西流翠	赵新生、冯中锋、宋颖	二等奖
16			瞰. 北京	贺文林、郭豪珺、张兆媛	二等奖
17		视频片头	长征·红军不怕远征难	黄锐、欧阳三明、王宇	二等奖
18			2017BTV 春节联欢晚会	吴波、张金秋、赵俊生	一等奖
19		演播室图形设计类	2017BTV 春节联欢晚会	王袆、杨光、谭小颖	二等奖
20			我是大医生	王一沫、杨洋、孙红伟	三等奖
21	灯光设计制作灯光综艺		2017BTV 春节联欢晚会	陈烁、李伟、何莹	一等奖
22			2017BTV 跨年环球歌会	吴秋辰、戴元殊、王鹏	二等奖
23	美术设计制作美术综艺		2017BTV 春节联欢晚会	孙游、李剑宇、薛频	一等奖
24			第七届北京国际电影节开幕式	石悦、胡瑞芳、张远芳	二等奖
25	播出技术质量		梁建华、安贵江、王麒、李良、李元序、张潇丹、张保军、刘顺平、梁爽、蒋红艳、邹斌、芮浩、董时章、张来宝、张焱		一等奖
26	金帆综合大奖		毕江、郑星、刘晓光、朱雨稼、周旭辉、孙海峰、王立冬、侯宏炜、董秀琴		

关于表彰 2017 年度考核优秀人员的决定

各中心、部、室：

2017 年全台广大干部职工爱岗敬业，锐意进取，扎实工作，为我台事业发展做出了积极贡献，涌现出了一大批先进个人。为鼓励先进，鼓舞士气，经研究决定，对在 2017 年度考核中被评为优秀的 622 名同志给予通报表彰（姓名按姓氏笔画排序，不分先后）。

丁　微	于莉莉	于晓江	于晓琳	于晓鹏
于　菲	于　跃	马世飞	马　良	马　迟
马　鸥	马银平	马　婷	马　嘉	马　慧
马　璇	王　一	王一霖	王天南	王元韬
王文卓	王文献	王玉龙	王　冉	王永利
王永峰	王壮壮	王宇（新闻）	王宇（网管）	王宇涵
王　欢	王　红	王　进	王　远	王志杰
王丽晓	王　宏	王　卓	王明轩	王　迪
王　凯	王知律	王　欣	王　征	王金春
王　泓	王春元	王思雯	王　峥	王顺林
王奕奕	王　彦	王　恰	王　勇	王　哲
王　晓	王晓龙	王晓东	王晓佳	王　晔
王　健	王涛（新闻）	王涛（总编室）	王　浩	王海琨
王　祥	王　娟	王　曼	王　超	王　晶
王　策	王　强	王　瑜	王潇彤	王　瑾
王　聪	王　毅	王　燕	王　鑫	元　伟
云振贤	尤　鑫	毛正宇	毛晓冬	乌竹木
文　雅	方亦军	尹　言	尹　航	尹　悦
尹　谦	邓　力	邓　乐	邓耀明	左　博
石雨濛	石晶晶	石　瑶	石冀明	卢泽辉
卢　璐	田　方	田永娟	田　刚	田思涵

田　洋	田铭晖	田　雯	田　蕊	史小民
史向晖	付　骁	白昀川	白　熠	尔星星
冯白垚	冯　乐	冯　婧	冯耀华	兰　天
兰　巧	宁宏立	司　虹	司　健	匡　莉
邢亚平	权　巍	西　欧	曲　冉	吕　芳
吕　品	吕　楠	回景达	朱一静	朱义婕
朱　业	朱礼庆	朱　江	朱　杰	朱　岩
朱　炜	朱荣民	朱　剑	朱姝静	朱晓梅
朱　雷	朱　蕾	乔鲁京	伏传伟	任卫民
向　琼	刘井元	刘占胜	刘成森	刘　朵
刘芳芳	刘来生	刘　劼	刘昕冉	刘欣然
刘建鹏	刘春艳	刘　星	刘洪悦	刘洋（财经）
刘洋（制作）	刘艳飞	刘晓彤	刘晓峰	刘晓敏
刘海鹏	刘海燕	刘培根	刘　萍	刘婧（广告）
刘婧（卫视）	刘　琪	刘　超	刘雯雯	刘瑞鹏
刘　睿	刘　薇	齐　宏	齐　萌	齐　斌
江文川	池　恒	汤军军	安　宁	许沛然
许　勇	那　倩	孙少英	孙书明	孙立国
孙　扬	孙红云	孙孝甲	孙　松	孙岩（生活、女）
孙岩（生活、男）	孙建华	孙　桥	孙　萌	孙喜斌
孙　游	孙　璐	纪　华	纪　勇	纪　然
苏士伟	苏　抒	苏　勇	苏　阔	杜　静
杜　鑫	李元序	李月石	李　丹	李予民
李　玉	李玉国	李　宁	李亚红	李存建
李　成	李光军	李　帆	李　伟	李　旭
李安华	李　欢	李　志	李杨薇	李　良
李　妍	李明嘉	李　昂	李　岩	李　佳
李佳璇	李　佩	李　欣	李金明	李学红
李春菊	李　玲	李　威	李思莹	李剑宇

李　莲	李莎莎	李晓亭	李晓颖	李　健
李培云	李菲菲	李　菡	李唯良	李　婧
李　琪	李朝阳	李　晥	李媛媛	李　鹏
李颖（生活）	李颖（新闻）	李　潇	李德颖	李　蕾
杨玉卓	杨东晓	杨　光	杨　阳	杨　旸
杨　苗	杨　杰	杨建英	杨　姗	杨珊珊
杨　威	杨　钧	杨　洋	杨　莹	杨晓飞
杨　健	杨珺珺	杨　敏	杨斌楠	杨　瑒
杨微斯	杨　璐	励嘉霖	肖　垚	肖　宬
吴　冰	吴志勇	吴　迪	吴泽栋	吴　峰
吴　铮	何泳芳	何建民	何　思	何　洋
何　莹	何雷宇	佟　研	余婷婷	狄高进
邹　晶	邹　斌	辛　宁	汪亚洲	汪　红
汪莎莎	宋　成	宋　冰	宋园园	宋　建
宋　峥	宋　淼	张　弓	张子瑞	张天蒙
张凤娟	张　宁	张　民	张亚军	张　伟（财经）
张　伟（行政）	张军乐	张　红	张　丽	张丽文
张来宝	张　妍	张　虎	张　昕	张　凯
张京铭	张　炜	张　弢	张　挺	张　威
张　禹	张洪亮	张恺轩	张　莉	张晓丹
张晓龙	张晓达	张晓鲁	张　涛	张　浩
张　菁	张　硕	张　爽	张　雪	张铭元
张　琳	张　辉	张晶晶	张　焱	张富容
张　媛	张　勤	张　楠	张简凡	张潇丹
张　磊	张　镇	张　毅	陆　姝	陈中颖
陈　宁	陈　军	陈阿茫	陈　纬	陈松悦
陈　姗	陈思如	陈思策	陈　禹	陈　海
陈　莒	陈　啸	陈　铮	陈媛媛	陈　楠
陈静霖	陈嘉超	邵　晶	武丹尼	武　奕

苗宇立	苗　毅	苑虹天	范玉琳	范　乐
范　震	林　平	林　路	欧阳茜	易　钢
罗　丹	罗　军	罗　炜	季　楠	岳　月
岳海霞	金　帅	金丽萍	金　凯	周可夫
周志豪	周　宏	周欣征	周思彤	周艳红
周笑飞	周海川	周　颖	周　镈	郑小丹
郑　欣	郑　律	郑　琳	郑　媛	郑璐红
官　健	承　华	孟　晴	赵小璇	赵巴根
赵存存	赵江怀	赵严蓉	赵丽莎	赵　彤
赵　波	赵俊生	赵　倩	赵　涛	赵菲菲
赵　硕	赵　晨	赵　曼	赵　蓓	赵新月
赵新生	赵　静	赵　霞	郝治和	郝　涛
胡　月	胡　泊	段　言	段　嵘	段　然
侯宏炜	姜　艺	姜正雨	姜　宣	姜　瑾
洪　聿	宫羽英	祖冲亚	姚东生	姚京明
姚银壮	秦　蕾	耿　珅	聂一菁	聂　焱
莫　青	莫晓云	索　宏	贾广伟	贾元真
贾术杰	贾　敬	夏　磊	顾　宁	顾　杨
顾　端	柴济东	柴　焱	倪晨爽	徐　妍
徐　杰	徐京玲	徐泽龙	徐　倩	徐悦钧
徐　展	徐颖媛	徐　璐	殷　亮	殷鹤鸣
高天阳	高　扬	高　存	高红星	高国华
高笑冉	高　健	高　航	高淳溪	高婉梅
高　鹏	高　源	高　磊	高　鎬	郭　伟
郭　建	郭笑梅	郭　悦	郭　菁	郭　强
郭曦远	唐骏飞	宾　平	陶　征	黄　佳
黄晓曦	黄蒂一	黄　锐	黄睿明	黄　蕾
梅　益	曹东亮	曹董辉	曹婷婷	曹　颜
曹　霏	龚　飞	龚　宁	常伟力	常　烁

常海龙	崔元东	崔　岩	崔笑田	崔　倩
崔　璐	康洪启	章文博	商　鹏	梁　祁
梁　征	梁　爽（离退办）	梁　爽（制作）	梁雪松	梁　晨
颉　宇	彭玉帝	彭博筠	彭喜平	葛　萌
董时章	董秀琴	董　欣	董　亮	董雄飞
董　棠	蒋双洁	蒋华娟	蒋宝琛	蒋　琬
蒋　敞	韩士聪	韩　飞	韩　风	韩　帅
韩志远	韩　烜	韩　萌	韩　靖	景思斯
程　贺	程　硕	焦　峰	舒　予	舒式平
舒建华	曾　艺	曾　珍	滑小毛	谢小岩
谢海波	谢　巍	疏娉娉	楚　健	满　悦
窦晋平	蔡洪涛	蔡晶晶	臧佳音	谭江海
谭　焱	翟重阳	翟　娜	翟　理	翟　辉
樊　梦	樊　煜	滕　伟	颜　莹	颜　葵
潘全心	潘海云	潘　续	薛世锋	薛　炜
薛　菁	霍志勇	穆　彧	穆　鑫	戴　强
魏　齐	魏翊东			

以上受到表彰的同志要珍惜荣誉、再接再厉，为推动我台科学发展做出新的更大贡献。希望全台广大干部职工向他们学习，不断解放思想，开拓创新，真抓实干，为开创我台科学发展的新局面而努力奋斗！

北京电视台

2018 年 8 月 3 日

节目播出时间表

2017年北京电视台节目播出时间表

总编室

北京卫视节目编排方案

<table>
<tr><th>时间</th><th>星期一</th><th>星期二</th><th>星期三</th><th>星期四</th><th>星期五</th><th>星期六</th><th>星期日</th><th>周六时间</th></tr>
<tr><td>6：00：00</td><td colspan="6">广宣1′</td><td>广宣3′</td><td>6：00：00</td></tr>
<tr><td>6：01：00</td><td colspan="7">《法治进行时》（卫视版）18′</td><td>6：01：00</td></tr>
<tr><td>6：19：00</td><td colspan="6">广宣1′</td><td>广宣4′</td><td>6：19：00</td></tr>
<tr><td>6：20：00</td><td colspan="6">《养生堂》精华版35′</td><td>电视先锋榜30′</td><td>6：25：00</td></tr>
<tr><td>6：55：00</td><td colspan="7">《早间气象服务》2′</td><td>6：55：00</td></tr>
<tr><td>6：57：00</td><td colspan="7">广宣3′</td><td>6：57：00</td></tr>
<tr><td>7：00：00</td><td colspan="5">《北京您早》120′</td><td colspan="2">《北京您早》90′</td><td>7：00：00</td></tr>
<tr><td>9：00：00</td><td colspan="5">广宣5′</td><td colspan="2">广宣5′</td><td>8：30：00</td></tr>
<tr><td>9：05：00</td><td colspan="5">《精品栏目荟萃》20′</td><td rowspan="2">《精品栏目荟萃》95′</td><td rowspan="2">《周五22：00档大型季播节目》精华版95′</td><td rowspan="2">8：35：00</td></tr>
<tr><td>9：25：00</td><td colspan="5">广宣5′</td></tr>
<tr><td>9：30：00</td><td colspan="5">《上午剧场》第一集45′</td><td colspan="2">广宣5′</td><td>10：10：00</td></tr>
<tr><td>10：15：00</td><td colspan="5">广宣5′</td><td rowspan="4">《周五大型季播节目》精华版100′</td><td rowspan="4">《周六20：30档大型季播节目》精华版100′</td><td rowspan="4">10：15：00</td></tr>
<tr><td>10：20：00</td><td colspan="5">《上午剧场》第二集45′</td></tr>
<tr><td>11：05：00</td><td colspan="5">广宣5′</td></tr>
<tr><td>11：10：00</td><td colspan="5">《上午剧场》第三集45′</td></tr>
<tr><td>11：55：00</td><td colspan="7">广宣5′</td><td>11：55：00</td></tr>
<tr><td>12：00：00</td><td colspan="7">《特别关注》58′</td><td>12：00：00</td></tr>
<tr><td>12：58：00</td><td colspan="7">《午间气象服务》2′</td><td>12：58：00</td></tr>
<tr><td>13：00：00</td><td colspan="7">广宣6′</td><td>13：00：00</td></tr>
<tr><td>13：06：00</td><td colspan="7">《午茶剧场》第一集45′</td><td>13：06：00</td></tr>
<tr><td>13：51：00</td><td colspan="7">广宣7′</td><td>13：51：00</td></tr>
<tr><td>13：58：00</td><td colspan="7">《午茶剧场》第二集45′</td><td>13：59：00</td></tr>
<tr><td>14：43：00</td><td colspan="7">广宣7′</td><td>14：43：00</td></tr>
</table>

续表

<table>
<tr><th>时间</th><th>星期一</th><th>星期二</th><th>星期三</th><th>星期四</th><th>星期五</th><th>星期六</th><th>星期日</th><th>周六时间</th></tr>
<tr><td>14：50：00</td><td colspan="7">《午茶剧场》第三集 45′</td><td>14：50：00</td></tr>
<tr><td>15：35：00</td><td colspan="7">广宣 8′</td><td>15：35：00</td></tr>
<tr><td>15：43：00</td><td colspan="7">《午茶剧场》第四集 45′</td><td>15：43：00</td></tr>
<tr><td>16：28：00</td><td colspan="7">广宣 7′</td><td>16：28：00</td></tr>
<tr><td>16：35：00</td><td colspan="7">《暖暖的味道》45′</td><td>16：35：00</td></tr>
<tr><td>17：20：00</td><td colspan="7">广宣 5′</td><td>17：20：00</td></tr>
<tr><td>17：25：00</td><td colspan="7">《养生堂》60′</td><td>17：25：00</td></tr>
<tr><td>18：25：00</td><td colspan="7">广宣 5′（含广告 5′）</td><td>18：25：00</td></tr>
<tr><td>18：30：00</td><td colspan="7">《北京新闻》《天气预报》30′</td><td>18：30：00</td></tr>
<tr><td>19：00：00</td><td colspan="7">转播中央台《新闻联播》30′</td><td>19：00：00</td></tr>
<tr><td>19：30：00</td><td colspan="7">广宣 3′</td><td>19：30：00</td></tr>
<tr><td>19：33：00</td><td colspan="7">《品质剧场》第一集 45′</td><td>19：33：00</td></tr>
<tr><td>20：18：00</td><td colspan="5">广宣 8′</td><td>广宣 4′</td><td>广宣 8′</td><td>20：18：00</td></tr>
<tr><td rowspan="3">20：26：00</td><td colspan="5" rowspan="3">《品质剧场》第二集 45′</td><td>《大剧抢先看》1′30″</td><td rowspan="3">《品质剧场》第二集 45′</td><td>20：26：00</td></tr>
<tr><td>广宣 2′30″</td><td>20：27：30</td></tr>
<tr><td rowspan="5">《跨界冰雪王》（一）100′</td><td rowspan="5">20：30：00</td></tr>
<tr><td>21：11：00</td><td colspan="5">广宣 2′</td><td>广宣 2′</td></tr>
<tr><td>21：13：00</td><td colspan="5">《大剧抢先看》1′30″</td><td>《大剧抢先看》1′30″</td></tr>
<tr><td>21：14：30</td><td colspan="5">广宣 2′30″</td><td>广宣 2′30″</td></tr>
<tr><td rowspan="2">21：17：00</td><td rowspan="2">《暖暖的新家》50′</td><td rowspan="2">《哎呦，你真美》50′</td><td rowspan="2">《机会来了》50′</td><td rowspan="2">《我是大医生》70′</td><td rowspan="3">《厉害了我的歌》100′</td><td rowspan="3">《非凡匠心》100′</td></tr>
<tr><td rowspan="2">广宣 5′</td><td rowspan="2">22：10：00</td></tr>
<tr><td>22：07：00</td><td colspan="4">广宣 3′</td></tr>
<tr><td rowspan="2">22：10：00</td><td colspan="3" rowspan="2">《周间剧场》第一集 35′</td><td rowspan="2">22:30 栏目 50′</td><td>广宣 3′</td><td rowspan="3">《周六季播节目》（二）100′</td><td>广宣 3′</td><td rowspan="3">22：15：00</td></tr>
<tr><td rowspan="4">23：00《周五季播节目》（重播）100′</td><td rowspan="4">23：00《季播节目》（重播）100′</td></tr>
<tr><td rowspan="2">22：45：00</td><td colspan="4" rowspan="2">广宣 3′</td></tr>
<tr><td rowspan="2">广宣 3′</td><td rowspan="2">23：55：00</td></tr>
<tr><td>22：48：00</td><td colspan="3">《周间剧场》第二集 35′</td><td>23:13 920 栏目 70′（重播）</td></tr>
</table>

续表

时间	星期一	星期二	星期三	星期四	星期五	星期六	星期日	周六时间
23：23：00	《晚间气象服务》2′				《晚间气象服务》2′	《周六大型季播节目》（一）100′重播+《周六大型季播节目》（二）100′重播	《晚间气象服务》2′	23：58：00
23：25：00	广宣3′						广宣3′	
23：28：00	《档案》50′			《好梦剧场》5集	广宣3′			
0：18：00	广宣3′				《好梦剧场》4集			
0：21：00	《光阴》50′					《晚间气象服务》2′	《好梦剧场》4集	3：18：00
1：11：00	广宣2′					广宣3′		3：20：00
1：13：00	《好梦剧场》4集					《好梦剧场》3集		3：23：00

文艺频道节目编排方案

2017年6月26日起执行

时间	星期一	星期二	星期三	星期四	星期五	星期六	星期日
6：00	《笑动剧场》55′（重播）						
6：55	广宣时段5′（《百姓文化录》（重播）3′+广告2′）						
7：00	《每日文娱播报》60′（重播）						
8：00	广宣时段5′（频宣2′+广告2′+频宣1′）						
8：05	《家装大揭秘》15′						
8：20	广宣时段5′（频宣2′+广告2′+频宣1′）						
8：25	《笑动欢乐秀B版》30′（重播）						
8：55	广宣时段5′（频宣2′+广告2′+频宣1′）						
9：00	《笑动欢乐秀C版》60′						
10：00	广宣时段5′（频宣2′+广告2′+频宣1′）						
10：05	《笑动欢乐秀A版》50′						《欢天戏地》50′
10：55	广宣时段5′（频宣1′+广告3′+频宣1′）						
11：00	《笑动剧场》55′（重播）						
11：55	广宣时段5′（《百姓文化录》首播3′+广告2′）						
12：00	《每日文娱播报》60′（重播）						
13：00	广宣时段5′（广告4′+频宣1′）						
13：05	《电视先锋榜》30′	《笑动欢乐秀B版》30′		《美味人生》30′		《笑动欢乐秀B版》30′	《文化之约》30′
13：35	《家装大揭秘》（重播）15′						
13：50	广宣时段5′（频宣1′+广告4′）						

续表

<table>
<tr><th>时间</th><th>星期一</th><th>星期二</th><th>星期三</th><th>星期四</th><th>星期五</th><th>星期六</th><th>星期日</th></tr>
<tr><td>13：55</td><td>《欢天戏地》50′</td><td>《我爱书画》50′</td><td>《喜剧合伙人》50′</td><td>《影视风云》50′</td><td>《大戏看北京》（文艺版）50′</td><td>《加油吧孩子》50′</td><td>《春妮的周末时光》50′</td></tr>
<tr><td>14：45</td><td colspan="7">广宣时段 5′（《百姓文化录》重播 3′ + 广告 2′）</td></tr>
<tr><td>14：50</td><td colspan="7">《我看行》25′</td></tr>
<tr><td>15：15</td><td colspan="7">广宣时段 5′（频宣 1′ + 广告 3′ + 频宣 1′）</td></tr>
<tr><td>15：20</td><td colspan="7">《笑动欢乐秀 C 版》60′</td></tr>
<tr><td>16：20</td><td colspan="7">广宣时段 5′（频宣 1′ + 广告 3′ + 频宣 1′）</td></tr>
<tr><td>16：25</td><td>《文化之约》30′</td><td colspan="6">《笑动欢乐秀 B 版》30′</td></tr>
<tr><td>16：55</td><td colspan="7">广宣时段 5′（频宣 1′ + 广告 3′ + 频宣 1′）</td></tr>
<tr><td>17：00</td><td colspan="7">《笑动剧场》55′</td></tr>
<tr><td>17：55</td><td colspan="7">广宣时段 5′（频宣 1′ + 广告 3′ + 频宣 1′）</td></tr>
<tr><td>18：00</td><td colspan="7">《我看行》25′</td></tr>
<tr><td>18：25</td><td colspan="7">广宣时段 5′（频宣 30" + 广告 4′ + 频宣 30"）</td></tr>
<tr><td>18：30</td><td colspan="7">《每日文娱播报》60′</td></tr>
<tr><td>19：30</td><td colspan="7">广宣时段 5′（频宣 1′ + 广告 3′ + 频宣 1′）</td></tr>
<tr><td>19：35</td><td>《我爱书画》50′</td><td>《喜剧合伙人》50′</td><td>《影视风云》50′</td><td>《大戏看北京》（文艺版）50′</td><td>《加油吧孩子》50′</td><td>《春妮的周末时光》50′</td><td>《惊喜欢乐送》50′</td></tr>
<tr><td>20：25</td><td colspan="7">广宣时段 5′（广告 2′ + 宣传 2′ + 广告 1′）</td></tr>
<tr><td>20：30</td><td colspan="7">《炫剧场》第一集正片 45′</td></tr>
<tr><td>21：15</td><td colspan="7">广宣时段 5′（广告 1′30" + 宣传 2′ + 广告 1′）</td></tr>
<tr><td>21：20</td><td colspan="7">《炫剧场》第二集正片 45′</td></tr>
<tr><td>22：05</td><td colspan="7">广宣时段 5′（广告 1′ + 宣传 1′ + 广告 1′ + 宣传 1′ + 广告 1′）</td></tr>
<tr><td>22：10</td><td colspan="7">《炫剧场》第三集正片 45′</td></tr>
<tr><td>22：55</td><td colspan="7">广宣时段 5′（广告 1′ + 宣传 4′）</td></tr>
<tr><td>23：00</td><td colspan="7">《每日文娱播报》60′（重播）</td></tr>
<tr><td>0：00</td><td colspan="7">广宣时段 3′（频宣 1′ + 广告 2′）</td></tr>
<tr><td>0：03</td><td colspan="7">《我看行》25′（重播）</td></tr>
<tr><td>0：28</td><td colspan="7">广宣时段 5′（频宣 2′ + 《百姓文化录》重播 3′）</td></tr>
<tr><td>0：33</td><td>《我爱书画》50′</td><td>《喜剧合伙人》50′</td><td>《影视风云》50′</td><td>《大戏看北京》（文艺版）50′</td><td>《加油吧孩子》50′</td><td>《春妮的周末时光》50′</td><td>《惊喜欢乐送》50′</td></tr>
<tr><td>1：23</td><td colspan="7">《笑动欢乐秀 A 版》50′（重播）</td></tr>
<tr><td>2：13</td><td colspan="7">《笑动欢乐秀 B 版》30′</td></tr>
<tr><td>2：43</td><td colspan="7">《笑动欢乐秀 C 版》60′（重播）</td></tr>
<tr><td>3：43</td><td colspan="7">《笑动剧场》55′（重播）</td></tr>
<tr><td>4：38</td><td>《电视先锋榜》30′</td><td colspan="2">《笑动欢乐秀 B 版》30′</td><td colspan="2">《美味人生》30′</td><td>《笑动欢乐秀 B 版》30′</td><td>《文化之约》30′</td></tr>
<tr><td>5：08</td><td colspan="7">《笑动欢乐秀 A 版》50′</td></tr>
<tr><td>5：58</td><td colspan="7">广宣时段 2′（频宣 2′）</td></tr>
</table>

科教频道节目编排方案

2017 年 6 月 5 日起执行

时间	星期一	星期二	星期三	星期四	星期五	星期六	星期日	周六	周日
6：00：00	《健康北京》30′ 自然重播							6：00：00	6：00：00
6：30：00	《现场说法》30′ 自然重播							6：30：00	6：30：00
7：00：00	《法治进行时》日间版 35′							7：00：00	7：00：00
7：35：00	《电视先锋榜》30′	《记忆》50′ 自然重播					《最北京》精编版 50′（重播周一）	7：35：00	7：35：00
8：05：00	《晚晴》20′								
8：25：00	频道宣传 3′ + 广告 2′ + 公共宣传 1′ + 公益宣传 1′							8：25：00	8：25：00
8：32：00	《星月剧场》一集 45′							8：32：00	8：32：00
9：17：00	广告 8′ + 频宣 7′ + 频道宣传 1′ + + 公益宣传 1′ + 广告 2′ + 公共宣传 1′ + 广告 2′							9：17：00	9：17：00
9：39：00	《星月剧场》二集 45′							9：39：00	9：39：00
10：24：00	频道宣传 1′ + 广告 2′ + 公共宣传 1′ + 广告 3′ + 公益宣传 1′ + 广告 3′							10：24：00	10：24：00
10：35：00	《第三调解室》日间版 50′							10：35：00	10：35：00
11：25：00	广告 5′							11：25：00	11：25：00
11：30：00	《现场说法》30′							11：30：00	11：30：00
12：00：00	《法治进行时》50′ 直播（周六、日 60′）							12：00：00	12：00：00
12：50：00	《第三调解室》50′							13：00：00	13：00：00
13：40：00	《法治中国》60′							13：50：00	13：50：00
14：40：00	频道宣传 1′ + 广告 2′ + 公共宣传 1′ + 广告 3′ + 公益宣传 1′ + 广告 4′					频道宣传 1′ + 广告 2′ + 公共宣传 1′		14：50：00	14：50：00
14：52：00	《正剧场》第一集 45′							14：54：00	14：54：00
15：37：00	广告 3′ + 频道宣传 1′ + 公益宣传 1′ + 广告 3′ + 公共宣传 1′ + 广告 3′ + 公益宣传 1′ + 广告 3′					频道宣传 2′ + 广告 3′ + 公益宣传 1′ + 公共宣传 1′		15：39：00	15：39：00
15：53：00	《正剧场》第二集 45′							15：46：00	15：46：00
16：38：00	频道宣传 1′ + 广告 2′ + 公共宣传 1′ + 广告 3′ + 公益宣传 1′ + 3′广告 + 公共宣传 1′ + 3′广告					频道宣传 1′ + 广告 2′ + 公共宣传 1′		16：31：00	16：31：00
16：53：00	《您吃对了吗》精编版 20′					广告 8′ + 频宣 7′		16：35：00	16：35：00
17：13：00	频道宣传 1′ + 广告 2′ + 广告 8′ + 频宣 7′ + 频道宣传 1′ + 广告 2′ + 公共宣传 1′					《非常向上》45′重播上周	《非常向上》45′	16：50：00	16：50：00
17：35：00	《最北京》精编版 50′	《记忆》50′ 自然重播					《留学生》日间版 50′	17：35：00	17：35：00
18：25：00	《健康北京》30′							18：25：00	18：25：00
18：55：00	《法治进行时》精编 5′							18：55：00	18：55：00

续表

<table>
<tr><th>时间</th><th>星期一</th><th>星期二</th><th>星期三</th><th>星期四</th><th>星期五</th><th>星期六</th><th>星期日</th><th>周六</th><th>周日</th></tr>
<tr><td>19：00：00</td><td colspan="7">《法治中国》60′晚间版　60′</td><td>19：00：00</td><td>19：00：00</td></tr>
<tr><td>20：00：00</td><td colspan="5">《记忆》50′</td><td>《健康无双》60′</td><td>《最北京》60′</td><td>20：00：00</td><td>20：00：00</td></tr>
<tr><td>20：50：00</td><td colspan="5">《第三调解室》精编版　50′</td><td>《留学生》50′</td><td>《第三调解室》精编版 50′</td><td>21：00：00</td><td>21：00：00</td></tr>
<tr><td>21：40：00</td><td colspan="7">《法治进行时》重播版 50′（周六、日 60′）</td><td>21：50：00</td><td>21：50：00</td></tr>
<tr><td>22：30：00</td><td colspan="7">广告 2′</td><td>22：50：00</td><td>22：50：00</td></tr>
<tr><td>22：32：00</td><td>《警法目录》30′《法治中国60′》60′重播</td><td colspan="6" rowspan="2">《法治中国 60′》60′重播</td><td rowspan="2">22：52：00</td><td rowspan="2">22：52：00</td></tr>
<tr><td>23：02：00</td><td>《庭审纪实》30′</td></tr>
<tr><td>23：32：00</td><td colspan="7">频道宣传 1′+广告 2′+公共宣传 1′+公益宣传 1′</td><td>23：52：00</td><td>23：52：00</td></tr>
<tr><td>23：37：00</td><td colspan="5">《记忆》50′自然重播</td><td>《健康无双》60′自然重播</td><td>《最北京》60′自然重播</td><td>23：57：00</td><td>23：57：00</td></tr>
<tr><td>0：27：00</td><td colspan="7">频道宣传 1′+广告 2′+公共宣传 1′+公益宣传 1′</td><td>0：57：00</td><td>0：57：00</td></tr>
<tr><td>0：32：00</td><td colspan="4">《第三调解室》50′（重播）</td><td>《留学生》50′重播上周六</td><td colspan="2">《第三调解室》50′（重播）</td><td>1：02：00</td><td>1：02：00</td></tr>
<tr><td>1：22：00</td><td colspan="7">《星月剧场》第一集 45′（重播）周六、周日播一集</td><td>1：52：00</td><td>1：52：00</td></tr>
<tr><td>2：07：00</td><td colspan="9">《星月剧场》二集 45′（重播）</td></tr>
<tr><td>2：52：00</td><td colspan="7">结束夜曲 1′</td><td>2：37：00</td><td>2：37：00</td></tr>
</table>

影视频道节目编排方案

2017 年 6 月 26 日起执行

时间	星期一	星期二	星期三	星期四	星期五	星期六	星期日	播出时长
6：00：00	广宣时段 10″（频宣 10″）							0：00：10
6：00：10	《早剧场》1　正片 45′							0：45：00
6：45：10	广宣时段 2′（频宣 30″、公益宣传 1′、公宣 30″）—机动时段							0：02：00
6：47：10	《早剧场》2　正片 45′							0：45：00
7：32：10	广宣时段 1′10″（频宣 10″、广告 1′）—机动时段							0：01：10
7：33：20	重播《首都剧场》1　正片 35′							0：35：00
8：08：20	广宣时段 4′50″（频宣 10″、广告 3′、下集预告 30″、广告 1′、频宣 10″）							0：04：50
8：13：10	重播《首都剧场》2　正片 35′							0：35：00
8：48：10	广宣时段　5′20″（频宣 10″、广告 3′、下集预告 30″、广告 1′、公宣 30″、频宣 10″）							0：05：20
8：53：30	重播《首都剧场》3　正片 35′							0：35：00

续表

时间	星期一	星期二	星期三	星期四	星期五	星期六	星期日	播出时长
9：28：30	广宣时段 19′50″（频宣 10″、广告 4′、下集预告 30″、广告专题 15′、频宣 10″）							0：19：50
9：48：20	重播《首都剧场》4 正片 34′							0：34：00
10：22：20	广宣时段 13′20″（频宣 10″、广告 4′、下集预告 30″、广告 4′、公宣 30″、广告 4′、频宣 10″）							0：13：20
10：35：40	重播《首都剧场》5 正片 34′							0：34：00
11：09：40	广宣时段 10′20″（频宣 10″、广告 3′、下集预告 30″、广告 3′、公宣 30″、广告 3′、频宣 10″）							0：10：20
11：20：00	《电影时间先导片》 8′30″（正片 3′，中插广告 2、广告 1′30″）							0：08：30
11：28：30	广告 1′30″							0：01：30
11：30：00	《电影时间》 92′（正片 90′，中插广告 2′）							1：32：00
13：02：00	广宣时段 24′20″（频宣 10″、广告 4′、公宣 30″、广告 4′、频宣 30″、广告专题 15′、频宣 10″）							0：24：20
13：26：20	《BTV 聚精彩》 正片 40′							0：40：00
14：06：20	广宣时段 13′20″（频宣 10″、广告 4′、频宣 30″、广告 4′、公宣 30″、广告 4′、频宣 10″）							0：13：20
14：19：40	《家和剧场》1 正片 45′							0：45：00
15：04：40	广宣时段 13′20″（频宣 10″、广告 4′、频宣 30″、广告 4′、公宣 30″、广告 4′、频宣 10″）							0：13：20
15：18：00	《家和剧场》2 正片 45′							0：45：00
16：03：00	广宣时段 13′20″（频宣 10″、广告 4′、频宣 30″、广告 4′、公宣 30″、广告 4′、频宣 10″）							0：13：20
16：16：20	《家和剧场》3 正片 45′							0：45：00
17：01：20	广宣时段 7′20″（频宣 10″、广告 3′、公益宣传 1′、广告 3′、频宣 10″）							0：07：20
17：08：40	《英雄剧场》1 正片 45′							0：45：00
17：53：40	广宣时段 8′20″（频宣 10″、广告 3′、频宣 30″、广告 2′、公宣 30″、广告 2′、频宣 10″）							0：08：20
18：02：00	《英雄剧场》2 正片 45′							0：45：00
18：47：00	广宣时段 3′55″（频宣 10″、广告 3′35″、频宣 10″）							0：03：55
18：50：55	《气象星播报》1′30″							0：01：30
18：52：25	广宣时段 2′10″（广告 2′、频宣 10″）							0：02：10
18：54：35	《首都剧场》1 正片 35′							0：35：00
19：29：35	广宣时段 10′25″（频宣 10″、广告 3′、下集预告 30″、公益宣传 1′、广告 3′、频宣 30″、广告 2′15″）							0：10：25
19：40：00	《首都剧场》2 正片 35′							0：35：00
20：15：00	广宣时段 10′15″（频宣 10″、广告 3′、下集预告 30″、公益宣传 1′、广告 3′、公宣 30″、广告 2′05″）							0：10：15
20：25：15	《首都剧场》3 正片 35′							0：35：00
21：00：15	广宣时段 8′15″（频宣 10″、广告 3′、下集预告 30″、广告 2′、频宣 30″、广告 2′05″）							0：08：15
21：08：30	《首都剧场》4 正片 34′							0：34：00
21：42：30	广宣时段 4′40″（频宣 10″、广告 2′、下集预告 30″、广告 2′）							0：04：40

续表

时间	星期一	星期二	星期三	星期四	星期五	星期六	星期日	播出时长
21：47：10	《首都剧场》5　正片34′							0：34：00
22：21：10	广宣时段6′10″（频宣10″、广告2′、下集预告30″、广告1′、频宣30″、广告2′）							0：06：10
22：27：20	《电影时间先导片》8′30″（正片3′，中插广告2′、广告1′30″）							0：08：30
22：35：50	广告2′							0：02：00
22：37：50	《电影时间》91′30″（正片90′，中插广告　1′30″）							1：31：30
0：09：20	广宣时段10″（频宣10″）							0：00：10
0：09：30	BTV 聚精彩　正片40′×2							1：20：00
1：29：30	《星光剧场》6集							4：30：00
5：59：30	垫播							

财经频道节目编排方案

2017年6月19日起执行

<table>
<tr><th>时间</th><th>星期一</th><th>星期二</th><th>星期三</th><th>星期四</th><th>星期五</th><th>星期六</th><th>星期日</th><th>时间</th></tr>
<tr><td>6：00</td><td colspan="7">频宣4′公宣3′公益1′</td><td></td></tr>
<tr><td>6：08</td><td>《总裁读书会》30′</td><td colspan="5">《天下财经》30′</td><td>《影响者》30′</td><td></td></tr>
<tr><td>6：38</td><td colspan="3">《微理财》5′×2 +公宣1′、广告1′</td><td colspan="2">无公宣，《首都经济报道》提前播1′</td><td colspan="2">《微理财》5′×2 +公宣1′、广告1′</td><td></td></tr>
<tr><td>6：50</td><td>《数说北京》30′</td><td colspan="3">《财富故事》30′</td><td>《才高八斗》30′</td><td>《总裁读书会》精编30′</td><td>《创业北京》精编30′</td><td></td></tr>
<tr><td>7：20</td><td colspan="7">《首都经济报道》30′</td><td></td></tr>
<tr><td>7：50</td><td colspan="3">频宣1′、公益1′、广告1′</td><td colspan="2">广告1′、中国梦3′</td><td colspan="2">频宣1′、公益1′、广告1′</td><td></td></tr>
<tr><td>7：53</td><td>《财富故事》30′</td><td colspan="3">《财经商圈》30′</td><td>《影响者》30′</td><td colspan="2">《财富故事》30′</td><td></td></tr>
<tr><td>8：23</td><td colspan="7">公益1′、广告1′</td><td></td></tr>
<tr><td>8：25</td><td colspan="7">《理财》50′</td><td></td></tr>
<tr><td>9：15</td><td colspan="7">频宣1′、公益1′、广告3′</td><td></td></tr>
<tr><td>9：20</td><td colspan="7">《财富晚间道》60′1（周日重播周四）</td><td></td></tr>
<tr><td rowspan="2">10：20</td><td colspan="5" rowspan="2">《财富晚间道》60′</td><td colspan="2">《法眼看剧》30′</td><td>10：20</td></tr>
<tr><td>《才高八斗》30′</td><td>《总裁读书会》30′</td><td>10：50</td></tr>
<tr><td>11：20</td><td colspan="7">频宣1′、公益1′、广告3′</td><td></td></tr>
<tr><td rowspan="2">11：25</td><td colspan="5" rowspan="2">《天下财经·投资者说》60′</td><td>《品味消费在北京》30′</td><td>《品味消费在北京》30′</td><td>11：25</td></tr>
<tr><td>《税收天地》30′</td><td>《数说北京》30′</td><td>11：55</td></tr>
<tr><td>12：25</td><td colspan="7">频宣1′、公益1′、广告3′</td><td></td></tr>
</table>

续表

时间	星期一	星期二	星期三	星期四	星期五	星期六	星期日	时间
12：30	《电视剧场》第一集 广告1′30″+正片45′+广告30″							
13：17	《电视剧场》第二集 广告1′30″+正片45′+广告30″							
14：04	《电视剧场》第三集 广告1′30″+正片45′+广告30″							
14：51	频宣2′、公宣2′、公益1′、广告2′							
14：58	《拍宝》50′		《财富故事》30′（周五、六、日） 《财富故事》精编20′（周六、日、六）			《拍宝》50′		
15：48	频宣2′、公益1′广告3′							
15：54	《电视先锋榜》30′	《财经商圈》30′			《影响者》30′	《数说北京》30′	《财富故事》30′	
16：24	频宣1′、公宣1′、广告3′、广告1′+微理财5′							
16：35	《理财》50′							
17：25	频宣1′、公宣1′、广告3′						频宣5′、公益1′、公宣1′、广告3′	
17：30	《大牌价到》60′	《大牌价到》60′		《大牌价到》60′	《大牌价到》60′		《问鼎世界》20′、频5′、拍之道5′	17：35
							《问鼎世界》20′	18：05
							频宣2′、公宣1′、广告2′	18：25
18：30	《影响者》30′	《总裁读书会》30′	《总裁读书会》精编30′	《创业北京》精编30′	《财经商圈》30′			
19：00	《首都经济报道》30′							
19：30	《天下财经》30′					频宣2′公宣1′、广告2′		19：30
20：00	《天下财经·投资者说》60′					《法眼看剧》30′		19：35
						频宣2′、公益1′、广告2′		20：05
						《微理财》5′×2		20：10
21：00	公宣1′、广告3′、公益1′					《理财》周末版50′		20：20
21：05	《微理财》5′×2					频宣2′、公益1′、广告2′		21：10
21：15	《理财》50′					《拍宝》50′		21：15
22：05	公宣1′、公益1′、广告3′							

续表

<table>
<tr><th>时间</th><th>星期一</th><th>星期二</th><th>星期三</th><th>星期四</th><th>星期五</th><th>星期六</th><th>星期日</th><th>时间</th></tr>
<tr><td>22：10</td><td colspan="3">《财经商圈》30′</td><td>《影响者》30′</td><td colspan="3">《财富故事》30′</td><td rowspan="3">22：10</td></tr>
<tr><td>22：40</td><td colspan="5">频宣2′、公益1′、广告2′</td><td colspan="2" rowspan="2">《财富故事》精编20′</td></tr>
<tr><td rowspan="3">22：45</td><td colspan="5" rowspan="3">大牌价到60′</td></tr>
<tr><td>《总裁读书会》30′</td><td>《才高八斗》30′</td><td>23：00</td></tr>
<tr><td>频宣5′、《问鼎世界》20′</td><td rowspan="2">《品味消费在北京》30′</td><td rowspan="2">23：30</td></tr>
<tr><td>23：45</td><td colspan="5">《微理财》5′×2、频宣2′、公宣1′、广告2′</td><td>频宣2′、公益1′广告2′</td></tr>
<tr><td>0：00</td><td colspan="7">《电视购物》150′</td><td></td></tr>
<tr><td>2：30</td><td colspan="7">结束</td><td></td></tr>
</table>

体育频道节目编排方案

<table>
<tr><th>时间</th><th>星期一</th><th>星期二</th><th>星期三</th><th>星期四</th><th>星期五</th><th>星期六</th><th>星期日</th></tr>
<tr><td>6：00</td><td colspan="7">广宣时段5′（2′+3′）</td></tr>
<tr><td>6：05</td><td colspan="6">《BTV赛场》105′（重播）</td><td></td></tr>
<tr><td>7：50</td><td colspan="7">广宣时段5′（2′+3′）</td></tr>
<tr><td>7：55</td><td colspan="6">《快乐健身一箩筐》30′（重播）</td><td>《电视先锋榜》</td></tr>
<tr><td>8：25</td><td colspan="7">广宣时段5′（1′+4′）</td></tr>
<tr><td>8：30</td><td colspan="7">《天天体育》50′（重播）</td></tr>
<tr><td>9：20</td><td colspan="7">广宣时段5′（1′+4′）</td></tr>
<tr><td>9：25</td><td colspan="7">《BTV赛场》105′</td></tr>
<tr><td>11：10</td><td colspan="7">广宣时段5′</td></tr>
<tr><td>11：15</td><td>《电视先锋榜》</td><td colspan="6">《快乐健身一箩筐》30′（重播）</td></tr>
<tr><td>11：45</td><td colspan="7">广宣时段5′</td></tr>
<tr><td>11：50</td><td colspan="7">《天天体育》50′（重播）</td></tr>
<tr><td>12：40</td><td colspan="7">广宣时段5′（2′+3′）</td></tr>
<tr><td>12：45</td><td colspan="7">《欢乐二打一》50′（重播）</td></tr>
<tr><td>13：35</td><td colspan="7">广宣时段5′</td></tr>
</table>

续表

时间	星期一	星期二	星期三	星期四	星期五	星期六	星期日
13：40	《BTV 赛场》105′						
15：25	广宣时段 5′						
15：30	《BTV 赛场》105′					直播：中超/排球联赛或其他	
17：15	广宣时段 5′　(2′+3′)						
17：20	《快乐健身一箩筐》30′（重播）						
17：50	广宣时段 5′						
17：55	《欢乐二打一》50′（首播）						
18：45	广宣时段 5′　(1+4)						
18：50	《体坛资讯》40′（首播）						
19：30	广宣时段 5′						
19：35	《足球 100 分》（首播）	直播 CBA 或 BTV 赛场 105′			直播 CBA/中超 或 BTV 赛场 105′		
21：20	广宣时段 5′						
21：25	《天天体育》50′（首播）						
22：15	广宣时段 5′　(1′+4′)						
22：20	《快乐健身一箩筐》30′（首播）					直播：英超或意甲	
22：50	广宣时段 5′						
22：55	《欢乐二打一》50′（重播）						
23：45	广宣时段 5′（1′+4′）						
23：50	《中超集锦》	《英超集锦》			篮球风情/荟萃		
0：40	广宣时段 5′　(2+3)						
0：45	《天天体育》50′（重播）						
1：35	《BTV 赛场》100′（重播）						
3：15	《BTV 赛场》100′（重播）						
4：55	《天天体育》50′（重播）						
5：45	欣赏						

生活频道节目编排方案

2017 年 5 月 20 日起执行

时间	星期一	星期二	星期三	星期四	星期五	星期六	星期日	时间
6：00	开始曲、频宣 2′+公宣 1′+公益 1′+广告 1′							6：00
6：05	《快乐生活一点通》30′（重播）					《四海漫游》45′（重播）	《我爱我车》45′（重播）	6：05
6：35	公宣 1′+公益宣传 1′+广告 2′	频宣 1′+公宣 1′+公益宣传 1′+广告 2′						6：35
6：39	《电视先锋榜》30′							6：39
6：40		《生活面对面》（重播）28′						6：40
6：50						公宣 1′+公益宣传 1′+广告 2′		6：50
6：54						频宣 1′		6：54
6：55						《生活面对面》重播版 28′（重播）	特别定制 30′（重播）	6：55
7：08		频宣 2′						7：08
7：09	频宣 1′							7：09
7：10	《生活+周末开聊》30′（重上周五）	《生活+家装攻略》30′（重播）						7：10
7：23						频宣 1′		7：23
7：24						频宣 1′+公宣 1′+公益宣传 1′+广告 1′		7：24
7：28						《生活+全能改造》30′版（首播）	《生活+第一房产》30′（重上周日）	7：28
7：40	频宣 1′+公宣 1′+公益宣传 1′+广告 3′							7：40
7：46	《食全食美》30′（重播上周五）	《我爱食全食美》30′（重播）			《食全食美》30′（重播周四）			7：46
7：58						频道 1′+公益 1′+广告 2′		7：58
8：02						《生活+家装攻略》30′（重播周一）	《生活+家装攻略》30′（重播周三）	8：02
8：16	频宣 1′							8：16
8：17	《生活特供》早间版 30′（首播）							8：17
8：32						《生活+家装攻略》30′（重播周二）	《生活+家装攻略》30′（重播周四）	8：32
8：47	频宣 1′+公宣 1′+公益宣传 1′+广告 3′							8：47
8：53	《生活气象》2′							8：53
8：55	《生活这一刻》重播版 90′（重播）							8：55
9：02						频宣 1′+公宣 1′+公益宣传 1′+广告 3′		9：02
9：08						《生活气象》2′		9：08
9：10						《生活这一刻》 90′（重播）		9：10
10：25	公益 1′+广告 3′							10：25
10：29	《选择》精编 75′（首播）							10：29
10：40						公益 1′+广告 3′		10：40
10：44						《王芳遇上王为念》60′（重播上周六）	《王芳遇上王为念》60′（重播周六）	10：44

续表

<table>
<tr><th>时间</th><th>星期一</th><th>星期二</th><th>星期三</th><th>星期四</th><th>星期五</th><th>星期六</th><th>星期日</th><th>时间</th></tr>
<tr><td>11：44</td><td colspan="7">频宣 1′</td><td>11：44</td></tr>
<tr><td>11：45</td><td colspan="5">《美食地图·一探到底》重播版 45′（重播）</td><td colspan="2">《美食地图》45′（首播）</td><td>11：45</td></tr>
<tr><td>12：30</td><td colspan="5" rowspan="2">《生活特供》（上）45′（首播）</td><td colspan="2" rowspan="3">《生活特供》85′（首播）</td><td>12：30</td></tr>
<tr><td>13：00</td><td>13：00</td></tr>
<tr><td>13：15</td><td colspan="5" rowspan="4">《生活特供》（下）90′（首播）</td><td>13：15</td></tr>
<tr><td>13：55</td><td colspan="2">《生活气象》2′</td><td>13：55</td></tr>
<tr><td>13：57</td><td colspan="2">频宣 1′ + 公益宣传 1′ + 公宣 1′ + 广告 3′</td><td>13：57</td></tr>
<tr><td>14：03</td><td colspan="2" rowspan="3">《帮忙大作战》（一）45′</td><td>14：03</td></tr>
<tr><td>14：45</td><td colspan="5">《生活气象》2′</td><td>14：45</td></tr>
<tr><td>14：47</td><td colspan="5">频宣 1′ + 公益宣传 1′ + 公宣 1′ + 广告 3′</td><td>14：47</td></tr>
<tr><td>14：53</td><td colspan="5" rowspan="3">《选择》45′（重播）</td><td colspan="2">《帮忙大作战》（二）45′</td><td>14：53</td></tr>
<tr><td>15：33</td><td colspan="2">频宣 1′</td><td>15：33</td></tr>
<tr><td>15：34</td><td colspan="2" rowspan="4">《帮忙大作战》（三）45′</td><td>15：34</td></tr>
<tr><td>15：38</td><td colspan="5">频宣 1′ + 公益宣传 1′ + 公宣 1′ + 广告 3′</td><td>15：38</td></tr>
<tr><td>15：44</td><td colspan="5">《生活广角》30′（重播）</td><td>15：44</td></tr>
<tr><td>16：14</td><td colspan="5">公益宣传 1′ + 公宣 1′ + 广告 3′</td><td>16：14</td></tr>
<tr><td>16：19</td><td colspan="5" rowspan="2">《生活广角》30′（重播）</td><td colspan="2">公宣 1′ + 公益宣传 1′ +《中国梦·365 个故事》</td><td>16：19</td></tr>
<tr><td>16：24</td><td colspan="2" rowspan="3">《美食地图》45′（重播）</td><td>16：24</td></tr>
<tr><td>16：49</td><td colspan="5">频宣 1′ + 公益宣传 1′ + 公宣 1′ + 广告 3′</td><td>16：49</td></tr>
<tr><td>16：55</td><td colspan="4" rowspan="3">《生活 + 家装攻略》30′（首播）</td><td rowspan="3">《生活 + 周末开聊》30′（首播）</td><td>16：55</td></tr>
<tr><td>17：09</td><td colspan="2">频宣 1′ + 广告 3′</td><td>17：09</td></tr>
<tr><td>17：13</td><td rowspan="3">《生活 + 全能改造》30′版（重播）</td><td rowspan="3">《生活 + 第一房产》30′（首播）</td><td>17：13</td></tr>
<tr><td>17：25</td><td colspan="5">频宣 1′ + 公宣 1′ + 公益宣传 1′</td><td>17：25</td></tr>
<tr><td>17：28</td><td colspan="5" rowspan="2">《快乐生活一点通》30′（首播）</td><td>17：28</td></tr>
<tr><td>17：43</td><td rowspan="2">《四海漫游》45′（首播）</td><td rowspan="2">《我爱我车》45′（首播）</td><td>17：43</td></tr>
<tr><td>17：58</td><td colspan="3">《我爱食全食美》30′（首播）</td><td colspan="2">《食全食美》30′（首播）</td><td>17：58</td></tr>
<tr><td>18：28</td><td colspan="7">频宣 1′</td><td>18：28</td></tr>
<tr><td>18：29</td><td colspan="7">《生活这一刻》90′（直播，首播）</td><td>18：29</td></tr>
<tr><td>19：59</td><td colspan="5">《生活面对面》30′（直播，首播）</td><td rowspan="3">《王芳遇上王为念》（60′）（首播）</td><td rowspan="2">《王芳遇上王为念》精编 45′（首播）</td><td>19：59</td></tr>
<tr><td>20：29</td><td colspan="5" rowspan="3">《美食地图·一探到底》45′（直播，首播）</td><td>20：29</td></tr>
<tr><td>20：44</td><td rowspan="4">《生活 + 全能改造》45′（首播）</td><td>20：44</td></tr>
<tr><td>20：59</td><td rowspan="3">《特别定制》30′（首播）</td><td>20：59</td></tr>
<tr><td>21：14</td><td colspan="5" rowspan="2">频宣 30″ + 公益宣传 30″ + 广告 4′</td><td>21：14</td></tr>
<tr><td>21：19</td><td>21：19</td></tr>
</table>

续表

时间	星期一	星期二	星期三	星期四	星期五	星期六	星期日	时间
21：29	《选择》45′（首播）					频宣1″+公益宣传1″+广告5′		21：29
21：36						《选择》60′（首播）		21：36
22：04	广告3′							22：04
22：07								22：07
22：36	《生活广角》30′（首播）					频宣30″+公益宣传30″+广告4′		22：36
22：37								22：37
22：40	频宣30″+公益宣传30″+广告2′							22：40
22：41	《生活+家装攻略》30′（重播）				《生活+周末开聊》30′（重播）	《快乐生活一点》通精编 60′（首播）		22：41
23：10								23：10
23：15	频道1′+公宣30″+公益30″+广告3′							23：15
23：41	《生活这一刻》重播版 90′（重播）					频宣1′+广告3′		23：41
23：45						《生活这一刻》重播版 90′（重播）		23：45
0：45	公宣1′+公益宣传1′+广告3′							0：45
0：50	《快乐生活一点通》30′（重播）							0：50
1：15						公宣1′+公益宣传1′+广告3′		1：15
1：20	广告2′					《选择》60′（重播）		1：20
1：22	《美食地图·一探到底》重播版45′（重播）							1：22
2：07	公宣1′+公益宣传1′+广告1′+节目预告、结束语2′							2：07
2：12	结束							2：12
2：20						公宣1′+公益宣传1′+广告1′+节目预告、结束语2′		2：20
2：25						结束		2：25

青年频道节目编排方案

2017年6月26日起执行

时间	星期一	星期二	星期三	星期四	星期五	星期六	星期日
6：00	《国际双行线》60′						
7：00	广宣时段5′						
7：05	《谁在说》55′						
8：00	广宣时段5′						
8：05	《档案》50′	《书香北京》50′	《档案》50′				
8：55	广宣时段5′						
9：00	《军情解码》60′						

续表

时间	星期一	星期二	星期三	星期四	星期五	星期六	星期日
10：00	《戏里戏外》 60′					《电视先锋榜》30′	《戏里戏外》60′
10：30						《戏里戏外》60′	
						《电视先锋榜》30′	
12：00	《青年下午茶》20′						
12：20	广宣时段 5′						
17：25	《超强设计》30′						
17：55	广宣时段 5′						
18：00	《国际双行线之天才父母》60′	《国际双行线之食尚生活》60′	《国际双行线之情感行动派》60′	《国际双行线之游学致造》60′	《成长大会》60′	《国际双行线之完美行动》60′	《国际双行线之新歌来啦》60′
19：00	《谁在说》55′						
19：55	广宣时段 5′						
20：00	《生命缘》55′						
20：55	广宣时段 5′						
21：00	《军情解码》60′						
22：00	广宣时段 5′						
22：05	《书香北京》50′	《档案》50′					
22：55	广宣时段 5′						
23：00	《戏里戏外》60′						
0：00	《戏里戏外》60′						
1：00	结束						

新闻频道节目编排方案

2017 年 6 月 26 日起执行

时间	星期一	星期二	星期三	星期四	星期五	星期六	星期日
6：00	广宣 2′						
6：02	《特别关注》58′（重播）						
7：00	《北京您早》120′（卫视周一至周五并机直播至 9：00，周六日并机直播至 8：30）						
9：00	《直播北京》（1）（9：00—11：57）177′（直播）						
	9：00—9：42《红绿灯》42′（重播）						
	9：42-10：40《直播北京》（1）早间版 58′						
	10：40—11：00《这里是北京》20′（重播）						
	11：00-11：57《直播北京》（1）午间版 57′						

续表

<table>
<tr><th>时间</th><th>星期一</th><th>星期二</th><th>星期三</th><th>星期四</th><th>星期五</th><th>星期六</th><th>星期日</th></tr>
<tr><td>11：57</td><td colspan="7">广告3′</td></tr>
<tr><td>12：00</td><td colspan="7">《特别关注》58′（并机直播）</td></tr>
<tr><td>12：58</td><td colspan="7">广告2′</td></tr>
<tr><td>13：00</td><td colspan="7">《红绿灯》42′（重播）</td></tr>
<tr><td>13：42</td><td colspan="4">宣传2′+广告3′</td><td rowspan="3">《美丽乡村》30′（首播）</td><td rowspan="3">《美丽乡村》30′</td><td rowspan="3">《电视先锋榜》30′</td></tr>
<tr><td>13：47</td><td>《镜鉴》20′</td><td colspan="3">《这里是北京》20′（重播）</td></tr>
<tr><td>14：07</td><td colspan="4">宣传2′+广告3′</td></tr>
<tr><td>14：12</td><td colspan="7">《新闻手语》（首播）10′</td></tr>
<tr><td>14：22</td><td colspan="7">宣传2′+广告4′</td></tr>
<tr><td>14：28</td><td colspan="2">《都市阳光2期》（首播）20′</td><td>《人才》（首播）20′</td><td>《怎么看》（首播）20′</td><td>《党建进行时》（首播）20′</td><td>《消费观察》（首播）20′</td><td>《北京议事厅》（首播）20′</td></tr>
<tr><td>14：48</td><td colspan="7">宣传2′+广告4′</td></tr>
<tr><td>14：54</td><td colspan="7">《锐观察》30′（重播）</td></tr>
<tr><td>15：24</td><td colspan="7">宣传2′+广告4′</td></tr>
<tr><td>15：30</td><td colspan="7">《军情解码（新闻版）》60′（重播）</td></tr>
<tr><td>16：30</td><td colspan="7">宣传2′+广告3′</td></tr>
<tr><td>16：35</td><td colspan="7">《法治进行时（新闻版）》50′</td></tr>
<tr><td>17：25</td><td colspan="7">宣传2′+广告3′</td></tr>
<tr><td>17：30</td><td colspan="7">《红绿灯·平安行》30′（直播）</td></tr>
<tr><td>18：00</td><td colspan="7">《都市晚高峰》（1）30′（直播）</td></tr>
<tr><td>18：30</td><td colspan="7">《北京新闻》25′（并机直播）</td></tr>
<tr><td>18：55</td><td colspan="7">《天气预报》5′（首播）</td></tr>
<tr><td>19：00</td><td colspan="7">《都市晚高峰》（2）97′（直播）</td></tr>
<tr><td></td><td colspan="7">含：《法治进行时》约50′（不含广告）</td></tr>
<tr><td>20：37</td><td colspan="7">《锐观察》30′（直播）</td></tr>
<tr><td>21：07</td><td colspan="7">广告3′</td></tr>
<tr><td>21：10</td><td colspan="7">《红绿灯》42′（直播）</td></tr>
<tr><td>21：52</td><td colspan="7">广告3′</td></tr>
<tr><td>21：55</td><td colspan="7">《晚间新闻报道》45′（直播）</td></tr>
<tr><td>22：40</td><td colspan="7">《这里是北京》20′（首播）</td></tr>
<tr><td>23：00</td><td colspan="7">广告2′</td></tr>
<tr><td>23：02</td><td colspan="7">《空气质量播报》3′（首播）</td></tr>
<tr><td>23：05</td><td colspan="7">广告3′</td></tr>
<tr><td>23：08</td><td colspan="7">《军情解码（新闻版）》60′（首播）</td></tr>
<tr><td>0：08</td><td colspan="7">《红绿灯》42′（重播）</td></tr>
<tr><td>0：50</td><td colspan="7">《锐观察》30′（重播）</td></tr>
<tr><td>1：20</td><td colspan="7">《晚间新闻报道》45′（重播）</td></tr>
<tr><td>2：05</td><td colspan="7">全天结束</td></tr>
</table>

卡酷少儿频道节目编排方案

<table>
<tr><th>时间</th><th>星期一</th><th>星期二</th><th>星期三</th><th>星期四</th><th>星期五</th><th>星期六</th><th>星期日</th></tr>
<tr><td>06：00</td><td colspan="7" rowspan="2">剧场《蹦蹦跳跳》</td></tr>
<tr><td>06：30</td></tr>
<tr><td>07：00</td><td colspan="5">《卡酷幼儿园》</td><td colspan="2" rowspan="2">剧场《超级大连播》</td></tr>
<tr><td>07：15</td><td colspan="5">剧场《环球剧场》</td></tr>
<tr><td>17：00</td><td colspan="5">《大玩家》精编版</td><td>《卡酷动物园》</td><td>《闪天下》</td></tr>
<tr><td>17：10</td><td colspan="5">剧场《酷片酷映》</td><td colspan="2" rowspan="2">《大玩家》</td></tr>
<tr><td>18：00</td><td>《剧星派》</td><td>《七色光》</td><td>《穿越吧少年》</td><td colspan="2">《季播版块》</td></tr>
<tr><td>18：30</td><td colspan="7">剧场《酷片酷映》</td></tr>
<tr><td>22：00</td><td colspan="7">剧场《合家欢》</td></tr>
<tr><td>00：00</td><td colspan="7">剧场（重播）</td></tr>
</table>

纪实频道节目编排方案

<table>
<tr><th>时间</th><th>周一至周五</th><th>周末</th><th>时间</th></tr>
<tr><td>6：00：00</td><td colspan="2">《奇趣自然》（中插30″+30″）</td><td>6：00：00</td></tr>
<tr><td>6：28：00</td><td colspan="2">《中国故事》（中插2′+3′+3′）</td><td>6：28：00</td></tr>
<tr><td>7：26：00</td><td colspan="2">频宣时段10′</td><td>7：26：00</td></tr>
<tr><td>7：36：00</td><td colspan="2">《军情解码》50′（中插1′+2′+1′）</td><td>7：36：00</td></tr>
<tr><td>8：30：00</td><td colspan="2">频宣时段10′</td><td>8：30：00</td></tr>
<tr><td>8：40：00</td><td>《通档》（中插1′30″+1′30″）</td><td>《奇趣自然》（中插1′30″+1′30″）</td><td>8：40：00</td></tr>
<tr><td>9：10：00</td><td>《寰宇客》（中插2′+2′）</td><td>电视先锋榜</td><td>9：10：00</td></tr>
<tr><td>10：04：00</td><td>频宣时段-6′</td><td rowspan="2">《纪录片影院》（中插2′+2′+2′+2′）</td><td rowspan="2">9：40：00</td></tr>
<tr><td>10：10：00</td><td>《中国故事》（中插2′+1′+2′）</td></tr>
<tr><td>11：05：00</td><td colspan="2">《档案》（纪实周末版）（中插1′+1′+1′）</td><td>11：05：00</td></tr>
<tr><td>11：58：00</td><td colspan="2">《军情解码》50′（中插30″+1′+30″）</td><td>11：58：00</td></tr>
<tr><td>12：50：00</td><td colspan="2">频宣时段10′</td><td>12：50：00</td></tr>
<tr><td>13：00：00</td><td colspan="2">《奇纪实》（中插1′+1′）</td><td>13：00：00</td></tr>
<tr><td>13：52：00</td><td colspan="2">频宣时段10′</td><td>13：52：00</td></tr>
<tr><td>14：02：00</td><td colspan="2">《寰宇客》（中插1′+1′）</td><td>14：02：00</td></tr>
</table>

续表

时间	周一至周五	周末	时间
14：54：00	频宣时段 10′		14：54：00
15：04：00	《档案》（纪实周末版）（中插 1′+1′+1′）		15：04：00
15：57：00	频宣时段 10′		15：57：00
16：07：00	《中国故事》（中插 30″+30″+1′）		16：07：00
16：59：00	频宣时段 1′		16：59：00
17：00：00	★《这里是北京》纪实晚间版（中插 1′+1′+1′）		17：00：00
17：53：00	频宣时段 7′		17：53：00
18：00：00	★《档案》（纪实版 50′）（中插 1′+1′+1′）		18：00：00
18：53：00	频宣时段 7′		18：53：00
19：00：00	★《军情解码》50′（中插 1′+1′+1′）		19：00：00
19：53：00	频宣时段 7′		19：53：00
20：00：00	★《中国故事》50′（中插 1′+1′+1′）	★《纪录片影院》77′（中插 1′+1′+1′+1′）	20：00：00
20：53：00	频宣时段 7′		
21：00：00	★《纪实天下通档》27′（中插 1′30″+1′30″）		
21：28：00	频宣时段 2′	频宣时段 9′	21：21：00
21：30：00	★《寰宇客》50′（中插 1′+1′）		21：30：00
22：22：00	频宣时段 8′		22：22：00
22：30：00	★《探索》50′（中插 1′+1′）		22：30：00
23：22：00	频宣时段 8′		23：22：00
23：30：00	《档案》（纪实版）（中插 1′+1′+1′）		23：30：00
0：23：00	频宣时段 10′		0：23：00
0：33：00	《奇趣自然》（中插 1′+1′）		0：33：00
1：02：00	《军情解码》50′（中插 1′+1′+1′）		1：02：00
1：55：00	《这里是北京》（中插 1′+1′+1′）		1：55：00
2：48：00	《档案》（纪实周末版）（中插 1′+1′+1′）		2：48：00
3：41：00	《纪实天下》（中插 1′+1′）	《奇趣自然》（中插 1′+1′）	3：41：00
4：10：00	《中国故事》（中插 1′+1′+1′）		4：10：00
5：03：00	《这里是北京》纪实晚间版（中插 2′+3′+2′）		5：03：00

长城平台国际频道节目编排方案

美国/亚洲/欧洲/加拿大/拉美/马来西亚/澳大利亚/非洲　　2017 年 7 月 17 日起执行

北京时间	星期一	星期二	星期三	星期四	星期五	星期六	星期日
6：00	节目导视 A1 3′						
6：03	《这里是北京》18′						

续表

北京时间	星期一	星期二	星期三	星期四	星期五	星期六	星期日
6：21	《四海漫游》40′	《食全食美》25′					《美食地图》40′
6：46	7:01《养生堂》50′	《快乐生活一点通》25′					7：01《养生堂》50′
7：11	7:51《锐观察》25′	《养生堂》50′					7：51《锐观察》25′
8：01	8:16《我爱书画》42′	《新闻 50＋》50′					8：16《书香北京》42′
8：51	8:58 节目导视 A2 2′	节目导视 A2 2′					8：58 节目导视 A2 2′
8：53	09:00《惊喜欢乐送》45′	《欢天戏地》45′	《喜剧合伙人》45′	《影视风云》45′	《大戏看北京》45′	《加油吧孩子》45′	09：00《春妮的周末时光》45′
9：38	09:45《健康北京》25′	《健康北京》25′					09：45《健康北京》25′
10：03	10:10《国际频道季播节目》60′	《国际双行线》55′					10：10《我是大医生》60′
10：58	11:10《拍宝》42′	《档案》42′			《记忆》42′	《记忆》42′	11：10《最北京》42′
11：40	11:52《这里是北京》18′	《这里是北京》18′					11：52《这里是北京》18′
11：58		节目导视 B1 3′					
12：01	12:10《每日文娱播报》25′	《每日文娱播报》25′				《财富故事》25′	12：10《财富故事》25′
12：26	12:35《军情解码》55′	《军情解码》55′					12：35《军情解码》55′
13：21		《节目导视》B3 2′					
13：23	13:30《四海漫游》40′	《食全食美》25′					13：30《美食地图》40′
13：48		《快乐生活一点通》25′					
14：13	14:10 国际频道季播节目 60′	《国际双行线》55′					14：10《我是大医生》60′
15：08	15:10《惊喜欢乐送》45′	《欢天戏地》45′	《喜剧合伙人》45′	《影视风云》45′	《大戏看北京》45′	《加油吧孩子》45′	15：10《春妮的周末时光》45′
15：53	15:55《拍宝》42′	《档案》42′			《记忆》42′	《记忆》42′	15：55《最北京》42′
16：35	16:37《每日文娱播报》25′	《每日文娱播报》25′				《财富故事》25′	16：37《财富故事》25′
17：00	17:02 节目导视 A3 1′	节目导视 C1 3′					17：02 节目导视 A3 1′
17：03	《食全食美》25′					《美食地图》40′	《四海漫游》40′
17：28	《快乐生活一点通》25′						
17：53	节目导视 B4 2′					17：43 节目导视 B4 2′	17：43 节目导视 B4 2′
17：55	《这里是北京》18′					17：45《这里是北京》18′	17：45《这里是北京》18′

续表

北京时间	星期一	星期二	星期三	星期四	星期五	星期六	星期日
18：13	《养生堂》50′					18：03《养生堂》50′	18：03《养生堂》50′
19：03	节目导视 C2 3′					18：53 节目导视 C2 3′	18：53 节目导视 C2 3′
19：06	《欢天戏地》45′	《喜剧合伙人》45′	《影视风云》45′	《大戏看北京》45′	《加油吧孩子》45′	18:56《春妮的周末时光》45′	18：56《惊喜欢乐送》45′
19：51	节目导视 A2 2′					19：41 节目导视 A2 2′	19：41 节目导视 A2 2′
19：53	《国际双行线》55′					19：43《我是大医生》60′	19：43 国际频道季播节目 60′
20：48	《档案》42′			《记忆》42′	《记忆》42′	20：43《最北京》42′	20：43《拍宝》42′
21：30	节目导视 C3 2′					21：25 节目导视 C3 2′	21：25 节目导视 C3 2′
21：32	《新闻 50 +》50′					21：27《锐观察》25′	21：27《锐观察》25′
22：22	节目导视 C4 2′					21：52 节目导视 C4 2′	21：52 节目导视 C4 2′
22：24	《军情解码》55′					21：54《军情解码》55′	21：54《军情解码》55′
23：19	节目导视 B3 2′					22：49《书香北京》42′	22：49《我爱书画》42′
23：21	节目导视 A2 2′					23：31 节目导视 A2 2′	23：31 节目导视 A2 2′
23：23	《健康北京》25′					23：33《健康北京》25′	23：33《健康北京》25′
23：48	《每日文娱播报》25′					23：58《财富故事》25′	23：58《财富故事》25′
0：13	节目导视 B1 3′						
0：16	《食全食美》25′					0：23《美食地图》40′	0：23《四海漫游》40′
0：41	《快乐生活一点通》25′						
1：06	节目导视 B4 2′					1：03《这里是北京》18′	1：03《这里是北京》18′
1：08	《这里是北京》18′						
1：26	《养生堂》50′					1：21《养生堂》50′	1：21《养生堂》50′
2：16	《欢天戏地》45′	《喜剧合伙人》45′	《影视风云》45′	《大戏看北京》45′	《加油吧孩子》45′	2：11《春妮的周末时光》45′	2：11《惊喜欢乐送》45′
3：01	节目导视 A2 2′					2：56 节目导视 A2 2′	2：56 节目导视 A2 2′
3：03	《国际双行线》55′					2：58《我是大医生》60′	2：58 国际频道季播节目 60′
3：58	《档案》42′			《记忆》42′	《记忆》42′	《最北京》42′	《拍宝》42′
4：40	《军情解码》55′						
5：35	《每日文娱播报》25′					《财富故事》25′	《财富故事》25′

广告价格表

2017 年北京电视台广告价格表

广告部

BTV 北京卫视刊例价格

人民币：元/次

资源分类	段位名称	播出时间	资源名称	2017 年刊例价（15 秒）	2017 年刊例价（10 秒）	2017 年刊例价（5 秒）
B类	清晨时段	约 05：00 左右起	清晨节目及《早间气象服务》	12000	9600	6000
	Ba01	约 06：55～07：00	《北京您早》（前）	17000	13600	8500
	中插	约 07：00～09：00（周一～周五）约 07：00～08：30（周六、周日）	《北京您早》（中）	17000	13600	8500
	Ba02	约 09：00～09：05（周一～周五）	《上午剧场》1 集（前）	17000	13600	8500
	Ba03	约 09：50～09：55（周一～周五）	《上午剧场》2 集（前）	17000	13600	8500
	Ba04	约：10：40～10：45（周一～周五）	《上午剧场》3 集（前）	17000	13600	8500
	Ba05	约 08：30～08：35（周六、周日）	《综艺季播节目精华版 95′》（前）	17000	13600	8500
	Ba06	约 10：10～10：15（周六、周日）	《综艺季播节目精华版 100′》（前）	17000	13600	8500
	Ba07	约 11：55～12：00	《特别关注》（前）	17000	13600	8500
	中插	约 12：00～13：00	《特别关注》及《午间气象服务》（中）	47000	37600	23500
	Ba08	约 13：00～13：06	《午茶剧场》1 集（前）	17000	13600	8500
	Ba09	约 13：51～13：58	《午茶剧场》2 集（前）	17000	13600	8500
	Ba10	约 14：43～14：50	《午茶剧场》3 集（前）	17000	13600	8500
	Ba11	约 15：35～15：43	《午茶剧场》4 集（前）	17000	13600	8500
	Ba12	约 16：28～16：35	双健康栏目带～全新栏目（前）	17000	13600	8500
A类	中插	约 16：35～17：20	双健康栏目带～全新栏目（中）	47000	37600	23500
	Aa01	约 17：20～17：25	《养生堂》（前）	47000	37600	23500
	中插	约 17：25～18：25	《养生堂》（中）	77000	61600	38500
	Aa02	约 18：25～18：30	《北京新闻》（前）	77000	61600	38500
	新闻标版	约 18：55～19：00	《新闻标版》	详见北京卫视 2017 "新闻标版"广告价格		

续表

资源分类	段位名称	播出时间	资源名称	2017 年刊例价（15 秒）	2017 年刊例价（10 秒）	2017 年刊例价（5 秒）
A类	Aa03	约 19：30～19：33	《晚间黄金剧场》1 集（前）	167000	133600	83500
	Aa04	约 20：18～20：22	《晚间黄金剧场》1 集（后）	167000	133600	83500
	Aa05	约 20：22～20：26	《晚间黄金剧场》2 集（前）	167000	133600	83500
	Aa06	约 21：11～21：13	《大剧抢先看》（前）	167000	133600	83500
	Aa07	约 21：15～21：18	《大剧抢先看》（后）	167000	133600	83500
	中插	约 21：18～22：07（周一～周三） 约 21：18～22：28（周四）	920 周间季播栏目带（中）	87000	69600	43500
	中插	约 21：08～22：48（周五、周六、周日）	周末大型季播栏目带（中）	单独定价		
	Aa08	约 22：07～22：10（周一～周三）	《周播剧场》1 集（前）	87000	69600	43500
	Aa09	约 22：45～22：48（周一～周三）	《周播剧场》1 集（后）	87000	69600	43500
	Aa10	约 23：23～23：30（周一～周三）	《周播剧场》2 集（后）	87000	69600	43500
	Aa11	约 22：28～22：30（周四）	2230 时尚栏目带（前）	47000	37600	23500
	中插	约 22：30～23：30（周四）	2230 时尚栏目带（中）	单独定价		
	Aa12	约 22：48～22：55（周五、周六、周日）	周末大型季播栏目复播（前）	47000	32000	23500
B类	中插	约 23：30～00：20（周一～周三）	《档案》（中）	17000	13600	8500
	午夜时段	约 00：30 左右起	《晚间气象服务》、夜间节目及影视剧	12000	9600	6000
温馨提示	1. 凡指定位置的广告，正倒一位置加收 40%，正倒二位置加收 30%，其他指定位置加收 20%。 2. 北京卫视广告资源以 15 秒广告价格为基数，30 秒广告价格按照两条 15 秒广告价格计算，5 秒广告价格按 15 秒的一半计算。 其他秒数广告价格：25 秒价格为 30 秒乘以 0.9；20 秒价格为 30 秒乘以 0.8；10 秒价格为 30 秒乘以 0.4；45 秒广告价格为 30 秒和 15 秒广告价格之和；60 秒广告价格为两条 30 秒广告之和。 3. 特殊征订的电视剧或非常规节目，广告价格以所发相应通知为准。 * 此刊例价格表相关内容以北京京视卫星传媒有限责任公司最终解释为准。					

BTV 文艺广告价格表

A 特类栏目广告价格表

栏目名称	播出时间	刊例价（单位：元）			收视率%	点成本
		30 秒	15 秒	5 秒		
《每日文娱播报》	18：45～19：30	60000	36000	18000	1.5	24000

A 类栏目广告价格表

栏目名称	播出时间	刊例价（单位：元）			收视率%	点成本
		30 秒	15 秒	5 秒		
《1810 我看行》	18：10～18：40	30000	18000	9000	0.54	33333
《我爱我家》	19：35～20：25　（周一）	25000	15000	7500	0.78	19231
《光荣绽放》	19：35～20：25　（周二）	25000	15000	7500	0.68	22059
《影视风云》	19：35～20：25　（周三）	25000	15000	7500	0.85	17647
《星夜故事》	19：35～20：25　（周四）	25000	15000	7500	0.82	18293
《我家有明星》	19：35～20：45　（周五）	25000	15000	7500	0.54	27778
《春妮的周末时光》	19：35～20：45　（周六）	25000	15000	7500	0.72	20833
《超级播出季》	19：35～20：45　（周日）	50000	30000	15000	1.02	29412
《脱口而出》周间版	20：30～20：50　（周一～周四）	25000	15000	7500	0.385	38961
《脱口而出》周末版	20：50～21：20　（周五～周六）	25000	15000	7500	0.435	34483
《我爱书画》	20：50～21：40　（周日）	20000	12000	6000	0.317	37855

B 类栏目广告价格表

栏目名称	播出时间	刊例价（单位：元）			收视率%	点成本
		30 秒	15 秒	5 秒		
《我是大医生》	07：05～07：55	6000	3600	1800	0.035	102857
《欢天戏地》	13：50　14：40　（周　）	10000	6000	3000	0.05	120000
《综艺万象》	13：50～14：40　（周二～周日）	10000	6000	3000	0.2	30000
《笑动 2017》	17：05～18：05	15000	9000	4500	0.47	19149

备注：此价格表于 2017 年 1 月 1 日起执行。如有修改，请参照最新价格表。

A 类时段广告价格表

段位	段位描述		刊例价（单位：元）			收视率%	点成本
	前节目主题	后节目主题	30 秒	15 秒	5 秒		
Ab01 18：05～18：10（周一～周日）	《笑动 2017》	《1810 我看行》	18000	10800	5400	0.4	27000

续表

A类时段广告价格表

段位	段位描述		刊例价（单位：元）			收视率%	点成本
	前节目主题	后节目主题	30秒	15秒	5秒		
Ab02 18：40～18：45（周一～周日）	《1810我看行》	《每日文娱播报》	24000	14400	7200	0.56	25714
Ab03 19：30～19：35（周一～周日）	《每日文娱播报》	《我爱我家》 《光荣绽放》 《影视风云》 《星夜故事》 《我家有明星》 《春妮的周末时光》 《超级播出季》	35000	21000	10500	0.98	21429
Ab04 20：25～20：30（周一～周四） 20：45～20：50（周五～周日）	《我爱我家》 《光荣绽放》 《影视风云》 《星夜故事》 《我家有明星》 《春妮的周末时光》 《超级播出季》	《脱口而出》 （周一至周六） 《我爱书画》 （周日）	18000	10800	5400	0.49	22041
Ab05 20：50～20：55（周一～周四）	《脱口而出》	《炫剧场》第1集	15000	9000	4500	0.33	27273
Ab06 21：40～21：45（周一～周四） 21：20～21：25（周五～周六） 21：40～21：45（周日）	《炫剧场》第1集 （周一至周四） 《脱口而出》 （周五至周六） 《我爱书画》 （周日）	《炫剧场》第2集 （周一至周四） 《炫剧场》第1集 （周五至周日）	15000	9000	4500	0.4	22500
Ab07 22：30～22：35（周一～周四） 22：10～22：15（周五～周日）	《炫剧场》第2集 （周一至周四） 《炫剧场》第1集 （周五至周日）	《炫剧场》第3集 （周一至周四） 《炫剧场》第2集 （周五至周日）	15000	9000	4500	0.43	20930

备注：此价格表于2017年1月1日起执行。如有修改，请参照最新价格表。

B类时段广告价格表

段位	节目间时段	段内节目内容	刊例价（单位：元）			收视率%	点成本
			30秒	15秒	5秒		
Bb01 06：00～08：00	07：02～07：05 07：55～08：00	《笑动2017》（重播）	4000	2400	1200	0.03	80000

续表

B 类时段广告价格表							
段位	节目间时段	段内节目内容	刊例价（单位：元）			收视率%	点成本
			30 秒	15 秒	5 秒		
Bb02 08：00～11：00	08：20～08：25 09：15～09：20 10：10～10：15 10：45～10：50	《欢乐微逗秀》（重播） 《周播节目日播联播》（重播） 《综艺万象》（重播） 《欢天戏地》（重播） 《文化之约》	6000	3600	1800	0.127	28346
Bb03 11：00～14：00 （周一～周四）	11：50～11：55 12：25～12：30 12：50～12：55 13：45～13：50	《笑动2017》（重播） 《1810我看行》（重播） 《脱口而出》（重播） 《周播节目日播联播》	10000	6000	3000	0.159	37736
Bb04 11：00～14：00 （周五～周日）	11：50～11：55 13：45～13：50	《笑动2017》（重播） 《1810我看行》（重播） 《脱口而出》（重播） 《文化之约》 《周播节目日播联播》 《我爱书画》（重播）	12000	7200	3600	0.266	27068
Bb05 14：00～17：05	14：40～14：45 15：55～16：00 17：00～17：05	周播黄金节目带（重播） 《欢乐微逗秀》 《综艺麻辣烫》	8000	4800	2400	0.169	28402
Bb06 23：00～02：00	23：00～23：05	《每日文娱播报》晚间（重播） 《1810我看行》晚间（重播）	6000	3600	1800	0.127	28346

备注：此价格表于2017年1月1日起执行。如有修改，请参照最新价格表。非黄时间指定栏目中插需加收20%。

BTV科教广告价格表

A 特类栏目广告价格表						
栏目名称	播出时间	刊例价（单位：元）			收视率%	点成本
		30 秒	15 秒	5 秒		
《法治进行时》	12：00～12：50（周一至周五） 12：00～13：00（周六至周日）	45000	27000	13500	2.00	13500

A 类栏目广告价格表						
栏目名称	播出时间	刊例价（单位：元）			收视率%	点成本
		30 秒	15 秒	5 秒		
《现场说法》	11：30～12：00（周一至周日）	25000	15000	7500	0.61	24590
《第三调解室》（精编版）	12：50～13：40（周一至周日）	32000	19200	9600	1.03	18641

续表

A类栏目广告价格表

栏目名称	播出时间	刊例价（单位：元）			收视率%	点成本
		30秒	15秒	5秒		
《健康北京》	18：30～19：00　（周一至周五） 18：00～19：00　（周六、日）	28000	16800	8400	0.33	50909
《法治中国60′》（首播、重播）	19：00～20：00　（周一至周五） 21：40～22：40　（周一至周五）	30000	18000	9000	0.52	34615
《记忆》（含精编）	20：00～20：50　（周一至周五）	20000	12000	6000	0.45	26667
《健康无双》	20：00～21：00　（周六）	20000	12000	6000	0.15	80000
《最北京》	20：00～21：00　（周日）	20000	12000	6000	0.68	17647
《第三调解室》（含精编）	20：50～21：40　（周一至周六） 12：55～13：45　（周一至周日）	40000	24000	12000	0.52	46154
《季播节目》	21：00～21：50　（周日）	20000	12000	6000	0.52	23077
《留学生》	21：50～22：40　（周六）	20000	12000	6000	0.15	80000
《北京卫视精品展播》	19：00～20：00　（周六、日）	30000	18000	9000	0.52	34615

B类栏目广告价格表

栏目名称	播出时间	刊例价（单位：元）			收视率%	点成本
		30秒	15秒	5秒		
《警法目录》	13：40～14：30　（周五）	15000	9000	4500	0.39	23077
《庭审纪实》	13：50～14：40　（周六）	15000	9000	4500	0.67	13433
《健康幽默》	18：00～18：30　（周一至周五） 18：00～18：25　（周六、日）	10000	6000	3000	0.48	12500
《非常向上》（含精编）	16：40～17：25　（周六）	12000	7200	3600	0.09	80000
《晚晴》	08：05～08：25　（周一）	6600	3960	1980	0.02	198000

备注：此价格表于2017年1月1日起执行。如有修改，请参照最新价格表。

B类时段广告价格表

段位	节目间时段	段位节目内容	刊例价（单位：元）			收视率%	点成本
			30秒	15秒	5秒		
Bc01 06：00～10：35	08：00～08：05 09：40～09：45 10：30～10：35	《健康北京》（重播） 《现场说法》（重播） 《法治中国60′》（重播） 《法治进行时》（重播）	5000	3000	1500	0.05	60000
Bc02 10：35～11：30	11：25～11：30	《第三调解室》（重播）	9000	5400	2700	0.12	45000

续表

B 类时段广告价格表							
段位	节目间时段	段位节目内容	刊例价（单位：元）			收视率%	点成本
			30 秒	15 秒	5 秒		
Bc03 13：40～17：50	14：25～14：30 16：00～16：05（周一～周五） 16：50～16：55（周二～周日） 17：45～17：50（周二～周日）	《庭审纪实》（重播） 《北京卫视精品展播》（重播） 《记忆》（重播） 《最北京》（重播） 《非常向上》（重播）	6000	3600	1800	0.19	18947
Bc04 22：40～23：35	22：40～22：45	《法制进行时》（重播）	8000	4800	2400	0.33	14545
Bc05 23：35～0：30	23：35～23：40	《记忆》（重播） 《最北京》（重播）	7000	4200	2100	0.12	35000
Bc06 0：30～2：00	0：30～2：00	星夜剧场	5000	3000	1500	0.03	100000

备注：此价格表于 2017 年 1 月 1 日起执行。如有修改，请参照最新价格表。非黄时间指定栏目中插需加收 20%。

BTV 影视广告价格表

A 特类时段广告价格表							
段位	播出时间	段位描述	刊例价（单位：元）			收视率%	点成本
			30 秒	15 秒	5 秒		
Td01	20：15～20：17	首都剧场 2 集下集预告	50000	30000	15000	0.972	51440
Td02	20：18～20：21	首都剧场 3 集前	50000	30000	15000	1.080	46296
Td03	20：22～20：24	首都剧场 3 集上集回放	63000	37800	18900	1.188	53030
Td04	20：58～21：00	首都剧场 3 集下集预告	50000	30000	15000	0.954	52411
Td05	21：01～21：03	首都剧场 4 集前	50000	30000	15000	0.972	51440
Td06	21：05～21：07	首都剧场 4 集上集回放	63000	37800	18900	1.143	55118
Td07	21：42～21：44	首都剧场 4 集下集预告	68000	40800	20400	1.290	52713
Td08	21：44～21：46	首都剧场 5 集前	50000	30000	15000	0.970	51546

A 类时段广告价格表							
段位	播出时间	段位描述	刊例价（单位：元）			收视率%	点成本
			30 秒	15 秒	5 秒		
Ad01	19：30～19：32	首都剧场 1 集下集预告	43000	25800	12900	0.882	48753
Ad02	19：33～19：35	首都剧场 2 集前	43000	25800	12900	0.864	49769
Ad03	19：36～19：39	首都剧场 2 集上集回放	36000	21600	10800	0.756	47619
Ad04	22：22～22：24	首都剧场 5 集下集预告	30000	18000	9000	0.396	75758
Ad05	22：27～22：29	电影时间前	30000	18000	9000	0.530	56604

备注：此价格表于 2017 年 1 月 1 日起执行。如有修改，请参照最新价格表。

B 类时段广告价格表

段位	播出时间	段位描述	刊例价（单位：元）			收视率%	点成本
			30 秒	15 秒	5 秒		
Bd01	07：00 ~ 07：01	早间时段	4000	2400	1200	0.03	133333
Bd02	07：47 ~ 07：48						
Bd03	07：48 ~ 07：49						
Bd04	08：25 ~ 08：27						
Bd05	09：02 ~ 09：04	白天时段	6000	3600	1800	0.15	40000
Bd06	09：04 ~ 09：06						
Bd07	09：42 ~ 09：44						
Bd08	09：44 ~ 09：46						
Bd09	10：21 ~ 10：23						
Bd10	10：24 ~ 10：26						
Bd11	11：01 ~ 11：04						
Bd12	12：40 ~ 12：46						
Bd13	13：31 ~ 13：33						
Bd14	13：34 ~ 13：38						
Bd15	14：23 ~ 14：25						
Bd16	14：26 ~ 14：30						
Bd17	15：15 ~ 15：18						
Bd18	15：19 ~ 15：23						
Bd19	16：08 ~ 16：11						
Bd20	16：11 ~ 16：15						
Bd21	17：00 ~ 17：03						
Bd22	17：03 ~ 17：05						
Bd23	17：50 ~ 17：54						
Bd24	17：55 ~ 17：58						
Bd25	17：59 ~ 18：01	傍晚时段	30000	18000	9000	0.230	130435
Bd26	18：46 ~ 18：50		20000	12000	6000	0.210	95238
Bd27	18：53 ~ 18：55		30000	18000	9000	0.288	104167
Bd28	00：03 ~ 00：05	深夜时段	4000	2400	1200	0.03	133333
Bd29	00：50 ~ 00：53						
Bd30	01：38 ~ 01：42						

备注：此价格表于 2017 年 1 月 1 日起执行。如有修改，请参照最新价格表。

BTV 财经广告价格表

A 类栏目广告价格表

栏目名称	播出时间	刊例价（单位：元）			收视率%	点成本
		30 秒	15 秒	5 秒		
《首都经济报道》	18：30～19：20　（周一至周日）	15000	9000	4500	0.20	45000
《天下财经》	19：20～20：10　（周一至周五）	18000	15000	7500	0.21	51429
《理财》	20：45～21：25　（周一至周五）	18000	10800	5400	0.31	34839
《拍宝》	20：45～21：15　（周六、日）	20000	12000	6000	0.32	37500

B 类栏目广告价格表

栏目名称	播出时间	刊例价（单位：元）			收视率%	点成本
		30 秒	15 秒	5 秒		
《品味消费在北京》	12：00～12：30　（周六）	15000	9000	4500		
《数说北京》	12：30～13：00　（周日）	10000	6000	3000		
《创业北京》	21：20～22：20　（周六、日）	22000	13200	6600	0.08	165000
《法眼看剧》	20：00～20：30　（周六）	10000	6000	3000	0.11	54545
《说话》	20：00～20：31　（周日）	10000	6000	3000	0.05	120000
《税收天地》	12：30～13：00　（周六）	10000	6000	3000		
《影响者》	19：25～19：55　（周日）	22000	13200	6600	0.09	146667
《大牌价到》	17：00～18：00　（周一至周日）	15000	9000	4500	0.04	225000
《看财经》	18：00～18：30　（周一至周日）	15000	9000	4500	0.10	90000
《总裁读书会》	19：25～19：55　（周六）	22000	13200	6600	0.03	440000
《问鼎世界》	16：35～16：55　（周日）	10000	6000	3000		
《财富大魔方》	09：00～12：00　（周一至周五） 13：00～15：00　（周一至周五）	15000	9000	4500		
《对话大咖》	21：25～21：55　（周一至周五）	18000	10800	5400	0.12	90000
《首都经济报道晚间版》	22：05～22：55　（周一至周五）	10000	6000	3000	0.03	200000
《财富故事》	22：25～22：55　（周六、日）	15000	9000	4500	0.12	75000
《财经商圈》	20：10～20：30　（周一至周五）	18000	10800	5400	0.12	90000

备注：此价格表于 2017 年 1 月 1 日起执行。如有修改，请参照最新价格表。

A 类时段广告价格表

段位	段位描述		刊例价（单位：元）			收视率%	点成本
	前节目主题	后节目主题	30 秒	15 秒	5 秒		
Ae01 19：20～19：25（周六、日）	《首都经济报道》	《影响者》 《总裁读书会》	16000	9600	4800	0.12	80000
Ae02 19：55～20：00（周六、日）	《影响者》 《总裁读书会》	《法眼看剧》 《说画》	16000	9600	4800	0.12	80000
Ae03 20：30～20：35（周一至周日）	《财经商圈》	《理财》	16000	9600	4800	0.14	68571
Ae04 21：25～21：30（周一至周五）	《理财》	《对话大咖》	16000	9600	4800	0.05	192000
Ae05 21：15～21：20（周六至周日）	《拍宝》	《创业节目》	12000	7200	3600	0.05	144000
Ae06 22：00～22：05（周一至周五）	《对话大咖》	《首都经济报道》	12000	7200	3600	0.05	144000
Ae07 22：20～22：25（周一至周五）	《创业节目》	《财富故事》	12000	7200	3600	0.04	180000
Ae08 22：55～23：00（周一至周日）	《首都经济报道》 《财富故事》	《大牌价到》	12000	7200	3600	0.02	360000

B 类时段广告价格表

段位	节目间时段	段内节目内容	刊例价（单位：元）			收视率%	点成本
			30 秒	15 秒	5 秒		
Be01 06：00～07：00	06：00～06：10	《首都经济报道》（重播）	3000	1800	900		
Be02 07：00～09：00	07：00～07：05 07：55～08：00（周二至周六） 08：50～09：00	《微理财》（重播） 《拍宝》（重播） 《理财》（重播） 《创业北京》（重播） 《财经商圈》（重播） 《对话大咖》（重播）	5000	3000	1500		
Be03 12：00～13：00	12：00～12：05（周一至周五） 12：55～13：00（周一至周五）	《首都经济报道》（重播）	5000	3000	1500		

续表

B 类时段广告价格表							
段位	节目间时段	段内节目内容	刊例价（单位：元）			收视率	点成本
			30 秒	15 秒	5 秒		
Be04 15：00～17：00	15：00～15：05	《财经商圈》 《问鼎世界》 《说画》 《对话大咖》 《法眼看剧》 《理财》	5000	3000	1500		
	15：25～15：30		5000	3000	1500		
	16：00～16：15		5000	3000	1500		
	16：55～17：00		5000	3000	1500		

备注：此价格表于 2017 年 1 月 1 日起执行。如有修改，请参照最新价格表。非黄时间指定栏目中插需加收 20%。

BTV 体育广告价格表

节目类别	名称	广告类别	首播时间	节目时长（分）	2017 年刊例价（单位：元）		
					30 秒	15 秒	5 秒
栏目	天天体育	A	周一至周日 21：25	50	44000	26400	13200
	体坛资讯	A	周一至周日 18：50	40	36000	21600	10800
	声声体育	B	周一至周日 11：50	30	10000	6000	3000
	足球 100 分	B	周一 19：35	100	30000	18000	9000
	欢乐二打一	B	周一至周五 17：55	50	44000	26400	13200
	体育议起来	B	周四 19：35	50	24000	14400	7200
	快乐健身一箩筐	B	周一至周五 22：20	30	24000	14400	7200
直播赛事	中国足球超级联赛（中超）	A	国安队比赛日	120	85000	51000	25500
		B	非国安队比赛日		30000	18000	9000
	国际足联世界俱乐部杯（世俱杯）	B	非国安队比赛日		30000	18000	9000
	中国足球协会杯（足协杯）	A	国安队比赛日	120	85000	51000	25500
		B	非国安队比赛日		30000	18000	9000
	世界杯/亚洲杯/中国之队	B	依转播安排	120	30000	18000	9000
	中国足球甲级联赛（中甲）	B	北京队比赛日	120	24000	14400	7200
	英格兰足球超级联赛（英超）	B	24：00 之前开赛	120	36000	21600	10800
		B	24：00 之后开赛		18000	10800	5400
	中国男子篮球职业联赛 CBA	A	北京队比赛日	120	80000	48000	24000
		B	非北京队比赛日		20000	12000	6000
	中国女子篮球职业联赛 WCBA	B	北京队比赛日	120	30000	18000	9000
	美国男子职业篮球联赛 NBA	B	依转播安排	120	12000	7200	3600
	全国排球联赛	B	北京队比赛日	120	24000	14400	7200

续表

节目类别	名称	广告类别	首播时间	节目时长（分）	2017 年刊例价（单位：元）		
					30 秒	15 秒	5 秒
直播赛事	中国乒乓球俱乐部超级联赛	B	北京队比赛日	120	24000	14400	7200
	网球赛事	B	依赛程安排	120	7200	4320	2160
时段	时段套播（10 次/天）	B	周一至周五适用		90000	54000	27000
		B	周六至周日适用		132000	79200	39600

BTV 生活广告价格表

A 类栏目广告价格表

栏目名称	首播时间	重播时间	刊例价（单位：元）		
			30 秒	15 秒	5 秒
《生活这一刻》	18：29～19：59	重播一 08：55～10：25（周一至周五） 09：10～10：40（周六、周日） 重播二 23：15～00：45	55000	33000	16500
《生活面对面》	19：59～20：29（周一～周五）	06：39～07：09（周二至周五） 06：54～07：24（周六）	42000	25200	12600
《王芳遇上王为念》	19：59～20：59（周六）	重播一 00：50～01：50（周六） 重播二 10：44～11：44（周六）重上周六 重播三 10：44～11：44（周日）重本周六	45000	27000	13500
《特别定制 30′》	20：59～21：29（周六）	06：54～07：24（周日）	60000	36000	18000
《幸福厨房》	19：59～20：44（周日）	00：50～01：35（周日）	45000	27000	13500
《生活＋》	20：44～21：29（周日）	重播一 07：28～07：58（周六） 重播二 17：14～17：44（周六）	45000	27000	13500
《季播节目》	19：59～20：44（周日）	00：50～01：35（周日）	75000	45000	22500
《美食地图·一探到底》	20：29～21：14（周一至周五）	重播一 01：22～02：07（周一至周五） 重播二 11：45～12：30（周一至周五）	42000	25200	12600
《选择》	21：19～22：04（周一至周五） 21：36～22：36（周六、周日） 10：29～11：44（精编版）（周一至周五）	14：54～15：39（周一至周五） 01：52～02：52（周六） 01：37～02：37（周日）	33000	19800	9900

续表

B 类栏目广告价格表					
栏目名称	首播时间	重播时间	刊例价（单位：元）		
			30 秒	15 秒	5 秒
《生活特供早间版》	08：17～08：47（周一至周五）	——	18000	10800	5400
《生活特供》	12：30～14：45（周一至周五） 12：30～14：10（周六、周日）	——	18000	10800	5400
《生活＋家装攻略》	16：56～17：26（周一至周四）	22：40～23：10（周一～周四） 07：10～07：40（周二～周五） 08：02～08：32（周六）重周一 08：02～08：32（周日）重周三 08：32～09：02（周六）重周二 08：32～09：02（周日）重周四	37000	22200	11100
《第一房产》	17：14～17：44（周日）	07：28～07：58（周日）上周日	30000	18000	9000
《快乐生活一点通》	17：29～17：59（周一至周五）	重播一 00：50～01：20（周一至周五） 重播二 06：05～06：35（周一至周五）	25000	15000	7500
《家装访谈》	16：56～17：26（周五）	重播一 22：40～23：10（周五） 重播二 07：10～07：40（周一）重上周五	37000	22200	11100
《食全食美》	17：59～18：29（周四、周五）	07：46～08：16（周一）重上周五 07：46～08：16（周五）重上周四	46000	27600	13800
《我爱食全食美》	17：59～18：29（周一至周三）	07：46～08：16（周二至周四）	46000	27600	13800
《生活广角》	22：07～22：37（周一至周五）	重播一 15：45～16：15（周一至周五） 重播二 16：20～16：50（周一至周五）	37000	22200	11100
《新鲜社》	22：41～23：11（周六）	16：40～17：10（周六）	37000	22200	11100
《梦遥评测站》	22：41～23：11（周日）	16：40～17：10（周日）	37000	22200	11100
《四海漫游》	17：44～18：29（周六）	06：05～06：50（周六）	25000	15000	7500
《我爱我车》	17：44～18：29（周日）	06：05～06：50（周日）	25000	15000	7500
《经营类直播节目》	14：18～16：35（周六、周日）	——	25000	15000	7500
《美食地图》	11：45～12：30（周六、周日）	——	25000	15000	7500

备注：此价格表于 2017 年 1 月 1 日执行。如有修改，请参照最新价格表。

A 类时段广告价格表

段位	播出时间	前节目主题	后节目主题	刊例价（单位：元）		
				30 秒	15 秒	5 秒
Ag01	21：14 ~ 21：19（周一至周五）	《美食地图·一探到底》（周一至周五）	《选择》（周一至周五）	24000	14400	7200
Ag02	21：29 ~ 21：36（周六、周日）	《特别定制》（周六） 《生活 +》（周日）	《选择》（周六、周日）	24000	14400	7200
Ag03	22：04 ~ 22：07（周一至周五）	《选择》（周一至周五）	《生活广角》（周一至周五）	24000	14400	7200
Ag04	22：36 ~ 22：41（周六、周日）	《选择》（周六、周日）	《新鲜社》（周六） 《梦遥评测站》（周日）	24000	14400	7200
Ag05	22：37 ~ 22：40（周一至周五）	《生活广角》（周一至周五）	《生活 + 家装攻略》（重）（周一至周四） 《家装访谈》（重）（周五）	24000	14400	7200

备注：此价格表于 2017 年 1 月 1 日执行。如有修改，请参照最新价格表。

B 类时段广告价格表

段位	播出时间	前节目主题	后节目主题	刊例价（单位：元）		
				30 秒	15 秒	5 秒
Bg01	06：00 ~ 06：05	开始曲	《快乐生活一点通》（重播）（周一至周五） 《四海漫游》（重播）（周六） 《我爱我车》（重播）（周日）	6000	3600	1800
Bg02	06：35 ~ 06：39（周一至周五）	《快乐生活一点通》（重播）（周一至周五）	《电视先锋榜》（周一） 《生活面对面》（重播）（周二至周五）	6000	3600	1800
	06：50 ~ 06：54（周六、周日）	《四海漫游》（重播）（周六） 《我爱我车》（重播）（周日）	《生活面对面》（重播）（周六） 《特别定制》（周日）			
Bg03	07：24 ~ 07：28（周六、周日）	《生活面对面》（重播）（周六） 《特别定制》（重播）（周日）	《生活 + 30′》（重播）（周六） 《第一房产》（重播）（周日）	6000	3600	1800
Bg04	07：40 ~ 07：46（周一至周五）	《家装访谈》（重播）（周一） 《生活 + 家装攻略》（重播）（周二至周五）	《食全食美》（重播）（周一） 《我爱食全食美》（重播）（周二至周四） 《食全食美》（重播）（周五）	9000	5400	2700
Bg05	07：58 ~ 08：02（周六、周日）	《生活 + 30′》（重播）（周六） 《第一房产》（重播）（周日）	《生活 + 家装攻略》（重播）（周六、周日）	9000	5400	2700
Bg06	08：47 ~ 08：53（周一至周五）	《生活特供早间版》（周一至周五）	《生活这一刻》（重播）（周一至周五）	9000	5400	2700

续表

B 类时段广告价格表

段位	播出时间	前节目主题	后节目主题	刊例价（单位：元）		
				30 秒	15 秒	5 秒
Bg07	09：02～09：08（周六、周日）	《生活＋家装攻略》（重播）（周六、周日）	《生活这一刻》（重播）（周六、周日）	9000	5400	2700
Bg08	10：25～10：29（周六、周日）	《生活这一刻》（重播）（周一至周五）	《选择精编》（周一至周五）	12000	7200	3600
Bg09	10：40～10：44（周六、周日）	《生活这一刻》（重播）（周六、周日）	《王芳遇上王为念》（重播）（周六、周日）	12000	7200	3600
Bg10	14：47～14：54（周一至周五）	《生活特供》（周一至周五）	《选择》（重播）（周一至周五）	14000	8400	4200
	14：12～14：18（周六、周日）	《生活特供》（周六、周日）	《经营类直播节目》（周六、周日）			
Bg11	15：39～15：45（周一至周五）	《选择》（重播）（周一至周五）	《生活广角》（重播）（周一至周五）	14000	8400	4200
Bg12	16：15～16：20（周一至周五）	《生活广角》（重播）（周一至周五）	《生活广角》（重播）（周一至周五）	14000	8400	4200
Bg13	16：50～16：56（周一至周五）	《生活广角》（重播）（周一至周五）	《生活＋家装攻略》（周一至周四） 《家装访谈》（周五）	12000	7200	3600
Bg14	17：10～17：14（周六、周日）	《新鲜社》（重播）（周六） 《梦遥评测站》（重播）（周日）	《生活＋30′》（重播）（周六） 《第一房产》（周日）	12000	7200	3600
Bg15	23：11～23：15	《生活＋家装攻略》（重播）（周一至周四） 《家装访谈》（重播）（周五） 《新鲜社》（周六） 《梦遥评测站》（周日）	《生活这一刻》（重播）	18000	10800	5400
Bg16	00：45～00：50	《生活这一刻》（重播）	《快乐生活一点通》（重播）（周一至周五） 《王芳遇上王为念》（重播）（周六） 《幸福厨房/季播档位》（重播）（周日）	18000	10800	5400
Bg17	01：20～01：22（周一至周五）	《快乐生活一点通》（重播）（周一至周五）	《美食地图·一探到底》（重播）（周一至周五）	8000	4800	2400
	01：50～01：52（周六）	《王芳遇上王为念》（重播）（周六）	《选择》（重播）（周六、周日）			
	01：35～01：37（周日）	《幸福厨房/季播档位》（重播）（周日）				
Bg18	02：07～02：12（周一至周五）	《美食地图·一探到底》（重播）（周一至周五）	结束	8000	4800	2400
	02：52～02：57（周六）	《选择》（重播）（周六、周日）				
	02：37～02：42（周日）					

BTV 青年广告价格表

A 类栏目广告价格表

栏目名称	播出时间	刊例价（单位：元）			收视率%	点成本
		30 秒	15 秒	5 秒		
《谁在说》	19：30～20：00	27000	16200	8100	0.35	46286
《军情解码》	21：15～22：00	18000	10800	5400	0.29	37241

B 类栏目广告价格表

栏目名称	播出时间	刊例价（单位：元）			收视率%	点成本
		30 秒	15 秒	5 秒		
《趣味大课堂》	18：00～19：30 （周一至周四）	12000	7200	3600	0.13	55385
《状元榜》	18：30～19：15 （周日）	12000	7200	3600	0.20	36000
《新歌来了》	18：00～18：30 （周六）	12000	7200	3600	0.14	51429
《青年探秘者》	20：00～20：45 （周一至周六）	15000	9000	4500	0.17	52941
《书香北京》	20：45～21：15 （周六、周日）	10000	6000	3000	0.08	75000
《北京客》	20：45～21：15 （周一至周五）	10000	6000	3000	0.14	42875
《超强设计》	18：00～18：30 （周日）	10000	6000	3000	0.11	54545
《天才父母》	18：30～19：00 （周六）	12000	7200	3600		
《疯狂科学城》	19：00～19：30 （周六）	12000	7200	3600		
《小记者看世界》	17：00～18：00 （周六）	10000	6000	3600		
《新闻 50 +》	22：00～22：50 （周一至周五）	10000	6000	3000		
《快乐秀场》	22：00～23：15 （周六、周日）	10000	6000	3000		
《留学圈》	18：00～18：30 （周五）	12000	7200	3000		
《电视先锋榜》	19：00～19：30 （周五）	12000	7200	3600		
《公路点唱机》	20：15～20：45 （周五）	12000	7200	3600		
《对外英语节目精选》	22：50～23：10 （周一） 22：50～23：15 （周二至周四） 22：50～23：40 （周五）	10000	6000	3000		
《知识夜场》	时长待定	10000	6000	3000		

备注：此价格表于 2017 年 1 月 1 日起执行。如有修改，请参照最新价格表。

B 类时段广告价格表							
段位		段位节目内容	刊例价（单位：元）			收视率%	点成本
			30 秒	15 秒	5 秒		
Bh01 06：00～08：25	06：00～06：05 06：35～06：40 07：35～07：40	《北京客》（重播） 《小记者看世界》（重播） 《知识夜场》（重播） 《周末综艺娱乐》（重播） 《青年探秘者》（重播） 《军情解码》（重播）	3000	1800	900	0.02	90000
Bh02 08：25～17：55	08：25～08：30 09：15～09：20 10：05～10：10 11：48～11：51 12：47～12：51 13：39～13：41 14：30～14：33 15：03～15：06 15：36～15：39 16：29～16：32	《军情解码》（重播） 《学而优则思》（重播） 《谁在说》（重播） 《书香北京》（重播） 《青年探秘者》（重播） 《国际频道精选》（重播） 《状元榜》（重播） 《新歌来了》（重播） 《知识夜场》（重播） 《周末综艺娱乐》（重播）	5000	3000	1500	0.06	50000
Bh03 23：00～01：19	23：25～23：28	《午夜青春剧场 1-4》	5000	3000	1500	0.02	150000

备注：此价格表于 2017 年 1 月 1 日起执行。如有修改，请参照最新价格表。非黄时间指定栏目中插需加收 20%。

BTV 新闻广告价格表

A 类栏目广告价格表						
栏目名称	播出时间	刊例价（单位：元）			收视率%	点成本
		30 秒	15 秒	5 秒		
《都市晚高峰 1》 《都市晚高峰 2》	18：00～18：30 19：00～20：25	10000	6000	3000	0.26	23077
《红绿灯》	21：10～21：52	25000	15000	7500	0.58	25862
《晚间新闻报道》	21：55～22：40	15000	9000	4500	0.34	26471

B 类栏目广告价格表						
栏目名称	播出时间	刊例价（单位：元）			收视率%	点成本
		30 秒	15 秒	5 秒		
《直播北京》早间版	09：42～10：40	5000	3000	1500	0.07	42857
《直播北京》午间版	11：00～11：57	5000	3000	1500	0.08	37500
《新闻手语》	14：12～14：22	5000	3000	1500	0.03	100000
《北京议事厅》	14：22～14：42（周日）	8000	4800	2400	0.04	120000

续表

B 类栏目广告价格表

栏目名称	播出时间	刊例价（单位：元）			收视率%	点成本
		30 秒	15 秒	5 秒		
《美丽乡村》	13：42～14：12（周五）	8000	4800	2400	0.07	68571
《红绿灯—平安行》	17：30～18：00	10000	6000	3000	0.14	42857
《锐观察》	20：25～21：07 （周一至周六）	10000	6000	3000	0.18	33333
《有话就说》	20：25～21：07（周日）	8000	4800	2400	0.20	24000
《这里是北京》	22：40～23：00	10000	6000	3000	0.16	37500

备注：此价格表于 2017 年 1 月 1 日起执行。如有修改，请参照最新价格表。

B 类时段广告价格表

段位	段位描述		刊例价（单位：元）			收视率%	点成本
	前节目主题	后节目主题	30 秒	15 秒	5 秒		
Bj01 06：00～06：02 （周一至周日）	——	《特别关注》 （重播）	3000	1800	900	0.003	600000
Bj02 11：57～12：00 （周一至周日）	《直播北京》	《特别关注》	4000	2400	1200	0.10	24000
Bj03 12：58～13：00 （周一至周日）	《特别关注》	《红绿灯》（重播）	5000	3000	1500	0.09	33333
Bj04 13：42～13：47 （周一至周四）	《红绿灯》（重播）	《镜鉴》（周一） 《这里是北京》 （重播） （周二至周四）	4000	2400	1200	0.05	48000
Bj05 14：07～14：12 （周一至周四）	《镜鉴》（周一） 《这里是北京》 （重播）（周二至周四）	《新闻手语》	4000	2400	1200	0.03	80000
Bj06 14：42～14：46 （周一至周日）	《都市阳光》 （周一、周二） 《人才》（周三） 《怎么看》（周四） 《党建进行时》（周五） 《消费观察》（周六） 《北京议事厅》（周日）	《锐观察》 （周二至周日） 《有话就说》 （周一）	4000	2400	1200	0.03	80000
Bj07 16：13～16：18 （周一至周日）	《晚间新闻报道》 （重播）	《这里是北京》 （重播）	4000	2400	1200	0.03	80000
Bj08 16：38～16：43 （周一至周日）	《这里是北京》 （重播）	《红绿灯》 （重播）	4000	2400	1200	0.09	26667
Bj09 17：25～17：30 （周一至周日）	《红绿灯》 （重播）	《红绿灯—平安行》	6000	3600	1800	0.13	27692

续表

B 类时段广告价格表

段位	段位描述		刊例价（单位：元）			收视率%	点成本
	前节目主题	后节目主题	30 秒	15 秒	5 秒		
Bj10 21：07～21：10 （周一至周日）	《锐观察》 （周一至周六） 《有话就说》（周日）	《红绿灯》	8000	4800	2400	0.16	30000
Bj11 21：52～21：55 （周一至周日）	《红绿灯》	《晚间新闻报道》	10000	6000	3000	0.27	22222
Bj12 23：00～23：02 （周一至周日）	《这里是北京》	《空气质量播报》	5000	3000	1500	0.12	25000
Bj13 23：05～23：08 （周一至周日）	《空气质量播报》	《红绿灯》（重播）	5000	3000	1500	0.12	25000

备注：此价格表于 2017 年 1 月 1 日起执行。如有修改，请参照最新价格表。

2017 年北京电视台公益广告价格说明

BTV 北京卫视：

播出位置	A 类资源	B 类资源
栏目	11000 元/30 秒/次	7000 元/30 秒/次
时段	9000 元/30 秒/次	6000 元/30 秒/次

说明：

1. 15 秒公益广告价格按照 30 秒广告价格的一半计算。
2. 季播节目和已承包栏目不包含在内。

其他频道：

播出位置	黄金时间（18：00－23：00）	非黄金时间
时段	3000 元/30 秒/次	1800 元/30 秒/次

说明：

1. 15 秒公益广告价格按照 30 秒广告价格的六折计算。
2. 其他频道包括 BTV 文艺、BTV 科教、BTV 影视、BTV 财经、BTV 体育、BTV 生活、BTV 青年、BTV 新闻、卡酷卫视、纪实高清共计 10 个频道。

北京电视台广告部

2017 年 1 月

大事记

2017年北京电视台大事记

一月

5日　北京电视台召开“鸡年春晚 系住美好——2017年北京电视台春节联欢晚会”新闻发布会，现场首次发布《梦想之城》春晚宣传片、“重明鸟”造型春晚LOGO和以成龙为代表的超强首发阵容。故宫博物院院长单霁翔、市委宣传部副部长余俊生、北京电视台台长李春良及副总编辑艾冬云和总编室、计财部、研发部、办公室、广告部、文艺节目中心、京视卫星相关负责人及晚会合作单位代表出席首发式。

6日　北京电视台举行“天涯共此时”BTV大型跨年新闻行动答谢会暨2017年推介会。会上集中展示了此次新闻行动的报道成果，介绍了2017年“一带一路”的报道设想并宣布2017年“天涯共此时”即将启动。北京电视台总编辑王珏、副总编辑艾冬云与国务院国资委、南南合作促进会、市国资委、市外宣办等相关单位负责人参加。

7日　北京电视台推出大型原创明星冰上“全景式真实秀”——《跨界冰雪王》，节目邀请张艺谋任总导演，申雪、赵宏博任总教练，张静初、林更新、曹格等明星倾力加盟，节目共12期，从1月7日起每周六21：08在北京卫视播出。

14日　由中国广播电影电视社会组织联合会电视剧导演工作委员会主办、北京电视台承办的“不忘初心 面向未来——中国电视剧导演年度榜样”活动在BTV人剧院录制，活动以“致敬经典，坚守理想”为主题，对2014年以来业内涌现的优秀电视剧作品及优秀工作者进行表彰。国家新闻出版广电总局电视剧司司长毛羽、中国广播电影电视社会组织联合会会长张海涛、市委宣传部副部长余俊生、北京电视台台长李春良、总编辑王珏等参加。

15日　北京电视台2017年春节联欢晚会在北京雁栖湖国际会展中心录制，市委宣传部常务副部长傅华、市新闻出版广电局局长杨烁和北京电视台台长李春良、总编辑王珏、副台长李岭涛、副总编辑艾冬云。北京电台台长赵卫东，总编辑王秋出席录制活动。

24日　北京电视台总编辑王珏带队赴人民日报社参观学习，参观人民日报社3000平方米全媒体新闻大厅，并听取人民日报“中央厨房”核心理念介绍。北京电视台副总编辑艾冬云及新闻节目中心、总编室、总工办、研发部、广告部、制作部、信息网络管理部等部门负责人及业务骨干参加。

25日　市人大常委会主任、市委宣传部部长李伟来北京电视台看望慰问一线员工，向坚守岗位的同志们致以诚挚的问候和新春祝福。市委宣传部副部长严力强、秘书长张爱军陪同。北京电视台台长李春良、总编辑王珏、常务副台长韦小玉、党委副书记彭司海、总工程师田方、副台长王澎、副台长李岭涛、副总编辑艾冬云以及相关部门负责人参加。

二月

7日　北京电视台总编辑王珏带队前往市新闻出版广电局和西城区文委调研，并就优势资源对接，以及青少·海外节目中心如何深度挖掘北京的文化及历史资源，打造观众喜闻乐见、社会美誉度高的精品栏目及大型活动等进行专题调研，青少·海外节目中心负责人等参加。

9日　北京市副市长王宁主持召开会议，专题听取第七届北京国际电影节筹备工作汇报，研究电影节开闭幕式场地等问题。市委宣传部常务副部长傅华，市政府副秘书长尹培彦出席，市新闻出版广电局局长杨烁、副局长胡东、副巡视员董明，北京电视台总编辑王珏及影运中心相关负责人等参加。

同日　《人民日报》文教周刊版刊文《多些“真”，少些“秀”》，赞扬北京卫视《跨界冰雪王》激发观众走进冰雪运动，锻炼身体、感受乐趣，迎接冬奥会的到来。评价该节目摒弃了真人秀明星表演成分过重，缺乏“真实”和“真诚”的窠臼，呼应了观众的现实生活，起到了教学作用，还营造了运动氛围，传递了奥林匹克精神。

14日　市委宣传部常务副部长傅华带队到怀柔影视产业示范区调研踏勘，专题研究第七届北京国际电影节场地调整事宜。市新闻出版广电局局长杨烁、副局长胡东，北京电视台总编辑王珏及影运中心负责人等参加。

同日　北京电视台财经节目中心召开2017《诚信北京3·15晚会》新闻发布会，暨《我是诚信发现者》大型视频征集活动启动仪式。

21日　北京电视台新闻节目中心推出大型系列专题片《扬帆》，以“专题片+系列报道”的形式，聚焦习近平总书记2月26日视察北京三周年，展示北京在强化四大中心定位、疏解非首都核心功能、提升城市建设水平、健全城市管理体制、加大大气污染治理等方面所取得的瞩目成就。

22日　全国政协副主席卢展工率全国政协社会和法制委员会调研组来北京电视台专题调研无障碍环境建设管理情况。市政协主席吉林，市政协副主席李长友，北京电视台台长李春良及总编辑王珏、党委副书记彭司海、总工程师田方、副总编辑艾冬云以及副总工程师毕江和相关部门负责人参加活动。

同日　北京电视台举行“2016年度播音主持作品专家奖”评审会，邀请鲁景超、李瑞英、敬一丹、靳智伟等8位相关专家，从播音员、主持人的语言功底、节目驾驭能力、播报状态等方面，对9个节目中心报送的50件作品进行集中评议和综合评价，评选出10部年度获奖作品。北京电视台总编辑王珏及总编室、监审办相关负责人等参加。

28日　北京电视台在BTV大剧院召开北京电视台2017年工作会议，传达学习北京市宣传部长会议精神，总结2016年工作，部署2017年工作，进一步认清形势、统一思想、明确任务，为开创北京电视台改革发展新局面，凝共识、聚信心、增合力。会上，受北京电视台党委书记、台长李春良委托，党委副书记、总编辑王珏代表台党委作重要讲话，党委副书记、常务副台长韦小玉传达全市宣传部长会议精神，党委副书记、纪委书记彭司海主持会议，北京电视台领导班子成员，北京广播电视台党办、运管部、媒体管理部、财务部、人力资源部和北京新媒体集团负责同志，北京电视台各部门副科级、副制片人以上干部、台属企业负责同志以及各节目中心编辑、记者、主持人和各部门职工代表等近千人参加。台内网对会议进行全程视频直播。

同日　新华通讯社北京分社社长梁相斌及副社长李斌等一行5人来到北京电视台，就推进新华社北京分社与北京电视台2017年合作报道工作与北京电视台总编辑王珏及副总编辑艾冬云和新闻节目中心相关负责人进行交流座谈。

三月

2日　北京卫视推出演讲类节目《真实的声音》，通过“跨界演说”的形式讲述不同职业背景下的奋斗故事，展示以中国梦为引领的时代精神。

5日　北京电视台财经节目中心第二届《“诚信北京”3·15特别节目》录制完成。晚会以“坚守诚信，弘扬社会正能量”为宗旨，通过《我是诚信发现者》征集行动，诚信调查，权威数据发布，视频连线，模拟短剧，主题演讲，网络直播、VR直播等形式，讲述诚信故事，树立诚信典型，凸显诚信北京的力量。首都精神文明办主任滕盛萍、副主任卜秀均，北京电视台副台长李岭涛及相关委办局负责人等参加录制。晚会于3月15日18：30－20：00在财经频道播出。

6日　国家新闻出版广电总局电影局局长张宏森、副巡视员周建东听取第七届北京国际电影节筹备情况汇报。市新闻出版广电局副局长胡东、副巡视员卞建国，北京电视台总编辑王珏以及影运中心负责同志参加会议。

8日　市委宣传部常务副部长傅华主持召开专题会，听取第七届北京国际电影节筹备进展情况汇报，并对开、闭幕式方案、舆论导向、电影文化惠民、宣传方案等方面工作提出要求。市新闻出版广电局局长杨烁、副局长胡东、副巡视员卞建国，北京电视台台长李春良、总编辑王珏以及影运节目中心相关负责同志等参加。

7日　北京电视台召开2016年度优秀女职工及“巾帼文明岗”优秀集体评选表彰大会，常务副台长韦小玉、党委副书记彭司海、总工程师田方代表台领导班子向全台女职工一年来的辛勤付出表示感谢，并对84名优秀女职工和10个“巾帼文明岗”优秀集体进行表彰。

10日　新疆维吾尔自治区党委常委、宣传部部长田文，北京市委副秘书长、宣传部副部长严力强来北京电视台审看大型系列纪录片《新疆》，并对下一步审播工作提出要求。北京电视台台长李春良、总编辑王珏、副总编辑徐滔及国家新闻出版广电总局重大理论文献影视片创作领导小组和来自北京市、新疆维吾尔自治区的专家、学者以及纪录片《新疆》主创人员等参加。

16日　中宣部副部长，国家新闻出版广电总局党组书记、局长聂辰席同志在第七届北京国际电影节组委会办公室报送的《关于邀请聂辰席同志担任北京国际电影节组委会主席的请示》上批示："要精心组织，把好导向，务求实效。"北京国际电影节组委会办公室将认真按照领导批示要求，做好组织筹备工作，安全、圆满办好电影节。

20日　2017春季北京电视节目交易会开幕式暨2016电视剧京榜发布会举行。国家新闻出版广电总局电视剧司司长毛羽、市委宣传部常务副部长傅华、市新闻出版广电局局长杨烁、北京电视台总编辑王珏出席。活动由市新闻出版广电局、怀柔区主办，首都广播电视节目制作业协会和北京电视台承办，

21日　北京市副市长王宁在市新闻出版广电局报送的《关于第七届北京国际电影节总体方案的请示》上批示："精心组织，不断提高办节水平，确保圆满、安全、顺利。"

同日　市委宣传部常务副部长傅华专题听取第七届北京国际电影节开、闭幕式及红毯方案汇报。市委宣传部秘书长张爱军，市新闻出版广电局副局长胡东，副巡视员董明，北京电视台总编辑王珏，文艺节目中心、青少·海外节目中心、影运中心等部门负责同志参加会议。

同日　北京电视台举行大型明星跨界音乐节目2017《跨界歌王》启动发布会。北京电视台副总编辑徐滔，卫视节目中心、京视卫星相关负责人及主创人员出席。

同日　北京电视台首部4K海外拍摄纪录片《嗨，东盟——一带一路之东盟行》正式开拍。该片共6集，每集50分钟，由纪实频道节目中心和"中国—东盟中心"共同策划，旨在促进中国与东盟各国之间的"民间外交"与"文化外交"，践行"一带一路"倡议。

22日　北京电视台召开中国共产党北京电视台第五次党员代表大会，选举产生出席中国共产党北京广播电视台第一次代表大会代表。大会应到代表148名，实到代表138名。经无记名投票，选举45名同志出席中共北京广播电视台第一次党代会。

同日　市新闻出版广电局、北京广播电视台检查组来北京电视台进行全市新闻出版广电系统安全大检查，与北京电视台总工程师田方、副总工程师毕江及技术部门相关负责同志进行座谈，并到13层播出机房抽查系统安全准备情况。

23日　第七届北京国际电影节组委会办公室召开第一次新闻发布会，介绍本届电影节总体安排，发布"北京影展"第一批片单、官方海报和"天坛奖"国际评委会主席等内容，并答记者问。发布会由市人民政府新闻办公室新闻发布处负责人田伟主持，中国国际广播电台副总编辑李萍，市新闻出版广电局副局长、组委会常务副秘书长胡东，北京电视台总编辑、组委会常务副秘书长王珏，中国电影资料馆副馆长、组委会副秘书长张小光，市新闻出版广电局副巡视员、组委会副秘书长卞建国，北京电视台副总编辑、组委会副秘书长艾冬云，北京演艺集团演出总监、北京京演文化传媒有限责任公司总经理郄春来，30家"北京展映"合作影院。人民日报、新华社、中央电视台、北京日报、香港文汇报等60余家媒体出席新闻发布会。

同日　国家新闻出版广电总局发布

《国家新闻出版广电总局关于推荐2016年第四季度优秀国产电视动画片的通知》，北京电视台《最可爱的人》等15部国产动画片被评为“2016年第四季度推荐播出优秀片目”。

同日　在广电总局2016年度国产动画发展专项资金项目评审结果中，《最可爱的人》获得一等奖。《最可爱的人》是以抗美援朝为主题的动画片，该片由卡酷少儿原创出品，在BTV卡酷少儿频道推出。

30日　北京电视台总编辑王珏主持召开“十九大重大主题报道”策划会，围绕十八大以来党中央治国理政新理念、新思想、新战略以及习总书记系列讲话重要精神，研讨北京电视台十九大重大主题报道规划。北京电视台副总编辑李岭涛、副总编辑艾冬云、副台长秦华及总编室、研发部、广告部、各节目中心和紫禁城影业公司相关负责人等参加。

31日　全国普法宣传基地授牌暨TV100开播仪式在北京电视台举行，TV100是由北京电视台发起，联合全国百家地面频道对法治类、健康类、教育类资源整合的运营平台，会上宣布TV100普法栏目剧正式开播，中华全国法制新闻协会向北京电视台科教频道等全国百家地面频道授予“全国普法宣传基地”称号，中央政法委政法综治信息中心，最高人民法院新闻局，最高人民检察院政治部，公安部文联、宣传局、司法部法制宣传司以及全国百家电视台负责人等出席。

四月

7日　北京电视台与十六区委宣传部工作会议顺利举行，会上展示了北京电视台作为各区宣传窗口的担当作为，梳理了北京电视台与各区深度合作的喜人成就，探讨了2017年重点新闻宣传工作的合作模式。北京电视台与各区共同建立战略伙伴关系，将构建共进共赢的美好蓝图。市委副秘书长、市委宣传部副部长严力强，北京广播电视台党委书记、台长，北京电视台党委书记、台长李春良、北京广播电视台党委副书记、总编辑，北京人民广播电台台长赵卫东，北京电视台总编辑王珏、副总编辑艾冬云及全市十六区委宣传部、区广电新闻中心以及我台新闻节目中心负责人、一线骨干等120余人参加。

13日　北京卫视和阿里巴巴集团联合在北京电视台举行新闻发布会，宣布正式签署“台网联盟”战略合作协议。北京电视台副总编辑徐滔、阿里巴巴集团首席市场官董本洪、阿里鱼总经理应宏及相关部门负责人出席。

16日　第七届北京国际电影节在怀柔区国家中影数字制作基地隆重开幕。中共中央宣传部副部长、国家新闻出版广电总局局长聂辰席出席并作了热情洋溢的致辞，中共北京市委副书记、北京市市长蔡奇出席并宣布电影节开幕。中宣部副部长景俊海，国家新闻出版广电总局党组成员、副局长童刚，国家新闻出版广电总局党组成员、中国国际广播电台台长王庚年，国家新闻出版广电总局党组成员、电影局局长张宏森，市人大常委会主任、宣传部部长李伟，副市长王宁，市政府秘书长李伟，市委副秘书长郭广生，市委宣传部常务副部长傅华，市委副秘书长、市委宣传部副部长严力强，市政府副秘书长尹培彦，市新闻出版广电局局长杨烁，北京广播电视台台长、北京电视台台长李春良，北京电视台总编辑王珏，怀柔区区委书记齐静，怀柔区区长常卫等领导出席。开幕式呈现四个超越与创新：一是新视角，围绕“大师、大众、大市场”宗旨，加入“直播连线电影院线和观众”等全新表达环节；二是新氛围，紧扣电影主题，强调北京气质，“北京新地标建筑＋北京非物质文化遗产相结合”动态视频背景惊艳亮相；三是新温度，各环节充满人文关怀，轻拂人心；四是新手段，开幕式同时段全市院线热度榜直播、院线观众连线互动，并与新媒体合作，营造全城参与的氛围，在“感人”和“好看”的设计下，完成本届“天坛奖”国际评委会及全球19个国家和地区的15部入围影片的集中亮相，以一场具有“电影情怀、北京味道、中国风范、全球视角”的晚会，正式拉开了第七届北京国际电影节的帷幕。

18日　国家新闻出版广电总局总工程师王效杰带队来北京电视台进行安全大检查，并与台长李春良及总工程师田方、副总工程师毕江及相关部门负责同志进行座谈。

23日　第七届北京国际电影节闭幕式暨颁奖典礼在中国（怀柔）国家影视产业示范区中影数字制作基地举行，颁奖典礼以“一带一路、聚焦中国、文化融合、面向世界”为主题，围绕“电影情怀、艺术精品、一流嘉宾、东方审美”四个篇章，将颁奖、节目，故事、光影完美相融与呈现，现场颁发了“最佳影片奖”“最佳导演奖”等十大奖项。国家新闻出版广电总局党组成员、副局长童刚，北京市人大常委会副主任杨艺文，市委副秘书长郭广生，中国国际广播电台副台长田玉红，市委宣传部常务副部长傅华，市新闻出版广电局局长杨烁、副局长胡东、副巡视员卞建国，怀柔区区委书记齐静、区长常卫和北京电视台总编辑王珏等领导出席。

26日　2017北京电视台春节联欢晚会衍生品“春碗”首发仪式在北京电视台阳光大厅举行，现场发布北京电视台历史上第一款文化衍生艺术珍品“BTV手工花丝金质春碗”和“BTV手工花丝银质春碗”。北京电视台总编辑王珏、北京工美集团、工商银行北京分行、北京工艺美术行业协会、北京工艺美术博物馆相关负责人参加。北京电视台今年启动“春碗”品牌衍生品开发计划。衍生品以“春晚”谐音“春碗”命名，推出330克足金“BTV手工花丝金质春碗”和180克足银镀金“BTV手工花丝银质春碗”，由北京电视台出品，联手北京工美集团和工商银行北京分行合作运营，是北京电视台推进产业多元化跨界发展的重要举措。

五月

4日　“文明有礼北京人 群众文化活动巡礼”主题活动协调会在北京电视台举行。首都文明办巡视员韩龙彬、公共文明指导处处长吕俊超、副处长秦贵及北京电视台文艺节目中心负责人等参加。

5日　市委常委、宣传部部长杜飞进来北京电视台调研，市委副秘书长、市委宣传部副部长严力强，市委宣传部秘书长、市委宣传部办公室主任张爱军陪同。北京电视台台长李春良随行汇报相关情况，总编辑王珏、党委副书记彭司海、总工程师田方、副台长王澎、副总编辑艾冬云、副总编辑徐滔、副台长秦华及副总工程师毕江和北京广播电视台相关人员参加。

5日　北京电视台举行“天涯共此时——‘一带一路’大型新闻行动”第二季启动仪式。中宣部宣传处处长朱承铭，原外交部驻荷兰、伊朗、阿联酋大使华黎明，国务院国资委新闻中心主任毛一翔和国务院推进“一带一路”工作领导小组办公室负责人欧晓理参加活动。北京广播电视台党委副书记、副台长、总编辑赵卫东，市国资委副巡视员荀永利，北京电视台总编辑王珏，副总编辑艾冬云及北京广播电视台、迪拜中阿卫视、中国铁建、中建、中石油等多家单位和跨国企业相关负责人参加。

同日　市新闻出版广电局副局长戴维率宣传管理处相关同志来北京电视台，就规范报备报批流程、加强阅评管理、确保节目内容播出安全等工作进行座谈。北京电视台总编辑王珏、副总编辑李岭涛、副总编辑艾冬云、副总编辑徐滔以及办公室、总编室、研发部、卫视节目中心、新闻节目中心等部门相关负责人参加。

12日　市委常委、宣传部部长杜飞进来北京电视台设在国家会议中心的前方演播室，视察“一带一路”国际合作高峰论坛报道筹备情况并提出工作要求，市委副秘书长、宣传部副部长严力强等陪同。杜飞进同志要求，北京电视台要有高站位、大视野，要高度关注国际国内发生的重大事件，热情投身参与报道；要主动发挥主流媒体作用，让报道形成规模声势，产生影响力。

18日　第八届“北京影响力”启动仪式暨“登上哈佛讲台的北京影响力企业家”论坛在北京电视台41层阳光大厅举行，北京电视台总编辑王珏、副总编辑艾冬云及市国资委、市工商联以及50多家企业代表等参加。

19日、23日　北京电视台副总编辑李岭涛及广告部、经管部负责人分别到财经节目中心、卡酷传媒有限公司听取工作汇报，并与相关负责人及工作人员进行座谈。李岭涛充分肯定了财经节目中心的经营思路以及卡酷传媒公司的经营情况，并对下一步工作提出具体要求。

24日　北京电视台台长李春良与市地税局局长杨志强等就进一步深化双方合作进行座谈。北京电视台总编辑王珏、副总编辑艾冬云、副台长秦华及办公室、总编室、计财部、财经节目中心、新闻节目中心相关负责人参加。

26日　北京电视台台长李春良与台湾旺旺中时媒体集团副总裁邱佳瑜等交流座谈，以进一步推动两岸媒体合作。北京电视台常务副台长韦小玉、市台办新闻处调研员宋朝晖、旺旺集团北京首席代表林天良等及北京电视台办公室、总编室、研发部、新闻节目中心、青少·海外节目中心、纪实频道节目中心相关负责人参加。

27日　市纪委检查组来北京电视台进行“端午”期间纠“四风”专项监督检查。驻市新闻出版广电局纪检监察组副组长马峥和北京广播电视台纪委书记王伟等有关领导陪同检查。

六月

1日　北京电视台新闻节目中心与市信访办、市政府便民服务热线12345联合推出的“听民意 解民忧”第四季特别报道启动仪式在市非紧急救助服务中心举行，北京电视台副总编辑艾冬云及市信访办副主任、市非紧急救助服务中心主任王传颂等参加。

同日　北京电视台96168栏目服务热线新系统正式上线，历时八个月的热线升级改造项目第一阶段工作正式完成。此次升级改造，更换了硬件设备，升级了软件系统，拥有了基于微信公众平台的多媒体信息处理能力，为今后开展多元化服务打下了基础。

同日　北京电视台生活节目中心《生活这一刻》栏目生活帮扶团联合市残联、残疾人福利基金会，推出“陪伴天使一小时”大型儿童公益义诊活动。生活节目中心负责人及市残疾人事业募捐工作管理中心、市残疾人福利基金会、市残疾人联合会相关负责人出席活动发布会。

2日　全国大型健康教育传播项目“健康面对面-全民学院”启动仪式在北京电视台41层阳光大厅举行，该项目由北京电视台生活节目中心与北京时间共同发起，中国妇幼保健协会、市医管局作为指导单位，《生活面对面》栏目策划宣传并组织实施。国家卫计委宣传司新闻处处长刘哲峰、中国妇幼保健协会副秘书长孙爱军、市医管局党群处处长张海鸥及十几位三级医院院长出席活动。

5日　北京电视台与市文物局共同打造的“文化与自然遗产日”特别节目在《这里是北京》栏目播出，节目围绕“三个文化带”“中轴线申遗”“我市近两年重大考古发现”等内容，宣传北京在文化和自然遗产事业方面的发展成就。节目共5集，每集20分钟，于6月5日至9日每天22：40在BTV新闻频道播出

7日　新华社技术局副局长高连涛代表全国中文新闻信息标准化技术委员会来北京电视台调研，实地察看北京电视台新闻演播室等专业技术区域，并针对北京电视台在媒体融合的新思路、新应用及相关工作标准、需求等进行座谈研讨，北京电视台副总工程师毕江及技术部门相关同志等参加。

13日　北京电视台举行保密工作培训暨党委中心组扩大学习会，会议邀请市国家保密局副局长刘建华作“信息化条件下的安全保密管理与防护”专题讲座。北京电视台党委副书记、常务副台长韦小玉主持会议，党委副书记、纪委书记彭司海，副台长秦华及各部门分管主任、台属一级企业负责人、各节目中心正副制片人、节目管理科科长、综合科科长、兼职保密工作相关人员等共计200余人参加。

15日　“讲述中国故事 还原梦想色彩——《中国梦365个故事》第二季启动仪式”在北京电视台41层阳光大厅举行，市委常委、宣传部部长杜飞进，中宣部宣教局副局长常戍，市委副秘书长、宣传部副部长严力强，市委宣传部秘书长张爱军，北京电视台台长李春良，北京广播电视台副台长、总编辑赵卫东，北京电视台总编辑王珏、副总编辑艾冬云，各委办局、各区等单位负责人及有关专家学者等100余人参加。新华社、中新社、光明日报、北京日报等20多家主流媒体采访报道。

同日　北京电视台召开市第十二次党代会报道动员大会，总编辑王珏、总工程师田方、副总编辑艾冬云参加会议并讲话。北京电视台总编辑王珏受台长李春良委托，转达了春良台长对此次报道的要

求，鼓励全体参加报道人员，以饱满的状态，全情投入，圆满完成报道任务。

同日 北京电视台召开2018年春晚研讨会。副总编辑徐滔，文艺节目中心负责人及多位曾参与春晚创作的导演和大型活动科的导演参会。

20日 生活频道一体化改革试点正式启动，北京电视台常务副台长韦小玉通报相关管理架构、运营机制等，并对下半年生产经营工作和重点任务作出部署和动员。

26日 北京电视台传达贯彻落实市第十二次党代会精神，部署下一阶段重点工作。党委书记、台长李春良讲话，各部门负责人、台属企业负责人参会。

同日 北京电视台文艺、影视、青少频道进行全新改版。文艺频道推出全新综艺节目《喜剧合伙人》，关注北京喜剧资源和本土民生内容。影视频道《影视风云》改版后全景展示影视剧片场；《大戏看北京》与《炫剧场》《影视风云》联合打造影视看点。影视剧中心，推出一档编辑性节目《BTV聚精彩》，丰富频道节目类型；动态编排影视剧，减少宣传片时长，增加观众黏性；针对暑期采取特殊编排，剧集5集连播。青少频道增加《谁在说》《军情解码》等支柱节目时长；打造具有青年特色的谈话节目带——《国际双行线》；推出剧情谈话类节目——《戏里戏外》，剖析热播剧剧情，折射都市生活。

26日至7月6日 北京电视台在北京卫视、新闻、科教频道播出系列专题片《为你而歌》（第十五部）。该片由市委组织部、市委宣传部和北京电视台联合制作，选取小香玉等20位优秀共产党员为拍摄对象，挖掘《新机场拆迁第一人》《“一呼百应”的好书记》等故事，宣传北京市共产党员在推动首都各项事业中做出的突出业绩，全面展示新时期共产党员的时代风采，为庆祝中国共产党成立96周年献礼。

27日 “卡酷嘉年华·2017北京国际婴童产业博览会”新闻发布会在北京电视台41层阳光大厅举行。北京电视台副总编辑李岭涛，国家新闻出版广电总局规划发展司、京东商城消费品事业部母婴采销部、中国友好和平发展基金会、中国作协儿童文学委员会、中国美协连环画艺委会、中国美协少儿美术艺委会、中国美协漫画艺委会等单位负责人及北京电视台广告部、卡酷传媒、新纪实传媒、电视产业发展集团相关负责人出席发布会。

29日 北京电视台联合阿里巴巴集团在杭州召开2017天猫双11超级IP发布会，北京电视台与阿里巴巴及浙江卫视、深圳卫视签署战略合作协议，将于今年11月与浙江卫视、深圳卫视推出2017天猫双11全球狂欢节“三台一晚”联动直播，以前所未有的多重资源融合深度、全频道开放互动力度、线上线下互动玩法创新，将台网联动推向极致。北京电视台副总编辑徐滔及京视卫星负责人参加发布会。

29日、30日 北京电视台推出《香港回归20周年》二集系列报道，在《北京您早》播出。通过专访香港特别行政区行政长官梁振英等各界代表近20人，展现香港回归祖国20年来取得的成就。

七月

6日 北京电视台文艺节目中心承办

的第二十一届京张心连心大型文艺演出在张家口市举行，副总编辑李岭涛等参加。演出以“京张心连心 共谱新华章”为主题，通过歌舞、朗诵等艺术形式，描绘京津冀协同发展、京张携手办冬奥和首都水源涵养功能区建设的广阔前景。

7日 北京电视台推出纪念全民族抗战爆发八十周年主题系列报道。《北京新闻》推出《纪念全民族抗战爆发八十周年》。《这里是北京》播出“卢沟桥事变80周年”3集系列节目。《记忆》《档案》等栏目推出“抗战英烈”主题特别节目。同时依托“BTV新闻”微信公众号、微博平台，设计抗战知识问答H5互动页面，推出“纪念‘七七事变’80周年”“我们用三首诗词回望过去”等主题推文、短视频，烘托历史氛围。

10日 北京电视台新闻节目中心《这里是北京》栏目推出《运河·北京》7集系列节目，包括《北京运河从哪儿来》《长河之上》《什刹海的不了情》《重生的玉河》《北运河》《藏起来的运河》《运河的力量》，通过采访市区文物保护专家，从保护、传承、利用三个层面详细记述北京运河的考古挖掘进程和人文故事。

11日 市委宣传部副部长严力强主持召开专题会，审看北京电视台大型系列纪录片《你从井冈山走来》，并对下一步工作提出要求。北京电视台总编辑王珏及纪录片主创团队等参加。该片为纪念中国人民解放军建军90周年献礼影片，由市委宣传部策划，《档案》栏目承制，共6集，每集55分钟。

同日 “中澳纪录片周”优秀纪录片展播暨北京电视台与澳大利亚广播公司交流活动举行，双方签署《2017中澳电视展播合作备忘录》，通过互播纪录片促进两国文化交流，北京电视台副总编辑李岭涛及纪实频道节目中心相关负责人等参加。

同日 北京电视台副总编辑艾冬云出席“带本书给家乡的孩子”第五季信使出发仪式，并为大学生信使代表授旗，本季活动招募的1000多名大学生信使将利用暑假时间，把4万册爱心图书送往边远贫困地区孩子手中。

14日 市委副书记景俊海来北京电视台调研指导基层党建工作，看望慰问一线干部职工。市委副秘书长、市委宣传部副部长严力强，市委副秘书长李必友，市委办公厅副主任李彦来，市委组织部副部长张革，驻市委宣传部纪检监察组组长王杰群，市委宣传部秘书长、办公室主任张爱军，市委党建研究所所长章建伟，北京电视台党委书记、台长李春良及党委副书记、总编辑王珏，党委副书记、常务副台长韦小玉，总工程师田方，副总编辑艾冬云等参加活动。

同日 北京广告协会成立30周年暨北京广告产业发展30周年颁奖典礼在北京国家广告产业园区召开。北京电视台作为会员单位出席颁奖典礼并获得了“30年杰出贡献单位”奖。

15日 由北京电视台新闻节目中心承办的第十一届永定河文化节开幕式在北京电视台大剧院举行。市委宣传部副部长余俊生参加开幕式。

20日 大型军旅题材电视剧《深海利剑》开播仪式在北京电视台大剧院举行，中国人民解放军海军政治工作部副主任夏平，市委副秘书长、市委宣传部副部长严力强，国家新闻出版广电总局电视剧司副司长刘梅茹，北京电视台台长李春良，市新闻出版广电局副局长戴维，北京电视台总编辑王珏、副总编辑徐滔及影视剧中心负责人等出席。

同日　大型系列纪录片《你从井冈山走来》开播启动仪式在北京电视台举行，该片由市委宣传部策划、北京电视台《档案》栏目承制。市委副秘书长、市委宣传部副部长严力强，北京电视台台长李春良，市新闻出版广电局副局长戴维，北京电视台总编辑王珏、副总编辑徐滔及卫视节目中心负责人等参加。该片定于8月1日至3日每天21：18在卫视频道播出。

21日　北京电视台新闻节目中心联手全军政工网隆重推出40集大型新闻系列报道《寻踪英雄路》。

30日　中国人民解放军建军90周年盛大阅兵式在内蒙古朱日和训练基地举行，北京电视台策划、推出大型直播报道《从胜利走向胜利》，BTV卫视和BTV新闻频道从当天早上7：00至11：55全程同播，将近300分钟的直播节目全景展示了本次阅兵的盛大场景和恢弘气势。

八月

1日　北京电视台台长李春良主持召开专题会，第一时间传达学习杜飞进同志在全市宣传系统干部会上的讲话精神，部署深入学习贯彻习近平总书记7月26日重要讲话精神宣传报道工作，并研究策划迎接宣传贯彻十九大相关工作。总编辑王珏、常务副台长韦小玉、副总编辑李岭涛、副总编辑艾冬云及总编室、研发部、各节目中心负责人等参加。

2日　北京电视台召开2017年上半年经营工作会，系统梳理、盘点上半年全台经营工作，分析形势、找准问题、精准施策，全面部署下半年各项经营工作。党委副书记、总编辑王珏主持会议，全体台领导班子成员，节目经营统筹协调领导小组成员，党委办公室、办公室、总编室、计划财务部、人事部、研究发展部、广告部、经营管理部、监察审计办公室，总工办、制作部，各节目中心及北京京视卫星传媒有限责任公司、北京京视电广传媒有限责任公司、北京京视体育发展有限责任公司、新纪实（北京）传媒投资有限公司负责人等参加。

4日至7日　北京电视台新闻节目中心《北京您早》《特别关注》《北京新闻》推出京北生态涵养系列报道，共4集，分别以《塞罕坝造林：战天斗地英雄创业》《塞罕坝：望海楼上的夫妻守望》《塞罕坝：传承接力增强发展后劲》《承德实施“双百”行动　“黑色产业”向绿色转变》为主题，重点报道京津冀生态文明建设典型案例，大力弘扬塞罕坝精神。

6日　“欢动北京”第六届国际青少年文化艺术交流周开幕式在北京电视台大剧院举行，中国人民对外友好协会秘书长李希奎、北京市人民政府外事办公室主任赵会民、北京电视台总编辑王珏及市对外友协、市文化局、石景山区相关负责人等参加。

14日　新闻节目中心50集专题片《红色京津冀》在《北京您早》《特别关注》《都市晚高峰》等栏目播出，该专题片大力弘扬革命红色文化，推动兴起迎接十九大宣传热潮，得到市委领导的充分肯定，引发社会各界广泛关注和热烈反响。

18日 《人民日报》副刊24版刊发前线杂志社社长李明圣的文章《用初心照亮我们的行程——电视纪录片<你从井冈山走来>述评》，评价北京电视台纪录片《你从井冈山走来》以独特的视角、珍贵的史料，为观众倾听中国革命故事、寻找共产党人的初心、追溯人民军队的军魂、增强民族复兴的历史自信，提供了一份宝贵的精神食粮。

22日 北京电视台“礼让斑马线”大型系列新闻行动启动仪式举行。北京电视台副总编辑李岭涛和市直机关工委、首都文明办、市交通委、北京公交集团等单位负责同志参加。

24日 北京电视台联合通州区委宣传部在通州区大运河森林公园举办“我的运河·我的家”大运河文化带健走活动，通过“4公里健走骑行”+“通州区九项非遗项目体验”+“自媒体传播互动”的形式，推动大运河文化带的传承、保护和宣传。

25日 北京电视台大型人文讲述类节目《中国故事大会》发布会举行。北京电视台副总编辑徐滔及卫视节目中心、京视卫星和中版昆仑传媒、苏州传视影视、掌门一对一相关负责人等参加。该节目由北京电视台、中版昆仑传媒、苏州传视影视、京视卫星联合打造。

31日 第九届北京海洋沙滩嘉年华圆满落幕，海沙嘉年华已逐步成为北京电视台自主打造的黄金品牌，实现了口碑、创收、产业化、创新融合的多赢局面。

同日 赞比亚国家电视台的骨干记者、编导及摄像人员共18名来宾到北京电视台参观访问。

九月

7日 市委宣传部副部长严力强主持召开会议，专题听取北京电视台卫视节目中心《档案》栏目组关于大型纪录片《通惠古今大运河》《中国1927》《赤焰》的工作情况汇报。

9日 市委常委、宣传部部长杜飞进主持召开专题会议，听取北京电视台大型文化创意服务类季播节目创意中国栏目组工作情况汇报，并对下一步工作进行部署。市委宣传部副部长韩昱、余俊生，市监察委员会驻市委宣传部纪检监察组组长王杰群，市网信办主任佟力强，市委宣传部秘书长张爱军，市委宣传部副巡视员、文促中心主任梅松，市委宣传部副巡视员徐和建，市委宣传部新闻处处长侯健美、产业处处长陈伟，北京广播电视台台长、北京电视台台长李春良，北京广播电视台总编辑、北京电台台长赵卫东，北京电视台总编辑王珏、副总编辑徐滔、卫视节目中心负责人等参加。

11日 市委书记蔡奇，市委副书记、代市长陈吉宁，市委常委、宣传部部长杜飞进，副市长程红，副市长王宁等同志莅临北京广播电视台在第十二届中国北京国际文化创意产业博览会上所设展位，参观了北京电视台展示内容，充分肯定了北京电视台新闻宣传报道工作的成就。

12日 2017“北京礼物”旅游商品大赛在北京电视台阳光大厅举办启动仪式，市旅游委副主任王粤、市文物局副局长于平、北京电视台常务副台长韦小玉、张家口广播电视报社长武勇鹏等领导出席。

14日 北京电视台生活节目中心举行转型发展工作总结分析及规划会，台党委副书记、常务副台长韦小玉参会并讲话。生活节目中心相关负责人、制片人等就融媒转型、产业转型、经营创新、内容资源创新、财务及监管等内容，总结了频道与公司一体化改革实施8个月来的情况，并就产业如何规模化，如何打造合适的互联网产品等问题进行了讨论。

15日 司法部基层司司长罗厚如，基层司干部熊飞，人民调解杂志社编辑刘敬雷来北京电视台，就人民调解工作与北京电视台第三调解室栏目组进行交流，北京电视台副总编辑艾冬云及科教节目中心相关负责人参加。

19日 北京电视台副总编辑李岭涛与泰国总理府国家电视台台长吉迪萨、泰国总理府宣传司对外联络办公室主任婉屏一行，就平台资源、节目情况、互换播出和联合制作等进行座谈交流，纪实频道节目中心相关负责人参加交流。

同日 新闻节目中心《这里是北京》栏目推出系列节目《老城印象》，分为《屋檐下抬头看》《北京屋顶知多少》《宅“门”往事》等8集，从“北京老城”中具有皇家特色和古都风貌的古建筑切入，以历史和现实为轴线，打造老城复兴群像，唤醒老北京的文化记忆。节目于每天22：40在BTV新闻频道播出。

20日 由国家统计局主办，财经节目中心承办的第八届“中国统计开放日”活动在北京电视台举行，国家发展改革委副主任兼国家统计局党组书记、局长宁吉喆，国家统计局党组成员、副局长鲜祖德，国家统计局党组成员、总经济师盛来运，北京市副市长卢彦，北京市副秘书长王文杰出席活动。北京电视台台长李春良、总编辑王珏、副总编辑艾冬云和国家统计局相关业务司负责人，市统计局、国家统计局北京调查总队领导及企业、市民和媒体代表等参加。

21日 市委书记蔡奇到北京日报报业集团、北京人民广播电台和北京电视台调研，并看望慰问一线新闻采编播人员，市委常委、宣传部部长杜飞进，市委常委、秘书长崔述强一同调研。市委副秘书长、市委宣传部副部长严力强，市新闻出版广电局局长杨烁，北京电视台，台长李春良、总编辑王珏、常务副台长韦小玉陪同在北京电视台调研。

同日 北京电视台党委书记、台长李春良主持召开全台中层干部会议，传达学习市委书记蔡奇及市委常委、宣传部部长杜飞进调研座谈重要讲话精神，对贯彻落实两位领导重要讲话精神进行动员部署。

27日 北京电视台召开“确保十九大期间安全播出和网络安全技术保障工作动员会”，台长李春良及总工程师田方、副总工程师毕江及技术部门副科级以上干部、技术骨干及安全播出联络员共160余人参加。

30日 市新闻出版广电局局长杨烁带队来北京电视台检查，确保十九大期间广播电视安全播出和信息网络安全保障工作。北京电视台台长李春良，市新闻出版广电局副局长杨培丽，北京广播电视台总编辑赵卫东、副台长苏仁先及北京电视台总工程师田方等参加。

十月

2日 北京电视台卫视节目中心《档

案》推出6集系列节目《通惠古今大运河》，从大运河历史文化发展脉络和当下北京文化中发掘更为深层次的人文价值。

10日　市委常委、宣传部部长杜飞进主持召开专题会，听取第八届北京国际电影节总体方案及筹备情况汇报。北京电视台台长李春良、总编辑王珏以及市新闻出版广电局局长杨烁、怀柔区委书记常卫汇报相关工作。市委宣传部秘书长、办公室主任张爱军，市新闻出版广电局副局长胡东，北京人民广播电台台长赵卫东，以及市委宣传部精品办、市新闻出版广电局电影管理处、北京电视台影运中心负责同志等参加。

12日　北京电视台台长李春良、总编辑王珏到北京冬奥组委就2022年北京冬奥会宣传报道工作进行交流座谈，共同探讨北京电视台《2018 BTV环球跨年冰雪盛典》《跨界冰雪王》等重点主题节目在资源对接、特色发挥、协调联动、宣传推广等方面的具体举措。北京冬奥组委党组成员、秘书长韩子荣，秘书行政部部长郭怀刚，新闻宣传部部长、市委宣传部副部长常宇，市场开发部部长朴学东，新闻宣传部副部长吕钦，北京电视台副总编辑李岭涛、副总编辑徐滔及办公室、卫视节目中心、新闻节目中心、体育节目中心、纪实频道节目中心负责人以及《2018 BTV环球跨年冰雪盛典》《跨界冰雪王》栏目组负责人等参加。

18日　中国共产党第十九次代表大会在北京隆重开幕。为做好党的十九大开幕宣传报道工作，北京电视台台长李春良、总编辑王珏多次听取汇报、安排部署，总工程师田方、副总编艾冬云在一线督战、靠前指挥，新闻节目中心精心谋划、周密组织，全台各部门通力协作、密切配合，从18日7：00开始，在北京卫视和BTV新闻频道连续7小时成功并机直播党的十九大开幕盛况。

26日　北京电视台生活节目中心推出大型人文纪录片《拾说什刹海》第二季，深挖文化内涵。该片共6集，分别是《源流》《拾刹》《王府》《风骨》《后市》《宜居》。

27日　北京电视台总编辑王珏主持召开研讨会，专题研究部署研究发展部北京电视台创研工作实施方案有关工作。

28日　由市门头沟区委宣传部、门头沟区文委会主办，京视传媒有限责任公司承办的大型原创舞台史诗剧《永定人家》在北京电视台大剧院首演。市委常委、宣传部部长杜飞进，市文化局党组书记、局长陈冬，市委宣传部秘书长张爱军、北京电视台总编辑王珏，市文物局副局长于平，市委宣传部文化处处长杨建英，市委宣传部文化产业发展指导处处长陈伟等出席并观看演出。

同月　北京电视台推出系列宣传片《喜迎十九大 大美看北京》全新展示北京五年来的发展巨变。该系列宣传片以习近平总书记系列讲话精神和治国理政新理念新思想新战略为主线，生动展现了五年来北京砥砺奋进的生动实践，集中表现出老百姓的幸福感和获得感。

十一月

2日　北京电视台联合新华三集团、成都索贝数码科技股份有限公司、北京新奥特云视科技有限公司召开北京电视台融合媒体生产云平台项目启动会，总工程师田方与三家集成商签署“BTV融合媒体生产云平台项目服务保障备忘录”，副总工程师毕江及总工办、网管部负责人等参加。

7日 北京卫视大型文化创意季播节目《创意中国》发布会在北京电视台大剧院举行。市委宣传部副部长余俊生出席并致辞。该节目由市委宣传部、市文资办、市文投集团共同指导，北京电视台和市文促进中心、大业传媒集团联合出品。

8日 北京电视台总编辑王珏率新闻节目中心有关负责同志到北京经济技术开发区调研，并与开发区管委会主任梁胜等就深入开展学习贯彻党的十九大精神报道和纵深推进全方位多渠道合作进行深入交流。

9日 市委宣传部副部长严力强带队来北京电视台开展党风廉政建设责任制检查考核工作。检查组听取北京电视台党风廉政建设主体责任落实情况汇报，查阅有关工作资料，并与台领导班子成员和部分部门负责人及职工代表谈话。北京电视台台长李春良及班子全体成员参加工作情况汇报会。

10日 北京电视台卫视节目中心联手阿里巴巴、浙江卫视、深圳卫视推出全球互动直播“天猫2017双11狂欢夜”，以三台联动并网络直播规模延展“娱乐+消费”的新型传播模式，以融入VR全景技术、CG动画、AR虚拟技术等新科技的跨屏互动，创新“电视+电商”的营销模式。在长达4小时的直播过程中，线上线下的互动形成了收视高峰与购物高峰的叠加效应，把握内容资源的电视媒体与占据渠道优势的电商平台实现了双赢，北京卫视创省级卫视第四的收视成绩。

17日 北京电视台在BTV大剧院举行2018北京卫视“跨界赢天下”营销共赢大会，发布了北京卫视2018年综艺矩阵，重点推介2018年前两季10档经典IP节目、15档原创周末季播节目、10余档垂直细分定制节目以及纵贯全年的晚会，和15部精良大剧。北京电视台总编辑王珏、副总编辑李岭涛、副总编辑徐滔、副台长秦华，卫视节目中心、京视卫星公司负责人以及来自全国的企业和广告客户代表600余人参加。

19日至22日 北京电视台新闻节目中心《这里是北京》栏目联合密云区委宣传部推出《密云印象》系列节目。节目共4集，分别是《守护水源》《水库人家》《青山常在》《长城脚下》，通过挖掘来自密云水库一级、二级、三级保护区的百姓故事，展现密云区立生态核心之本，筑脱贫致富之路的生动实践。

22日 国家新闻出版广电总局副局长、电影局局长张宏森主持召开会议，专题听取第八届北京国际电影节筹备工作进展情况，并对评奖、电影市场、论坛等方面的下一步工作提出要求。市新闻出版广电局局长杨烁，北京电视台台长李春良汇报相关工作，北京电视台总编辑王珏及市新闻出版广电局电影管理处以及北京电视台影运中心负责同志等参加。

25日 北京电视台动画节目中心推出大型季播节目《萌娃看动物》，从孩子的视角探访丝绸之路。

26日 北京电视台文艺节目中心推出大型文化类节目《解码中华地标》，节目共52集，以“演播室+专题片”的形式在全国范围内挖掘“中华地标”，从具有地标特色的“地”“景”“物”“人”和“民间手工艺”出发，多层次多角度解读中华优秀地标文化，讲述地标产品助推地方经济发展的生动故事。

同日 《北京评书大会》开播发布会在北京电视台1000平方米演播厅举行。原中国文联党组成员、副主席、书记处书记杨承志，全国政协教科文卫体委员会办公室副主任徐红旗，国家新闻出版广电总局宣传司副司长戈晨，中国曲艺家协会分党组成员、副秘书长曲华江，中宣部文艺局理论文学处处长彭云，北京电视台副总编辑徐滔以及卫视节目中心、青少·海外节目中心相关负责人等参加。该节目将以传统京味书馆为背景，通过评书艺术与书画、音乐等相结合的方式，彰显老北京的文化底蕴，展现评书这门中国传统艺术的魅力。节目将于11月28日起每周二至周五9：05在北京卫视播出。

27日 北京电视台举办“不忘本来面向未来——内容生产创新发展研讨会”，台长李春良从做有责任有价值有担当的BTV、做有引领有示范有创新的BTV、做有开拓有融合有市场的BTV三个方面，对北京电视台未来发展方向和基本定位提出要求。

28日 北京电视台与日本放送协会（NHK）举行中日业务合作年度工作例会，推进双方合作进程。北京电视台副总编辑李岭涛，纪实频道节目中心相关负责人，与日本放送协会（NHK）所属制作公司NEP国际节目执行董事千本先生一行，就纪录片产业化发展等话题交换了意见。

28日至29日 北京电视台举办“慧聚·无限可能——北京电视台2018年专业资源分享会”，活动分“主题品牌分享会”和“黄金品牌分享会”两场，通过资源推介与高峰论坛相结合的方式，向客户推介北京电视台各频道节目资源。北京电视台总编辑王珏、副总编辑李岭涛、副总编辑艾冬云，副台长秦华和市国资委、市旅游委员、市文化局、市体育局，海淀、大兴、通州、延庆区委宣传部，城建集团、首创集团、工美集团、首开集团相关负责人，以及全国企业界、广告界的200余位嘉宾参加。

十二月

4日 北京电视台推出“新时代 新气象 新作为——践行十九大精神基层行”大型主题系列报道。

6日 北京电视台大型京剧传统文化节目《传承中国》创作研讨会举行，邀请谢锐青、李鸣岩、寇春华、李玉芙、孙毓敏、陈志清、郑岩、燕守平等20多位京剧艺术家，围绕“京剧的精髓是什么”“京剧最需要传承的是什么”“京剧传承的难点是什么”等论题进行阐释发言，北京电视台台长李春良、总编辑王珏、副总编辑徐滔及卫视节目中心相关负责人等参加。该节目组织百名京剧名角，打造10场公演，将于2018年第一季度在北京卫视播出。

7日 北京电视台台长李春良主持召开编委会扩大会，专题研讨2018年各频道版面规划方案，并对下一步工作进行部署。总编辑王珏、副总编辑李岭涛、副总编辑艾冬云、副总编辑徐滔、副台长秦华以及总编室、研发部、广告部、计财部、人事部、各节目中心负责人参加。

8日　第八届北京影响力颁奖晚会在BTV大剧院举行。现场颁发了34个“北京人奖”，发布了《北京影响力蓝皮书》。晚会以脚印、共享、承诺、聚合四个篇章，展示首都经济发展成就和产业结构升级的总体方向。吉尔吉斯共和国公使阿达诺夫·拉何曼、国务院国资委新闻中心主任毛一翔、市委社工委书记宋贵伦、北京冬奥组委市场开发部部长朴学东以及市国资委党委副书记赵林华、北京广播电视台副台长苏仁先，北京电视台总编辑王珏、党委副书记彭司海、副总编辑艾冬云和市国资委、市委社工委等多家单位和京津冀三地近百家企业负责人等参加，北京日报、北京晚报等12家主流媒体给予关注。

同日　北京电视台党委副书记、总编辑王珏主持召开“三项学习教育”专题培训暨北京城市总体规划（2016年—2035年）专题讲座，邀请西城区区委副书记、区委党校校长王飞从《北京城市总体规划》编制背景和过程、主要内容、具体实施三个方面，对总体规划进行全面解读。党委副书记、纪委书记彭司海、副总编辑李岭涛，各节目中心及相关部室、台属企业中层干部及业务骨干近150人参加。

同日　北京电视台台长李春良主持召开党委会，专题学习市委宣传部《市属党报党刊内部管理问题专项整治工作方案》，研究制定北京电视台有关工作方案。

同日　北京电视台台长李春良主持召开座谈会，与近40位第八届“北京影响力”获奖企业家探讨加强台企之间交流合作。参会同志评价“北京影响力”活动为北京电视台与企业家间的沟通、交流、互利、互赢搭建了良好平台，为进一步深化合作奠定了坚实根基。总编辑王珏、副总编辑艾冬云参加。

同日　中国电视艺术家协会举办“2017中国综艺峰会匠心盛典”。北京电视台卫视节目中心荣获13个奖项：2017《跨界歌王》获“年度匠心宣传推广”“年度匠心导演”奖；《但愿人长久》获“年度匠心制片人”奖；《音乐大师课》第三季获“年度匠心编剧”“年度匠心导演”奖；《我是演说家》第三季获“年度匠心宣推”“年度匠心盛典”“年度匠心导演”奖；《跨界喜剧王》第二季获“年度匠心编剧”奖；《非凡匠心》获“年度匠心摄影”奖；《传承者》第二季获“年度匠心视效”奖；《生活相对论》获“年度匠心导演”奖；卫视节目中心副主任邵晶获“年度匠心制作人”奖。

11日　市委宣传部部长杜飞进主持召开专题会，听取北京电视台“2018环球跨年冰雪盛典”和“2018年BTV楼宇灯光秀”筹备工作情况汇报。杜飞进同志对创意设计前期工作给予肯定，要求加强协调、精心组织，在生产安全、政治安全、财务安全等方面，做到万无一失。市委宣传部副部长严力强、市委宣传部秘书长张爱军和北京电视台台长李春良、副总编辑徐滔及卫视节目中心负责人参加。

12日　北京电视台举办“媒无界即生活——BTV生活 BTV i生活2018战略发布暨平台联盟发起大会”，发布BTV生活和BTV i生活双品牌驱动、多平台联动的融媒战略，并成立七大平台合作联盟。北京电视台常务副台长韦小玉、党委副书记彭司海、副总编辑李岭涛、生活节目中心相关负责人，相关区委办局等36家政府部门相关负责人及350家合作公司和广告客户代表等参加。

14日　北京电视台安全维稳工作领导小组召开社会治安综合治理（平安建设）工作协调会，贯彻落实市委宣传部、北京广播电视台社会治安综合治理（平安建设）工作有关要求。

18日　由花椒冠名的“瞳爱光明”花椒公益之夜晚会在BTV大剧院举行，并在北京卫视播出。晚会为中国社会扶贫网“瞳爱光明工程”筹集善款，帮助贫困弱视儿童治愈眼疾，拥有明亮的世界。北京电视台副总编辑徐滔及卫视和文艺节目中心负责人等参加。

20日　由北京电视台协办的“2017中国十佳劳伦斯冠军奖颁奖盛典”在国家中影数字制作基地举行，现场揭晓“最佳新人奖”“最佳突破奖”“最佳组合奖”等10余个奖项，通过体育的影响力和号召力传播公益力量，倡导“体育改变世界”的精神。北京电视台台长李春良、总编辑王珏、副总编辑徐滔及文艺节目中心负责人等出席，北京卫视全程直播。

同日　北京电视台总编辑王珏主持召开大运河文化带主题系列动画片《大运河奇缘》策划研讨会，听取工作进展汇报。会议还邀请中国民间文艺家协会、北京电影学院、中国动画研究院、中国文物学会大运河专家委员会等有关专家进行建议指导。该片系北京电视台动画节目中心原创作品，共26集，讲述北京小女孩和运河精灵共同保护大运河文化带的生动故事。

同日　《光明日报》文艺评论版刊文《做好自己，中国形象就完美了——<我是演说家>观后》，评价北京电视台卫视节目中心《我是演说家》节目是一档坚持以强烈的现实主义精神和浪漫主义情怀，关照人民生活，表达人民心声的好节目。

21日　北京电视台召开2017年广播电视重大主题节目验收会，邀请中宣部阅评组、总局、市新闻出版广电局及中央媒体等相关专家，对2017年新闻节目中心重大主题类节目进行阅评验收。

同日　北京电视台文艺节目中心与市文联联合推出5集系列纪录片《文化记忆》，通过叙议结合、今昔互映的形式，对北京当代德高望重的老艺术家的艺术成就和人生历程进行回顾与总结，多层次多角度展示北京市文艺工作者坚定文化自信，增强责任担当，在服务人民、造福人民中繁荣发展社会主义文艺的生动实践。

23日　以“天涯共此时，冰雪加速度”为主题的《2018环球跨年冰雪盛典之冰上盛典》在国家游泳中心（水立方）录制，国家体育总局副局长赵勇、宣传司司长涂晓东，市新闻出版广电局局长杨烁，北京广播电视台台长、北京电视台台长李春良，北京广播电视台纪委书记王伟、副台长窦晓东，北京电视台总编辑王珏、副总编辑徐滔等参加。盛典将于31日19：30在北京卫视、河北卫视、黑龙江卫视同步播出。这将是省级卫视平台上首次出现三地录制三台同播的跨年盛典。

26日　北京电视台新闻节目中心推出8集“深入学习宣传贯彻党的十九大精神”系列访谈节目《新时代 大家谈》。

27日　市委宣传部、首都文明办主办，北京广播电视台、北京电台、北京电视台承办的“2017北京榜样”颁奖典礼在BTV大剧院录制，市委常委、宣传部部长杜飞进出席，吴书瑞等12人荣获“2017北京榜样”年榜人物，程刚等48

人荣获“北京榜样”提名奖。北京广播电视台台长、北京电视台台长李春良，首都文明办主任滕盛萍，市委宣传部秘书长张爱军，北京广播电视台总编辑、北京电台台长赵卫东，北京电视台总编辑王珏，以及驻京部队、各区各有关单位负责同志，首都各界群众代表500余人参加。节目于2018年1月4日21：15在BTV文艺频道播出。

28日 北京电视台财经节目中心大型股市直播节目《财富大魔方》开播。该节目是全国唯一一档电视与股市交易时间同步进行的直播节目，开创了北京电视台每周五天、每天五小时的直播纪录，通过“股市交易时间同步直播”“大数据传播解读财经热点”“TV端、PC端、手机移动端跨屏互动”等方式，为观众提供多角度、全方位的财经资讯。

同日 国家新闻出版广电总局宣传司司长高长力主持召开会议，专题听取动画节目中心人运河文化带主题原创系列动画片《大运河奇缘》剧本创作汇报。

索 引

索　引

汉语拼音索引

B

L

Q

R

S

T

W

X

Y

Z

数字索引

英文字母索引

图书在版编目（CIP）数据

2018北京电视台年鉴 /《北京电视台年鉴》编辑部编. 北京：北京日报出版社, 2018.12
ISBN 978-7-5477-3077-5

Ⅰ. ①2… Ⅱ. ①北… Ⅲ. ①北京电视台—2018—年鉴 Ⅳ. ①G229.271-54

中国版本图书馆CIP数据核字（2018）第174099号

责任编辑：王小云　史　琴

2018北京电视台年鉴

出版发行	北京日报出版社
地　　址	北京市东城区东单二条8-16号东方广场东配楼四层
邮　　编	100005
电　　话	发行部：（010）65255876
	总编室：（010）65252135
印　　刷	廊坊市博林印务有限公司
经　　销	各地新华书店
版　　次	2018年12月第1版
印　　次	2018年12月第1次印刷
开　　本	787毫米×1096毫米　1/16
印　　张	25.5　　彩　插　2.5
字　　数	630千字
定　　价	128.00元

版权所有，侵权必究，未经许可，不得转载